Täglich werden wir mit der Grundbotschaft konfrontiert: Jeder ist seines eigenen Glückes Schmied, jede Person schafft ihren eigenen Sinn. Das hat etwas Befreiendes, doch gleichzeitig werden wir mit dieser Freiheit ziemlich allein gelassen. Die Suche nach Sinn gestaltet sich heute schwieriger denn je. Ehemals feste religiöse und gesellschaftliche Orientierungspunkte brechen weg – das bietet große Chancen, ist aber auch mit neuen Herausforderungen verbunden.
Christian Uhle zeigt: So einzigartig jeder Mensch sein mag – unsere individuellen Sinnsuchen haben mehr Gemeinsamkeiten als der erste Blick vermuten lässt. Um genau diese Gemeinsamkeiten geht es ihm. Indem wir die menschliche Suche nach Sinn in den Fokus nehmen und ihr auf den Grund gehen, können wir eine neue Perspektive auf unser Leben entwickeln.

Christian Uhle, geboren 1988, ist Philosoph und lebt in Berlin. Sein Anliegen ist es, Philosophie in das persönliche Leben einzubinden. Die Frage nach dem Sinn treibt ihn seit Jahren um. Als Wissenschaftler hat er an verschiedenen Instituten zu gesellschaftlichen Transformationen geforscht und seine Perspektiven in zahlreichen Vorträgen und Gastbeiträgen öffentlich gemacht. Er war philosophischer Berater der arte-Serie »Streetphilosophy«, ist Host mehrerer Veranstaltungsreihen und verkörpert eine engagierte, junge Philosophie.

Weitere Informationen finden Sie auf www.fischerverlage.de

Christian Uhle

WOZU DAS ALLES?

Eine philosophische Reise zum Sinn des Lebens

FISCHER TASCHENBUCH

2. Auflage, 2025

Erschienen bei FISCHER Taschenbuch
Frankfurt am Main, November 2023

Satz: Fotosatz Amann, Memmingen
Druck und Bindung: GGP Media GmbH, Pößneck
ISBN 978-3-596-70947-2

Kontaktadresse nach EU-Produktsicherheitsverordnung:
produktsicherheit@fischerverlage.de

INHALT

VORWORT
WOZU DIESES BUCH?

Was ist der Sinn des Lebens?

Diese Frage bewegt Menschen seit Jahrtausenden. Schon in den ältesten Schriften, die uns bekannt sind, suchen unsere Vorfahren nach Antwort. So erzählt das Gilgamesch-Epos von einem König, der zutiefst mit seiner Vergänglichkeit hadert und sich auf eine gefährliche Reise begibt, um seinem Schicksal zu entgehen. Vor viertausend Jahren wurde dieser mesopotamische Mythos in Stein gemeißelt; unzählige weitere Geschichten wurden seitdem verfasst, erst auf Tontafeln, dann auf Tierhäuten, schließlich auf Papier und Computern. Durch die Epochen und Kulturen hindurch erzählten sie von Konflikten, die einander bemerkenswert ähnelten und immer wieder die gleichen Grundfragen aufwarfen: Wozu sind wir auf der Welt? Was ist wirklich wertvoll und wichtig im Leben?

Mich selbst holten diese Fragen das erste Mal mit sechzehn ein. Ich war unglücklich verliebt, über Tage hinweg drang mein Kummer immer tiefer. Sämtliche Anstrengungen in der Schule, ja, überhaupt im Leben, erschienen mir plötzlich wertlos. Zurückgezogen in meinem Zimmer dachte ich nach. Doch meine Gedanken drehten sich nur träge im Kreis, ergaben kein richtiges Bild. Um diesem Karussell zu entkommen und mich zu ordnen, nahm ich schließlich zwei Blatt Papier und begann zu schreiben. Ich wollte dieses Gefühl, diese Frage ernst nehmen und nicht verdrängen: Was ist der Sinn des Lebens?

Die ersten Worte fügten sich nur zögerlich aneinander, flossen dann aber immer schneller und fast wie von selbst – wie eine Wahrheit, die ans Licht will. Überrascht schaute ich schließlich auf mein ebenso simples wie einleuchtendes Ergebnis: Einen äußeren, übergeordneten Sinn des Lebens wünschen sich Menschen eigentlich nur, damit das Leben für sie selbst Sinn ergibt. Auf *den einen* Sinn des Lebens kam es also nicht zwangsläufig an. Ich musste mich vielmehr fragen, welchen Sinn die Welt für mich haben konnte!

So schlagartig, wie es vermutlich nur auf der wilden Achterbahn der Pubertät möglich ist, war meine Krise gelöst. Erleichtert beendete ich den selbst auferlegten Zimmerarrest und verabredete mich noch am gleichen Tag mit einigen Freunden.

Meiner damaligen Schlussfolgerung stimme ich heute nicht mehr zu. Sie verwechselt das sinnvolle mit dem guten Leben, davon bin ich mittlerweile überzeugt. Auf diesen Unterschied werde ich noch ausführlich eingehen. Die Erfahrung war für mich allerdings prägend: Philosophie kann heilsam sein! Wenn man über große Fragen nachdenkt, verstärken sich bestehende Zweifel zwar anfangs oft, aber mit der Zeit sortieren sich die ersten Fäden, und der Nebel lichtet sich.

Die beiden Seiten, mit denen alles begonnen hatte, ließen mich auch nach meiner Schulzeit nicht los. Nach sieben Jahren schloss ich mein Philosophiestudium mit einer Arbeit über die Sinnfrage ab. Doch immer noch hatte ich nicht das Gefühl, zufriedenstellende Antworten gefunden zu haben. Also fing ich von vorn an – mit einem leeren Blatt Papier, mit einem letzten, kurzen Aufsatz über die Frage nach dem Sinn des Lebens.

Es war der Beginn einer langen, größtenteils beflügelnden, manchmal aber auch kräftezehrenden Reise. Aus zehn Seiten wurden fünfzig, aus fünfzig wurden hundert. Und erst als ich schon mittendrin war, wurde mir klar, dass sich mein Aufsatz zu einem Buchprojekt entwickelt hatte, das mich noch lange Zeit beschäftigen sollte.

Die Philosophie ist gefragt

In den letzten Jahrtausenden antworteten vor allem Religionen und Mythen auf die menschliche Sehnsucht nach einem sinnvollen Leben. Und natürlich glauben auch heute noch viele Menschen an eine kosmische Ordnung und können daraus Kraft und Orientierung schöpfen. Seit Beginn der sogenannten gesellschaftlichen Moderne im 18. Jahrhundert nimmt der Einfluss solcher Weltbilder jedoch stetig ab. Immer weniger Menschen können aus Religionen einen Sinn ziehen, der sie auch durch den weltlichen Alltag trägt. Teilweise stoßen esoterische Strömungen in dieses Sinnvakuum, doch sie wirken häufig beliebig und lassen sich nur schwer mit wissenschaftlichen Erkenntnissen in Einklang bringen.

Daher wird die Frage drängender, wie ein Sinn des Lebens ohne ein religiöses oder esoterisches Fundament aussehen könnte. Das ist nicht nur eine philosophische Herausforderung. Viele Menschen ringen ganz konkret mit der Frage: Worum geht es eigentlich im Leben?

Unser gegenwärtiger Liberalismus hilft hier nur teilweise weiter. Täglich werden wir mit der Grundbotschaft konfrontiert: Jeder ist seines eigenen Glücks Schmied, jede Person schafft ihren eigenen Sinn. Das hat etwas Befreiendes, doch gleichzeitig werden wir mit dieser Freiheit ziemlich allein gelassen. Und das kann belastend sein.

Eigentlich wäre die Philosophie gefragt, uns bei der Orientierung in dieser Weite zumindest zu helfen. Doch an den Universitäten wird kaum über Sinn nachgedacht. Für Außenstehende mag das überraschend sein: Immerhin ist die Frage nach dem Sinn des Lebens ja die Klischee-Frage der Philosophie schlechthin. Aber vermutlich ist genau das der Punkt. Gerade weil die Frage so aufgeladen ist und obendrein noch ein religiöses Erbe hat, wird sie im akademischen Kontext meist vermieden. Während in den Seminarräumen intensiv über Freiheit, Wahrheit oder Gerechtigkeit diskutiert wird, werden Debatten über den Lebenssinn vorwiegend als unseriös wahrgenommen.

Das ist bedauerlich. Schließlich kämpfen die meisten Menschen im Laufe ihres Lebens mit Sinnfragen – bei Begegnungen mit dem Tod, auf der Suche nach dem individuellen Schicksal oder ganz konkret am Arbeitsplatz. Laut repräsentativen Umfragen beschäftigen sich 70 Prozent aller Menschen in Deutschland regelmäßig mit Fragen nach dem Lebenssinn.[1] 17,8 Millionen halten diese Auseinandersetzung sogar für besonders wichtig.[2]

Trotzdem schweigt die aktuelle Philosophie, zumindest weitestgehend. Dabei könnte sie gerade bei schwer greifbaren, schwammigen Fragen mehr Klarheit bringen. Dafür muss Philosophie allerdings lebensnah sein, und das ist an Universitäten nur selten der Fall. Hier ist mittlerweile ein sehr technischer Blick auf die Welt verbreitet, der als analytische Philosophie bezeichnet wird. Die Sinnfrage ist jedoch kein technisch-analytisches Problem, sondern ein existenzielles. Sie entsteht mitten im Leben, meist begleitet von emotionalen Zweifeln. Eine rein analytische Perspektive ist für dieses Thema nicht geeignet; ihre

Herangehensweise passt schlichtweg nicht zum Problem. Wir brauchen andere Ansätze und eine Sprache, die Analytik mit emotionalen Zugängen verbindet – teils auch mit Poesie.

Das ist nicht nur eine Frage der Verpackung. Denn Sprache ist nie neutral, immer enthält sie indirekte Deutungen unseres Lebens in der Welt. Eine eigene Philosophie zu schaffen bedeutet daher nicht nur, Argumente zusammenzusetzen wie die Bauteile einer Maschine, sondern auch, eine eigene Sprache zu entwickeln.

Das ist mein Anliegen. Ich möchte eine inhaltlich überzeugende Theorie des sinnvollen Lebens entfalten, möchte dich mitnehmen auf eine philosophische Reise und auf diesem Weg eine Sprache für eine Philosophie finden, die ihren Platz mitten im persönlichen Leben einnehmen kann. Denn die verbreitete Unterscheidung zwischen professioneller Philosophie und Populärphilosophie ist meiner Ansicht nach wenig gewinnbringend. Eine tiefere Auseinandersetzung mit lebenspraktischen Fragen ist immer auch philosophisch. Und gute Philosophie ist immer auch lebensnah.

Das Leben besser verstehen

Insgesamt sechs Jahre habe ich an diesem Buch gearbeitet. Je länger ich über die Sinnfrage nachdachte, desto stärker wurde ihre Sogwirkung auf mich. Die Frage nach dem Sinn des Lebens ist ebenso schillernd wie grundlegend. Es gibt nur wenige Bereiche der Philosophie, die nicht in Zusammenhang mit ihr stehen.

Gerade weil die Frage so weitreichend ist, werden wir in diesem Buch auch disziplinäre Grenzen überschreiten. Denn wenn es stimmt, dass Sinn ein menschliches Grundbedürfnis ist, stehen wir an der Schwelle zur Psychologie. Und wenn die Suche nach Sinn gerade in spätmodernen Gesellschaften besonders verbreitet ist, dann ist dies auch ein Thema der Soziologie.

Die Sehnsucht nach Sinn prägt unser Leben in höherem Maße, als uns manchmal bewusst ist. Als ständiger Begleiter steht sie hinter vielen Anstrengungen, etwa wenn es darum geht, den eigenen Weg zu finden, sich zu verwirklichen, gesellschaftlich einzubringen, mit Rückschlägen oder der eigenen Vergänglichkeit umzugehen und gescheiterte Beziehungen zu verarbeiten. Indem wir die menschliche Suche nach Sinn in den Fokus nehmen und ihr auf den Grund gehen, können wir eine neue Perspektive auf unser Leben entwickeln. Und genau das macht nach meinem Verständnis eine gelungene philosophische Theorie aus: Sie eröffnet neue Blickwinkel auf die Welt und unsere Rolle in ihr.

Insofern dient dieses Buch nicht direkt als Ratgeber. Natürlich ergeben sich an vielen Stellen auch Anknüpfungspunkte für die persönliche Lebensführung. Insgesamt ist das Ziel aber weniger, am Ende genau zu wissen, was zu tun ist, sondern vielmehr die eigenen Wünsche und inneren Konflikte, die Zweifel und Erfahrungen im Alltag besser zu verstehen – und sich dadurch leichter in der Welt orientieren zu können. So ging es mir beim Lesen längst nicht aller, aber immerhin einiger philosophischer Bücher. Mein Traum ist, dass auch mein Buch solche Erfahrungen ermöglicht.

Dieses Buch ist kein persönlicher Bericht darüber, was mir selbst Sinn im Leben gibt. So einzigartig jeder einzelne Mensch ist – unsere individuellen Sinnsuchen haben mehr Gemeinsamkeiten, als der erste Blick vermuten lässt. Um genau diese Gemeinsamkeiten geht es mir. Denken wir an Gilgamesch, Konfuzius oder die antiken Griechen: Die Suche nach Sinn ist ein Grundmotiv der Menschheit. Natürlich kann diese Suche unterschiedliche Ausprägungen haben. In Situationen von Freiheit und Optionsvielfalt stellt sich die Sinnfrage anders, als wenn das eigene Überleben auf dem Spiel steht. Gerade diese Vielschichtigkeit zeichnet die Sinnfrage aus und macht sie so spannend.

Obwohl es also um den Sinn des Lebens für alle Menschen gehen soll, ist es nicht mein Anspruch, allgemeingültige, objektiv wahre Aussagen zu treffen. Ich bin überzeugt: Keine philosophische Theorie kann das. Die Aufgabe der Philosophie sehe ich vielmehr darin, unser Leben in dieser Welt zu interpretieren, dadurch verständlich zu machen und Orientierung zu ermöglichen. Dazu möchte ich beitragen, indem ich eine Deutung der Sinnfrage anbiete, die sie als grundlegende menschliche Sehnsucht ernst nimmt.

Zahlreiche Menschen haben mir auf meiner Reise geholfen. Vielen davon bin ich nie persönlich begegnet, die meisten sind schon längst verstorben; durch Bücher und Aufsätze konnte ich trotzdem von ihnen lernen. Andere sind enge Wegbegleiterinnen und -begleiter, mit denen ich lange, persönliche Gespräche führen durfte. Sie alle haben meine eigene Perspektive auf das Leben erweitert. Und nun ist meine Hoffnung, dass dich dieses Buch auf ähnliche Weise bereichern kann.

PROLOG
IM ZWEIFEL

Es gibt ein Gefühl.

Mal überfällt es uns schlagartig, von einer Sekunde auf die andere, mal kommt es ganz leise näher, legt langsam seine Tentakel um uns, Stück für Stück, bis wir kaum noch atmen können. Was ich meine, ist ein Gefühl von existenzieller Einsamkeit, die Welt erscheint plötzlich fremd. Nichts scheint mehr zu passen.

Ich stelle mir vor, wie ich im Kino sitze, auf der Leinwand eine Komödie, doch das Lachen bleibt mir im Halse stecken. Da ist ein Gedanke: Unterhaltung ist nichts anderes als Ablenkung, Ablenkung von der Sinnlosigkeit. Wofür lohnt es sich zu leben? Wohl kaum, um ins Kino zu gehen. Ich versuche, Pläne zu schmieden, mir Aufgaben zu suchen, Ziele zu setzen und an ihrer Umsetzung zu arbeiten. Aber wozu? Was macht das schon für einen Unterschied?

Es ist ein paradoxes Nebeneinander: Oft scheint alles so klar. Wir sind beseelt vom Leben, und jeder Zweifel an dessen Sinn wäre geradezu absurd. Wir sind mittendrin, verwoben in den Konflikten und Schönheiten des Alltags, haben kleine oder große Ziele vor Augen, genießen den Austausch mit unseren Freundinnen und Freunden; wir leben in Selbstverständlichkeit. In diesen Phasen erfahren wir das Leben als zutiefst sinnvoll, auch wenn wir niemals in Worte fassen könnten, was der Sinn des Lebens eigentlich ist. Ludwig Wittgenstein (1889–1951) schloss daraus: »Die Lösung des Problems des Lebens merkt man am Verschwinden dieses Problems.«[1]

Vielleicht sind wir in genau diesen Momenten wahrhaftig weise, haben ganz intuitiv eine Antwort gefunden, die uns wie von allein in die richtige Richtung lenkt. Diese Momente legen nahe: Natürlich kann das Leben sinnvoll sein, ja, geradezu durchtränkt von Sinn!

Doch die anderen Momente gibt es auch, die Momente, in denen wir nicht weniger klar, nicht weniger intuitiv und deutlich erkennen: Letztlich ist alles sinnlos. Das Leben, nur ein kurzes Theater, ein unbeholfenes Stolpern in den sicheren Tod. Was soll das alles? Plötzlich breitet sich eine Leere aus. Und gerade weil der Sinn eben noch so natürlich und selbstverständlich da war, ist es nun schwierig, ihn wiederzufinden. Möglicherweise sind wir einfach nur durcheinander. Wir versuchen uns zusammenzureißen. Aber das ist gar nicht so leicht. Stimmt etwas nicht mit uns? Ein Zweifel drängt sich auf: Oder ist es diese Welt, mit der etwas nicht stimmt – in der etwas fehlt?

Solche Erfahrungen von Sinnlosigkeit und Absurdität können »einen beliebigen Menschen an einer beliebigen Straßenecke anspringen«, schrieb Albert Camus (1913–1960).[2] Und wahrscheinlich haben sie fast jeden Menschen einmal angesprungen, wenn auch sicherlich nicht auf die gleiche Weise. Ebenso wie verschiedene Personen auf ihre eigene Art lieben, kann das Gefühl von Sinnlosigkeit in ganz unterschiedlichen Gestalten auftreten. Natürlich, einige Menschen befanden sich noch nie in einer anhaltenden, kräftezehrenden Sinnkrise;

doch meist kennen auch sie diese Augenblicke, in denen eine Ahnung von Sinnlosigkeit durch den Alltag bricht.

Ich wache auf, frühstücke und lese wie jeden Morgen die Zeitung. Weit weg gibt es Kriege. Mir geht es soweit gut. Im Gegensatz zu vielen anderen Menschen habe ich einen Job, gute Freunde und weiß insgeheim, dass die meisten meiner Sorgen völlig unbegründet sind. Ich gehe ins Bad, putze die Zähne, sehe mich flüchtig im Spiegel; ein Bild von mir.

Im leichten Nieselregen gehe ich durch die Straßen zur Bushaltestelle. Wie jeden Morgen warten dort schon andere und wischen beschäftigt auf ihren Smartphones herum. Ungeduldig schaue ich in die Richtung, aus der jetzt eigentlich der Bus kommen müsste, betrachte dann die anderen, die missmutig aufblicken. So oft standen wir schon hier, ein Tag wie jeder andere.

Und dann, plötzlich, bin ich nicht mehr in dieser Situation, sondern irgendwie draußen. Mein Blick: ver-rückt. Die Bewegungen der anderen Wartenden wirken mechanisch, dieser Ort, den ich so gut kenne, hat jede Vertrautheit verloren. Als wären unsichtbare Fäden, die mich eben noch mit dieser Umgebung verbanden, plötzlich durchtrennt worden. Als wäre ich herausgerissen worden aus dieser Situation und nun in eine völlig identisch aussehende Kulisse versetzt. Gerade dieser Kontrast, dieser Verlust einer eben noch so deutlichen Verbindung macht die Fremdheit umso spürbarer. Diese Bushaltestelle ist mir auf einmal fremder, als es ein unbekannter Ort im Ausland je sein könnte. Menschen und Straßen wirken wie aus einem Traum. Paradoxerweise fühlt es sich gleichzeitig so an, als wäre ich gerade aus einem langen Traum erwacht. Denn obwohl jede Geste, jedes Wort, jedes Symbol plötzlich seine Selbstverständlichkeit verloren hat, ist mein Blick sehr viel klarer als sonst. Die Welt ist mir entglitten und wieder sie selbst geworden.[3] *So wirkt es fast, als würde ich diese gewohnte Situation das erste Mal erfahren, wie sie wirklich ist: objektiv, nüchtern und kalt.*

Ich spüre meinen Mantel auf der Schulter, aber er wirkt wie eine Fälschung, ist nicht mehr mein Mantel. Unheimlich. Die Oberfläche meines Smartphones ist hart und undurchdringlich, fühlt sich nicht wie sonst an, irgendwie anders und verkehrt. Alles fühlt sich nun verkehrt an – jetzt hier zu sein, zur Arbeit zu fahren, ich zu sein. Als würde ich nur eine Rolle spielen, während ich hier herumstehe und warte. Was mache ich hier eigentlich? In diesem Moment sehe ich klar und eindeutig, dass dieses ganze Schauspiel sinnlos ist.

Mit einem Schlag befällt mich eine dumpfe, unbestimmte Angst. Das ist der Preis. Ich habe in einen Raum geschaut, der nicht für mich bestimmt ist. Diesen Preis will ich nicht zahlen, zumindest nicht jetzt und nicht heute. Ich starre auf mein Smartphone, keine neue Nachricht. Plötzlich hält der Bus vor mir, schnell dränge ich hinein. Es ist kaum Platz, jemand rempelt mich an, ich schnauze ihn an, eine Spur zu scharf. Der Bus fährt los, endlich erscheint eine Kurznachricht auf meinem Handy, sofort antworte ich. Wohlig legt sich eine Decke um mich. Ich bin wieder normal, nicht mehr ver-rückt. Endlich.

Doch ganz so schnell und einfach geht es nicht zurück in die vertraute Selbstverständlichkeit. Welcher Blick auf das Leben ist der richtige und wahre – diese Unsicherheit bleibt. War ich an der Haltestelle nur kurzzeitig verwirrt oder ist in Wahrheit mein sonstiges Leben eine einzige Verwirrung?

In alltäglichen Situationen wie dieser kann uns das Gefühl von Sinnlosigkeit durchzucken wie ein plötzlicher Schmerz im Nacken, ohne Vorwarnung und ohne erkennbaren Grund. Es kann eine kurze Verunsicherung auslösen oder eine existenzielle Depression. Es kann uns für Sekunden streifen wie eine

Windböe oder ganze Lebensphasen in Nebel hüllen. Nicht immer überkommt es uns so willkürlich wie an der Bushaltestelle. Manchmal sind die Auslöser eindeutig, etwa wenn eine geliebte Person stirbt oder wir an den eigenen Tod denken. Viele Menschen machen ähnliche Erfahrungen auch am Arbeitsplatz, wenn ihr Leben wie in einem Karussell täglich an ihnen vorbeifliegt. Eine ewige Wiederkehr von etwas, das man ja eigentlich gar nicht tun möchte und dennoch tut, warum also eigentlich, bis zur Pensionierung. Dabei ist ausgerechnet die Rente oft keine Erlösung von Sinnfragen, wenn es scheint, als gäbe es keine andere Aufgabe mehr, als die Tage krampfhaft mit Freizeitaktivitäten vollzupacken.

Aber vielleicht basieren all diese kleinen und großen Krisen ja auf völlig falschen Perspektiven! Vielleicht erkennen Menschen in solchen Situationen keine tiefere Wahrheit, sondern sind emotional verunsichert. Vielleicht ist das Leben durch und durch sinnvoll, nur manchmal sehen wir das nicht und verlieren unser Gefühl für den Sinn.

Fakt ist, dass die meisten Menschen im Laufe ihres Lebens mit Empfindungen von Sinnlosigkeit umgehen müssen. Wie können wir solche Erfahrungen besser verstehen?

Ebenso wie die Liebe zu den eigenen Eltern ganz anders ist als die stürmische Verliebtheit am Anfang einer romantischen Beziehung, so hat auch das Gefühl der Sinnlosigkeit tausend Gesichter. Wie die Liebe lässt es sich nicht präzise beschreiben, sondern nur umkreisen. Gleichzeitig haben die unterschiedlichen Formen der Liebe einen gemeinsamen Kern – und so haben auch die Momente des Absurden, der existenziellen Entfremdung und Sinnkrise trotz aller Vielgestaltigkeit ihre Gemeinsamkeiten. Eine ist offensichtlich: In all diesen Momenten sehen wir uns mit einer grundlegenden Frage konfrontiert – der Frage nach dem Sinn des Lebens.

EINLEITUNG
EIN KOMPASS FÜR UNSERE REISE

Es war mitten am helllichten Tag, als ein dürrer Mann das Dorf betrat. Woher kam er? Wahrscheinlich vom Berg, munkelte man. Ein Einsiedler, vielleicht ein Irrer. Vielleicht aber auch jemand, der weit herumgekommen war, jemand, der Neuigkeiten aus der Welt da draußen brachte. Allein schritt der Fremde durch die Straßen, über staubige Wege aus Geröll und befestigter Erde. Schließlich kam er zum Marktplatz, aufrecht stellte er sich in die Mitte, vor sich: eine Laterne. Und das zur hellsten Mittagszeit! Da lachten die Menschen. Die Sache war eindeutig, ein Irrer war das. Als der Mann schließlich zu sprechen begann, wurde das Urteil der Umherstehenden nur bestätigt. Hart und unnachgiebig wurde es, wie ein Klotz aus Beton. Denn es war wahnsinnig, unverständlich und unerhört, was er plötzlich schrie! Dort, mitten auf dem Platz, mit seiner unsinnigen Laterne in der Hand, rief er mit aller Gewalt: »Gott ist todt! Gott bleibt todt! Und wir haben ihn getödtet!«[1]

Diese Geschichte erzählt Friedrich Nietzsche (1844–1900) in seinem wohl berühmtesten Aphorismus. Er selbst wählte natürlich andere Worte. Deutlich wird in jedem Fall: Die Sinnfrage beschäftigt Menschen nicht nur im persönlichen Alltag, auch in der Philosophie wurde intensiv mit ihr gerungen – nicht immer mit sonnigem Ergebnis. Insbesondere seit dem 19. Jahrhundert wurde die vermeintliche Sinnlosigkeit des menschlichen Daseins häufig beklagt.

Wie kaum ein Satz steht dabei der Ausruf »Gott ist todt!« für eine gewaltige Entwicklung. Religionen verloren zunehmend an Deutungsmacht über Wahrheit und Unwahrheit, Stück für Stück übernahmen die Naturwissenschaften das Feld. Das brachte sehr viel Gutes, doch der Fortschritt hatte auch seinen Preis. Durch die neuen Weltbilder wurde das menschliche Ego zutiefst »gekränkt«, wie Sigmund Freud (1856–1939) es formulierte. Erst verbannten Kopernikus (1473–1543) und Galilei (1564–1641) die Erde vom Mittelpunkt des Universums an einen unbedeutenden Nebenschauplatz, dann entriss Darwin (1809–1882) dem Menschen die Krone der Schöpfung und degradierte ihn zu einem evolutionären Zufallsprodukt. Weitere Kränkungen folgten, auch Freud trug mit seiner Entdeckung des Unbewussten dazu bei und brachte eine fundamentale Sicherheit ins Wanken: Das Ich war nicht mehr Herr im eigenen Haus.[2] Die folgenden gesellschaftlichen Umwälzungen sorgten für weitere Verunsicherungen. Starre und einengende Rollenbilder, die gleichzeitig Halt gegeben hatten, begannen zu bröckeln. Und Wahrheit erschien plötzlich relativ.

Vor diesem Hintergrund einstürzender Gewissheiten entwickelten vor allem Existentialistinnen und Existentialisten ihre teils düster klingenden Gedanken über den Lebenssinn. Die französische Schriftstellerin und Philosophin Simone de Beauvoir (1908–1986) beschrieb, wie insbesondere Frauen sich selbst fremd werden, wenn sie gesellschaftlich aus der Norm ausgeschlossen werden und stattdessen als das »andere« Geschlecht aufwachsen.[3] Für sie seien Sinnkrisen geradezu vorprogrammiert. Immerhin sah Beauvoir auf dieser Ebene einen möglichen Ausweg. Demgegenüber betonte Albert Camus, dass auf einer noch tieferen Ebene, jenseits gesellschaftlicher Machtverhältnisse, sämtliche Menschen mit dem gleichen Schicksal konfrontiert sind. Er nannte die Empfindung sinnsuchender Menschen das »Gefühl des Absurden«. Und dieses Gefühl erklärte er für absolut berechtigt, ja, zutreffend, denn es entspringe der Bereitschaft, das eigene Leben durch einen klaren, unverfälschten Blick zu sehen als das, was es ist: absurd.[4] Jean-Paul Sartre (1905–1980) äußerte sich ähnlich dazu: Er sprach von einem tiefen »Ekel« gegenüber allem – ein vages Grundgefühl, das ihm zufolge entsteht, wenn wir uns der Fremdheit und Sinnlosigkeit dieser Welt bewusst werden.[5]

Solch dunkle Beschreibungen sind im Grunde nicht verwunderlich: Der Homo sapiens als irgendein Tier auf irgendeinem Planeten, vergänglich und mangelhaft, weder in der Lage, einen Gott zu erkennen noch sich selbst – das ließ traditionelle Sinngebäude wanken. Und auch wenn der erstarkende Glaube an Fortschritt und wissenschaftliche Erkenntnis selbst wiederum religiöse Züge annahm, lag seine Kraft nicht gerade darin, einen persönlichen Lebenssinn zu stiften.

Religionen sind mächtige Sinnquellen. Nehmen wir das Christentum. Mit heute 2,3 Milliarden Anhängern ist es die verbreitetste Religion der Welt.[6] Wie im Judentum gilt der Mensch hier als Ebenbild Gottes. Natürlich sind nicht alle Gläubigen im Judentum und Christum davon überzeugt, aber zumindest gemäß der Lehre kommt den Menschen eine Herrscherrolle über den Rest der Schöpfung zu. So heißt es in der jüngeren der beiden Schöpfungsgeschichten aus der Thora und dementsprechend auch im Alten Testament: »Dann sprach Gott: Lasst uns Menschen machen als unser Abbild, uns ähnlich. Sie sollen herrschen über die Fische des Meeres, über die

Vögel des Himmels, über das Vieh, über die ganze Erde und über alle Kriechtiere auf dem Land.«[7]

Dieses Menschenbild prägte die jüdisch-christlichen Kulturkreise, in denen sich auch Kopernikus, Galilei, Darwin und Freud bewegten. So ist es kein Wunder, dass ihre Erkenntnisse regelrechte Erdbeben auslösten, wie sie in den Philosophien von Nietzsche, Camus und Sartre zu spüren sind – und die bis heute nachwirken. Die gesamte Bedeutung des Menschen wurde plötzlich in Frage gestellt.

In den abrahamitischen Religionen wacht ein Gott über jeden von uns. Menschen sind ihm nicht egal, sind sogar wichtig für das größte aller Wesen. Und das ist eine durchaus konkrete Beziehung, denn Gott kann sich zeigen und auf Hoffnungen, Sehnsüchte und Ängste reagieren.

Diese und andere Religionen antworten so umfassend auf die Sehnsucht nach Sinn, dass es zumindest auf den ersten Blick aussichtslos erscheint, ohne den Glauben an einen Gott, eine kosmische Ordnung, an ein Jenseits oder Nirvana auf einen tragfähigen Sinn im Leben zu hoffen. Denn was bleibt schon übrig, wenn wir nicht auf solchen Fundamenten bauen wollen oder bauen können?

Es gibt dann keinen tieferen Sinn, warum die Dinge sind, wie sie sind, ja, warum überhaupt etwas existiert und nicht einfach nichts. Alles ist bloß das Ergebnis von Naturgesetzen und Zufällen. Wir sind grundlos hier und kurze Zeit später schon vergessen. In der Welt sind keine Botschaften verborgen, alles steht nur für sich selbst. Der Mann mit der Laterne hallt in unseren Ohren: »Gibt es noch ein Oben und ein Unten? Irren wir nicht wie durch ein unendliches Nichts?«[8]

Natürlich können wir uns selbst Ziele setzen und eigene Wertesysteme aufbauen. Doch aus einer kosmischen Perspektive ist es völlig bedeutungslos, ob wir das tun oder nicht. Selbst wenn wir die Welt retten würden wie James Bond, wäre es dem Universum egal. Oder umgekehrt: Auch wenn die ganze Menschheit untergehen würde, wenn die totale Katastrophe einträte, gäbe es niemanden da draußen, den das nur im Geringsten interessieren könnte. Wir schauen in den Sternenhimmel – kalte, gleichgültige Materie gähnt uns entgegen.

Wie könnte unser Dasein also sinnvoll sein? Darauf möchte ich Antworten finden.

Ein Buch über den Sinn des Lebens – das klingt nach einem gewaltigen Vorhaben. Zu groß scheint das Thema, zu diffus die Frage nach Sinn. Und was ließe sich überhaupt allgemein darüber sagen? Wenn es keinen vorgegebenen Sinn gibt, kann dann nicht jeder seinen eigenen Sinn schaffen?

Das ist nicht auszuschließen und könnte am Ende unserer Suche durchaus die Antwort sein. Aber auch eine solche Antwort wäre erklärungsbedürftig und würde die Frage aufwerfen, was genau es bedeutet, dem Leben einen eigenen Sinn zu geben. Möglich wäre auch, dass ein selbst geschaffener Sinn letztlich nur Selbstbetrug ist. Mag sein. Doch diese Behauptung würde wiederum eine Begründung erfordern. Denn können wir uns in dem Gefühl, ein sinnvolles Leben zu führen, wirklich täuschen?

Wir sollten offen an dieses Gewirr von Fragen herangehen. Offen dafür, einen Sinn zu finden. Offen auch dafür, einer möglichen Sinnlosigkeit ins Auge zu sehen. So wird das aufrichtige Nachdenken zum einzigen Maßstab, an dem sich die Reise der kommenden Seiten orientieren soll. Was auch immer das Ergebnis sein wird, die Hoffnung ist, bereits durch diesen Weg unser Leben etwas besser zu verstehen. Zu diesem Verstehen beizutragen, das ist eine Aufgabe der Philosophie.

Doch wie vorgehen?

Natürlich gibt es eine Vielzahl von kursierenden Antworten auf die Sinnfrage. Manche Menschen meinen, der Sinn des Lebens sei es, die Welt zu einem besseren Ort zu machen. Andere sagen, Sinn sei nur in der Liebe zu finden. Häufig hört man auch, der Sinn bestehe darin, glücklich und für das eigene Leben dankbar zu sein. Oder es sei unser Sinn, moralisch zu handeln, an den Herausforderungen des Lebens zu wachsen und die eigenen Talente zu entfalten.

Vielleicht ist eine dieser Antworten die richtige. Vielleicht haben sie auch alle einen wahren Kern. Möglicherweise aber ist der Sinn des Lebens viel mysteriöser und komplexer, als es diese Aussagen nahelegen. Wie können wir feststellen, was stimmt?

Nun, wir könnten auf unsere Erfahrungen zurückgreifen und überlegen, was uns ein Gefühl von Sinnhaftigkeit vermittelt. Vermutlich ist das bei jedem Menschen leicht unterschiedlich. Dies würde die These stützen, dass wir unseren eigenen, persönlichen Sinn des Lebens finden müssen und eine allgemeine Antwort unmöglich ist. Aber stimmt das?

Die Komplexität der Frage macht es schwierig, einfach loszupreschen und zwischen verschiedenen Antworten abzuwägen. Uns fehlt ein verlässliches Kriterium, um tiefsinnig klingende Faselei von echter Weisheit zu unterscheiden. Sogar die Eckdaten des Sinns sind bisher unklar: Kann man ihn finden oder muss man ihn schaffen? Kann es nur einen geben oder mehrere? Haben alle Menschen den gleichen oder jeder einen anderen? Ist Sinn eine Tatsache oder ein Gefühl? Kommt Sinn von außen oder aus uns selbst heraus?

Wenn man bei der Lösung nicht weiterkommt, ist es oft hilfreich, sich das Problem näher anzuschauen. Treten wir also einen Schritt zurück: Was bedeutet eigentlich die *Frage* nach dem Sinn des Lebens?

Offensichtlich wäre es wenig vielversprechend, eine Antwort zu suchen, wenn wir die Frage nicht verstehen! Doch worauf sich die Sinnfrage bezieht, ist leider gar nicht so leicht festzustellen. Denn auch hier gibt es verschiedene Möglichkeiten. Eventuell fragen wir, ob unsere Lebensgeschichte eine verborgene Bedeutung hat. Oder wir fragen nach einer Mission, die es umzusetzen gilt; oder nach einer Eigenschaft, die unser Leben ganz automatisch hat, unabhängig von dem, was wir tun. Oder es geht eher darum, ob das, was uns geschieht, einen Sinn hat. Außerdem müssen wir klären: Fragen wir nach dem Sinn unseres individuellen Lebens oder nach dem Sinn der Menschheit? Oder meinen wir den Sinn allen Lebens und damit auch der Tiere und Pflanzen?

Nicht nur gibt es eine Vielzahl von Antworten auf die Sinnfrage, auch die Frage selbst ist äußerst mehrdeutig. Das macht unser Vorhaben noch komplexer und verwirrender. Um welche Version der Sinnfrage geht es überhaupt?

Erneut müssen wir zurücktreten, diesmal nicht nur hinter die verschiedenen Antworten auf die Sinnfrage, sondern sogar hinter die Frage selbst. Wir müssen überlegen, *warum* wir überhaupt nach dem Sinn des Lebens fragen.

Laut Aristoteles (384–322 v. Chr.) ist das Staunen über die Welt und eine daraus resultierende Neugier der Antrieb aller Philosophie.[9] Trifft das auch auf die Sinnfrage zu? Natürlich könnten wir sie aus Neugier stellen, ganz nach dem Motto: Es wäre interessant, den Sinn des Lebens zu erfahren; und auch, warum sich Eis zu Kristallen formt, würde ich gern wissen.

Im Regelfall ist der Motor unseres Fragens jedoch kein neugieriges Interesse. Vielmehr beginnen wir zu fragen, weil wir plötzlich zweifeln. Ähnlich wie René Descartes (1596–1650) von dem nagenden Zweifel angetrieben war, all sein Wissen könne wohlmöglich auf Täuschungen basieren,[10] entspringt auch die Sinnfrage einem tiefen Zweifel an unserem Leben in dieser Welt.

Es ist schwer zu sagen, was genau wir uns von einer Antwort versprechen. Insgesamt aber hoffen wir, dass sie geeignet ist, solche Zweifel zu beruhigen, uns wieder Boden unter den Füßen zu geben und uns mit der Welt zu versöhnen. Hinter der Sinnfrage stehen also existenzielle Zweifel und Hoffnungen. Ja, wir können sogar noch weitergehen und sagen: Die Frage nach dem Sinn des Lebens versucht, ein emotionales Bedürfnis in Worte zu fassen. Und gerade deshalb ist die Frage so diffus.

Wenn wir also begreifen, aus welchen Zweifeln und Sehnsüchten heraus Menschen die Sinnfrage stellen, dann verstehen wir auch die Frage besser. Dann wissen wir, wonach wir überhaupt suchen.

Hierfür müssen wir mutig sein. Die Sinnfrage stellt sich uns nur selten in zufriedenen Momenten, sondern vor allem wenn wir Sinn verloren haben oder anderweitig vermissen. Eine solche Sinnleere muss nicht unbedingt Selbstmordgedanken aufwerfen, sie kann auch als kurze Verunsicherung durch den Alltag blitzen. Aber gerade dann ist die Versuchung groß, sich schnell abzulenken und die Sinnfrage in den Hintergrund zu drängen. Die existenzielle Angst, das Leben könne *keinen* Sinn haben, ist also sowohl Ursprung unserer großen Frage als auch ein Grund, warum wir sie selten weiterverfolgen.

Nun gilt es, nicht mehr auszuweichen, den Zweifel zum Kompass zu machen, uns von ihm leiten zu lassen, auf einem unbekannten Weg. Nur wenn wir uns dem Zweifel stellen, werden wir ihn auflösen können. Oder auch nicht – vielleicht gibt es keinen Sinn, keine Versöhnung. Aber dann können wir dieser Tatsache wenigstens ins Auge blicken und versuchen, damit bewusst umzugehen.

Damit haben wir einen Ansatz für unsere Reise: Es ist die Methode des Zweifelns, um mit Descartes zu sprechen. Ausgangspunkt all unserer Überlegungen ist eine tiefe Skepsis: Ist das Leben womöglich sinnlos?

Dieser Zweifel kann sich in Sinnkrisen verfestigen. Aber was lässt uns zweifeln? Was fehlt uns in solchen Momenten? Nur wenn wir dies verstehen, begreifen wir auch die Frage nach dem Sinn des Lebens – und können anschließend Antworten finden.

In den folgenden Kapiteln werden daher vier zentrale Auslöser von Sinnkrisen im Mittelpunkt stehen: die Erfahrungen von Ziellosigkeit, von Vergänglichkeit, von Unwichtigkeit und das Gefühl einer Fremdheit gegenüber dieser Welt.

Indem wir diese psychologischen Phänomene in eine philosophische Betrachtung überführen, können wir untersuchen, ob das Leben tatsächlich so sinnlos ist, wie es in Phasen des Zweifelns scheinen mag. Eine Verunsicherung und ein Sinnbedürfnis sind der Anlass für unsere Reise. Mit Hilfe der Philosophie werden wir diese Erfahrungen deuten und in Fragen übersetzen, die sich beantworten lassen.

Die Suche nach Sinn zieht sich durch unterschiedliche Bereiche unseres Lebens. Das macht das Thema so vielschichtig und spannend. Auf dem vor uns liegenden Weg werden wir uns mit Schöpfungsmythen beschäftigen und der Frage, warum wir hier sind. Wir werden das wissenschaftliche Weltbild auf den Prüfstand stellen und überlegen, welcher Sinn vor diesem Hintergrund überhaupt möglich ist. Wir werden darüber nachdenken, wofür es sich anzustrengen lohnt, was Sinn von Glück unterscheidet und Sinn von Moral. Es wird um den Tod gehen und um Möglichkeiten der Versöhnung; um die Fortschrittsgesellschaft, das ewige Höher, Schneller, Weiter; um Arbeitskontexte, das Hamsterrad-Gefühl, die Suche nach Selbstverwirklichung; außerdem um Liebe und Freundschaft, um den gelingenden Dialog, wenn sich zwei Menschen füreinander öffnen. Auch die Suche nach einem Schicksal kommt zur Sprache und die Sehnsucht nach Verbundenheit. Wir werden das zunehmende Gefühl von Einsamkeit unter die Lupe nehmen und die Möglichkeiten, durch unseren Körper, durch Sinnlichkeit einen Sinn zu erfahren. Wir werden überlegen, wie wir der Welt sprachlich einen Sinn abgewinnen können und was Wahrheit ist. Auch mit der Frage nach Identität werden wir uns beschäftigen, damit, wie wir einen Platz finden können, wenn feste Rollenbilder wegbrechen. Auf manchen Strecken dieser turbulenten Reise wird uns die Psychologie helfen, an anderen Stellen die Soziologie. Meist steht die philosophische Betrachtung im Vordergrund.

Ausgangspunkt sind verschiedene Zweifel, Sehnsüchte und Fragen des Herzens. Wenn wir sie nun in Worte fassen, werden wir zwar Nuancen verlieren, aber wir können uns ihnen immerhin sprachlich annähern – und dadurch viel gewinnen. So ist es mit dem Sinn wie mit der Freiheit oder der Liebe: Am Ende kommt es darauf an, diese schwer zu beschreibenden Eigenschaften des Lebens praktisch zu verwirklichen, anstatt sie theoretisch zu zerdenken. Doch von Zeit zu Zeit kann es auch wertvoll sein, sich zurückzuziehen, zu philosophieren und über Dinge zu sprechen, von denen man auf Dauer nicht schweigen kann.[11]

I

WARUM BIN ICH HIER?

Wozu das alles, denke ich und starre auf die geschlossene Tür. Immer noch bin ich atemlos. Meine Hand umklammert das kalte Metall der Klinke. Ich habe mich beeilt, der elende Berufsverkehr, dann kam der Fahrstuhl nicht, ich musste die Treppen nehmen. Nun, endlich, stehe ich vor dem Besprechungszimmer, sechs Minuten verspätet, das ist noch verkraftbar. Ich stehe da, möchte meinen Atem beruhigen, will beeilt, aber nicht gehetzt wirken, wenn ich gleich die anderen begrüße. Langsam und kontrolliert atme ich aus; die ausströmende Luft hinterlässt eine Leere in meiner Lunge, hinterlässt eine Leere in mir drin. Wozu das alles?

Wozu dieser rastlose, vergeudete Morgen? Wozu diese Panik, zu spät zu kommen? Wozu diese ergebnislosen Besprechungen, die Wichtigtuerei, all der Stress? Das kann nicht alles sein, denke ich. Da muss es doch um mehr gehen.

In Momenten der Sinnkrise werden solche Zweifel existenziell. Die kleinen Sinnlosigkeiten des Alltags türmen sich auf zu einem Berg aus Bedeutungslosigkeit.

Aber woran leiden wir genau? Was ist das für eine vermeintliche Sinnlosigkeit, die hier problematisch wird? Und weshalb fällt es überhaupt so schwer, den eigenen Sinn zu erkennen?

Bei all den Dingen um uns herum ist das schließlich kein Problem. Der Mantel, den wir tragen, hat den Sinn, uns zu wärmen. Ampeln haben den Sinn, Verkehr zu regeln. Menschen spannen ihre Regenschirme auf. Der Sinn dieser Schirme ist es offensichtlich, sie trocken zu halten. Mülleimer, Straßenschilder, Asphalt, Schuhe, Gebäude, Türen, Bäckereien, Autos … Alles scheint für irgendetwas gut zu sein, alles hat seinen Zweck, seinen Platz im Gesamtsystem und daher auch seine Daseinsberechtigung. Warum steht hier diese Ampel? Warum sie nicht einfach abreißen? Auf diese Fragen gibt es klare Antworten. Doch was ist unser Sinn?

Sinn als Zweck

In Momenten des Zweifelns schwingt der Wunsch mit, nicht grundlos auf dieser Welt zu sein, für irgendetwas gut zu sein und deshalb auch Gründe zu haben, durchs Leben zu gehen. Die klassischste aller Varianten der Sinnfrage zeichnet sich ab: Wir sind in diese Welt hineingeboren, aber wozu? Warum sind wir hier?

Schauen wir uns diese Frage genauer an. Hier wird nach einem Grund gefragt, aber nicht nach irgendeinem, sondern ganz konkret: nach einem Zweck unserer Existenz. Und das scheint durchaus logisch, wenn es um das Thema Sinn geht. In sehr vielen Fällen ist der »Sinn« einer Sache ja sein Zweck. Fragt uns zum Beispiel jemand, was der Sinn eines Regenschirmes ist, dann werden wir antworten, sein Sinn sei es, Menschen vor Regen zu schützen. Das Wort »Sinn« lässt sich hier verlustfrei gegen das Wort »Zweck« austauschen, ja, wir *meinen* den Zweck des Regenschirms, wenn wir nach dessen Sinn fragen. Das gilt auch in vielen anderen Kontexten. »Was ist der Sinn dieser Besprechung?«, genauso gut könnte man fragen: »Was ist der Zweck dieser Besprechung?«. Sinn und Zweck – das sind in diesem Fall Synonyme.

Nach dem Zweck des menschlichen Lebens zu fragen hat eine lange Tradition in der Philosophiegeschichte. Vor mehr als zweitausend Jahren überlegte schon Aristoteles, was der *télos* des Lebens sei.[1] Der Begriff *télos* lässt sich ungefähr mit Zweck oder Ziel übersetzen. Diesen Sinn, der als Zweck verstanden werden kann, bezeichne ich fortan als *zweckhaften Sinn*.

Also, was ist der Zweck unseres Daseins?

Sogar Aristoteles hielt das für eine komplizierte Frage und näherte sich ihr daher über einen Vergleich. Weil es zu seiner Zeit keine Regenschirme gab, nahm er ein Messer unter die philosophische Lupe. Dessen Zweck ist es offensichtlich zu schneiden. Aber woher wissen wir das?

Aristoteles ging die Sache etwas verkopft an. Ihm zufolge erkennen wir den *Sinn* eines Messers, wenn wir darüber nachdenken, was sein *Wesen* ausmacht, und das eben ist: die Fähigkeit zu schneiden. Natürlich gibt es stumpfe Messer. Aber ein Gegenstand, der überhaupt nicht schneiden kann, ist allenfalls ein Pseudo-Messer.

Nun sind Messer, genau wie Regenschirme, menschliche Erfindungen. Stellen wir uns daher vor, wie in einer kleinen Hütte am Rande Athens ein Schmied steht, vor sich ein Amboss, darauf eine glühende Klinge. Von seinem Gesicht rinnen Schweißperlen, die mit einem leisen Zischen verdampfen, wenn sie auf das heiße Metall fallen. Er schmiedet ein Messer, schmiedet dessen *télos*. Wie schafft er das?

Offensichtlich hat er bereits eine Vorstellung von dem Messer. Er will einen Gegenstand herstellen, der möglichst gut schneiden kann. Und dieses Ziel leitet seinen Arbeitsprozess. Das heißt, noch bevor das Messer in die Welt kommt, existiert dessen Zweck bereits im Kopf des Schmiedes. Hier gilt also: erst der Zweck, dann das Messer.

Aber gilt das Gleiche auch für uns? Können wir Menschen überhaupt mit Regenschirmen oder Messern vergleichen?

Nein, meinte Jean-Paul Sartre und übte, ohne Aristoteles beim Namen zu nennen, in seinem berühmten Vortrag *Der Existentialismus ist ein Humanismus* grundlegende Kritik an dessen Lehre: »Betrachten wir einen hergestellten Gegenstand, zum Beispiel ein Buch oder ein Papiermesser, so wurde dieser Gegenstand von einem Handwerker angefertigt, der sich von einem Begriff hat anregen lassen [...] Wir sagen also, dass in Bezug auf das Papiermesser die Essenz – das heißt die Summe der Rezepte und der Eigenschaften, die erlauben, es anzufertigen – der Existenz vorausgeht.«[2]

Wenn wir, wie Aristoteles, Menschen mit Messern vergleichen und auf ähnliche Weise nach deren Sinn fragen, dann nehmen wir indirekt an, dass Menschen zu einem bestimmten Zweck erschaffen wurden, den es nun herauszufinden gilt. Diese Perspektive setzt einen Schöpfergott voraus, der, so Sartre, in unserer Vorstellung »einem höherstehenden Handwerker angeglichen« wird.[3] In diesem Fall betrachten wir Menschen implizit, als wären sie von irgendjemandem gezielt hergestellt worden.

Sartres Überlegungen sind einleuchtend. Zwecke gibt es nur dort, wo es Absichten gibt. Und dafür muss es jemanden geben, der überhaupt etwas beabsichtigen kann. Der Schmied hat die Absicht, einen Gegenstand herzustellen, der schneiden kann. Analog dazu ist es in den meisten Religionen ein Gott, der unsere Spezies zu einem bestimmten Zweck in die Welt gebracht hat. Wo jedoch niemand ist, der etwas beabsichtigen und bezwecken kann, da gibt es auch keine Zwecke.

Gott ist also eine notwendige Bedingung für einen solchen zweckhaften Sinn. Eine hinreichende Garantie wäre er streng genommen allerdings nicht. Denn es wäre ja denkbar, dass Gott uns völlig grundlos erschaffen hat, einfach so, ohne *télos*. Das erscheint den meisten Gläubigen allerdings sehr unwahrscheinlich. Ebenso wie Menschen fast nie zweckfrei handeln, muss doch auch Gott irgendetwas im Sinn gehabt haben, als er uns erschuf. Und was auch immer er »im Sinne« hatte, formuliert der Philosoph Günther Anders (1902–1992), das wäre dann unser Sinn.[4]

Doch was, wenn da niemand war, der irgendetwas im Sinn hatte? Dann steht keine Absicht hinter unserem Dasein und kein verborgener Zweck. Insofern ist die Existenz Gottes eine Voraussetzung dafür, dass sich die große Frage beantworten lässt: Wozu sind wir hier?

Deshalb war die Evolutionstheorie geistesgeschichtlich auch so erschütternd. Sie bot einen radikalen Gegenentwurf zu bisherigen Erklärungsmodellen. Bis dahin führte die Frage, warum Menschen auf dieser Erde existieren, direkt zum Glauben an göttliche Schöpfer oder andere kosmische Kräfte. Solche Gedanken drängten sich förmlich auf. Irgendwoher musste der Homo sapiens schließlich kommen! Wahrscheinlich wurde er von einem höheren Wesen geschaffen – und das wird sich etwas dabei gedacht haben. Die Tatsache, *dass* wir überhaupt existieren, deutete also bereits darauf hin, dass unsere Existenz auch irgendeinen Grund, irgendeinen Sinn hatte.

Bis Darwin die Bühne betrat. Quasi über Nacht präsentierte er eine alternative Antwort auf die uralte Frage, warum wir hier sind. Und diese Antwort kam ganz ohne irgendein *télos* aus. Auf sehr überzeugende Weise erklärte sie die Entstehung des Homo sapiens als eine Kette von Ursachen und Wirkungen.

Das war weit mehr als nur eine »Kränkung« des Egos, die Freud diagnostiziert hatte. Das Unvorstellbare wurde plötzlich sehr wohl vorstellbar: dass es überhaupt keinen Sinn gibt, weshalb die Menschheit zu existieren begann.

Die große Revolution

Warum gibt es Menschen? Darwin hatte darauf eine komplett andere Antwort als bisherige Entstehungsgeschichten. Denn er lieferte eine Erklärung unserer Existenz, keine Begründung.[5] Was ist der Unterschied?

Stell dir vor, du gehst abends durch die Stadt. Noch bevor du um eine Straßenecke biegst, hörst du lautes Gejubel. Betrunkene Menschen scheinen irgendeinen Schabernack zu treiben. Zögernd biegst du um die Ecke – und siehst überall Scherben auf dem Asphalt.

»Warum liegen hier überall Scherben?«, fragst du.

»Weil wir Geschirr auf den Boden geworfen haben«, antwortet eine Person.

Das ist eine Erklärung. Hier wird eine wirkende Ursache genannt, die zu einem bestimmten Ergebnis geführt hat.[6] Menschen haben Geschirr gegen eine harte Oberfläche geschmettert, so dass es beim Aufprall zerbrach. Ein physikalischer Vorgang.

»Aber warum habt ihr Geschirr auf den Boden geworfen?«

»Weil Polterabend ist und wir dem Brautpaar auf diese Weise Glück wünschen.«

Das wiederum ist eine Begründung. Hier wird ein Zweck genannt, eine Absicht.

Verwirrend ist nun, dass sowohl Erklärungen als auch Begründungen auf Warum-Fragen antworten. Grammatikalisch haben sie oft die gleiche Struktur, aber inhaltlich sind sie komplett verschieden. »Warum gewittert es?« Das können wir *erklären*, indem wir auf Ursachen verweisen, etwa auf den Luftdruck oder elektrische Spannungen. »Warum putzt du dir die Zähne?« Das wiederum können wir *begründen*, indem wir auf Zwecke verweisen, in diesem Fall: um unsere Zähne gesund zu halten. Hier lässt sich das »Warum?« auch als ein »Wozu?« verstehen. Schließlich könnte man genauso gut fragen: »*Wozu* putzt du deine Zähne?«. Bei Erklärungen hingegen lassen sich diese Wörter nicht austauschen. Auch hieran sehen wir, dass ein »Warum?« zwei ganz verschiedene Bedeutungen haben kann.

Und an diesem kleinen Unterschied wird deutlich, weshalb Naturwissenschaften keine Sinnfragen beantworten können. Denn sie können nur sagen, warum dieses und jenes passiert – aber nicht wozu. Wissenschaften *erklären*, weshalb die Welt ist, wie sie ist – sie *begründen* es nicht. Solche Erklärungen sind zwar äußerst weitreichend; wenn wir aber nach dem Warum unserer Existenz fragen, wollen wir keine Geschichte über den Urknall, die Evolution oder befruchtete Eizellen hören. Eine solche Antwort ist sachlich nicht falsch, sie geht aber an der Frage vorbei, die eine Begründung verlangt, einen Zweck unseres Daseins.

Seit Charles Darwin wird die Entstehung der Menschheit erklärt wie eine Reihe umfallender Dominosteine. Manche Gläubigen versuchen, diese Domino-Perspektive in Einklang mit religiösen Annahmen zu bringen. Als unbewegtem Beweger kommt Gott dann die Rolle zu, den ersten Stein angestoßen zu haben. Das Evolutionsmodell kommt jedoch auch wunderbar ohne solche Annahmen aus. Oder es wird behauptet, dass der Evolutionsprozess durch eine göttliche Hand geleitet wurde und der Homo sapiens von Anfang an Teil dieses Plans war. Diese Theorie wiederum funktioniert nur, wenn beide Weltbilder gehörig verbogen werden, um halbwegs zueinanderzupassen.

Denn eine Kernaussage der Wissenschaft lautet: Die Dominosteine hätten ganz anders fallen können. Sowohl die Existenz jeder einzelnen Person wie auch der Menschheit insgesamt basieren wesentlich auf Zufall. Wären wir zwei Tage später gezeugt worden, dann hätte ein anderes Spermium das Rennen gemacht und uns gäbe es nicht, stattdessen aber eine andere Person, die von unseren Eltern mit gleicher Liebe aufgezogen worden wäre. Zufällig waren auch die Mutationen, die unsere Spezies überhaupt erst hervorgebracht haben. Und einem glücklichen Zufall haben wir es zu verdanken, dass die Menschheit nicht durch einen gigantischen Asteroiden ausgelöscht wurde, wie damals die Dinosaurier.

So gesehen ist das Universum eine Mischung aus Würfelspiel und Dominoketten, aus Zufall und Mechanik. Beide Elemente lassen keinen Platz für irgendwelche Zwecke.

Möglicherweise widerspricht diese Sichtweise unserer Intuition. Schließlich scheint in der Natur alles für irgendetwas gut zu sein. Unsere Beine und Füße ermöglichen uns eine selbständige Fortbewegung, Muttermilch ernährt Babys. Mit unseren Händen können wir Dinge greifen und verändern. Bienen bestäuben Blüten, sorgen ungewollt für den Fortbestand der Blumen und sichern dadurch wiederum das Überleben der eigenen Art. Jedes einzelne Element des natürlichen Kreislaufs scheint eine Funktion zu haben. Nur die Menschheit scheint insgesamt eher schädlich als nützlich zu sein.

Doch nur weil wir in der Natur überall Strukturen und Muster finden, können wir nicht auf einen dahinterliegenden Sinn schließen. Auch diese Zusammenhänge lassen sich wissenschaftlich *erklären*. Denn unsere Hände sind nicht entstanden, um einen bestimmten Zweck zu erfüllen. Sapiens mit besser ausgebildeten Händen hatten einfach höhere Überlebenschancen und konnten ihre Gene daher häufiger weitergeben. Besser ausgebildet heißt hier so viel wie: hilfreich für das Überleben in einer bestimmten Umgebung.[7]

Entsprechend können wir auch die Funktionen von Augen, Ohren und Hornhaut erklären oder die Bestäubung von Blüten durch Bienen. All diese Elemente haben zwar eine Funktion innerhalb ihres Systems – jedoch keine bezweckte Funktion, sondern eine zufällig entstandene Funktion, die zufälligerweise einen evolutionären Vorteil darstellte und deshalb fortbestand.

Sogar all das können wir also erklären. Und eben diese enorme Reichweite wissenschaftlicher Erklärungen in Verbindung mit ihrer Kraft, Vorhersagen zu machen und neue Technologien zu entwickeln, waren maßgeblich für ihren Siegeszug.

Der genannte Wechsel von Begründungen zu Erklärungen hatte bereits vor Darwin begonnen. Besonders ausschlaggebend waren die Forschungen von Galileo Galilei. Zu Beginn des 17. Jahrhunderts entwickelte er seine Methoden, mit denen er Beobachtungen von Naturphänomen mit gezielten Experimenten, Messungen und Berechnungen kombinierte. Es war die Geburtsstunde der modernen Naturwissenschaften. Die empirische Forschung wurde als überlegener Weg zu neuen Erkenntnissen gesehen; philosophisch oder theologisch begründete Aussagen über die Natur verloren an Bedeutung.

Dieser Wechsel war eng verbunden mit der Entstehung eines neuen Weltbildes, wie wir es am Beispiel der Evolutionstheorie konkret gesehen haben. Das Universum wurde nicht mehr als ein System von Zwecken und verborgenen Absichten verstanden, sondern als etwas, das auf rein kausal-mechanistischem Wege seine zufällige Gestalt gefunden hatte.[8]

»Um eine Sonnenfinsternis vorherzusagen, ist es erforderlich, ihre Ursachen, nicht ihren Zweck zu kennen. Folglich widmete sich die Wissenschaft ab dem 17. Jahrhundert ausschließlich der Untersuchung von Ursachen [...] Dieser stille und fast unbemerkte Wandel war die größte Revolution in der Geschichte der Menschheit und stellt jede der politischen Revolutionen, die die Welt in Atem hielten, bei weitem in den Schatten«, beschreibt der Philosoph Walter Terence Stace (1886–1967) diese Entwicklung. Und weiter: »Auf diese Weise ist in den letzten dreihundert Jahren [...] ein neues Weltbild entstanden. Ihm zufolge leben wir in einer Welt ohne Zweck, ohne Sinn und ohne Bedeutung. Die Natur ist nichts anderes als bewegte Materie. Die Bewegungen der Körper unterliegen keinem Zweck, sondern blinden Naturkräften und -gesetzen.«[9]

Der Physiknobelpreisträger Steven Weinberg brachte diese Perspektive mit einem oft zitierten Satz auf den Punkt: »Desto besser wir das Universum zu verstehen scheinen, desto sinnloser erscheint es auch«.[10] Gemeint ist damit vor allem, dass immer mehr Phänomene rein physikalisch erklärt werden können. Verborgene Zwecke haben ausgedient. Vielen Menschen erscheint das heute völlig normal. Das Universum »ist schlicht und einfach ein physikalisches System, wo soll da der Sinn liegen?«, fasst die Astronomin Margaret Geller nüchtern zusammen.[11]

So eine Aussage wäre vor Galilei völlig undenkbar gewesen. Wenn der ganze Kosmos, die ganze Natur, jedes Blatt und jede Laus von Gott kommen, dann hat auch alles etwas zu bedeuten, deutet auf ihn hin, ist Ausdruck seines Willens. Es ist gewollt. Heute sehen wir aber, dass sogar hochkomplexe und atemberaubend schöne Formen in der Natur kausalistisch erklärt werden können – zum Beispiel Eiskristalle.

So veränderte sich der Blick auf die Welt, in der wir leben. Und das hatte natürlich auch massive Auswirkungen darauf, wie viele Menschen ihr Leben bis heute verstehen und gestalten. Schließlich ist es keine wertneutrale Deutung, alles als Ausdruck eines göttlichen Willens zu beschreiben. Ein solches Weltbild gibt Orientierung. Das, was natürlicherweise existiert, ist immer auch gut, hat irgendeinen Sinn. Auch die Existenz der Menschen ist aus dieser Perspektive gut und richtig. Und ihr Leben führen sie in einer Welt, die bereits verborgene Hinweise darauf enthält, wie mit ihr umzugehen ist.

Damit war nun Schluss. Und auf eine subtile Weise prägt dieser geistesgeschichtliche Paradigmenwechsel vermutlich auch noch heutige Sinnkrisen. Ausgehend vom europäischen Raum entfaltete er einen gewaltigen Einfluss auf beinahe alle Kulturkreise. Die Welt, in der Menschen nach Sinn suchten, wurde eine andere.

Diese Welt ist nun eine zwecklose Welt. Der Homo sapiens ist eine völlig zwecklose Spezies; er ist einfach da, grundlos, niemand hat sich dabei etwas gedacht, es gibt keine höhere Aufgabe der Gattung oder des Einzelnen. Nichts wurde zu einem bestimmten Zweck erschaffen oder bleibt zu einem bestimmten Zweck von der Vernichtung verschont. Wozu bin ich hier? Wozu gibt es Menschen und Pflanzen? Wozu gibt es überhaupt dieses ganze Universum mit all seinen Sternen und Planeten? Folgen wir dem wissenschaftlichen Weltbild – und dafür gibt es gute Gründe –, dann gibt es darauf keine Antworten. Da ist kein tieferer Zweck, weshalb die Welt ist, wie sie ist. Sie hätte genauso gut anders sein können. Wenn wir diese Perspektive einnehmen, verdichten sich die lebenspraktischen Zweifel auch philosophisch: Ist das Leben wohlmöglich sinnlos?

SINNLOSER SINN UND WERTLOSE ZWECKE

Um die Sinnfrage zu beantworten, müssen wir sie zuerst besser verstehen. Schicht für Schicht wollen wir sie entblättern und freilegen. Vollständig haben wir sie noch nicht erfasst, aber erste Erkenntnisse können wir festhalten.

Die Frage nach dem Sinn des Lebens kann verstanden werden als die Frage nach einem Zweck, welcher unserer Existenz vorausgeht. Doch den könnte es nur geben, wenn uns ein göttliches Wesen mit einer bestimmten Absicht erschaffen hätte. Erklären wir die Welt hingegen wissenschaftlich, müssen wir sie als zwecklos und in dieser Hinsicht als sinnlos begreifen.

Das mag ein Nährboden sein, auf dem Sinnkrisen in der gesellschaftlichen Moderne besonders gut gedeihen. Aber haben wir damit den Kern der Sinnfrage erfasst, ist dies wirklich das Problem?

Kehren wir noch einmal zum Zweifel zurück: In Momenten der Sinnkrise fühlen wir uns wertlos und überflüssig. Ein höherer Sinn, ein Grund, weshalb wir auf der Erde sind, könnte diese Gefühle möglicherweise auflösen. Dann gäbe es einen verborgenen Zweck, dem unser Leben insgeheim dient – oder dienen sollte. Doch »Gott ist todt!«, das bedeutet auch: Wir können keinen »höherstehenden Handwerker« erkennen, der irgendetwas im Sinn hatte, als er uns erschuf. Dieser Gedanke kann schmerzen. Aber warum eigentlich? Was ist daran so tragisch?

Man könnte an dieser Stelle ja einwerfen, ein festgelegter Zweck unserer Existenz würde vor allem Unfreiheit bedeuten. Denn würde er uns nicht auf eine bestimmte Lebensweise verpflichten? »Wie gut, dass es keinen solchen Sinn gibt!«, könnte man deshalb ausrufen, anstatt sein Fehlen zu betrauern. Und würde uns ein solcher Sinn nicht zu einem bloßen Mittel herabwürdigen? Schließlich würden wir dann nur existieren, um irgendeine Funktion zu erfüllen, wie ein Ding, wie ein Messer, das keinen Wert an sich hat, sondern nur einen abgeleiteten Wert, weil es für irgendetwas nützlich ist. Ja, kommen darin nicht sogar oberflächliche, geradezu kapitalistische Vorstellungen zum Ausdruck, nämlich, dass wertlos ist, wer keinen Zweck erfüllt?

Das ist ein durchaus gewichtiger Punkt. Wenn wir, wie Aristoteles, über den Sinn des Lebens nachdenken wie über den Sinn von Messern, dann betrachten wir Menschen als Objekte, meist als Objekte einer göttlichen Schöpfung. In dieser Geschichte ist der Mensch reichlich passiv; er wurde zu irgendeinem Zweck erschaffen und darin besteht nun sein Lebenssinn. Diese Vorstellung blendet einen entscheidenden Punkt aus: Menschen sind Subjekte, sie selbst sind schöpfende und gebärende Wesen – sie sind *Wesen, die einen Anfang machen können*, um mit Hannah Arendt zu sprechen.[12]

Aristoteles fragte nach dem Sinn von Menschen wie nach dem Sinn von *Etwas*. Wir aber sind *Jemand*! Daher noch einmal: Was wäre eigentlich so schlimm daran, wenn es keinen Zweck und Grund gäbe, weshalb Menschen auf dieser Erde sind?

Wenn wir uns überlegen, in welchen Situationen die Frage nach dem zweckhaften Sinn auftaucht – und zwar als eine existenziell wichtige Frage –, dann sind dies Momente, in denen uns all unser Tun sinnlos vorkommt. Als wäre letztlich alles vergeblich, nichts wirklich wichtig. Wir sind zwar Wesen, die einen Anfang machen können. Aber welcher Anfang lohnt schon?

Und so ist dies die zentrale Sehnsucht hinter der Frage nach einem zweckhaften Sinn: Wir wünschen uns eine Aufgabe, für die es sich einzusetzen, zu leben und im Zweifel auch zu leiden oder sogar zu sterben lohnt. Wir fragen nicht aus bloßem Wissensdurst nach einem Zweck unserer Existenz, sondern aus praktischen Gründen: um unser Leben daran auszurichten. Der Sinn des Lebens soll uns einen Kompass an die Hand geben.

Wer nach Sinn sucht, möchte nicht bloß die Welt etwas besser verstehen, sondern auch wissen: »Was ist der Sinn, von dem ich mich leiten lassen sollte? Wie soll ich leben?« Es ist die Sehnsucht, im täglichen Handeln einen tieferen Zweck, eine Bestimmung, zu erkennen und umzusetzen.

In den meisten Religionen werden solche Fragen beantwortet. Die Begründung menschlichen Daseins wird unmittelbar an konkrete Aufgaben gekoppelt. Zu den ältesten bekannten Schöpfungsmythen gehört das etwa 1800 v. Chr. entstandene Atrahasis-Epos. Diese sumerische Geschichte berichtet von einem folgenschweren Streit: Vor langer Zeit lebte eine Vielzahl von Göttern. Doch das göttliche Dasein war nicht immer spaßig, zumindest nicht für die Igigu. Diese niederen Götter mussten für die Anunnaki arbeiten. Mühsam hielten sie die Bewässerung der Felder aufrecht und legten ganze Flüsse an. Währenddessen teilten die Anunnaki den Wohlstand unter sich auf. Bis es zu einer Rebellion kam: Mitten in der Nacht umzingelten die Igigu das Haus von Enlil, einem mächtigen Gott der Anunnaki, und erklärten ihren Streik. Erschöpft und wütend waren sie, weigerten sich, auch nur einen weiteren Spatenstich zu tun. Die Situation war angespannt, Verhandlungen scheiterten, es drohte Blutvergießen. Schließlich fanden die höheren Götter einen Ausweg aus der heiklen Lage: Sie erschufen den Menschen. Problem gelöst. Von nun an konnten sich beide Götterfamilien entspannen –, denn alle harte Arbeit wurde vom Homo sapiens übernommen.[13]

Es drängt sich der Verdacht auf, dass einige Menschen im alten Babylon wesentlich mehr von diesem Mythos profitierten als andere. Ja, dass Fragen über den Sinn und Unsinn des Lebens häufig auch Machtfragen sind. Aber dazu später mehr.

»Los, arbeite! Dazu wurde deine Spezies erschaffen!«, dröhnt es aus dem Himmel. Ein solcher Sinn muss aktiv verwirklicht werden. Jedes Menschenleben *hat* gemäß dieser Erzählung zwar prinzipiell einen Sinn, *ist* aber erst dann sinnvoll, wenn auch gearbeitet wird.

Wäre das eine befriedigende Antwort auf die Sinnfrage? Was die Menschen im antiken Mesopotamien darüber dachten, wissen wir nicht, aber das ist für unsere Reise auch nicht wichtig. Entscheidend ist vielmehr die grundsätzliche Frage: Wäre *jeder* göttliche Zweck gleichermaßen geeignet, um das eigene Leben als sinnvoll zu erfahren?

Wohl kaum. Ein wertvoller, wichtiger Zweck soll es sein, eine wahrhaft lohnende Aufgabe! Möglicherweise würde ein solcher Sinn von uns verlangen, alles über den Haufen zu werfen und ganz anders zu leben. Vielleicht würden wir auch erkennen, dass unser alltäglicher Kampf bereits einen tieferen Sinn hat, der uns bisher verborgen war. Dann könnten wir weitermachen wie bisher, wären aber mit unserem Schicksal versöhnt.

Das ist der Kern der zweckhaften Sinnfrage: Wir wünschen uns ein Ziel, an dem wir erstens unser Leben ausrichten können und das wir zweitens als wertvoll ansehen können. Ob es eine Begründung gibt, weshalb wir existieren, ist also gar nicht entscheidend.

Das wird auch deutlich, wenn wir uns vorstellen: Vor langer Zeit, lange bevor es Menschen gab, begegneten sich die geniale Göttin Agnes und der schöne Gott Bernd unweit jenes Ortes, an dem die Götter leben. Es war Liebe fast auf den ersten Blick, und die beiden verbrachten viele glückliche und leidenschaftliche Jahrhunderte miteinander. Mit der Zeit begannen sich die beiden jedoch zu langweilen, ihnen gingen die Gesprächsthemen aus, und die körperliche Anziehung verblasste. Agnes konnte sich die Zeit mit Poesie und Mathematik vertreiben. Doch Bernd war leider, so überirdisch schön er war, von eher einfachem Verstand und Humor. Gedichte und Zahlen waren nichts für ihn; er brauchte simplere Unterhaltung. Eines Tages kam Agnes eine Idee. Als Jugendlicher hatte der Gott Caspar zu Übungszwecken einen Planeten erschaffen, die sogenannte Erde. Auf ihm nun schuf Agnes die Menschen, eine rundum lächerliche Spezies. Ein voller Erfolg: Von nun an lebte das Götterpaar wieder in trauter Harmonie. Während Agnes ihren Forschungen nachging, konnte sich Bernd über das absurde Verhalten der Menschen amüsieren und war nicht mehr so schrecklich gelangweilt.

Diese Schöpfungsgeschichte spricht der Menschheit einen glasklaren Zweck zu, nämlich dem gelangweilten und dümmlichen Gott Bernd (nur ein Gott unter vielen) als Entertainmentprogramm zu dienen. Ungefähr wie im Reality-TV à la *Big Brother.* Obwohl es in diesem Szenario einen ganz eindeutigen Sinn des Lebens gibt, würden wir unser Dasein wohl als ziemlich sinnlos empfinden, glaubten wir daran. Denn es ist schwer, die Rolle als Bernds Hofnarr wirklich wichtig zu nehmen.

Auch der amerikanische Philosoph Robert Nozick (1938–2002) argumentiert in diese Richtung und entwickelt ein eindrückliches Gedankenexperiment. Nozick stellt sich vor, Gott hätte die Menschheit erschaffen, um vorbeireisenden Außerirdischen als Nahrung zu dienen.[14] Er kommt zu dem Schluss, dass dieser klar definierte Sinn des Lebens hochgradig unbefriedigend wäre. Das hat verschiedene Gründe. Erstens würde uns dieser Zweck keinerlei Orientierung bieten, weil er nicht unser Zutun erfordert –, er macht uns zu einem passiven Nahrungsmittel. Zweitens kann ein Zweck unserer Existenz nur dann sinnstiftend sein, wenn wir ihn als wertvoll erachten. Vorbeireisenden Aliens als Lunchpacket zur Verfügung zu stehen ist jedoch alles andere als bedeutsam. Ähnliches würde gelten, wenn Gott uns erschaffen hätte, um Grashalme zu zählen. Bernd, Aliens, Grashalme – all diese Zwecke stellen nicht die Art von Sinn dar, nach der wir suchen. Ein wertvoller Zweck soll es sein, nicht irgendeiner.

Alles andere würde einen sinnlosen Sinn darstellen. In diesem Fall gibt es zwar einen Sinn, aber keinen tragfähigen. Hier kommen zwei Lesarten des Wortes »Sinn« zusammen: Sinn, verstanden als Ziel und Zweck, und nun auch sinnvoll, verstanden als wertvoll, wichtig, bedeutsam. So lässt sich der scheinbare Widerspruch des sinnlosen Sinns auflösen: Es wäre ein wertloser Zweck.

Religionen sind nicht deshalb so sinnstiftend, weil sie eine Begründung liefern, weshalb wir überhaupt zu existieren begannen. Ihre Kraft liegt vielmehr darin, unsere Existenz hier und jetzt in einen göttlichen, wichtigen, wertvollen Zusammenhang zu setzen. Nun verstehen wir auch die Suche nach einem göttlichen Zweck besser: Es ist die Hoffnung auf einen ganz besonders wertvollen Zweck, den es zu erfüllen gilt. Ob dieser Zweck unserer Existenz vorausgeht oder nicht, ist dabei zweitrangig. Das wird auch deutlich, wenn wir uns auf ein weiteres Gedankenspiel einlassen: Nehmen wir an, Gott würde erst am zehnten Geburtstag eines jeden Menschen dessen Lebensziel bestimmen, und niemand würde vor diesem Zeitpunkt sterben. Wäre dieses Glaubenssystem weniger sinnstiftend als eines, in dem Gott das Lebensziel vor der Geburt bestimmt? Ich denke nicht. Vor der Geburt, nach der Geburt – Hauptsache, es gibt einen Sinn.

Vielleicht ist an dieser Stelle ein Beispiel aus der Realität aufschlussreich, das kein bloßes Gedankenexperiment ist.

In einigen Ländern, beispielsweise in den USA, in Großbritannien, Frankreich und in den Niederlanden, werden sogenannte Rettungsgeschwister geboren.[15] Wenn Eltern ein krankes Kind haben, das dringend einen optimalen Spender für eine Stammzelltherapie benötigt, können sie mehrere Eizellen im Labor befruchten lassen. Diese werden auf ihre genetischen Eigenschaften hin untersucht. Diejenige Eizelle, deren Erbgut für eine spätere Zelltransplantation besonders vielversprechend ist, wird ausgesucht und in die Gebärmutter eingesetzt. Ein »saviour sibling« wird geboren, mit dem Ziel, das Geschwisterkind zu retten. Hier gibt es zwar keinen göttlichen, aber trotzdem einen der Existenz vorausgehenden Zweck.

Nehmen wir nun an, es gäbe ein weiteres Kind, das jedoch auf eine ungeplante Schwangerschaft zurückgeht. Vielleicht rettet genau dieses Kind durch eine Organspende später einmal seinen Bruder oder seine Schwester. Ist sein Leben dann sinnloser als dasjenige des Rettungsgeschwisterkindes, nur weil bei letzterem der Sinn von vorneherein vorlag?

Wohl kaum. Beide erfüllen in dieser Hinsicht den gleichen Zweck. Ist es ein wertvoller? Das ließe sich plausibel behaupten. Aber eignet sich dieser Zweck auch als Sinn des Lebens? Das wiederum scheint fraglich. Denn dieser Zweck gibt keine Orientierung im Leben. Beim Rettungsgeschwisterkind wird meist direkt nach seiner Geburt die Nabelschnur zur Entnahme von Stammzellen verwendet. Wächst diese Person auf, stellt sich ihr die Sinnfrage wie jedem anderen Menschen auch, denn der ursprüngliche Zweck ihrer Existenz wurde bereits erfüllt. Mission accomplished. Und dann?

Ob wir unser Leben an wertvollen Zielen ausrichten können, hängt also nicht davon ab, ob wir von einem Gott erschaffen wurden oder ein Zufallsprodukt der Evolution sind. Wie an den Gedankenexperimenten rund um Agnes und Bernd oder an Nozicks Aliens deutlich wird, ist es prinzipiell denkbar, dass ein göttlicher Sinn des Lebens so unwichtig und banal, ja, womöglich sogar destruktiv ist, dass die Verwirklichung dieses Sinns unser Leben nicht sinnvoller machen würde. Und es ist denkbar, dass gleichzeitig etwas auf der Welt existiert, das so wichtig und wertvoll ist, dass es einen tragfähigen Sinn im Leben stiften kann.

Philosophisch gesprochen: Ein unserer Existenz vorausgehender, metaphysischer Sinn des Lebens ist weder eine hinreichende noch eine notwendige Bedingung für die Möglichkeit eines sinnvollen Lebens.

All diese Gedanken über die Zufälligkeit unseres Daseins, über das Fehlen eines ursprünglichen Zwecks, laufen damit auf eine simple, lebensnahe Frage hinaus: Was ist wirklich wichtig, wofür lohnt es, sich einzusetzen und daher auch zu leben?

Insofern ist es kein Wunder, dass Sinnfragen häufig im Berufskontext gestellt werden. Die Hintergründe werden wir uns noch genauer anschauen, aber zumindest auf den ersten Blick scheint es verständlich, dass einige Menschen eine Sinnleere verspüren, falls sie das Gefühl haben, lediglich unnötige Bürokratie zu verwalten oder bloß den Umsatz eines Unternehmens zu steigern. Hier existieren zwar auch Zwecke, aber diese Zwecke scheinen nicht wichtig genug, um sich daran zu orientieren. So sehen sich einige Menschen – manchmal nebenher, manchmal geradezu verzweifelt – nach anderen, wertvolleren Aufgaben um, an denen sie ihr Leben ausrichten und dadurch Sinn erfahren können.

Endzwecke

Wir Menschen sind Zweckwesen. Fast immer ist unser Handeln von Zwecken geleitet. Nur selten bezwecken wir gar nichts, etwa wenn wir verträumt aus dem Fenster starren. Sonst aber tun wir Dinge, um unseren Lebensunterhalt zu verdienen, um zu entspannen, um Spaß zu haben oder um uns gesund zu halten. Hinter solchen Zwecken stehen wiederum andere Zwecke. So können wir uns selbst befragen: »Und warum willst du deinen Lebensunterhalt verdienen? Und warum willst du dich entspannen?«

In einer Keuner-Geschichte von Bertolt Brecht wird dies amüsant verdeutlicht: »Herr K. stellte die folgenden Fragen: ›Jeden Morgen macht mein Nachbar Musik auf einem Grammophonkasten. Warum macht er Musik? Ich höre, weil er turnt. Warum turnt er? Weil er Kraft benötigt, höre ich. Wozu benötigt er Kraft? Weil er seine Feinde in der Stadt besiegen muss, sagt er. Warum muss er Feinde besiegen? Weil er essen will, höre ich.‹ Nachdem Herr K. dies gehört hatte, dass sein Nachbar Musik machte, um zu turnen, turnte, um kräftig zu sein, kräftig sein wollte, um seine Feinde zu erschlagen, seine Feinde erschlug, um zu essen, stellte er seine Frage: ›Warum isst er?‹«[16]

Wie ein Kind, das immer weiter »Warum?« fragt, können wir unseren Zwecken tiefer auf den Grund gehen. Irgendwann gelangen wir zur elementaren Frage: »Warum leben?«, und auf diese Frage finden wir im Moment der Sinnkrise keine befriedigende Antwort.

Was uns fehlt, ist eine Letztbegründung, ein sogenannter Endzweck; ein Zweck, den wir intuitiv und *für sich genommen* als wertvoll ansehen können; ein intrinsisch wertvoller Zweck; ein Zweck, bei dem wir nicht mehr fragen: »Wozu?«, weil dieser Zweck keiner weiteren Begründung bedarf. Ein Endzweck, das wäre also ein Zweck, mit dem unser Fragen ein Ende findet – ein Zweck, auf den letztendlich alles hinausläuft.

Meist betrachten wir eine ganze Reihe von Zielen als Endzwecke. Ampeln sollen Verkehrsunfälle verhindern. Verkehrsunfälle sollen verhindert werden, um Menschenleben zu retten. Warum sollen Menschenleben gerettet werden? In der Regel stellen wir diese Frage nicht, sondern erachten das Retten von Menschenleben als ein Ziel, das nicht weiter begründet werden muss. Warum sollen wir den Klimawandel aufhalten? Unter anderem, um das Artensterben zu verhindern. Und warum sollen wir das Artensterben verhindern? Das ist für die meisten Menschen überhaupt keine vernünftige Frage. Es ist einfach wichtig, Punkt. In ihren Augen ist es ein Endzweck.

Haben wir Endzwecke, dann werden auch zahlreiche andere Dinge wichtig – nämlich all jene, die als Mittel diesen Zwecken dienen können.[17] So entsteht ein Sinngerüst, innerhalb dessen wir uns orientieren können. Ein solches Gerüst kann stabil oder weniger stabil sein, es kann wanken oder sogar zusammenbrechen. Wenn das passiert, beginnen wir, den Boden unter unseren Füßen zu verlieren.

In diesen Momenten nicken wir vielleicht: Klar ist es wichtig, dass Menschenleben gerettet werden und dass das Artensterben verhindert wird – tief ins uns erscheint aber letztlich alles egal und unwichtig. Oder diese Ziele sind zu abstrakt, um sie zum Kompass zu machen. Dann fehlen uns Endzwecke, und unser Streben wirkt plötzlich »leer« und »sinnlos«, wie auch Aristoteles an anderer Stelle bemerkte.[18]

Wenn wir den tiefen Zweifel – Wozu das alles? – ernst nehmen, wenn wir ihm nachgehen, aber keine Endzwecke finden, dann bleiben nur zwei Alternativen. Entweder wir geraten in das, was in der Philosophie ein *unendlicher Regress* genannt wird: Es geht immer weiter mit den Begründungen, wir finden niemals ein Ende und insofern auch keine Antwort auf die Sinnfrage. Oder aber wir brechen die Begründungskette an irgendeiner Stelle einfach ab.[19] Wozu sich gesund ernähren? Um länger zu leben. Wozu länger leben? Keine Ahnung.

Dann hören wir auf zu fragen, ohne Antworten gefunden zu haben, versuchen, den Zweifel zu verdrängen, bis er bei der nächsten Gelegenheit unweigerlich wieder auftaucht. Denn im Hintergrund bleibt das Unbehagen: Was soll das alles?

So können wir die Suche nach Sinn als eine Suche nach Endzwecken interpretieren; nach Zwecken, die nicht für irgendetwas anderes gut sein müssen –, weil sie für sich genommen wichtig sind.

Unmerklich hat sich der Fokus verschoben – vom Singular zum Plural. Ging es vorher um die Frage nach dem einen Sinn des Lebens, ist nun die Rede von Endzwecken. Hat sich ein Fehler eingeschlichen?

Nein, und das wird auch deutlich, wenn wir ein paar Schritte zurückgehen. Von Anfang an gab es eigentlich keinen Grund, davon auszugehen, dass es nur einen Sinn des Lebens geben kann. Was spricht dagegen, dass Menschen zwei, drei oder sogar vierzehn *télos* haben? Vielleicht ist unser Leben ja eine Art Teekesselchen mit mehreren Bedeutungen, wer weiß das schon? Aristoteles verglich uns zu einer Zeit mit Messern, als es noch keine Schweizer Taschenmesser gab. Diese erfüllen eine ganze Reihe von Zwecken. Ebenso wäre es auch denkbar, dass der Mensch ein Mehrzweck-Wesen ist. Doch schon mit seiner Frage nach dem einen *télos* schloss Aristoteles diese Möglichkeit aus.

Wir haben erkannt, dass es im Grunde nicht auf eine Begründung ankommt, weshalb Menschen existieren. Denn dahinter steht etwas anderes: die Suche nach Endzwecken. Auf dieser

Ebene wird die mögliche Pluralität von Sinn noch deutlicher. Schließlich sehen wir auch in unserem täglichen Leben, dass kaum jemand sein Leben an nur einem Ziel ausrichtet.

Fragen wir also besser nach dem »sinnvollen Leben« als nach dem »Sinn des Lebens«. Diese Frage ist breiter angelegt und setzt nicht bereits voraus, dass unser Leben entweder genau einen oder gar keinen Sinn haben kann.

Wir wollen unsere Energie sinnvoll einsetzen, wollen wertvolle Ziele verfolgen – und davon kann es durchaus mehrere geben. Zumindest sollten wir das nicht schon von vorneherein ausschließen.

Aber was sind Endzwecke? Was können wir als so wertvoll und wichtig ansehen, dass es sich als Kompass für unser Leben eignet? Welche Zwecke sind kein hohler Pseudo-Sinn, wie in der Geschichte mit Agnes und Bernd, sondern wahrhaft sinnstiftend?

Es gibt eine ganze Bandbreite vielversprechender Kandidaten. Viel diskutierte, mögliche Endzwecke sind Glück, Liebe, Erkenntnis, Gerechtigkeit oder die Entfaltung der eigenen Fähigkeiten. Auch die Welt zu einem besseren Ort zu machen fällt darunter. Zu all diesen potenziellen Zielen unseres Lebens wurden philosophische Theorien entwickelt. Diese Kandidaten sollten wir unbedingt unter die Lupe nehmen, vielleicht sind sie ja überzeugend. So viele Menschen können diesen Werten etwas abgewinnen, sie streben nach Gerechtigkeit oder Glück. Irren sie etwa?

In der Frage nach dem Sinn des Lebens kommt ein Zweifel zum Ausdruck an jenen Leitsternen, die gemeinhin für so wichtig gehalten werden. All die vermeintlichen Werte, all das Streben der Menschen, all ihre Wünsche und Anstrengungen erscheinen plötzlich fragwürdig. Einen Grund dieses Zweifels haben wir beleuchtet: Die Anfänglichkeit alles Seienden ist ohne Sinn, denn es gibt keinen Zweck, zu dessen Erfüllung wir auf die Welt gekommen sind. Diesen angeblichen Grund für unsere Sinnlosigkeit konnten wir entschärfen: Bei näherer Betrachtung geht es gar nicht um einen solchen Zweck, sondern allgemein darum, das eigene Leben an wertvollen Endzwecken auszurichten. *Das* ist der zweckhafte Sinn.

In Momenten der Sinnkrise zweifeln wir, ob ein solcher Sinn möglich ist –, und sehen möglicherweise ganz handfeste Gründe, die dagegensprechen. Denn unser Leben sowie alle Ziele darin enden mit dem Tod. Wie könnte es also wichtige, wertvolle Endzwecke geben, wenn sich letzten Endes doch alles in Nichts auflöst?

Wozu das alles – wenn doch alles enden muss?

II

WOHIN FÜHRT DAS ALLES?

Ohne Grund kommen wir in diese Welt, kommen aus dem Nichts und sterben schließlich, gehen ohne Grund zurück ins Nichts. Im Nichts aber kann kein Sinn liegen. Aus der Sinnlosigkeit kommen wir, in die Sinnlosigkeit gehen wir.

Das vorige Kapitel stand ganz im Zeichen des Anfangs: Jeder und jede von uns, die Menschheit insgesamt, das ganze Universum trat irgendwann aus dem Nichts und fing an zu existieren. Eine klassische Variante der Sinnfrage sucht nach dem Grund dieses Anfangs. Inzwischen haben wir jedoch festgestellt, dass diese Frage nicht entscheidend ist. Denn sie ist lediglich eine Zwischenstation, die uns zur eigentlichen Sinnfrage führt. Von einer Begründung, weshalb wir existieren, erhoffen wir uns einen Kompass für die Lebensführung.

Die Frage nach dem zweckhaften Sinn drängt sich uns also weniger auf, weil wir geborene Wesen sind, sondern weil wir gebärende Wesen sind; weil wir etwas hervorbringen können – nicht nur Kinder, sondern auch Ereignisse, Ideen, Entscheidungen, Gegenstände …

Hannah Arendt prägte hierfür den Begriff der Natalität. Wir

können etwas mit unserem Leben *anfangen*. Wir können Neues in die Welt bringen, können selbst eine Ursache sein – ganz unabhängig davon, was unsere Ursache war. Der zweckhafte Sinn entsteht durch die Anfänge, die wir selbst machen.

Wir können uns Ziele setzen, uns mit aller Kraft für etwas einsetzen. Statt unser Leben hinzunehmen, können wir es gestalten – aber welcher Anfang macht Sinn? Womit lohnt es sich anzufangen? Was ist wirklich wertvoll und wichtig im Leben, was ist ein Endzweck?

Zu den Antworten auf diese Fragen kommen wir noch. Zunächst müssen wir das Problem etwas besser verstehen. In diesem Kapitel werden wir das Leben daher von seinem Ende her betrachten, in seiner Vergänglichkeit. Denn jedem Anfang wohnt ein Ende inne.

Wenn wir uns fragen, welches Ziel erstrebenswert ist, welcher Anfang Sinn ergibt, dann eilt unser Blick automatisch nach vorne. Wir fangen an, um irgendwohin zu kommen. Die Zukunft ist also bereits in der Gegenwart enthalten, als Erwartung, als Kompass. Doch die letzte Zukunft ist das Nichts, sie ist das Ende jeden Anfangs.

Auf Tuchfühlung mit der Ewigkeit

Das mesopotamische Gilgamesch-Epos gilt als die älteste überlieferte Erzählung der Welt. Es ist eine bewegende Geschichte über Freundschaft, Menschwerdung und Vergänglichkeit.

In der prächtigen Stadt Uruk herrscht König Gilgamesch.[1] Seine Kraft ist legendär, doch sein Herz ergriffen von einer großen Kälte. Despotisch unterdrückt er sein Volk. Eine Weile können seine Untertanen ihre Situation ertragen, doch schließlich wenden sie sich voller Verzweiflung an die Göttin Aruru.

Sie verlangen nach Hilfe: Einen Rivalen soll die Göttin schicken, Gilgamesch an Stärke ebenbürtig. Er soll den König in seine Schranken weisen.

So geschieht es. »In der Steppe erschuf sie Enkidu, den Helden, einen Spross der Stille, Kraftpaket des Ninurta. Völlig mit Haar bedeckt war sein Körper. […] Bekleidet war er wie das wilde Vieh, mit den Gazellen fraß er Gras, […] mit den wilden Tieren genoss er das Wasser.« Als Gilgamesch von Enkidu erfährt, schickt er die schöne Schamchat zu ihm. Ihr befiehlt er: »Bereite ihm, dem Wildmenschen, das Werk des Weibes, dann wird sein Liebesspiel über dir raunen. Sein Getier, bei dem er in der Steppe aufwuchs, wird sich von ihm abwenden.« Dieser Plan geht auf. Nachdem Enkidu und Schamchat sechs Tage und sieben Nächte miteinander verbracht haben, ist er nicht mehr Teil der Tierwelt. »Fremd geworden war Enkidu mit seinem glänzenden Körper«. Wie verwandelt ist er, versteht plötzlich die menschliche Sprache. Mit Schamchat bricht er auf nach Uruk, um Gilgamesch herauszufordern. »Ich bin der Stärkste! Wenn ich komme, werde ich die Geschicke der Menschen ändern.«

Doch die beiden Männer verbindet von Anfang an ein viel stärkeres Band als Rivalität. Gilgameschs Mutter prophezeit: »Du wirst ihn lieben wie eine Frau, wirst ihn liebkosen, er aber wird dich oft aus schlimmer Schlacht erretten.«

In den nächsten Tagen entfernt sich Enkidu immer weiter aus seinem wilden Urzustand. Er lernt, Brot zu essen und Bier zu trinken, sein langes Fell lässt er sich von einem Barbier scheren. Wie neugeboren erreicht er schließlich das Ziel seiner Reise und betritt die Stadt. Dort stellt er sich Gilgamesch in den Weg, ein fürchterlicher Kampf entbrennt, die beiden Giganten prallen aufeinander. Zwei Männer »wie Meteoriten«, so ist es überliefert, »mit gewaltiger Wirkung«. Doch sie sind einander ebenbürtig, keiner vermag den anderen niederzuringen. So sinken sie schließlich erschöpft auf die Erde. »Sie fassten sich an und gemeinsam setzten sie sich hin, verschränkten die Hände wie Liebende.«

Von nun an sind die beiden unzertrennlich. Gemeinsam bestehen sie große Heldentaten, töten sogar zwei Ungeheuer. Das befeuert Gilgameschs Hochmut allerdings noch weiter, bis er schließlich eine Göttin verspottet. Damit überschreitet er eine Grenze. In einer Versammlung beschließen die Götter, dass einer der beiden Freunde für diesen Affront sterben muss. Sie entscheiden sich für Enkidu, um Gilgamesch zu bestrafen. Zwölf Tage später hält er den leblosen Körper seines Gefährten in den Armen.

Da begreift der mächtige Gilgamesch, dass auch er eines Tages sterben wird: »Trauer ergreift mein Herz. Ich fürchte mich vor dem Tod.«[2] Mag seine Kraft gewaltig sein wie ein Meteor, ganz egal welche ungeheuren Taten er noch vollbringen wird – am Ende seines Weges wartet das Nichts.

Verzweifelt über dieses Schicksal begibt sich Gilgamesch auf eine lange Reise, um einen Ausweg zu finden. Sein Ziel ist Uta-napišti, ein Urahn, dem es gelang, durch eine magische Pflanze unsterblich zu werden. Allein und einsam macht sich Gilgamesch auf die Suche. Wie besessen von seiner Vergänglichkeit durchquert er eine trockene Steppe, durchwandert den Tunnel des Sonnengottes, überwindet das Wasser des Todes, taucht hinab in einen unterirdischen Ozean, bis er schließlich, ja, er kann es selbst kaum glauben, die Pflanze der ewigen Jugend in seiner Hand hält. Er hat es geschafft. Und doch zögert er, von ihr zu essen. So viele Fallen musste er umgehen. Vielleicht ist auch dieser kleine Stängel nur eine Täuschung, ein heimtückisches Gift, das ihm nicht den Tod erspart, sondern ihn geradewegs hineinstürzt. Nachdenklich wandert Gilgamesch zurück nach Uruk. Erschöpft rastet er an einem Brunnen, beugt sich hinab über das Wasser und trinkt. Während er seinen Durst stillt, liegt die Pflanze direkt neben ihm. Dabei ist Gilgamesch so versunken, dass er nicht bemerkt, wie sich eine Schlange durch das hohe Gras nähert. Als er ein Rascheln hört, schreckt er hoch und sieht gerade noch, wie die letzten Blätter im Rachen des Tiers verschwinden. Panisch springt Gilgamesch auf, doch es ist zu spät. Mit einem Zischeln häutet sich die alte Schlange, wirft ihre schuppige Haut ab und entflieht mit jugendlicher Kraft. Seine einzige Hoffnung ist verloren. Der König erkennt nun, dass sein Schicksal unabänderlich ist. Diese Erkenntnis verändert ihn grundlegend. Von nun an will er barmherzig gegenüber seinem Volk sein. Er will als guter, gerechter König in die Geschichte eingehen, zumindest sein Name soll bis in alle Ewigkeit überdauern.

Es ist ein wahres Epos, das uns hier überliefert wurde. Und bereits in dieser viertausend Jahre alten Erzählung klingen viele Motive an, die noch häufig aufgegriffen wurden. Eine zentrale Botschaft lautet: Die Tragik des Todes betrifft uns alle.

Bis heute wird nach Pflanzen ewiger Jugend gesucht, nach Möglichkeiten, den Tod durch Medizin, Gentechnologie oder Organzüchtung hinauszuzögern – und vielleicht irgendwann ganz zu besiegen, unsterbliche Körper zu schaffen.

Neben diesen expliziten Versuchen, die Vergänglichkeit zu überwinden, versprechen vor allem Religionen Hoffnung. In vielen Kulturen ist die Vorstellung verbreitet, die menschliche Seele sei unsterblich. Dieser Glaube kennt viele Varianten: Wiedergeburt, Paradies, Rückkehr in die Weltseele – gemeinsam ist ihnen, dass es nach dem Tod in irgendeiner Form weitergeht.

Religiöse Anschauungen sind nicht die einzigen Versuche, das Problem der Vergänglichkeit aufzulösen. Auch von philosophischer Seite gab es Ansätze. Besonders prägend war hier Platons (428–348 v. Chr.) Ideenlehre. Er deutete alles, was wir sehen, als bloßen Abklatsch der wahren und unvergänglichen Welt der Ideen. Selbst wenn sämtliche Bäume und Hunde sterben, alle Flüsse austrocknen und Liebschaften zerbrechen – darauf kommt es nach seiner Lehre überhaupt nicht an. Das ist nur ein Schattenspiel. Auf dem Grund des Seienden sind die *Ideen*; also die Idee des Baumes, des Hundes, des Flusses und der Liebe. Und diese Ideen sind gemäß Platon nicht bloß Vorstellungen in den Köpfen der Menschen. Nein, sie existieren tatsächlich und objektiv in einer anderen Sphäre jenseits von Zeit und Raum – bis in alle Ewigkeit.[3]

Indem Platon einen Zugang zu dieser unvergänglichen Welt der Ideen suchte – diese Welt, auf die es seiner Meinung nach eigentlich ankommt –, versuchte er, ein Stückchen Ewigkeit zu erhaschen. Als Philosoph sah er sich selbst in der allerbesten Position hierfür, denn – Überraschung –, ihm zufolge ist es die Philosophie, die einen Zugang zu dieser höheren Sphäre ermöglicht.

Aristoteles dachte in dieser Hinsicht ähnlich. Er lehnte zwar die Ideenlehre ab, ging aber ebenfalls von einem universellen Wesen des Menschen aus. Wer es schafft, sich als Mensch zu entfalten, verwirklicht dadurch gleichzeitig ein ewiges Prinzip, das die eigene Existenz überdauert.[4] Und – noch mal Überraschung – auch bei Aristoteles ist der Weg zu dieser *Ewigkeit hinter der Vergänglichkeit* die Philosophie.

Neben den einflussreichen Lehren von Platon und Aristoteles existieren unzählige weitere Weltbilder, in denen die sichtbare Welt lediglich als Spitze des Eisbergs allen Seienden angesehen wird. Unter der vergänglichen Oberfläche wird ein stabiler Kern vermutet, eine tiefere Ebene, die ewig währt und die eigentlich viel wichtiger ist. Auf die ein oder andere Weise könne man sich mit dieser Sphäre verbinden, etwa indem man ein frommes Leben führt, großartige Kunstwerke erschafft oder Philosophie betreibt.

Es liegt in der Natur der Sache, dass sich Behauptungen über ein Leben nach dem Tod oder ein ewiges Reich der Ideen nicht widerlegen lassen. Helfen können diese Vorstellungen in Momenten der Sinnkrise aber selten. Denn die Sinnfrage kommt gerade dann auf, wenn man solchen Glaubensgebäuden wenig abgewinnen kann, darin nur leere Hülsen sieht oder sie zu abstrakt scheinen, um daraus emotionalen Trost zu schöpfen.

Alles muss enden

Statt auf ewige Sphären hinter den Dingen zu hoffen, könnte man immerhin versuchen, sich auf dem Planeten Erde zu verewigen. Diesen Weg wählte Achilleus in der berühmten *Ilias*-Dichtung von Homer. Obwohl ihm sein Tod mehrfach prophezeit wird, bricht Achilleus in den trojanischen Krieg auf, um in den Geschichten der Menschen unsterblich zu werden. Für diesen ewigen Ruhm verzichtet er auf ein langes Leben; noch heute kennen wir seinen Namen, die stärkste Sehne unseres Körpers ist nach ihm benannt.

So berühmt werden nur wenige Figuren der Menschheitsgeschichte. Die meisten sind schon wenige Generationen später vergessen. Ihr Wirken kann sie natürlich trotzdem überdauern. Daher versuchen viele, nicht durch Berühmtheit etwas zu hinterlassen, sondern durch eigene Kinder oder einen gesellschaftlichen Beitrag. Doch auch solche Spuren werden mit der Zeit verwischt, bis es ist, als hätten wir nie existiert. Spätestens wenn die Menschheit ausstirbt – irgendwann ist die Kette zu Ende, und selbst Achilleus wird vergessen sein.

Diese umfassende Vergänglichkeit steht in krassem Gegensatz zum glühenden Verlangen des Menschen nach Ewigkeit. Der Film *Children of Men* von Alfonso Cuarón stellt das sehr eindrücklich dar: Aus einem unbekannten Grund werden weltweit keine Kinder mehr geboren, die Menschheit ist einer mysteriösen Unfruchtbarkeit anheimgefallen. Das Resultat ist ein kollektiver Sinnverlust, politisches Chaos, Gewalt und Orientierungslosigkeit. Die Menschen sehen einfach keinen Grund mehr, sich für irgendetwas konstruktiv einzusetzen. Der Film ist Science-Fiction, aber im Kern eine Zuspitzung unseres tatsächlichen Schicksals: Am Ende steht immer das Nichts. Echte Verewigung ist auf keinem Weg zu haben.

Nicht nur wir selbst und unsere Liebsten, sondern alle und alles, die Spezies Homo sapiens, unser Sonnensystem und unsere Galaxie werden eines Tages vergehen. Jeder Berg und jedes Meer, die größten Bauwerke, die bedeutendsten Bücher werden einmal nicht mehr sein. Da Vincis lächelnde Mona Lisa, die Pyramiden von Gizeh werden genauso verschwinden wie die faszinierenden Tierwelten in den Dschungeln Südamerikas. Sollen wir den Planeten retten? Was auch immer wir tun, eines Tages wird er verglühen.[5]

Das gilt nicht nur auf kosmischer Ebene. Bereits kleine glückliche Momente, Liebesbeziehungen, Lebensabschnitte voller Selbsterkenntnis und Entwicklung, die gemeinsame Zeit mit der Familie, all das ist endlich, rinnt zwischen unseren Fingern hindurch, ist nur ein kurzes Aufblitzen von Lebendigkeit in einem unendlichen Nichts.

Vergänglichkeit und Tod – das klingt wahnsinnig dramatisch, fast schon weit hergeholt und aufgebauscht, denn jetzt, jetzt leben wir ja. Doch in Momenten des Zweifelns wirken solche Gedanken ganz und gar nicht weit hergeholt oder wie eine künstliche Überdramatisierung. Genau im Gegenteil: Die Feststellung, dass wir mit jedem Atemzug dem Tod näherkommen, ist dann eine überaus nüchterne und sachliche Betrachtung. Als würden wir einfach den Tatsachen ins Gesicht blicken – Tatsachen, die nun kein abstrakter Gedanke mehr sind und ein sonderbares Gefühl von Leere und Fremdheit hinterlassen.

Natürlich empfinden wir unsere Situation nicht immer so düster. Meist können wir unser Leben als bedeutsam erfahren und genießen, auch wenn es irgendwann enden muss – oder sogar gerade deshalb. Aber um die Frage nach Sinn zu verstehen, müssen wir ihren Ursprüngen nachgehen, und diese liegen in der Krise. Was geht da vor sich? Warum kann Vergänglichkeit ein Auslöser sein, an allem zu zweifeln? Handelt es sich um eine emotionale Verwirrung, die es mit philosophischer Vernunft aufzulösen gilt? Oder wird die Möglichkeit eines sinnvollen Lebens davon tatsächlich untergraben?

Sinn durch Ewigkeit?

Vor dem Hintergrund der Vergänglichkeit erscheint manchen Menschen das ganze Leben als wertlos und damit auch ohne Sinn. »Meine Taten, sie mögen sein, wie sie wollen, werden früher oder später vergessen sein, und auch ich werde nicht sein. Wozu also all die Mühsal?«, fragt der russische Schriftsteller Lew Tolstoi (1828–1910) in seiner Autobiographie. Zu einem Zeitpunkt seines Lebens, als er alles hatte, was begehrenswert erscheint – eine Familie und viele Kinder, hervorragende Gesundheit, Charisma, Reichtum und internationalen Ruhm –, stürzte Tolstoi in eine tiefe Krise. »Meine Frage – die

Frage, die mich im fünfzigsten Lebensjahr auf Selbstmordgedanken brachte, war die allereinfachste Frage, die in der Seele eines jeden Menschen ruht […] Wozu lebe ich? Wozu begehre ich? Wozu handle ich? Noch anders kann man die Frage so ausdrücken: Ist in meinem Leben ein Sinn, der nicht zunichte würde durch den unvermeidlichen, meiner harrenden Tod?«[6]

Dieser Zusammenhang von Vergänglichkeit und angeblicher Sinnlosigkeit erschließt sich philosophisch nicht auf den ersten Blick. Wieso sollte etwas wertlos sein, nur weil es nicht ewig andauert? Wäre dann umgekehrt alles Ewige wertvoll – also auch ein ewiges Strampeln im Hamsterrad?

Das scheint unplausibel. Denken wir an den Mythos von Sisyphos. Er wird von den Göttern dazu verdammt, seinen Felsbrocken einen steilen Hang hinaufzuwälzen. Kaum erreicht Sisyphos den Gipfel, rollt der Fels wieder hinunter, und seine Mühsal beginnt von neuem. Für alle Zeiten muss der Unsterbliche diese ergebnislose Tätigkeit fortsetzen. Die Ewigkeit verleiht seinen Anstrengungen keinen Wert, sondern verlängert die Sinnlosigkeit seines Tuns lediglich zu einer ewigen Sinnlosigkeit. Daran wird deutlich, dass Ewigkeit allein keinen Wert oder Sinn schafft. Etwas wird nicht dadurch wertvoll, dass es ewig dauert. Der Wert muss einen anderen Ursprung haben, muss im Leben selbst liegen, nicht in seiner zeitlichen Ausdehnung. Zugespitzt hieße das: Die Endlichkeit begrenzt unser Leben und damit möglicherweise auch dessen Sinn. Aber warum sollte unser Leben deshalb komplett sinnlos sein?

Das Leben als Reise

An den eigenen Tod oder an den Tod geliebter Menschen zu denken ist meist sehr traurig. Traurig sind solche Gedanken vor allem, weil wir eines Tages verlieren, woran wir so sehr hängen, und keine gemeinsamen Momente mehr erleben können. Traurig denken wir also über den Tod nach, wenn wir unser Leben in der Welt wertschätzen und bejahen und uns das, was uns am Herzen liegt, irgendwann genommen wird. Diese Traurigkeit kann äußerst schmerzhaft sein, sie macht aber keine Sinnkrise aus. Im Gegenteil, sie bedeutet, dass wir unser Leben als wertvoll erfahren.

In Momenten der Sinnkrise ist es anders. Wir bedauern dann nicht den Tod, weil wir das Leben schätzen. Sondern wir können das Leben nicht mehr so schätzen, weil es endlich ist. Deswegen müssen wir unterscheiden: Nicht Trauer über die Vergänglichkeit von etwas Wertvollem ist Thema unserer Untersuchung, sondern die vermeintliche Entwertung unserer Gegenwart durch deren Endlichkeit.

Gemeint ist damit auch nicht die Furcht vor dem Zustand des Totseins. Wie Epikur vor langer Zeit schrieb, geht uns der Tod zumindest in dieser Hinsicht nichts an: »Denn alles Gute und Schlimme beruht auf der Wahrnehmung. Der Tod aber ist der Verlust der Wahrnehmung.«[7] Eine überzeugende Vorstellung – der Tod ist kein Ereignis, er ist das Ende aller Ereignisse.[8] Trotzdem lässt sich eine gewisse Furcht vor der eigenen Auslöschung wohl nie ganz überwinden. Aber darum geht es hier nicht.

Unser Thema ist vielmehr ein dumpfes Unbehagen, eine vage Angst vor dem künftigen Nichts. »Angst« ist hier also in einem ganz speziellen Sinne gemeint, als ein Schatten von Sinnlosigkeit, der die Gegenwart belastet.[9]

Diese Form von Angst ist philosophisch viel schwerer nachzuvollziehen als Trauer. Dabei begleitet sie Menschen ebenfalls schon seit Jahrtausenden. So klagt Kohelet bereits im jüdischen Tanach und entsprechend im Alten Testament: »Welchen Gewinn hat der Mensch von seiner ganzen Mühe und Arbeit unter der Sonne? Ein Geschlecht geht, und ein Geschlecht kommt, und die Erde bleibt ewig bestehen […] weder an den Weisen noch an den Toren wird man sich ewig erinnern: In den Tagen, die kommen, werden alle längst vergessen sein. Ach, der Weise muss sterben genau wie der Tor! Da hasste ich das Leben, denn übel erschien mir alles Tun unter der Sonne: Alles war nichtig und ein Greifen nach Wind.«[10]

Warum sollte alles nichtig sein, nur weil es endlich ist? Welche Perspektive liegt dieser Angst vor dem Nichts zugrunde? Was unterscheidet sie von der Trauer über die eigene Sterblichkeit?

Trauer ist einfacher zu verstehen. Ihr wesentlicher Grund ist die Begrenzung unserer Erfahrungen und Handlungsmöglichkeiten. Weil wir das Leben bejahen, wollen wir mehr davon haben, am liebsten unendlich viel, aber das bleibt uns verwehrt.

Hinter der Sinnkrise steht eine komplett andere Sicht. Das Leben wird nicht als begrenzt erfahren wie ein Raum, sondern als eine Bewegung, als eine Reise auf etwas hin. Und genau das ist der springende Punkt.

Jeder Moment ist Teil einer übergeordneten Geschichte, ein Schritt auf unserem Lebensweg. Und der Gedanke, dass in dieser Geschichte jede Anstrengung, jedes Hoffen, Leiden und Lieben in letzter Konsequenz auf das Nichts hinausläuft, macht uns Angst. Im Gegensatz zur Trauer oder Furcht betrachten wir das Leben hier nicht als eine endliche *Summe* von Momenten, sondern als eine *Entwicklung* hin zu einem Ende. Genau dieses Ende aber ist sinnlos und lässt daher die gesamte Reise sinnlos erscheinen.

Dahinter steht eine gängige Betrachtung. Auf vielen Gebieten verstehen wir eine Kette von Ereignissen als Prozess und sehen im Endpunkt den Sinn des Ganzen. Projekte im Beruf beispielsweise sind meist an einem Ziel ausgerichtet, und dieses Ziel ist der Sinn, weshalb Teams monatelang an der Umsetzung arbeiten. All die einzelnen Meetings und Arbeitsschritte sind überhaupt nur verständlich, weil sie einem zukünftigen Ergebnis dienen. Wenn das Ergebnis allerdings in der Schublade verschwindet, scheint die ganze Mühe umsonst gewesen zu sein.

Auch eine Bildhauerin fertigt ihre Skulptur in einem Prozess. Jeder Schlag mit dem Meißel bringt sie ihrer Skulptur näher; als Endergebnis ist diese der Sinn und Zweck des Prozesses.

Und sogar die Natur betrachten wir manchmal auf ähnliche Weise. Wenn sich eine Raupe zu einem Schmetterling entwickelt, dann könnte man denken, dieser Schmetterling sei der Sinn und die Vollendung der Raupe.[11]

Diese prozessuale Perspektive kann eine Herausforderung für sinnsuchende Menschen sein. Betrachten wir unser gesamtes Leben als eine Entwicklung, dann ist ihr Endpunkt kein Schmetterling, sondern das Nichts. Das mag melodramatisch klingen, aber unser Leben ist nun einmal keine zusammenhangslose Abfolge einzelner Momente. Jede Gegenwart baut auf einer anderen auf. Jeder Tag ist nur verständlich im Kontext von Vergangenheit und Zukunft. Was du heute bist und heute machst, hängt davon ab, wo du herkommst und wo du hinwillst. Mögen wir auch noch so sehr im Hier und Jetzt leben, so begreifen wir das Leben doch nur in seiner Zeitlichkeit.

FACETTEN DES SINNS

Wir müssen an diesem Punkt unserer Gedankenreise besonders wachsam sein. Die allumfassende Endlichkeit kann zwar Zweifel daran aufwerfen, ob ein sinnvolles Leben möglich ist. Aber geht es hier noch um einen zweckhaften Sinn, also um die Frage nach Endzwecken? Schließlich haben wir uns in den letzten Abschnitten kaum noch mit wichtigen Zielen beschäftigt. Stattdessen ging es viel allgemeiner darum, worauf unsere Existenz zeitlich hinausläuft. Hinter dieser Suche steht weniger der Wunsch, etwas Wertvolles zu tun, sondern vielmehr das Bedürfnis, eine positive Perspektive auf die Zukunft zu entwickeln.

Und hier kommt eine entscheidende Erkenntnis ans Licht: Der *Wunsch* nach Sinn ist vielschichtig, er hat mehrere Facetten. Und genau deshalb ist auch die *Frage* nach Sinn vielschichtig, sie besteht aus mehreren Unterfragen. Und das wiederum bedeutet, dass auch die *Antwort* möglicherweise mehrere Ebenen hat. Vielleicht gibt es mehrere Dimensionen des sinnvollen Lebens, und der zweckhafte Sinn ist nur eine davon!

Die Frage: »Was ist der Sinn des Lebens?«, wirkt zwar nebulös, klingt gleichzeitig aber so, als könnte es darauf eine kurze, knackige Antwort geben. Das liegt an ihrer simplen grammatikalischen Struktur. Wenn wir diese Frage jedoch ernst nehmen – als Ausdruck einer existenziellen Sehnsucht –, dann ist die Frage so komplex wie diese Sehnsucht selbst.

Teilweise wird diese Komplexität bereits sichtbar, wenn wir uns die Frage sprachlich anschauen. Ihr Satzbau ist einfach, aber die beiden Schlüsselbegriffe Sinn und Leben sind überaus mehrdeutig.

Im letzten Kapitel haben wir Sinn als Zweck verstanden und gegen Ende eine zweite Lesart entdeckt: sinnvoll, verstanden als wertvoll und wichtig. Doch häufig meint Sinn etwas vollkommen anderes. Der Sinn eines Satzes etwa liegt in seiner inhaltlichen Bedeutung. Und der Uhrzeigersinn bezeichnet eine Richtung.

Noch mehrdeutiger ist sogar der zweite Begriff: das Leben, nach dessen Sinn wir fragen. Unser Leben umfasst so vieles: geboren zu sein, zu existieren, zu sterben; nachzudenken, Ziele zu verfolgen, erfolgreich zu sein oder zu scheitern; zu lachen und zu weinen; Körper zu sein, emotional zu sein und zu lieben. Einsamkeit, Gemeinschaft und Gesellschaft. Vernunft und Rausch. Das alles macht das Leben aus. Und wir fragen kurz und knapp nach seinem Sinn! In der gleichen Satzstruktur, als würden wir nach dem Sinn eines Messers fragen …

Die beiden Begriffe Sinn und Leben können also auf viele Weisen verstanden werden. Insofern kann auch die Sinnfrage vieles bedeuten – allein schon sprachlich.

Das heißt aber nicht, dass alle Lesarten gleichermaßen relevant sind und wir sie der Reihe nach abarbeiten sollten. Denn hier kommt unsere Methode zum Einsatz: Indem wir die Sehnsucht nach Sinn untersuchen, finden wir heraus, um welche Fragen es überhaupt geht. Und diese können wir anschließend beantworten.

Die Antwort auf die Sinnfrage ist daher so vielschichtig wie unser Leben selbst und umfasst mehrere Ebenen. Auch wenn diese verschiedenen Ebenen des Sinns in der Lebenspraxis miteinander verwoben sind, ist es hilfreich, sie der Reihe nach zu verdeutlichen. So können wir ihr Verhältnis zueinander klären. Daher war im letzten Kapitel auch vom zweckhaften Sinn die Rede –, um klarzumachen, dass es hier um eine ganz bestimmte Art von Sinn geht. Wir werden die Zutaten eines sinnvollen Lebens also separat untersuchen und anschließend die Zusammenhänge zwischen diesen Bestandteilen ausloten.

Mit diesem Bewusstsein können wir nun unsere Suche wieder aufnehmen: Welche Art von Sinn wird durch die Endlichkeit unseres Daseins erschüttert? Und welche Art von Sinn wird es nicht? Wie können wir einen gelingenden Umgang mit unserer Endlichkeit finden?

Sinn durch Hoffnung

Die Vergänglichkeit ist weniger ein Grund, an unserem zweckhaften Sinn zu zweifeln, vielmehr steht eine andere Art von Sinn in Frage: ein Sinn, der sich aus der Zukunft speist. Diesen Sinn nenne ich *eschatologischen Sinn*.

Der Begriff Eschatologie hat eine altgriechische Wurzel, stammt aus dem theologischen Bereich und meint übersetzt ungefähr: Lehre von den (zeitlich) letzten Dingen. Eine solche Lehre handelt von dem, was uns am Ende des persönlichen Lebens oder der Menschheit insgesamt erwartet. Viele Religionen versprechen Erlösung und Vervollkommnung; es winkt das Paradies, ein ewiger Zustand von Glückseligkeit. Und auch wenn dieser Gedanke unsere Situation im Hier und Jetzt nicht maßgeblich ändert, so strahlt doch ein Stück dieser verheißungsvollen Zukunft auch in die Gegenwart. Der Tod wird umgedeutet: vom Übergang ins Nichts zur Vollendung des Seins.

Natürlich können wir auch solche Vorstellungen hinterfragen. Was wäre denn der Sinn eines Lebens im Jenseits? Was sollen wir dort für alle Ewigkeit tun?

Doch diese spitzfindigen Fragen werden der Kraft von Erlösungslehren nicht gerecht. Gerade die Unbestimmtheit der eschatologischen Vorstellungen schützt sie vor allzu kritischen Gedanken. Wir wissen nicht, was genau da kommt, aber es ist immerhin nicht das Nichts. Diese Perspektive erhellt auch die Gegenwart.

In vielen Religionen hat der Glaube ans Jenseits außerdem Auswirkungen auf die Lebensführung; insbesondere, wenn davon ausgegangen wird, dass man sich seinen Platz im Paradies erst verdienen muss. Diese Bedeutung für das Handeln ist aber nicht der zentrale Punkt, um die sinnstiftende Kraft eines Jenseits zu erklären. Wichtiger ist, dass die Gegenwart psychologisch anders gedeutet wird: Sie läuft auf etwas hinaus. Das macht es leichter, Frieden zu schließen mit der menschlichen Sterblichkeit. Der Mehrwert dieses Glaubens ist also weniger praktisch – handlungsleitend –, sondern vor allem emotional.

Das ist eine weitere zentrale Erkenntnis: Die Suche nach Sinn ist nicht nur die Suche nach einem *Kompass* für unser Handeln, sondern auch die Suche nach *Versöhnung* mit unserem Dasein in dieser Welt.

Ein eschatologischer Sinn kann zu einer solchen Versöhnung beitragen. Dazu braucht es nicht immer ein *Jenseits des Lebens*. Auch die Hoffnung auf eine Erlösung *jenseits der aktuellen Situation* kann uns Kraft geben und mit schwierigen Umständen versöhnen.

Anfang des Jahres 2020 breitete sich das Coronavirus mit dramatischer Geschwindigkeit aus und erschütterte das Vertrauen in eine sichere und planbare Zukunft. Die Folgen waren verheerend, viele Menschen verloren Angehörige, Freunde und Bekannte. Millionen wurden von einem Tag auf den anderen arbeitslos. Auch diejenigen, die nicht unmittelbar von Krankheit betroffen waren, machten die Erfahrung wochenlanger Ausgangssperren und sozialer Entbehrung. In einem Akt beispielloser Kooperation ging ein Großteil der Menschheit in Quarantäne.

Unzählige Personen arbeiteten daran, die Krise möglichst schnell zu bewältigen. Für die allermeisten aber blieb kaum anderes zu tun, als ihre Kontakte einzuschränken, möglichst zuhause zu bleiben und zu warten, bis sich die Situation zum Positiven wendet. Ohne diese Hoffnung auf eine bessere Zukunft wäre die Gegenwart viel schwieriger zu ertragen gewesen. Die Krise wurde als Übergang gesehen, als Übergang zu einer Zeit nach der Krise.

Es gibt viele Momente, in denen wir einen solchen eschatologischen Sinnhorizont brauchen, um durchzuhalten. Wir hoffen dann: So schwer das Heute auch sein mag, es ist nur ein Zwischenschritt auf dem Weg in bessere Zeiten. Noch unter furchtbarsten Umständen, weit jenseits meiner Vorstellungskraft, können Menschen aus einem eschatologischen Sinn Kraft schöpfen. In mehreren Büchern berichtet der jüdische Psychoanalytiker und KZ-Überlebende Viktor Frankl (1905–1997), wie entscheidend Sinnfragen in Auschwitz waren. Einige Menschen versuchten, auch im Leiden und Tod einen Sinn zu finden – darunter Frankl –, für die allermeisten jedoch war die Hoffnung auf eine Freilassung entscheidend: »Werden wir das Lager überleben? Denn, wenn nicht, dann hat dieses ganze Leiden keinen Sinn«, sagten sie.[12] Frankl erinnert sich: »Die meisten hatten etwas, das sie aufrecht hielt, und meistens handelte es sich hierbei um ein Stück Zukunft.«[13]

Diese Erfahrungen bewegten den Psychologen dazu, einen Satz von Nietzsche zum Leitprinzip seiner Weltsicht zu machen: »Wer ein Warum zu leben hat, erträgt fast jedes Wie.«

Die Hoffnung auf eine andere Zukunft kann eine mächtige Sinnquelle sein. In vielen Momenten zapfen Menschen diese Quelle an, nicht nur in Extremsituationen, auch in ganz alltäglichen Fällen.

Handeln und hoffen

Im vorherigen Kapitel haben wir die Suche nach einem *zweckhaften Sinn* begonnen: nach einem Ziel und Zweck, an dem wir unser Leben ausrichten können. Ein solcher Endzweck würde uns Gründe geben, das Leben aktiv anzugehen. Diese Suche haben wir noch nicht abgeschlossen. Auf dem Weg sehen wir nun, dass auch ein *eschatologischer Sinn* auf die große Frage antworten kann: »Warum leben?«

Die Art der Antwort ist jedoch anders als beim zweckhaften Sinn: Nicht weil wir eine wichtige Aufgabe zu erfüllen haben, sollten wir auf dieser Welt bleiben und uns auf das Leben einlassen, sondern weil bessere Zeiten kommen werden – weil diese Zeit jetzt gerade ein Ende haben wird. Während die Logik des zweckhaften Sinns lautet: Wer einen wichtigen Grund hat zu handeln, der hat einen wichtigen Grund zu leben, ist der Zusammenhang hier: Wer einen Grund hat zu warten, der hat einen Grund zu leben.

Die Dimensionen des zweckhaften und des eschatologischen Sinns sind manchmal miteinander verbunden. Das ist zum Beispiel der Fall, wenn uns die Zukunftsvorstellung einen Kompass an die Hand gibt, ein Ziel, auf das wir hinarbeiten können. Allerdings besteht dieser Zusammenhang nicht immer. Manchmal bleibt uns nichts anderes übrig, als passiv auf die bessere Zukunft zu warten, etwa wenn wir krank im Bett liegen. In solchen Situationen brauchen wir keinen Kompass, sondern Zuversicht und Hoffnung, um die schlechte Zeit durchzustehen.

Hier hat sich das Blatt komplett gewendet. Am Anfang dieses Kapitels haben wir es als schwerwiegendes Problem betrachtet, dass jede Gegenwart enden muss. Nun erkennen wir das Potenzial für ein sinnvolles Leben! Wenn Aussicht auf bessere Zeiten besteht, kann gerade in schwierigen Zeiten die Hoffnung auf ein Ende sinnstiftend sein.

Alle bisherigen Beispiele, in denen ein Sinn durch Hoffnung besonders wichtig ist, waren Fälle von Krisen. Wenn wir die Gegenwart nicht als sinnvoll oder zumindest nicht als zufriedenstellend sinnvoll erfahren können, dann versuchen wir, einen Sinn aus der Zukunft zu ziehen.

Und hierin liegt die Verwirrung: Die Angst vor dem Nichts löst überhaupt keine Sinnkrisen aus. Das sind nur Scheinprobleme. Kaum ein Mensch stellt den Sinn seines Diesseits deshalb in Frage, weil er über seine Endlichkeit nachdenkt. Es ist vielmehr umgekehrt: In Momenten der Sinnkrise, wenn wir bereits *aus anderen Gründen* keinen Sinn im Diesseits erkennen, eilt unser Blick in die Zukunft – in der Hoffnung, wenigstens einen eschatologischen Sinn zu finden, um sich mit dem Diesseits zu versöhnen.

Wenn eine Person, die ihr gegenwärtiges Leben als sinnvoll empfindet, über Vergänglichkeit nachdenkt, kann sie das mit Traurigkeit erfüllen; sie wird aber keinen plötzlichen Sinnverlust erfahren. Denn diese Person hat Sinnquellen im Diesseits gefunden.

Tolstoi verlor vermutlich erst sein Gespür für den Sinn der Gegenwart und schaute deshalb in die Zukunft auf seiner Suche nach Sinn. In der Vergänglichkeit alles Seienden sah er sein düsteres Gefühl nur bestätigt. Zu sagen: »Ich empfinde mein gegenwärtiges Leben als sinnlos, weil es auf Nichts hinausläuft«, ist lediglich eine nachträgliche Rationalisierung. Im Ursprung spricht das Herz: »Weil ich mein gegenwärtiges Leben als sinnlos empfinde, wünschte ich, es würde wenigstens auf irgendetwas hinauslaufen.« Letztlich basiert die Behauptung, dass das Leben sinnlos sei, weil es auf Nichts hinauslaufe, also von vorneherein auf einem negativen Ausgangspunkt: Das Leben im Hier und Jetzt erscheint sinnlos, und daraus resultiert die Sehnsucht nach einem eschatologischen Sinnhorizont.

Aber ist dieser negative Ausgangspunkt philosophisch gerechtfertigt?[14] Schließlich haben die wenigsten Menschen ein Leben, das nur aus schwierigen Zeiten besteht. Vielleicht sollten wir in Sinnkrisen eher nach einem Sinn im Diesseits suchen, statt an der Endlichkeit des Lebens zu verzweifeln.

FORMEN DER BEWEGUNG

In einzelnen Phasen kann die Hoffnung auf eine bessere Zukunft sinnstiftend sein. Aber bezogen auf unser Leben insgesamt scheint ein solch eschatologischer Sinn nicht möglich, zumindest nicht ohne die positive Vorstellung eines Jenseits.

Ein simpler Gedanke drängt sich daher auf: Wenn der Sinn unseres Lebens nicht aus dem Ende entspringt, ist er dann in der Reise selbst verborgen? Mit anderen Worten: Wenn das Ziel wertlos ist, ist dann der Weg das Ziel?

Diese Lebensweisheit, die Konfuzius zugeschrieben wird, setzen wir in manchen Situationen ganz automatisch um. Wenn wir zum Beispiel wandern gehen, steuern wir zwar ein Ziel an, aber dieses zu erreichen ist gerade nicht Sinn der Sache. Vielmehr bewegen wir uns, um den Weg zu genießen. Fahren wir hingegen nach der Arbeit beim Supermarkt vorbei, um Lebensmittel für die nächsten Tage einzukaufen, ist der Weg nur Mittel zum Zweck. In beiden Fällen bewegen wir uns also auf ein Ziel hin. Doch diese Bewegungen sind von unterschiedlicher Art.

Wir können uns auf verschiedene Weisen bewegen. Begreifen wir unser Leben insgesamt als eine Reise durch die Zeit, dann lassen sich daraus weitere Analogien entwickeln.

Es gibt die Flucht und das Streben. Beide Bewegungsformen liegen nah beieinander, denn ein Streben ist häufig auch eine Flucht vor etwas, nur mit einem konstruktiveren Charakter. Gemeinsam haben die Flucht und das Streben, dass ein Referenzpunkt außerhalb der gegenwärtigen Situation existiert. Dieser Anker verleiht der Bewegung ihre Struktur und ihren Sinn. Im ersten Fall bewegt man sich von etwas weg, im zweiten auf etwas zu. Ist der Referenzpunkt allzu vage, können Flucht und Streben in die Bewegungsform der Rastlosigkeit übergehen, in ein zielloses Streben nach einem Traum, den man selbst nicht kennt. Oder in eine ewig misslingende Flucht vor einem Gespenst, das man nicht zu fassen vermag.

Der Fokus unserer Aufmerksamkeit kann aber auch auf der Bewegung selbst liegen. Dafür gibt es neben dem Wandern unzählige weitere Beispiele. Wenn wir etwa einen Film schauen, tun wir das nicht, um schnell zum Abspann zu kommen, sondern um den Prozess bis zum Ende zu genießen. Der Sinn des Films wird nicht gefährdet durch sein unabänderliches Ende –, denn er liegt im Prozess selbst. Bei der Bewegungsform des Strebens ist das anders, der Sinn liegt allein im Erreichen des Ziels.

Diesem Prozess-Gedanken folgend können wir unser Leben als eine Reise verstehen, deren Antritt und deren Endziel wir nie gewählt haben. Wählen können wir jedoch unsere Haltung auf diesem Weg. Denn unser Leben ist in doppelter Hinsicht eine zeitliche Angelegenheit. Wir leben zum einen in der Zeit; das ist die passive Seite: Zeit verrinnt, Gegenwart geht, Zukunft kommt. Aber es gibt auch eine aktive Seite: Wir können mit unserer Zeit umgehen, können etwas aus ihr machen. Was fangen wir mit unserer Zeit an?

Angeln nach der Zukunft

Noch sind wir an der Oberfläche unserer Betrachtungen, sehen nicht die Tiefenstruktur, aber einige zentrale Punkte wurden bereits deutlich: Nur der Weg zum Tod kann von Sinn erfüllt sein, der Tod selbst hingegen könnte langweiliger nicht sein. Und nur den Weg und unsere Art der Bewegung können wir wählen, das Ziel steht fest. Wenn wir unseren Lebensweg wandernd beschreiten, stellt die Vergänglichkeit kein fundamentales Sinnproblem dar, denn statt sich auf das Erreichen eines Ziels zu konzentrieren, können wir den Prozess in den Fokus nehmen.

Natürlich können wir nicht alle Ereignisse auf unserer Lebensreise wandernd genießen. Wir gehen zur Zahnärztin, um in der Zukunft möglichst wenige Probleme mit unseren Zähnen zu haben. Spaßig ist das nicht unbedingt. Im Kleinen können solche zielgerichteten Handlungen trotzdem sinnvoll sein, denn sie entfalten ihren Sinn zu Lebzeiten. Nur weil die Bewegungsform des Strebens bezogen auf unser Gesamtleben problematisch ist, gilt das also nicht zwangsläufig für jeden einzelnen Moment. Allerdings sollten wir vorsichtig sein, das Streben zum Grundprinzip zu machen –, nicht zuletzt weil der Zeitpunkt unseres Todes ungewiss ist. So ist es eine heikle Wette, ganze Lebensphasen strebend zu verbringen, um endlich irgendein verheißungsvolles Ziel zu erreichen. Nicht selten sterben Menschen entweder vorzeitig, das Ziel ist rückblickend der Anstrengungen nicht wert oder die Logik des Strebens hat sich so tief eingegraben, dass sie nicht mehr überwunden werden kann. Die Erlösung will sich einfach nicht einstellen – egal, wie viele Ziele erreicht werden.

Ist der Modus des Strebens als psychologisches Skript umfassend verinnerlicht, dann mündet dies in sinnlose Rastlosigkeit. Eine sehr schöne Verdeutlichung dieser Dynamik finden wir in der Figur des Touristen aus der *Anekdote zur Senkung der Arbeitsmoral* von Heinrich Böll.[15]

Wir befinden uns in einer kleinen Hafenstadt Europas; die Nachmittagssonne taucht Kräne, Boote und Masten in ein warmes Licht. Auf einer Bank direkt am Ufer liegt ein Fischer, er ist einfach gekleidet, hat seine Augen geschlossen und döst vor sich hin. Etwas abseits läuft ein schick angezogener Tourist am Hafen entlang, fotografiert, kommt näher und bleibt neben dem Fischer stehen. Warum liegt dieser Einheimische mitten an einem Nachmittag auf einer Bank? Mit sorgenvoller Stimme erkundigt sich der Tourist nach seinem Wohlergehen, doch dieser versichert ihm: »Es geht mir phantastisch.«

»Warum, wenn ich fragen darf, fahren Sie dann nicht aufs Wasser hinaus? Lohnt es sich nicht?«, möchte der Tourist wissen.

Im Gegenteil, die Fangbedingungen in dieser Gegend seien hervorragend, beruhigt ihn der Fischer. Diese Antwort verwirrt den Touristen. Warum dann nicht fischen gehen?

»Ich hab heut morgen schon mehr als genug gefangen.«

Als er das hört, schlägt der Tourist aufgeregt vor, mehrmals täglich fischen zu gehen, am besten nicht nur heute, sondern das ganze Jahr über. »Wissen Sie, was dann geschehen würde?«

Der Fischer schüttelt den Kopf.

»Nun, Sie könnten sich in spätestens einem Jahr einen Motor kaufen und damit schneller raus aufs Meer. In ein paar Jahren könnten Sie noch ein Boot besitzen, so würden Sie natürlich noch viel mehr fangen, könnten das Geld sparen und sich einen richtigen Kutter kaufen …« Begeistert hält der Tourist inne und schaut aufs Wasser: »Irgendwann würden Sie ein Kühlhaus bauen, vielleicht eine Räucherei und eine moderne Marinadenfabrik, mit ihrem eigenen Hubschrauber würden Sie die Fischschwärme aus der Luft erkennen und Ihre Kutter per Funk an die besten Stellen schicken. Sie könnten die alleinigen Fangrechte erwerben, Fischrestaurants eröffnen und die besten Stücke ohne Zwischenhändler direkt nach Paris exportieren – und dann …« Die Aufregung verschlägt dem Fremden für einen Moment die Sprache.

Der Fischer richtet sich auf und schaut ihn aufmerksam an. »Was dann?«, fragt er leise. »Dann«, sagt der Fremde mit einem träumerischen Blick, »dann könnten Sie sich zurücklehnen, in der Sonne dösen – und das wunderbare Meer genießen.« »Aber das mache ich ja jetzt schon«, sagt der Fischer, »ich sitze am Hafen und döse, nur das Klicken Ihres Fotoapparats hat mich gestört.«

In dieser Geschichte hat der Tourist die Haltung des Strebens so tief verinnerlicht, dass er nicht mehr über Ziele reflektiert. Rastlos will er hoch hinaus. Doch wohin eigentlich? Weil der Fischer immer weiter nach dem Zweck der angepriesenen Geschäftsideen fragt, bringt er den Touristen dazu, seine Steigerungslogik ad absurdum zu führen. Wir erkennen, dass sein immerwährendes Streben auf nichts Gehaltvolles hinausläuft. Denn die Sonne genießen kann der Fischer schließlich jetzt schon. Insofern wären alle weiteren Mühen auf dem Weg zu diesem Ziel überhaupt nicht notwendig. Die Anstrengungen wären sinnlos.

Sinnlos wären sie freilich nicht, wenn der Tourist an irgendeiner früheren Stelle geantwortet hätte: »Weil es intrinsisch wertvoll ist, nach einem Mehr zu streben«. Oder: »Weil es Spaß macht«. Doch ihm liegt weder der Weg am Herzen, noch orientiert er sich an wertvollen Zwecken – an Endzwecken. Für den Touristen ist alles immer nur Mittel zur Steigerung, nichts ist für sich genommen wertvoll, alles nur für irgendetwas anderes gut. So schlittert er in einen unendlichen Regress; jedes erreichte Ziel ist nur eine Zwischenstufe zum nächsten Ziel und immer so weiter.

Die scheinbar unendliche Zweckkette geht zeitlich unweigerlich auf den Tod zu. Auch wenn der Tourist sich dessen vielleicht nicht bewusst ist, rückt diese diffuse Sinnlosigkeit am Horizont näher. Um die völlige Absurdität zu vermeiden – nämlich das Streben immer weiter zu potenzieren, bis es irgendwann durch das eigene Ableben beendet wird –, bricht er die Begründungskette spontan ab. Unbeholfen versucht er, auf einen Zustand zu verweisen, der für sich genommen wertvoll erscheint, der also als Endzweck geeignet ist. Er stellt dem Fischer in Aussicht, endlich die Sonne genießen zu können. Jedoch: Um dieses Ziel ging es dem Touristen ursprünglich gar nicht. Wahrscheinlich ist er erst im Gespräch darauf gekommen; sonst hätte er bereits früher erkannt, dass die von ihm vorgeschlagenen Anstrengungen hierfür überhaupt nicht notwendig sind.

Das leere Streben des Touristen steht paradigmatisch für eine ganze Gesellschaftsform. Alles Schaffen wird einer Zwecklogik unterworfen –, ohne dass über die eigentlichen Zwecke reflektiert wird. Alles ist immer nur Mittel, alles soll für irgendwas gut sein, soll auf irgendetwas hinauslaufen. Aber um dieses Irgendetwas geht es eigentlich überhaupt nicht. Zurück bleibt die entkernte Zwecklogik als Form ohne Inhalt, ein Streben ohne wertvolles Ziel.

Natürlich verfolgt auch der Fischer einen Zweck, wenn er morgens fischen geht. Aber der Zweck ist konkret und erfüllt sich bereits am gleichen Tag. Insofern hat der Fischer eine Haltung und Lebensform realisiert, welche den Sinn in sich selbst trägt. Auch wenn der Fischer nicht jeden Morgen lustvoll an seine Arbeit geht, sondern offensichtlich lieber in der Sonne liegt, anstatt zu arbeiten, ist seine Lebensweise genussvoll.

Für ihn ist der Gedanke an den eigenen Tod möglicherweise traurig; für den Touristen hingegen stellt er ein handfestes Sinnproblem dar. Denn sein Lebensweg ist wie eine Kette aus Dominosteinen aufgebaut, bei der jeder Moment nur die Funktion hat, in die Zukunft zu führen. Die eigene Vergänglichkeit blendet der sonst so zukunftsgerichtete Tourist dabei aus. Er denkt mehr ans Morgen als ans Heute, das Übermorgen jedoch verleugnet er. Mit einem riesigen Fischereiimperium würde der Fischer eines Tages auf dem Friedhof liegen, sein ganzes Leben hätte er auf etwas hingearbeitet, jeder einzelne Schritt wäre zweckorientiert und einem Wozu dienend. Aber der Blick aufs große Ganze fehlt: Wozu das *alles?*

Im alltäglichen Hamsterrad sind wir mehr von Touristen umgeben als von Fischern oder Wanderern. Überall können wir sie entdecken – vielleicht auch in uns selbst. Nebeneinander jagen sie dem vagen Versprechen einer erfüllteren Zukunft nach, hetzen wie Windhunde auf der Wettkampfbahn einer Kaninchenfigur hinterher und bekommen diese doch nie zu greifen. Anstatt dem weißen Kaninchen zu folgen, versuchen sie, es zu erlegen.

Es ist schwer, sich von einer solchen Logik abzugrenzen. Denn wir Menschen sind Herdentiere, soziale Wesen. Und wir sind sehr anpassungsfähig, orientieren uns an Personen um uns herum und an gesellschaftlichen Strukturen. Schon während wir Werbeplakate betrachten, übernehmen wir bereits Werturteile und Leitbilder, die dort transportiert werden. Das ist noch leicht zu durchschauen, aber viele Mechanismen sind weniger offensichtlich. Zum Beispiel formen uns sogar Gegenstände, die wir benutzen.[16] Denn sie erfordern einen bestimmten Gebrauch und beeinflussen daher unser Verhalten. Jede App und jede Zahnbürste haben einen Funktionsumfang, eine

Funktionsweise. Was wir mit ihnen anstellen, hängt daher mindestens genauso von ihrer Beschaffenheit ab wie von unserem eigenen Willen. Mit einem Kugelschreiber können wir beispielsweise schneller schreiben als mit einem Füller. Das hat möglicherweise Einfluss darauf, was wir mitteilen und wie wir es tun. E-Mails wiederum werden anders verfasst als handschriftliche Briefe, dadurch entwickeln wir andere soziale Praktiken und letztlich auch Weltbezüge.

Ein noch viel grundlegenderes Beispiel ist das große Netz von Begriffen, die unsere Sprache ausmachen. Mit ihnen formulieren wir unsere Überlegungen, interpretieren unsere Welt; auch sie haben wir von anderen Menschen übernommen. So ist noch der intimste Gedanke gesellschaftlich strukturiert.

All das – von der Werbung, über den Stift, bis zur Sprache und noch viel mehr – enthält versteckte Werturteile, die uns beeinflussen, wenn wir damit in Berührung kommen. Das ist prinzipiell nicht problematisch; es bedeutet erst einmal nur, dass wir soziale Wesen sind. Unsere Werte und Vorstellungen sind in hohem Maße durch unsere Beziehungen zu anderen Menschen geprägt.

Dieser Umstand kann sich ebenso positiv wie negativ auf unser Leben auswirken. Es ist deshalb hilfreich, sich solche Strukturen bewusst zu machen, um schädliche Wertesysteme und Narrative erkennen und manchmal auch verändern zu können. Zumindest wird es so leichter, sich von ihnen abzugrenzen.

In unseren Gesellschaften ist die Grundstruktur des Nach-vorne-Strebens viel dominanter als die des Wanderns. Schon in der Grundschule sollen sich Kinder anstrengen, um möglichst aufs Gymnasium zu kommen, um dann Abitur zu machen, um zu studieren und dadurch einen guten Job zu bekommen, der als Karrieresprungbrett dient … Bereits vom sechsten Lebensjahr an wird ihnen die Perspektive vermittelt, dass jeder Schritt auf dieser Leiter einem weiteren dient und immer so fort. Würde dieser Weg wenigstens einem wichtigen Endzweck dienen, ließe sich die Anstrengung möglicherweise rechtfertigen. Doch so entsteht der schale Eindruck, dass diese Steigerungslogik zum Selbstzweck verkommen ist. Hauptsache weiter, Hauptsache höher, Hauptsache schneller.

Insofern steht der Tourist in Bölls kleiner Anekdote weniger für eine verirrte Einzelperson als vielmehr für eine gesellschaftliche Grundstruktur, die wir teils schon früh übernehmen und reproduzieren. Wir Menschen haben eine bemerkenswerte Anpassungsfähigkeit. Darin liegt eine große Kraft. Denn sich an natürliche Umwelten und soziale Strukturen anzupassen kann in der Tat überlebenswichtig sein. Aber manchmal hat Anpassung auch ihren Preis.

Vielleicht trägt dieses allgegenwärtige, rastlose Streben in eine nie eintretende Zukunft zu heutigen Sinnkrisen bei – ein ewiges Kreisen um einen leeren Zweck. Um das besser zu verstehen, müssen wir die gesellschaftlichen Hintergründe näher in den Blick nehmen.

Wachstum und Fortschritt

Eine Haltung des Strebens steht auch hinter dem Glauben an wirtschaftliches Wachstum. Was genau haben Wachstum und Sinnfrage miteinander zu tun?

Wachstum ist eine Grundlogik moderner Gesellschaften und prägt daher auch persönliche Lebenserfahrungen. Wer nicht weiterkommt, wird abgehängt; Stillstand bedeutet automatisch Verlust. Wenn die Wirtschaft nicht wächst, bleibt nicht etwa alles beim Alten, sondern die Arbeitslosigkeit steigt.[17] Stagnation ist daher nicht neutral, sondern problematisch. Auch wer seinen beruflichen Aufstieg nicht priorisiert, fällt im Vergleich zu Mitbewerbenden zurück und hat mit der Zeit zunehmend schlechtere Chancen auf dem Arbeitsmarkt. Wir müssen also wachsen und vorwärtskommen, nicht nur um uns zu verbessern, sondern allein schon, um Wohlstand zu halten.[18] So rennen wir in die Zukunft und kommen doch nicht vom Fleck. Der Soziologe Hartmut Rosa vergleicht diese gesellschaftliche Architektur mit einer nach unten laufenden Rolltreppe: Wer stehen bleibt, fährt abwärts.[19]

In dieser Steigerungslogik geraten positive, inhaltliche Visionen häufig aus dem Blick. Das erinnert an den Touristen, der in der Sprache und dem Mindset von scheinbar visionären Unternehmern das Mehr anpreist, doch keine gehaltvollere Verheißung anzubieten hat als dieses nackte Mehr und ein bisschen Komfort. Ähnlich dazu ist manchmal unklar, was genau Wachstum eigentlich verheißen soll. In langfristigen Wachstumsprognosen schwingt eine unbestimmte Hoffnung auf eine bessere Zukunft für alle mit. Eine unbestimmte Hoffnung auf Erlösung ist auch in privaten Tagträumen von Reichtum und Luxusyachten enthalten. Versuchen wir, dieser Hoffnung auf den Grund zu gehen, verschwindet ihr genaues Objekt jedoch im Nebel. Oft können wir kaum formulieren, worauf wir da eigentlich warten, hoffen und hinarbeiten. Wie die Protagonisten in Samuel Becketts Theaterstück warten wir auf Godot, ohne zu wissen, wer oder was das ist und ob er jemals kommen wird. Wir beschleunigen den Alltag, entwickeln neue Technologien und produzieren effizienter – aber wozu das alles?

Früher einmal, bevor viele »westliche« Gesellschaften – in Summe betrachtet – so übersättigt waren wie heute, wurden tatsächlich noch Visionen formuliert. Zum Beispiel in dem berühmten Aufsatz *Wirtschaftliche Möglichkeiten für unsere Enkelkinder* aus dem Jahr 1930 von John Maynard Keynes.[20] Für diesen Ökonomen stellte der Kapitalismus in seiner auf Wachstum, Ungleichheit und Ungerechtigkeit basierenden Form einen notwendigen Schritt dar, um das »ökonomische Problem« zu lösen. Damit meinte er die ausreichende Versorgung aller Menschen mit Gütern. Diese (Er-)Lösung stellte er damals in ungefähr hundert Jahren in Aussicht – also heute. Endlich, so seine Vorstellung, würden die Menschen nur noch drei Stunden am Tag arbeiten. Die Gesellschaft würde moralischer, glücklicher, künstlerischer und weiser werden. Auch der Philosoph und Ökonom John Stuart Mill schrieb achtzig Jahre vor Keynes, dass das »Sich-Drängen, Stoßen, Schieben, was den dermaligen Typus des sozialen Lebens abgibt […] ein unerfreuliches Symptom einer Phase des industriellen Fortschritts« sei.[21] Dieser Phase würde ein stationärer ökonomischer Zustand nachfolgen, in dem technische Entwicklungen nur noch zur Verkürzung und Erleichterung der Arbeit führen würden, gesellschaftlicher Fortschritt würde auf geistiger, moralischer und sozialer Ebene weiterlaufen –, die unangenehme, aber notwendige Wachstumsphase des Kapitalismus wäre beendet.[22]

Weder die Prognosen von Keynes noch von Mill sind bisher eingetreten. Wir arbeiten durchschnittlich weit mehr als drei Stunden am Tag, Konkurrenzverhältnisse haben sich eher verschärft als entspannt, und gesellschaftlicher Fortschritt wird weiterhin primär über die Steigerung der Wirtschaftsleistung definiert. Was war der Denkfehler von Keynes und Mill?

Unterschätzt haben sie vor allem die menschliche Fähigkeit, immer neue Bedürfnisse zu erzeugen und immer neue Dinge zu erfinden, die es dann zu produzieren gilt; außerdem immer kompliziertere Strukturen zu erschaffen, die dann verwaltet werden müssen. Auf all diesen Stufen lässt sich Geld verdienen: mit der Einpflanzung von Wünschen sowie mit deren Befriedigung; mit der Schaffung von Komplexität etwa durch Bürokratie sowie mit deren Bewältigung. Aus der Vogelperspektive heraus aber wird es immer schwieriger, den Mehrwert dieser Spirale zu erkennen. Keynes und Mill haben also die Wucht und Eigendynamik des Wachstumsstrebens nicht vorhersehen können, das nicht plötzlich versiegt, wenn ein gewisses Wohlstandsniveau erreicht ist. Einmal in Gang gesetzt, rotiert das Streben nach Mehr ungebremst in unseren Köpfen und gesellschaftlichen Institutionen.

Seit der industriellen Revolution ist die Produktivität im Ressourcenabbau, in der Herstellung und Bereitstellung von Gütern in ungeahnte Höhen geklettert. Die große Erlösung ist nicht eingetreten. Erstens profitieren Menschen davon höchst ungleich,[23] zweitens führte die verbesserte Produktivität hauptsächlich zu mehr Produktion anstatt zu mehr Freizeit.[24]

Stell dir eine kleine Keksfabrik vor, die für die tägliche Produktion von zehntausend Keksen eine bestimmte Menge an Rohstoffen und Arbeitsstunden benötigt. Wenn nun eine neue und effizientere Keksmaschine eingesetzt wird, dann könnte theoretisch jemand entlassen werden oder die gesamte Belegschaft geht etwas früher nach Hause – oder aber sie bleiben in der Fabrik und produzieren mehr Kekse als zuvor.

Das ist natürlich stark vereinfacht, aber der Grundgedanke dahinter ist zentral: Höhere Produktivität führt nicht automatisch zu geringerem Ressourcenverbrauch und menschlicher Entlastung, sondern häufig schlicht zu Mehrproduktion. In der Forschung wird das als »Rebound-Effekt« bezeichnet.[25] Genau dieser Effekt prägt bis heute unser Wirtschaften und unseren Alltag. An allen Ecken und Enden werden wir effizienter, doch gewinnen dadurch nicht unbedingt Zeit für das Wertvolle und

Wichtige im Leben. Häufig dreht sich das Hamsterrad einfach schneller.

Permanent werden neue Innovationen auf den Markt gespült. Hinter dieser Vielfalt steht meist ein gemeinsames Versprechen: Technologie soll unser Leben erleichtern. In der Praxis jedoch münden vermeintliche Entlastungen häufig in Zeitverdichtung, Stress und Verwaltungsaufwand. Heute schreiben wir E-Mails und Messenger-Nachrichten, das ist unkomplizierter und schneller als Briefe zu verschicken. Gerade deshalb aber steigt das Pensum an Nachrichten, was viele wiederum belastet.[26] Wir waschen unsere Kleidung nicht mehr per Hand und sparen dadurch etliche Stunden pro Woche – Stunden, in denen wir noch mehr auf die Kette bekommen. Wir bewegen uns im Vergleich zum Pferdegespann mit ungeheuerlicher Geschwindigkeit im Auto, aber verkürzen statistisch gesehen nicht die Reisezeit, sondern legen längere Wege zurück.[27] Und in nicht allzu ferner Zukunft werden uns Autos selbstfahrend durch die Gegend chauffieren. So sparen wir Zeit – Zeit, um mehr Dinge zu erledigen.

»Technik ist die Anstrengung, Anstrengungen zu ersparen«, brachte der Philosoph José Ortega y Gasset das zentrale Versprechen von Technologie und Fortschritt auf den Punkt.[28] Und natürlich können Technologien auch Freiräume schaffen, in denen wir verweilen, einander zuhören und Resonanz erfahren. Damit das möglich ist, müssen wir uns diese Zeit aber auch tatsächlich nehmen, sie selbstbestimmt erobern. Wenn wir hingegen aus den Augen verlieren, zu welchem Zweck wir uns eigentlich entlasten wollen, dann geht dieses Versprechen allzu schnell nach hinten los.

Nirgends werden diese Zusammenhänge schöner und treffender dargestellt als in dem Buch *Momo* von Michael Ende.[29] Hier müssen die Kinder einer namenlosen Stadt erleben, wie ihre

Eltern immer weniger Zeit haben – und das, obwohl sie versuchen, Prozesse zu beschleunigen und dadurch möglichst Zeit zu sparen. Der Friseur Herr Fusi ist als erste Person von dieser Epidemie des Strebens befallen. Verbittert versucht er, Zeit einzusparen, unterhält sich kaum noch mit Kunden, schneidet Haare in Hochgeschwindigkeit, wird ungeduldig und nervös. Denn eines ist seltsam: »Von all der Zeit, die er einsparte, blieb ihm tatsächlich niemals etwas übrig. Sie verschwand einfach auf rätselhafte Weise und war nicht mehr da. Seine Tage wurden erst unmerklich, dann aber deutlich spürbar kürzer und kürzer. Ehe er sich's versah, war schon wieder eine Woche, ein Monat, ein Jahr herum und noch ein Jahr und noch eines.« Dennoch ändert Fusi seine Strategie nicht, denn »der Vorsatz, von nun an Zeit zu sparen, um irgendwann in der Zukunft ein anderes Leben beginnen zu können, saß in seiner Seele fest wie ein Stachel mit Widerhaken«. Wie aber soll dieses andere Leben aussehen? Wofür will Herr Fusi all die Zeit sparen? Das ist ihm selbst nicht ganz klar: »Er stellte sich nur irgendetwas Bedeutendes vor, etwas Luxuriöses, etwas, wie man es immer in den Illustrierten sah.«

In dem berühmten Kinderbuch sind es die Grauen Herren von der Zeit-Sparkasse, die den Menschen ihre Zeit stehlen. Wie den Touristen aus Heinrich Bölls Anekdote können wir auch diese Zeitdiebe als Denkmuster und Verhaltensweisen interpretieren, die in jedem von uns wohnen. In unseren eigenen Köpfen drängen uns die grauen Herren beständig zur Eile. Am Ende jedoch verrinnt die Zeit gerade deshalb zwischen unseren Händen.

So folgen die Touristen und grauen Herren einer ähnlichen Logik, der Logik des rastlosen Strebens. Aus dieser Haltung heraus scheint es durchaus rational, das eigene Leben zu beschleunigen und ins Morgen zu rasen – schließlich wird die Gegenwart nur als Mittel zum Zweck einer Zukunft gesehen. So kommt es zu einer Mikro-Beschleunigung, bei der einzelne

Prozesse immer zeiteffizienter gestaltet werden, die Zukunft also immer schneller und effektiver herbeigeführt wird, gleichzeitig aber der übergeordnete Sinn dieses Wettlaufs unklar bleibt und ein Gefühl des Stillstands entsteht. Beständig hasten wir vorwärts, sind gedanklich bereits einen Schritt weiter, leben im vorauseilenden Morgen. Am Ende dieses rastlosen Rennens in die Zukunft steht jedoch unausweichlich der Tod. Dabei liegen die Quellen eines möglichen Sinns in derjenigen Gegenwart, der wir kaum noch Beachtung schenken. So kreieren wir ein Universum voller Mittel, in dem nichts mehr Zweck ist, alles nur auf irgendetwas anderes verweist. Ist es einmal so weit gekommen, dann sind Sinnkrisen, so formuliert es der Philosoph Günther Anders, »kein pathologisches, einer Behandlung bedürfendes Symptom«, sondern »ein Zeichen von unbeschädigter Wahrheitsbereitschaft, um nicht geradezu zu sagen: ein Symptom von Gesundheit«.[30]

Die Schuld an dieser Dynamik tragen wir nicht nur individuell. Oft wird von uns verlangt, unfassbar viele E-Mails zu schreiben oder einen Arbeitsweg zu akzeptieren, der früher eine Tagesreise bedeutet hätte. Erinnern wir uns an die Rolltreppe: Wer nicht weiterkommt, läuft in manchen Bereichen Gefahr, abgehängt zu werden. Es wird uns also nicht leichtgemacht, den Touristen und Grauen Herren in unseren Köpfen das Handwerk zu legen und eine Haltung einzuüben, die tatsächlich mehr Raum für das Wesentliche im Leben schafft. Sich diese Zusammenhänge bewusster zu machen kann immerhin ein erster Schritt sein.

Das Leben ist Bewegung

Auf vielen Ebenen sind moderne Gesellschaften auf Steigerung, Beschleunigung und Wachstum ausgerichtet. Ist jeder selbst schuld? Oder sind es die Unternehmen? Die Politik? Der Kapitalismus? Das System?

Einseitige Schuldzuweisungen sind hier müßig, sind weder hilfreich noch aussichtsreich. Gesellschaft und Menschen bedingen sich wechselseitig. Das ist prinzipiell nichts Schlimmes. Wenn aber eine sinnlose Hast die Folge ist, werden solche Verflechtungen problematisch.

Dabei geht es keineswegs darum, die Grauen Herren zu bekämpfen, indem wir entschleunigt auf der Couch liegen. Es gibt so viel zu entdecken. Und erst in der Bewegung entfaltet sich auch die Geschichte unseres Lebens, unsere eigene Reise mit ihren Höhen und Tiefen, aus denen wir lernen, die unseren Horizont erweitern und unsere Welt mit Inhalt füllen. Ein Plädoyer für den großen Stillstand wäre also nicht die richtige Antwort.

Das gilt auch auf gesellschaftlicher Ebene. Entwicklung und technologischer Wandel sind ja nicht zwangsläufig sinnlos. Aber häufig sind sie nicht an gehaltvollen Visionen orientiert, an Vorstellungen einer wünschenswerten und erreichbaren Zukunft.[31] So gerät völlig aus dem Blick, dass wir Zukunft gestalten können – anstatt immer nur zu versuchen, sie vorherzusagen. Diese Visionslosigkeit bedeutet auch einen Sinnverlust. Denn die Frage nach dem Wozu des Ganzen bleibt ungestellt.

Wenn wir diese inneren und gesellschaftlichen Strukturen offenlegen und verstehen, dann können wir uns auch bewusster von problematischen Dynamiken abgrenzen. Wir können mit den kleinen und großen Entscheidungen unser Leben neu gestalten und dazu beitragen, Strukturen umzuweben. Denn auch wir sind ein Teil des Ganzen. Und wir können Anfänge machen.

Spiel des Lebens

Ist alles Dasein deshalb sinnlos, weil es irgendwann enden muss? Das war die Ausgangsfrage dieses Abschnittes unserer Reise. Eine pauschale Antwort darauf ist nicht möglich, sehen wir nun. Weder verhindert die Vergänglichkeit jeden Sinn, noch ist sie völlig unproblematisch. Zum Sinnproblem wird sie dann, wenn wir jede Gegenwart nur als Übergang in eine Zukunft begreifen, wenn wir ständig Ziele anstreben, die selbst nicht wertvoll sind, sondern nur weiteren, ferneren, höheren Zielen dienen sollen. Eine solche immer weiter in die Zukunft hineinreichende Zweck-Kette läuft letztlich auf Nichts hinaus.

Wer aber tappt nicht in die Falle des ewigen Strebens? Wer lebt im Hier und Jetzt? Für wen kann der Tod möglicherweise traurig sein, aber immerhin kein Sinnproblem?

Eine Gegenfigur zum strebsamen Touristen haben wir kennengelernt: den ruhenden Fischer. Nach getaner Arbeit genießt er die Sonne – er lebt im Moment. Mit dieser Haltung ist er nicht allein, denn Millionen von Menschen tun es ihm gleich, ja, wir alle hatten ursprünglich eine ähnliche Weltbeziehung. Wir können sie überall entdecken, die kleinen Weisen: Kinder.

Erfüllt von Neugier und mit höchster Konzentration auf die Gegenwart spielen sie, ganz zweckfrei, ein Spiel um seiner selbst willen, sie spielen allein oder gemeinsam, in stiller Freude oder laut tobend. Das Kind, ein Homo ludens, ein spielender Mensch, ist noch kein Homo oeconomicus, kein zweckrationaler Mensch.[32] Das Kind optimiert keinen Nutzen, es arbeitet nicht auf die Zukunft hin. Vielleicht baut es ein Baumhaus und sammelt Äste, es plant und werkelt, sammelt und ordnet. Das erfolgreich gebaute Baumhaus dient jedoch nicht dem Lebenslauf, sondern ist einfach Teil des Spiels. Lustvoll erfährt das Kind im Prozess der Herstellung seine eigene Wirksamkeit. So geht es ihm weniger um die Fertigstellung des Baumhauses als vielmehr um die Tätigkeit des Erschaffens selbst.

Natürlich verhalten sich auch Kinder – vor allem ältere – nicht ausschließlich auf diese Weise zur Welt und zur eigenen Zeitlichkeit. Auch sie streben manchmal, vor allem wenn sie dazu angehalten werden. Es geht hier also weniger darum, alle tatsächlich existierenden Kinder zu beschreiben, als vielmehr einen paradigmatischen Weltbezug zu veranschaulichen: einen spielerischen Weltbezug.

Spielerisches Handeln und schöpferisches Handeln liegen nur einen Steinwurf voneinander entfernt. Spielerisch erschafft das Kind sein Baumhaus, schöpferisch spielt es mit seinen Kuscheltieren in erfundenen Welten voller Feen, Trolle und Ritter. In diesem Spiel zerfließt die Zeit zur Unendlichkeit. Das Spiel versetzt in einen Zustand, den die Psychologen Martin Seligman und Mihály Csíkszentmihályi als *Flow* bezeichnen: Ein Zustand merkwürdiger Eigenzeit, in dem Stunden wie im Flug vergehen und Minuten der Konzentration zu Ewigkeiten werden.[33] Die Konzentration auf das Spiel ist eine natürliche Hypnose. Zeit verschwimmt, ganz nebenbei entstehen in dieser Intensität neue Ideen und erschließen sich Kinder ihre Welt. In keiner Lebensphase lernen Menschen so viel und so schnell wie in ihrer Kindheit.

Auch Michael Endes Figur Momo liebt es, mit den anderen Kindern zu spielen. Das tut sie auf eine so intensive Art und Weise, dass es geradezu ansteckend ist. Wenn Momo mitspielt, dann werden auch die anderen Kinder phantasiereicher, spielen mit doppelter Leidenschaft und verlieren sich ganz in ihren Träumen jenseits von Raum und Zeit.

Nach dem Spiel enden die Welten der vorgestellten Fabelwesen. Dieses Ende nimmt der spielerischen Ekstase aber nicht seine Zeitlosigkeit und erst recht nicht seinen Sinn. Denn der Sinn liegt im Prozess, im Moment.

»Der Mensch spielt nur, wo er in voller Bedeutung des Worts Mensch ist, und er ist nur da ganz Mensch, wo er spielt«, meinte Friedrich Schiller vielleicht auch aus diesen Gründen.[34] Das klingt, als würde er von einer Grundnatur des Menschen ausgehen, die im Spiel verwirklicht würde. Etwas treffender können wir sagen: »Der Mensch lebt nur da ganz, wo er spielt.« Denn nur dort lebt er in der Gegenwart und betrachtet diese nicht als Mittel zum Zweck einer Zukunft. Nur dort ist er vollständig präsent.

Natürlich können wir nicht jeden Moment im wörtlichen Sinne spielerisch verbringen. Aber wir können das Grundkonzept des Spiels nutzbar machen, um Strukturen eines Weltbezugs aufzuzeigen, der die Sinnhaftigkeit des Lebens in dessen Gegenwart begründet sieht. Eine solche Perspektive ist entscheidend, denn das menschliche Leben ist ganz wesentlich eine zeitliche Angelegenheit. Und Lebensführung bedeutet immer auch, eine Haltung gegenüber der eigenen Zeitlichkeit zu entwickeln. Die Frage nach dem Sinn des Lebens ist die Frage nach dem Sinn eines zeitlichen, endlichen Lebens.

Auf eben diese Frage antwortete Moritz Schlick: »Hat das Leben einen Sinn, so muss er in der Gegenwart liegen, denn sie allein ist wirklich.«[35] Das Problem sei jedoch, dass wir immer mehr Bereiche des Lebens einer Arbeitslogik unterwerfen, häufig auch in der Freizeit. Arbeit dient Zwecken, ihr Sinn liegt außerhalb der Tätigkeit, außerhalb der Gegenwart.

Nicht so beim Spielen. Wobei wir das Verb »spielen« hier in

einem philosophischen Sinne verstehen müssen. Ein Fußballbundesligaspiel beispielsweise ist kein Spiel im philosophischen Sinne; der Ball wird nicht geschossen um des Spieles willen, sondern um zu gewinnen. Und gewonnen wird, um Geld zu verdienen. Professionelle Fußballerinnen und Fußballer spielen nicht, sie arbeiten.[36] Viele Kinder hingegen spielen einfach Fußball. Für sie sind Ziele, so Schlick, »nur ein Anreiz zum Dahinstürmen und Kämpfen, und diese tatenfrohe Erregung ist die eigentliche Erfüllung des jugendlichen Gemüts. Seine Begeisterung ist Hingabe an die Tat, nicht an das Ziel.«[37]

Denn im Grunde geht es nicht darum zu gewinnen. Am Ende des Spiels liegen sich Verlierer und Gewinner lachend in den Armen und freuen sich über das spannende Match. Zumindest, wenn es gute Verlierer sind –, Menschen, die das Geschehen tatsächlich als Spiel verstanden haben. Das Ziel zu gewinnen gibt dieser Bewegung eine Richtung, ähnlich wie die angesteuerte Raststätte auf einer Wanderung. Der Sinn aber liegt in der Bewegung.

Wenn wir also festhalten, dass eine spielerische Haltung eine gute Antwort auf die Zeitlichkeit unseres Lebens ist, dann bedeutet dies, Tätigkeiten um ihrer selbst willen auszuführen – als Selbstzweck. Solche Tätigkeiten müssen nicht für irgendetwas gut sein. Ihren Sinn, ihr Wozu tragen sie bereits in sich.

Das verbindet Ernsthaftigkeit mit Leichtigkeit. Denn spielen heißt nicht, das Leben für einen großen Scherz zu halten. In der Konzentration auf den Ball, die Karten, Stöckchen oder Puppen wird die Welt als bedeutsam erfahren. Diese Auseinandersetzung mit den Dingen erfolgt aber nicht verkrampft, sondern offen gegenüber Experimenten und Ergebnissen. Wenn etwas mal nicht klappt, ist es nicht so schlimm.

Hauptsache, es ist ein gutes Spiel. Vielleicht können wir uns davon inspirieren lassen, für einen spielerischen Umgang mit der eigenen Freiheit. Für einen wandernden Umgang mit der eigenen Zeitlichkeit.

Verlerntes wiederfinden

Sich ganz auf einen Prozess als Selbstzweck einzulassen ist nicht nur Kindern oder Jugendlichen vorbehalten. Auch Erwachsene spielen und wandern, oft jedoch nur in einzelnen Momenten, an Sonntagen oder im Urlaub. Diese Inseln können Lernfelder sein, um eine allgemeinere Haltung auf der Lebensreise einzunehmen. Die Ansätze sind da, bei jedem von uns.

Wenn aber immer größere Bereiche des Lebens durchdrungen werden von einer Logik des Strebens, von einem ewigen Drang nach Verbesserung, dann rücken spielerische Zeitbezüge zunehmend in den Hintergrund. Manchmal mit einem schier unfassbaren Resultat: Tätigkeiten, die nicht ergebnisorientiert sind, werden als Zeitverschwendung wahrgenommen. Dann haben die Grauen Herren gewonnen. Dann hat sich die Frage »Wozu?« in ein Gift verwandelt, ist keine Sinnfrage mehr, sondern eine nagende Unzufriedenheit. Während die Frage nach dem Wozu des Ganzen ungestellt bleibt, soll jeder einzelne Schritt immer für irgendetwas gut sein, zu irgendetwas führen, auf irgendetwas hinauslaufen.

Dabei ist kaum etwas weniger Zeitverschwendung als zu spielen oder zu wandern. Hier gehen wir aktiv und schöpferisch auf die Welt zu. Wie schon beschrieben, ist spielen und wandern hier nicht wörtlich gemeint, sondern im philosophischen Sinne – als Haltung. Diese Haltung kann hinter ganz unterschiedlichen Tätigkeiten stehen, etwa wenn wir lange Gespräche führen, tanzen oder eine neue Sprache lernen, kurzum: Tätigkeiten nachgehen, bei denen wir uns im Prozess entfalten und nicht im Ergebnis. Dennoch, im wörtlichen Sinne zu spielen oder zu wandern, gemeinsam Karten zu spielen oder durch den herbstlichen Wald zu spazieren – all das kann dabei helfen, diese grundsätzliche Haltung zum Leben wieder anzunehmen. Denn sobald wir sie einmal verlernt haben, müssen wir sie tatsächlich neu einüben.

Wie alle anderen Spezies mit formbaren Gehirnen, die »unfertig« auf die Welt kommen und lernen müssen, hat der Homo sapiens einen angeborenen Spieltrieb. Wie Hundewelpen spielen auch Menschenkinder in allen Kulturen und zu allen Zeiten. Doch dieser Weltbezug wird häufig im Laufe des Lebens abgeschwächt. Das liegt keineswegs daran, dass der Mensch früh ausgelernt hat und eine spielerische Herangehensweise deshalb überflüssig wäre. Sogar Hunde spielen bis ins hohe Alter, auch wenn ihre Fähigkeiten bereits ausgebildet sind. Außerdem ist der Mensch mit dem lernfähigsten aller Gehirne ausgestattet und kann sich sein Leben lang entwickeln. Doch der spielerische Weltbezug wird uns leider systematisch abtrainiert. Stattdessen wird eine andere Herangehensweise gefördert: Menschen können sich die Zukunft vorstellen, und sie können planen. Diese Fähigkeit teilt der Homo sapiens zu einem gewissen Grad auch mit anderen Tieren. Aber bei keiner anderen Spezies ist diese Fähigkeit so stark ausgeprägt; das verschafft uns im Verbund mit der Sprachfähigkeit einen entscheidenden Vorteil. Ohne diese Begabungen gäbe es keine Häuser und keine Bücher, keine Reisfelder und keine Schulen. Sie ist zweifellos elementar wichtig.

Doch auch wenn es für unser Überleben zentral sein mag, zielgerichtet handeln zu können, hat es doch eine andere Qualität, das ganze Leben ausschließlich auf die Zukunft auszurichten. Hier zeigt sich die bereits beschriebene ökonomische Logik, die sich zunehmend auf andere Bereiche ausweitet und als gesellschaftliche Struktur verfestigt; als ginge es nur darum, immer höhere Level zu erreichen. Das ist alles andere als ein Spiel, sondern eine Logik des Überlebens, die den Alltag als Kampf erscheinen lässt. Spiele sind kein Kampf. Selbst dann nicht, wenn es sich um spielerische »Wettkämpfe« handelt.

Die Beziehung zu den Mitspielerinnen und Mitspielern hat also immer einen dialogischen Charakter. Oberflächlich betrachtet mögen wir gegeneinander spielen, aber auf einer tieferen Ebene spielen wir miteinander. Wir schaffen eine gemeinschaftliche Situation, sagen gemeinsam Ja zum Hier und Jetzt. In diesem Falle erfahren wir uns nicht mehr als Getriebene eines reißenden Zeitstroms; wir gestalten die Zeit selbst.

Das geht natürlich nicht in jeder Situation. Wie der Fischer müssen die meisten von uns ihren Lebensunterhalt erarbeiten, dem Spiel sind äußere Grenzen gesetzt. Aber in eine diffuse Unrast zu verfallen und immer mehr fischen zu wollen, mit mehr Booten und einer Marinadenfabrik, das sind vor allem innere Zwänge – verinnerlichte Wachstumslogiken. Sie zu erkennen kann ein erster Schritt sein, um selbstbestimmter durchs Leben zu gehen und ein Bewusstsein dafür zu entwickeln, welche Ziele es wert sind, angestrebt zu werden.

Dafür müssen wir uns Zeit nehmen, doch genau die ist in den Mühlen alltäglicher Betriebsamkeit ein knappes Gut. Die Tage sind fast ausgebucht, und so versuchen wir, die übrige Zeit und Energie klug einzusetzen, lassen wenig Raum für Spontaneität und drohen die Logik des Erledigens aus dem Büro mit nach Hause zu nehmen. Wir übertragen einen ökonomischen Ansatz auf immer mehr Bereiche. Bis sich Zeit verdichtet und zu einer Mauer wird, zwischen uns und unserer Welt. Dann wird es noch schwieriger, spielerisch auf die Welt zuzugehen, und wir drohen genau diejenigen Zeiträume zu verpassen, in denen wir Sinn erfahren können.

Eine spielerische Haltung ist uns bereits mitgegeben, von Anfang an. Sie wartet nur darauf, gestärkt zu werden.

TANZ AUF DEM DRAHTSEIL

Vielleicht können wir die bisherigen Fäden nun verknüpfen. Im ersten Teil dieses Kapitels wurde deutlich: Die Hoffnung auf eine bessere Zukunft kann helfen, sich auch mit schwierigen Situationen zu versöhnen. Daher ist ein eschatologischer Sinn vor allem in Krisenzeiten wichtig. Die Aussicht auf Genesung beispielsweise macht es einfacher, mit einer Krankheit umzugehen.

Im zweiten Teil des Kapitels stand das genaue Gegenteil im Mittelpunkt unserer Betrachtung: Wenn Menschen jeden Moment nur als Baustein für eine bessere Zukunft begreifen, dann drohen sie, den Sinn im Hier und Jetzt zu verkennen. Hier wirkt der Blick nach vorne nicht sinnstiftend, sondern sinnzerstörend: Eine Versöhnung mit dem derzeitigen Leben wird erschwert. Es wird als ungenügend erfahren, als trage es nicht genügend Sinn in sich, sondern müsse für irgendetwas Anderes – Besseres – gut sein. Statt innerem Frieden entsteht Unzufriedenheit.[38] So ist der Blick in die Zukunft ein Tanz auf dünnem Drahtseil.

Die Kraft, die wir da in uns tragen, ist gewaltig – diese Kraft, einen Sinn aus der Zukunft zu schöpfen. Deshalb sollten wir auch vorsichtig sein, wie wir diese Kraft einsetzen. Sie kann uns durch schwierige Zeiten tragen, und darin liegt ihre Stärke: Sie ist ein Krisenmodus. Machen wir diesen Modus jedoch zum

Lebenskonzept, dann lösen wir keine Sinnkrisen, sondern erzeugen welche. Stück für Stück beginnt der Sinn im Hier und Jetzt zu verblassen.

Um es klarzustellen: Auch jenseits von Krisen kann es natürlich sinnvoll sein, an die Zukunft zu denken. Wir müssen auf morgen vertrauen können – und sei es nur darauf, dass wir überhaupt aufwachen werden –, um das Heute sinnhaft einordnen zu können.

Diese zeitliche Perspektive und dieses Vertrauen auf Zukunft sind etwas anderes, als auf künftige Zeiten zu warten oder hinzuarbeiten, weil die Gegenwart als leer oder unzureichend wahrgenommen wird. Es geht also nicht darum, jede Zeitlichkeit des Lebens zu verleugnen, sondern selbstbestimmt mit ihr umzugehen. Und genau das wird schwierig, wenn wir Zeit zu einer Ressource machen, wenn wir sie messen, nutzen, investieren, sparen, verschwenden, verlieren, optimieren, bezahlen oder stehlen. Dann wird Zeit zu einem Ding, wird starr und unlebendig und damit auch unsere Erfahrungen in ihr.

Memento Mori

Wir können nun präziser erfassen, warum die Endlichkeit alles Seienden ein viel größeres Sinnproblem darstellt, wenn wir unseren Lebensweg strebend statt wandernd beschreiten. Wer jeden Moment an die Zukunft verkauft, der verkauft irgendwann sein ganzes diesseitiges Leben an die Zukunft.[39] Die letzte Zukunft aber ist das Nichts.

Wenn das Leben auf Nichts hinausläuft, müssen wir den Sinn im Leben selbst suchen. So gibt der Tod dem Leben zwar nicht seinen Sinn, aber doch seine Sinnstruktur: Insgesamt können wir Sinn nur im Diesseits finden. Das heißt nicht, dass uns jeder einzelne Moment als Sinnquelle erfüllen muss. Es ist weder möglich, jede Sekunde spielerisch zu verbringen, noch permanent glücklich zu sein. Aber wir können unsere Lebensreise mit verschiedenen Haltungen begehen.

Zu spielen ist eine Grundhaltung, ein Bezug zur eigenen Zeitlichkeit. Natürlich können wir auch aus dieser Haltung heraus Ziele verfolgen. Gemeinsam ein Baumhaus zu planen und zu bauen kann überaus erfüllend sein. Wandern und spielen heißt also nicht, keine Orientierungspunkte im Leben zu haben. Aber diese Punkte wirken hier eher als Richtung denn als Ziel. Denn der Sinn liegt auch in der Bewegung selbst: Wir wandern nicht, um ans Ende zu kommen, und wir spielen nicht, um endlich fertig zu werden.

Selbst wenn es ein Jenseits gäbe, hätte das keinen wesentlichen Einfluss auf diese Überlegungen. Es wäre trotzdem ratsam, eine spielerische Grundhaltung zu entwickeln und Sinn im Hier und Jetzt zu finden. Denn würden wir das Diesseits lediglich als Stufe auf dem Weg ins Paradies sehen, kann dies den Blick darauf versperren, kleine Paradiese auf unserem Planeten zu schaffen. Allein das Warten auf ein erlösendes Jenseits würde das diesseitige Leben zu einem bloßen Zwischenschritt degradieren – und ihm seinen inhärenten Sinn entziehen.

Unabhängig von diesen Fragen kann es für die Lebensführung daher überaus hilfreich sein, die eigene Endlichkeit nicht auszublenden. Memento Mori – »Sei dir der Sterblichkeit bewusst« – diese dramatisch klingende Warnung ist in erster Linie ein konstruktiver Appell, das eigene Leben in die Hand zu nehmen und nicht ungelebt verstreichen zu lassen. Wir werden aufgefordert zu leben, weil wir irgendwann sterben müssen.

Manche Menschen stellen nach einem knapp überlebten

Unfall plötzlich ihre Lebensführung in Frage. Der Psychologe Irvin D. Yalom nennt solche Ereignisse »Weckrufe« und berichtet in seinem Buch *In die Sonne schauen* von deren ungeheurer Kraft, Lebenswege neu auszurichten. Viele seiner Klientinnen und Klienten hatten noch die Möglichkeit dazu; für andere wurde es langsam knapp: »Wie schade, dass ich bis jetzt warten musste, bis mein Körper vom Krebs zerfressen worden ist, um leben zu lernen!«, erklärte ein Patient.[40]

Memento Mori, das ist die Warnung, nicht erst bis zum Unfall oder der Diagnose einer lebensbedrohlichen Krankheit zu warten, sondern schon früher zu überlegen, worauf es im Leben eigentlich ankommt – und mit dieser Perspektive den eigenen Weg zu gehen, bis man eines Tages auf dem Sterbebett zurückschaut und sagen kann: Es war gut so.

Wer wird besser auf diese letzte Zukunft vorbereitet sein, Momo und der Fischer oder der sonst so zukunftsorientierte Tourist?

Anstatt unsere Endlichkeit auszublenden, können wir sie als Strukturmerkmal unseres Daseins anerkennen – und auf diese Weise konstruktiv in unsere Lebensführung integrieren. Es ist also durchaus wünschenswert, sich des Todes bewusst zu sein. In »westlichen« Kulturen werden wir dazu allerdings nicht gerade ermutigt. Während in Mexiko am Día de Muertos mit den Toten gefeiert wird und in Laos teils sogar in Anwesenheit des Leichnams dessen Lieblingsfilme geschaut werden[41], versuchen wir in Deutschland, das Ende verschämt fortzuflüstern. Die wehmütige Bemerkung der Großeltern, dieses Weihnachten sei vielleicht das letzte gemeinsame, wird peinlich berührt übergangen. Manchen Menschen fällt es leichter, über ihr privates Sexualleben zu sprechen als allgemein über den Tod. So wird der Tod an den Rand unserer kulturellen Praxis gedrängt, als zutiefst tragisch und irgendwie unanständig. Fast ist es, als versuchten wir, dem Tod seine Macht zu entziehen, indem wir ihn nicht beim Namen nennen – wie bei dem bösen Zauberer Voldemort aus *Harry Potter*. Doch »Du-weißt-schon-wer« lässt sich nicht totschweigen.

Möglicherweise stehen Steigerungslogik und die Verdrängung des Todes in einem Wechselverhältnis. Die atemlose Flucht nach vorne hilft uns, die eigene Sterblichkeit zu vergessen. Umgekehrt müssen wir die Vergänglichkeit ausblenden, um uns auf das Hamsterrad des Touristen einzulassen. Dann leben wir, als ob es ewig weiterginge, immer höher und weiter. Möglicherweise wirkt das indirekt beruhigend, aber es versperrt den Blick auf ein sinnerfülltes Leben in der Gegenwart.

Der große Sprung

Zu Anfang dieses Kapitels hatten wir zwischen Trauer und Angst unterschieden. Traurig macht der Gedanke, unser gutes Leben oder das unserer Mitmenschen könne enden. Angst – so können wir nun zusammenfassen – macht hingegen der Gedanke, das Leben könne enden, ohne je wirklich gut gewesen zu sein. *Es ist nicht die Angst davor, irgendwann nicht mehr zu leben, sondern vielmehr, nie wirklich gelebt zu haben* – unversöhnt zu sterben, bevor wir einen Sinn im Diesseits gefunden haben.

Erinnern wir uns: Die Sehnsucht nach Sinn ist nicht nur ein Wunsch nach praktischer Orientierung im Leben, sondern auch danach, emotionalen Frieden mit der Welt zu schließen, sich aufgehoben zu fühlen. An dieser Stelle kam der Glaube an ein paradiesisches Jenseits zur Sprache, der eine enorme Kraft geben kann, um sich mit einem mangelhaften Diesseits zu versöhnen. Aber der Zusammenhang besteht auch andersherum!

Die Reise des Lebens als sinnvoll zu erfahren, das kann helfen, mit der eigenen Sterblichkeit inneren Frieden zu schließen.

Gerade in Momenten tiefer Sinnerfahrung können wir viel besser akzeptieren, dass unser Leben irgendwann enden wird – und brauchen gar kein Jenseits. »Ich könnte jetzt sterben, Clem. Ich bin einfach … glücklich. So etwas habe ich noch nie gefühlt. Ich bin genau da, wo ich sein möchte«, sagt Joel Barish in dem wunderschönen Film *Vergiss mein nicht!*. In solchen Momenten werden die düsteren Empfindungen von Tolstoi geradezu auf den Kopf gestellt. Hier entzieht der Tod nicht den Lebenssinn, sondern umgekehrt: Der Lebenssinn lässt die Tragik des Todes verblassen. Mit seiner Aussage bringt der Drehbuchautor Charlie Kaufman im genannten Film eine Sehnsucht auf den Punkt: nach einer Erlösung im Diesseits, nach einem erfüllten Leben, das man wahrhaft und wirklich lebt.

Was aber könnte das bedeuten, »nie wirklich gelebt zu haben«?

Philosophinnen aristotelischer Tradition würden vermutlich antworten, nie wirklich gelebt zu haben, das hieße, die eigenen Fähigkeiten nie ganz entfaltet zu haben, nie als Schmetterling gelebt zu haben und nur als Raupe. Existentialistinnen hingegen würden sagen, nie wirklich gelebt zu haben, das hieße, sich nie aufrichtig selbst erschaffen zu haben, nie wirklich als Individuum gelebt zu haben. Hedonistinnen wiederum würden sagen, es hieße, nie wirklich glücklich gewesen zu sein.

Gemeinsam haben diese Perspektiven, dass sie das *wirkliche* Leben in der Gegenwart verorten. Nie wirklich gelebt zu haben, das heißt, nie wirklich in der Gegenwart gewesen zu sein.

Die Gegenwart allein ist wirklich und in ihr allein verwirklicht sich unser Leben.[42] Ein Leben in und für die Zukunft ist ein unwirkliches Leben. Der Homo futurus ist ein unwirkliches Wesen. Denn in der Gegenwart ist die Zukunft nur Fiktion, ein

Leben für die Zukunft also ein Leben für die Fiktion. Wenn wir hingegen innehalten und uns auf die Welt einlassen, dann lassen wir uns auf die Gegenwart ein, auf das Konkrete, auf das Wirkliche. Wir konzentrieren uns auf die Dinge, die sind, und nicht auf diejenigen, die sein könnten oder die eventuell sein werden.

Wer sich nie Lebenszeit genommen hat, um im Hier und Jetzt präsent zu sein, hat nie wahrhaft gelebt; war gewissermaßen während des eigenen Lebens abwesend, ist beständig in eine Zukunft hineingetaumelt.

»Wenn ich erst mal …« – selbst Menschen mit einem angenehmen Leben richten manchmal ihre ganze Konzentration auf die Zukunft. Die Beförderung, der nahende Ruhestand, ein möglicher Lottogewinn … Die Touristen in uns, sie arbeiten, streben rastlos und hoffen permanent auf etwas und sind bei allem Aktivismus doch existenziell passive Wesen.

Denn die Tragik eines solchen Lebens liegt weniger in Schicksalsschlägen und Niederlagen begründet, sondern darin, das eigene Leben nie wirklich in die Hand genommen zu haben. Es ist der Konjunktiv des *eigentlichen* Lebens – des Lebens, das wir *eigentlich* leben wollen, aber so lange vor uns herschieben, bis es schließlich zu spät ist, um noch zu beginnen –, der diesen so unspektakulären Lebensweg zu einer Tragödie macht.[43]

Ein Leben für die Zukunft ist immer auch eine Flucht vor der Gegenwart. Warum aber ein solcher Eskapismus? Sind es der Konkurrenzdruck und die Ökonomisierung unserer Lebensbereiche, die uns streben lassen? Sind es die gesellschaftliche Prägung, das verinnerlichte Wachstumsparadigma? Wie kann es sein, dass wir immer wieder dazu neigen, unsere begrenzte Lebenszeit nicht aktiv zu gestalten, sondern uns von äußeren Erwartungen und Versprechungen beherrschen zu lassen?

Ein möglicher Grund ist die Furcht, dass dieses eigentlich

von uns gewünschte Leben sich nicht als so großartig erweisen könnte, wie wir es uns erhoffen. Je weiter wir von diesem Leben entfernt sind, desto mehr wird es zu einer fernen Utopie, einem verschwommenen Traum. Utopien sind im Gegensatz zu Visionen jedoch nicht mit dem Anspruch verbunden, verwirklicht zu werden. Diese inneren Fluchtorte erträumen wir uns als Befreiung von allen Wehwehchen im Hier und Jetzt, von jeder lästigen Steuererklärung und jedem Schnupfen. Das *eigentliche* Leben wird überhöht, aufgebläht, wird als etwas Perfektes, Bedeutendes vorgestellt, als etwas Glamouröses; etwas, wie man es in den Illustrierten oder auf Instagram sieht – in diesen Trugwelten, die uns mit der Vorstellung infizieren, dass jeder ein Star sein könnte oder besser gesagt: sein sollte. Bis wir wie gelähmt sind vor Angst, die eigenen Potenziale nicht voll auszuschöpfen. Anstatt unser einzigartiges Leben in die Hand zu nehmen. Anstatt den Job zu wechseln, mehr Zeit im Freundes- und Familienkreis zu verbringen, sich um die eigene Gesundheit zu kümmern, eine verkorkste Liebesbeziehung zu beenden oder es zu wagen, endlich die eigenen greifbaren Träume in die Tat umzusetzen. Anstatt selbstbestimmt ein Leben zu leben, mit dem wir uns versöhnen können. Nicht weil es von Gott oder sonst wem gewollt ist, sondern von uns.

So klaffen unser vorgestelltes Glitzer-Leben und unser reales, geführtes Leben immer weiter auseinander. Die Fallhöhe wächst und mit ihr die Angst vor dem Sprung. Wenn wir aber nicht in diesem Leben zu leben beginnen, dann niemals.

III

WAS IST WIRKLICH WICHTIG?

Wir haben uns auf eine Gedankenreise begeben. An ihrem Anfang stand die Frage, ob es einen Grund gibt, weshalb wir existieren. Dann ging es weiter zum Bedürfnis nach Orientierung im Leben, zum Problem der Vergänglichkeit, zur Steigerungslogik unserer Gesellschaften, zu spielerischen Haltungen und schließlich zum »eigentlichen« Leben. Auf diesem Weg haben wir uns mit einigen wichtigen Ebenen der Sinnfrage auseinandergesetzt, aber ist sie damit vollständig beantwortet? Ein Blick auf die Seitenzahl dürfte verraten: Nein, noch nicht.

Wohin hat uns die Suche geführt?

Erinnern wir uns an das erste Kapitel: Sinn entsteht, wenn wir Endzwecke haben. Damit sind Ziele gemeint, die so wichtig sind, dass sich bei ihnen die Frage »Wozu?« überhaupt nicht stellt. Solche Endzwecke könnten uns Orientierung im Leben geben, eine Richtung und Aufgabe – und somit auch einen Grund zu leben.

Mit diesen Gedanken endete das erste Kapitel. Doch dann hat sich das Blatt plötzlich gewendet, und wir sind zum Schluss gekommen: Lasst uns die Zweck-Logik über Bord werfen! Lasst uns gar keine Zwecke verfolgen, sondern spielerisch und selbstzweckhaft leben, im Hier und Jetzt!

Wie passen diese beiden Überlegungen zusammen? Ist das nicht ein Widerspruch?

Auf den ersten Blick könnte man das vermuten. Und tatsächlich haben wir es hier mit zwei gegensätzlichen Logiken zu tun. Weil es sich aber um verschiedene Arten von Sinn handelt, können sie durchaus nebeneinander bestehen.[1] Spiele zeichnen sich gerade dadurch aus, dass sie keinem Wozu dienen. Und so ist es auch beim spielerischen Sinn: Er liegt in der Tätigkeit selbst. Unabhängig davon könnte es aber auch Endzwecke geben; Ziele, die erstrebenswert sind; Ziele, die unseren Anstrengungen einen Sinn verleihen, auch wenn der Weg beschwerlich ist und nicht spielerisch. Es ist ja denkbar, dass es *doch* irgendetwas gibt, für das es sich lohnt, auch mal die Zähne zusammenzubeißen –, ohne deshalb gleich in eine sinnlose Steigerungslogik zu verfallen. Aber was kann das sein? Genau das ist die Frage nach dem zweckhaften Sinn. Und die haben wir noch nicht beantwortet.

Der Tourist konnte uns nicht weiterhelfen, seine Ratschläge sind doppelt sinnlos. Denn er schlägt einen Lebensweg vor, der weder spielerisch noch an wertvollen Zielen ausgerichtet ist.

Irgendwo muss der Sinn aber herkommen – entweder aus der Bewegung selbst oder aus deren Zielsetzung. Beides ist denkbar. Beides sind Ansätze, Sinn im Leben zu finden. Wir haben sie spielerischer Sinn und zweckhafter Sinn genannt.

Also, welche Ziele könnten uns ein tragfähiges Wozu geben? Wofür lohnt es sich zu kämpfen? Geld vielleicht? Wahrheit? Schönheit?

Viele Denkerinnen und Denker, insbesondere in der Tradition von Epikur und des Utilitarismus, kamen zu dem Schluss: Ein glückliches Leben! Glück wünschen wir uns um seiner selbst willen. Darin sind sich auch der Tourist und Fischer einig. In der Sonne zu liegen und zu dösen ist für beide ein Ziel, das keiner weiteren Begründung bedarf – ein Endzweck.

Ist Glück also das Lebensziel, nach dem wir die ganze Zeit suchen? Lohnt es sich, nach Glück zu streben – nur eben weise wie der Fischer und nicht zielvergessen wie der Tourist?

IST GLÜCK DER SINN DES LEBENS?

Wenn wir glücklich sind, stellt sich uns die Frage nach dem Sinn des Lebens in der Regel nicht. Offensichtlich haben wir etwas gefunden, das uns in Krisenzeiten fehlt. Der Wecker klingelt, wir öffnen verschlafen die Augen, lächeln in uns hinein, steigen freudig und erwartungsvoll aus dem Bett. Wozu das alles? Weil das Leben schön ist!

Vielleicht sollten wir uns daher auch in Sinnkrisen motivieren, Beschäftigungen nachzugehen, aus denen wir Freude ziehen können.[2] Wenn das Leben seinen Glanz und Duft verloren hat, könnten wir es uns wieder schmackhaft machen und uns darauf besinnen, dass diese Welt voll wunderbarer Dinge ist!

Das wäre definitiv ein guter Ratschlag. Aber beantwortet er auch die Frage nach dem zweckhaften Sinn? Besteht der Sinn also darin, positiv auf das eigene Leben zu blicken und sich daran zu erfreuen?

Auf den ersten Blick spricht einiges dafür. Denn wir sind ja auf der Suche nach einem Ziel, das uns als Leitstern dienen kann und keiner weiteren Begründung bedarf. Glück ist ein äußerst vielversprechender Kandidat dafür. Immerhin wäre die Nachfrage: »Was genau ist denn so toll an einem glücklichen Leben?«, reichlich absurd. Glück muss nicht für irgendetwas gut sein; Glück *an sich* ist gut für uns. Vielleicht ist es sogar das

Einzige, von dem wir das sicher sagen können. Denn ist zum Beispiel Gesundheit nicht genau deshalb gut für uns, weil sie ein unbeschwertes Dasein ermöglicht?[3]

In der Tat bewerten wir viele Dinge im Leben danach, inwiefern sie uns Leid ersparen und besser noch: glücklich machen. Glück ist hier der Maßstab, der Endzweck – das Wozu des Ganzen.

Unzählige Philosophinnen und Philosophen betonten diese herausragende Rolle des Lebensglücks, darunter Epikur und John Stuart Mill. Letzterer schrieb: »Es liegt in ihrer Natur, dass Menschen nichts an sich begehren – außer ihrem eigenen Glück. Alles andere erscheint ihnen höchstens deshalb wünschenswert, weil es zu diesem Glück beiträgt.«[4]

Laut Mill ist Glück also immer schon Endziel und Sinn des menschlichen Lebens. Diesen Sinn müssen wir nicht aufwändig entdecken und in die Tat umsetzen; wir orientieren uns ohnehin daran. Weil es in unserer Natur liegt.

Solche Aussagen über den Menschen führen uns in das Grenzgebiet zwischen Philosophie und Psychologie. Ein Blick in die aktuelle psychologische Forschung könnte daher hilfreich sein, um die Frage zu beantworten, ob Sinn und Glück wirklich das Gleiche sind.

Insbesondere in der Existentiellen Psychologie und in der Positiven Psychologie wurde das Bedürfnis nach Sinn unter die Lupe genommen.[5] Hier finden sich einige überraschende Ergebnisse. In zahlreichen Studien wurde zwar festgestellt, dass Menschen, die ihr Leben als sinnvoll erfahren, meistens auch glücklicher sind – aber eben nur meistens. Es gibt auch Fälle, in denen diese Erfahrungen auseinandergehen.

Ein Beispiel dafür ist das sogenannte Paradox der Elternschaft. Etliche Untersuchungen bestätigen, dass eigene Kinder den empfundenen Lebenssinn erhöhen. Gleichzeitig sind Eltern gerade von jüngeren Kindern statistisch gesehen unglücklicher als kinderlose Menschen.[6] Die verbreitete Vorstellung, Kinder seien das größte Glück, scheint ein Mythos zu sein!

Natürlich gibt es auch Gegenstudien.[7] Und bei näherer Betrachtung ist ohnehin alles viel komplizierter.[8] Wie sich Kinder auf die persönliche Glücksbilanz auswirken, hängt auch davon ab, ob die Eltern in einer gelingenden Beziehung sind und sich gegenseitig unterstützen, ob finanzielle Sicherheit besteht, Verwandte beim Alltag unter die Arme greifen und von vielen weiteren Faktoren. Außerdem gibt es selbstverständlich auch Fälle, in denen Eltern durch ihre Kinder zu glücklicheren Menschen werden. Die pauschale Schlussfolgerung, dass Kinder generell unglücklich machen, wäre also verkürzt. Spannend bleibt jedoch das statistische Gesamtbild: Sinnempfinden und Glücksgefühle gehen hier nicht unbedingt Hand in Hand.[9]

Die Untersuchung von Eltern ist dafür nicht das einzige Beispiel. Auch wenn wir unseren Blick weiten und ganze Länder miteinander vergleichen, stoßen wir auf ähnliche Phänomene. Die Grundtendenz lautet: Je reicher ein Land, desto positiver bewerten Menschen ihre eigene Situation[10] –, aber gleichzeitig empfinden sie ihr Leben als sinnloser.[11] Zumindest legen das die Ergebnisse des Instituts Gallup nahe, das jährlich weit über hunderttausend Personen auf der ganzen Welt nach ihren Lebenseinstellungen befragt.[12] In Skandinavien beispielsweise sind Menschen insgesamt zufriedener mit ihrem Leben als Menschen in Subsahara-Afrika. Erstaunlicherweise ist es beim Lebenssinn genau andersherum. Ausgerechnet in vielen wohlhabenden Ländern sind Sinnkrisen äußerst verbreitet; dementsprechend sind die Selbstmordraten dort auch tendenziell höher.[13] Fast ein Viertel der US-Amerikanerinnen und -Amerikaner kann keine Sinnquellen in ihrem Leben erkennen.[14] Die gesellschaftliche Moderne hat offenbar ihren Preis. Sogar noch düsterer als in den USA ist das Bild in Japan, Spanien und Frankreich. Diese Länder haben sich in den Umfragen als regelrechte Sinnwüsten herausgestellt. Im Gegensatz dazu stehen Togo und Sierra Leone sehr viel besser da: Hier empfinden Menschen ihr Leben als besonders sinnvoll –, obwohl sie gleichzeitig sehr unzufrieden mit ihrem Alltag sind.[15] Wie kann das sein?

Die Hintergründe von Sinnkrisen in der gesellschaftlichen Moderne werden wir noch schrittweise auffächern. An dieser Stelle ist für uns zentral: Offenbar hängen Glück und Zufriedenheit teilweise von anderen Faktoren ab als der wahrgenommene Sinn im Leben. In diese Richtung deuten auch die psychologischen Forschungen von Roy F. Baumeister und Kathleen D. Vohs. 2013 stellten sie gemeinsam mit weiteren Psychologinnen in einer Studie[16] fest, dass es Dinge gibt, die wichtig für das Lebensglück sind, aber den empfundenen Lebenssinn kaum erhöhen. Dazu zählen:

- Gesundheit,
- den Alltag als einfach empfinden,
- sich allgemein gut fühlen.

Andererseits gibt es Aspekte, die genau umgekehrt wirken, also Aspekte, die zur Erfahrung von Sinn beitragen, aber nicht unbedingt glücklich machen. Zwei Beispiele:

- anderen Menschen helfen,
- intensives Nachdenken.

Diese interessanten Befunde deuten darauf hin, dass ein glückliches und ein sinnerfülltes Leben nicht das Gleiche sind. Wir werden dieser Unterscheidung auf den Grund gehen, allerdings sollten wir voreilige Schlüsse vermeiden. All diese Studien liefern uns Hinweise, aber keine Beweise.

Denn keine statistische Untersuchung ist neutral: Immer stecken in den vielen Zahlen und Diagrammen theoretische Annahmen.[17] Vor allem sollten wir beachten: In den psychologischen Untersuchungen wurde nicht *herausgefunden*, dass Glück und Sinn verschiedene Dinge sind. Vielmehr wurde diese Unterscheidung bereits im Versuchsaufbau getroffen. Zuerst saßen die Forschenden im Büro und differenzierten zwischen Glück und Sinn, dann erst machten sie ihre Umfragen. Glück und Sinn als verschiedene Variablen zu behandeln ist also der Startpunkt, nicht das Ergebnis der Forschung.

Insofern spiegelt sich in den Ergebnissen auch die persönliche Weltsicht der Forschenden wider.[18] Das ist unvermeidbar und an sich nicht schlimm. Wichtig ist nur, sich dieser Theoriebeladenheit bewusst zu sein, sonst lässt man sich schnell blenden von all den Koeffizienten, die so neutral, nüchtern und objektiv wirken. Keine Messung kann uns das Denken abnehmen, und keine noch so breite Umfrage kann die Philosophie ersetzen. Denn jede Datenerhebung basiert auf theoretischen Annahmen. Und diese Annahmen zu hinterfragen – zu überlegen, wie eine plausible Theorie des sinnvollen Lebens aussehen könnte –, genau das bedeutet Philosophieren. Wie lassen sich also Beobachtung und Theorie vereinbaren? Empfundenes Lebensglück und empfundener Lebenssinn sind nicht immer im Einklang – eine überaus interessante und erklärungsbedürftige Feststellung. Wie können wir diese Befunde philosophisch deuten?

Dafür müssen wir uns lediglich erinnern: Die Sehnsucht nach Sinn, das ist auch die Sehnsucht nach Zielen im Leben – und zwar nicht nach irgendwelchen Zielen, sondern nach wirklich wertvollen und wichtigen Zielen. Solche Ziele würden unserer

Existenz Bedeutung verleihen und uns eine Aufgabe geben, für die es sich zu leben lohnt.

Wenn wir uns dies vor Augen halten, wird unmittelbar klar, dass Glück nicht die Antwort sein kann. Natürlich ist ein glückliches Leben wünschenswert, aber es ist eben keine wichtige Aufgabe, kein zweckhafter Sinn. So lassen sich auch die psychologischen Studien erklären.

Eine wichtige Aufgabe zu haben, das *kann* glücklich machen. Es kann aber auch Ursache für Schmerz und Entbehrung sein. Denn gerade das, was uns Sinn im Leben gibt, bringt uns manchmal dazu, das eigene Glück hintanzustellen. Wer nachts aufsteht, um das weinende Baby zu beruhigen, hat dabei meist wenig Freude. Aber darum geht es in dem Moment auch nicht. Es ist den meisten Eltern einfach wichtig, sich um ihr Baby zu kümmern. Selbst wenn es stressig ist, Sorgen bereitet und die eigene Glücksbilanz senkt – solche Tätigkeiten können sie in der Welt verankern. Sie tun, was getan werden muss, sie werden gebraucht. Sie haben ein Wozu.

Ähnlich sieht es in anderen Bereichen aus: Berufliche Herzensprojekte können große Freude bereiten, aber umgekehrt auch ein Grund sein, Anstrengungen in Kauf zu nehmen – bis hin zur Selbstaufopferung. Je wichtiger Menschen ihre Arbeit ist, desto eher sind sie bereit, sich reinzuhängen, statt nur Dienst nach Vorschrift zu machen. Denn sie wissen, wozu.

Das, was uns Sinn gibt, das, was wir für wertvoll und wichtig halten, kann uns mit Leidenschaft erfüllen, mit reinstem Glück. Es gibt uns aber auch Gründe, weiterzumachen, weiterzukämpfen, notfalls mit Schweiß und Tränen. Und deshalb gehen Glück und Sinn nicht immer Hand in Hand.

Manche Menschen pflegen ihre Angehörigen jahrelang, bis zum Tod. Glücklich macht das nicht unbedingt. Aber es ist der Sinn, den sie ihrem Leben in dieser Phase gegeben haben: für jemanden da zu sein. Andere Menschen üben stundenlang auf ihrer Geige, Jahr für Jahr, mit dem großen Ziel, ihr Spiel zu perfektionieren. Sie machen weiter, auch wenn die Fingerkuppen schmerzen und der Hals wund wird vom ewig vibrierenden Instrument.

Was diese Menschen antreibt, ist nicht das Streben nach Glück, sondern das, was ihnen wirklich wichtig ist – ihre Endzwecke. Sie sind ihr Wozu, sie sind ihr Sinn.

Die große Wahl

Sie zitterte am ganzen Körper, konnte gar nicht glauben, was gerade geschehen war. Wie in einem Traum glitt sie auf die Bühne und nahm den Gutschein entgegen. Sie hatte gewonnen, den ersten Preis, das Ende aller Sorgen. Für einen Moment schaute sie ungläubig in die applaudierende Menge, da spürte sie schon eine Hand auf ihrer Schulter. »Komm, es kann direkt losgehen«, sie blickte in ein wohlwollendes Gesicht. Wie von allein setzten sich ihre Beine in Bewegung, und sie folgte dem Mann durch die Tür, um deren Rahmen eine Reihe von Lichtern aufgeregt zu blinken begonnen hatten. Nie hätte sie gedacht, dass es so schnell gehen würde. Kaum zehn Minuten waren vergangen, seit ihr Name aufgerufen worden war. Und nun stand sie vor ihr: die Maschine. Der freie Platz in der Ecke des großen Bettensaals war unscheinbar. Man hätte vermuten können, in einer Jugendherberge gelandet zu sein, wären da nicht all die Kabel gewesen, eingewebt in weiß bezogene Kissen. Das Ende aller Sorgen. Sie wusste, was nun kam. Sobald sie sich hingelegt hatte, würde sie in eine virtuelle Realität gesogen werden, in die beste aller möglichen Welten, individuell auf ihre Persönlichkeit zugeschnitten. Selbst ihre geheimsten Wünsche konnten durch das Programm erkannt und erfüllt werden. Ein paradiesischer Zustand für den Rest ihres Lebens, ein Glücksrausch bis sie eines Tages alt war und ihr Herz aufhörte zu schlagen. Und das Beste daran war: Sie würde keinerlei Bewusstsein darüber haben, dass alles nur eine Simulation war. Jede Liebesbekundung würde sie für real halten. So könnte sie ihr neues Leben kompromisslos und mit voller Überzeugung genießen. Aus diesem Grund gab es allerdings auch keinen Weg zurück. Das war der Deal. »Es wird perfekt«, flüsterte der Mann neben ihr. Doch sie hörte seine Stimme kaum. Wollte sie das wirklich?

So stelle ich mir die Erlebnismaschine vor, die Robert Nozick in einem seiner Gedankenexperimente beschreibt.[19] Was ging dir durch den Kopf dabei? Wie würdest du dich entscheiden?

Laut Umfragen würden die meisten Menschen das Angebot ausschlagen.[20] Sie bevorzugen ihr echtes, unvollkommenes Leben mit all seinen Reibungen und Streitpunkten gegenüber einem dauernden Traum. Sie wünschen sich tiefe Beziehungen und wahre Liebe, selbst wenn das manchmal schwierig ist. Und sie wünschen sich persönliche Erfolge, für die sie auch kämpfen müssen. Natürlich wollen auch sie glücklich sein. Aber in dieser Welt, nicht in einer besseren Fälschung.

Vielleicht gehörst du zu den 16 bis 29 Prozent, die nicht ganz überzeugt sind von diesen Argumenten.[21] Ein maximal glückliches Dasein? Das klingt doch zu verlockend!

Aber würdest du tatsächlich alles Reale hinter dir lassen? Sogar deine Freundinnen, Freunde und Familie? Würdest du sie eintauschen gegen Simulationen? Und würdest du ihnen den Schmerz zumuten, wenn du plötzlich aus ihrem Leben verschwindest?

Es gibt viele Punkte, die gegen das ewige simulierte Glück sprechen. Und wenn diese Aspekte in den Umfragen betont worden wären, hätten wahrscheinlich deutlich weniger als die genannten 16 bis 29 Prozent die Maschine gewählt.

Uns ist eben sehr viel mehr wichtig als nur das eigene Wohlbefinden. Es gibt Menschen und Dinge, die uns am Herzen liegen und in keine Glücksrechnung passen. Das ist ein entscheidender Punkt: Menschen haben eine Vielzahl von Wozus, die sie im Leben verwurzeln und durch den Alltag leiten. Glücklich zu sein ist nur eine Motivation von vielen.

Trotzdem wird immer wieder das Gegenteil behauptet: Alle Menschen seien im Grunde egoistisch, und, egal was sie tun, am Ende ginge es ihnen nur um ihr eigenes Wohl. Selbst wer Geld spendet, tue das nur, um sich anschließend besser zu fühlen.

Das ist völliger Humbug. Dahinter steckt der Drang nach simplen Erklärungen, nach einer kurzen Weltformel, mit der sich alles leicht verstehen lässt. Als ob sich die menschliche Psyche durch eine einzige Motivation erklären ließe! Wie einfach wäre es dann zu leben!

Nur ein kleiner Teil unseres Verhaltens wird durch das Streben nach Glück motiviert. Dafür ließen sich unendlich viele Beispiele anführen. Ganz plakativ: Die meisten Menschen wollen keinen Sex, um glücklich zu sein, sondern weil sie Sex wollen. Ende der Erklärung. Das ist einfach ein Grundbedürfnis. Glück mag eine *Folge* leidenschaftlicher Nächte sein, ist aber nicht die *Motivation* dahinter. Nur weil etwas in der Konsequenz glücklich macht, bedeutet das noch lange nicht, dass dies auch der Grund war, so zu handeln.

Zudem machen sich viele Menschen selbst unglücklich, wenn sie geliebte Personen von sich stoßen und verletzen. Das könnte man zwar als pathologisches Verhalten abstempeln, aber dann hätte man bereits vorausgesetzt, Menschen würden normalerweise nur nach Freude streben, anstatt sie so zu beschreiben, wie sie nun einmal sind.

Weder das Streben nach Glück noch die allgemeinere Variante – das Streben nach Eigennutz – können alle Handlungen und Motivationen erklären.

Wenn wir über die Straße gehen und plötzlich ein Kind vor uns hinfällt, wir instinktiv nach vorne springen und ihm auf die Beine helfen, dann tun wir das nicht, um uns anschließend selbstgefällig auf die Schulter zu klopfen. Wir handeln vielmehr um des Kindes willen. Auch Feuerwehrleute, die ihr Leben riskieren, oder Soldatinnen und Soldaten, die aus Überzeugung in den Tod gehen, handeln nicht egoistisch. Man kann Soldaten für vieles kritisieren, aber es liegt bestimmt nicht in ihrem Eigeninteresse zu sterben. Zwar könnte man spitzfindig behaupten, es sei das »erweiterte Eigeninteresse«, wenn sich eine Soldatin für ihr sogenanntes Vaterland opfert oder sich ein Vater hingebungsvoll um seine Kinder kümmert. Aber damit würde man den Begriff des Eigeninteresses so sehr ausweiten, dass er überhaupt nichts mehr besagt.

Ja, Menschen streben nach Glück; aber es ist nicht das Einzige, was sie antreibt. Auch das, was ihnen wirklich wichtig ist, ist ein Motor ihres Handelns. Dieser Motor hat einen gewaltigen Einfluss auf viele kleine und große Entscheidungen. Und er kann so stark sein, dass er das Streben nach Glück übertrumpft.

Ist Sinn gut für uns?

Natürlich bereitet es Sorgen, wenn das eigene Kind krank im Bett liegt. Und es ist anstrengend. An solchen Tagen wirken sich Kinder negativ auf die Glücksbilanz aus. Aber bereuen Eltern deshalb, ein Kind auf die Welt gebracht zu haben? Wohl kaum. Stattdessen hoffen sie, dass ihr Kind bald wieder gesund wird. Bei dieser Hoffnung steht nicht das eigene Wohlergehen im Zentrum, sondern dasjenige des Kindes.

In schwierigen Momenten wünscht man sich vielleicht, man hätte bessere Möglichkeiten, das Kind zu versorgen oder könnte es in einer stabileren Partnerschaft aufziehen. Oder es würde sich in der Pubertät weniger anstrengend verhalten, keine Probleme in der Schule haben und so weiter. All diese mit den eigenen Kindern verbundenen Sorgen würden viele Eltern am liebsten loswerden – nicht aber das Kind selbst.

Hier stellt sich jedoch eine grundsätzliche Frage: Wenn das, was uns einen zweckhaften Sinn gibt, einen Grund darstellen kann, sich für etwas einzusetzen und dabei das eigene Glück zurückzustellen –, ist dieser Sinn dann überhaupt gut für uns?

Tatsächlich kann es die Lebensqualität senken, wenn eine Person sich geradezu aufopfert für eine Aufgabe, die ihr wichtig ist. Meist aber gilt das Gegenteil: Indem Menschen nicht nur ihr eigenes Wohl wichtig nehmen, sondern sich für etwas engagieren – in der Familie, im Beruf oder in anderen Kontexten –, können sie sich selbst als wertvoll erfahren. Hier werden die in Sinnkrisen entstehenden Lücken geschlossen, wenn man sich wertlos und überflüssig vorkommt. Die klassische Gegenüberstellung von Eigennutz und Selbstlosigkeit stößt in diesen Fällen – wie so oft – an ihre Grenzen: Gerade weil nicht nur das eigene Wohl im Vordergrund steht, wird die Selbsterfahrung gestärkt, was auf einer tieferen Ebene langfristig erfüllen und emotional stabilisieren kann. Das Wissen, wozu das alles, schafft einen positiven Anker.

Insofern sind Sinn und Lebensglück eng miteinander verknüpft. Das macht es teilweise so schwer, sie auseinanderzuhalten. Um die Unterschiede sichtbar zu machen, haben wir bisher vor allem Fälle betrachtet, in denen diese Erfahrungen auseinandergehen. Das soll aber nicht den Eindruck erwecken, Glück und Sinn würden immer im Konflikt zueinander stehen. Im Gegenteil, meist befeuern sie sich gegenseitig! Es kann uns überaus glücklich machen, wenn wir uns unseren Endzwecken widmen; es kann uns Freude und Kraft geben, für das eigene Kind zu sorgen, das Geigenspiel zu vervollkommnen oder im Beruf für bessere Verhältnisse einzutreten. Solche oder andere Ziele können unsere Leidenschaft entfachen; unser Herz wird erfüllt von einem Brennen für diese Welt.

Andersherum begünstigen Glücksgefühle auch ein sinnhaftes Dasein: Wenn wir voller Lebensfreude in den Tag starten, dann gibt uns das auch Kraft und den Willen, uns für das einzusetzen, was uns am Herzen liegt.

Was aber, wenn man keine Endzwecke hat? Solange wir gut gelaunt in der Sonne liegen, ist das wahrscheinlich kein Problem. Allerdings liegt das nicht unbedingt daran, dass die Sehnsucht nach Sinn *erfüllt* ist – möglicherweise kommt sie gar nicht erst auf. Wenn diese Situation plötzlich kippt und Ausflüge ins Grüne, Partys oder Grillabende nicht mehr ausreichen, taucht die Sinnfrage auf. Sind keine Endzwecke in Sicht, droht ein antriebsloses Dasein. Kern des Problems ist dann kein Mangel an Glück, sondern ein Mangel an Sinn; in solchen Phasen sind Menschen nicht traurig, sondern orientierungslos. Deshalb wäre es auch nur eine Bekämpfung von Symptomen, wenn man ihnen eine Glückspille verabreichen würde.[22]

Wie wichtig Sinn für die persönliche Lebensqualität ist, zeigt auch ein Blick in die empirische Forschung. In insgesamt über hundert Studien seit Mitte der 1970er Jahre wurde festgestellt, dass Menschen, die ihr Leben als sinnvoll empfinden, eine höhere Lebenserwartung haben. Sie sind glücklicher und gesünder, können besser mit Stress und Schicksalsschlägen umgehen.[23] Auch diese Menschen haben Probleme, sind aber resistenter gegenüber Depressionen. Falls dennoch Depressionen entstehen, führen sie seltener zu Drogensucht. Therapien sind häufiger erfolgreich, zudem ist die positive Außenwirkung und Beliebtheit bei Mitmenschen höher – diese Liste ließe sich sogar noch fortsetzen.[24]

Im Regelfall ist Sinn also sehr gut für uns, was an seinen Nebenwirkungen liegt. Im Ursprung aber geht es bei der Sinnfrage nicht darum, was gut für uns ist. Es ist fast schon paradox: Gerade weil beim Sinn nicht das eigene Wohlbefinden im Vordergrund steht, kann er sich so positiv auf unser Leben auswirken. Insofern können persönliche Sinnerfahrungen selbst kein Ziel sein, sondern entstehen durch andere Ziele, die wir verfolgen –, durch Endzwecke, die uns der Sache nach wichtig sind.

Gleiches gilt für das Lebensglück; auch Glück lässt sich als direktes Ziel kaum erstreben. Wer ständig versucht, glücklich zu sein, macht sich selbst unglücklich. In der Philosophie wird dieser Umstand als Paradox des Hedonismus bezeichnet. Schon John Stuart Mill erkannte diese Falle und schrieb im 19. Jahrhundert: »Nur diejenigen sind glücklich, die sich auf etwas anderes konzentrieren als ihr eigenes Glück, zum Beispiel auf das Wohl anderer, auf Kunst oder irgendein Ziel, das für sie ein Endzweck ist. Indem sie also etwas anderes anstreben, finden sie nebenbei ihr Glück.«[25] Diese Annahme wurde mittlerweile durch psychologische Studien bestätigt: Menschen, die ihr eigenes Glück ins Zentrum stellen, werden häufiger depressiv.[26] Natürlich kann man auf eine Party gehen, um Spaß zu haben und mit diesem Ansatz erfolgreich sein. Als Lebenskonzept jedoch geht der Schuss häufig nach hinten los, wenn Glück das einzige Ziel darstellt.

Es ist eine verzwickte Angelegenheit. Besonders erfüllend sind Tätigkeiten meist dann, wenn sie nicht ausgeführt werden, um daraus Glücks- oder Sinngefühle zu ziehen, sondern aus Liebe und Leidenschaft für die Sache. Handeln wir nur aus Eigeninteresse, verpassen wir also das Beste im Leben. Es mag seltsam klingen, aber: Freude ist nicht alles im Leben. Es kann durchaus – im wahrsten Sinne des Wortes – sinnvoll sein, sich für etwas anderes einzusetzen.

Gleichzeitig ist es nicht ratsam, das eigene Lebensglück ganz aus den Augen zu verlieren, wie es beruflich und privat immer wieder passiert. Erstens wäre das schon der Sache nach schade, immerhin leben wir nur einmal. Zweitens kann es innerlich auslaugen, wenn man das eigene Wohl permanent für seine Endzwecke hintanstellt –, was wiederum die Grundlage gefährdet, um sie überhaupt mit Leidenschaft verfolgen zu können. Was wir also brauchen, ist ein mehrdimensionaler Kompass.

Die Freude, eine Ursache zu sein

Schritt für Schritt tasten wir uns vor. Nachdem wir uns auf das Verhältnis zwischen Glück und Sinn konzentriert haben, können wir nun den zweckhaften Sinn genauer unter die Lupe nehmen. Schriftzeugnisse durch alle Zeiten und Kulturen hinweg zeigen, dass der Wunsch nach einem solchen Sinn tief im Menschen verankert ist: *Da gibt es etwas auf der Welt, das wirklich wichtig ist, und ich, ich kann dazu beitragen!* Warum ist es ein menschliches Grundbedürfnis, solche Erfahrungen zu machen?

Dieser Frage können wir uns nur teilweise annähern. Eben weil es ein Grundbedürfnis ist, lässt es sich nicht aus anderen psychologischen Variablen ableiten.[27] Jedenfalls scheint es angeboren zu sein, nicht nur angenehme Empfindungen zu suchen, sondern auch aktiv etwas in der Welt bewegen zu wollen. Schon als Kleinkind reicht es uns nicht, nur in den warmen Umarmungen unserer Eltern zu schwelgen. Begeistert werfen wir Klötze auf den Boden. *Ich bin es, die diesen Krach erzeugt!*

Bereits 1899 beschrieb der Psychologe Karl Groos den Drang, etwas mit der Welt anzustellen, als die »Freude am Ursache-sein«.[28] In der gegenwärtigen Forschung hat sich der Begriff Selbstwirksamkeit durchgesetzt, um diesem Phänomen einen Namen zu geben.[29] Zunehmend wird klarer, wie zentral solche Erfahrungen für das gesamte Lebensgefühl und die psychische Gesundheit sind.

Wenn Kinder keine Selbstwirksamkeit erleben, führt dies zu Störungen in der Entwicklung und später zu einer geringeren Selbstwirksamkeitserwartung: Sie trauen sich nicht zu, Ziele zu erreichen und etwas bewirken zu können. Insofern ist es essenziell wichtig, am Anfang des Lebens Bauklötze auf den Boden zu werfen; und das nicht nur für das Selbstvertrauen. Durch die spielerische Entdeckung der Welt lernen Kinder permanent dazu. So wird ihr Gehirn auf die Herausforderungen in der frühzeitlichen Wildnis oder im heutigen Straßenverkehr vorbereitet.

In dieser Hinsicht ist das angeborene Bedürfnis nach Selbstwirksamkeit also ein wichtiger evolutionärer Vorteil. Denn wer keine Lust darauf hat, sich als Ursache auszuprobieren, lernt weniger und hat daher geringere Überlebenschancen. Doch Achtung, dieser Effekt ist natürlich nicht die Motivation, weshalb Kleinkinder Gegenstände auf den Boden werfen. Er erklärt nur, weshalb diejenigen Sapiens, die kein angeborenes Bedürfnis hatten, etwas in der Welt zu bewegen, den harten Evolutionsprozess nicht überlebten. Übrig geblieben sind wir – die bewegten Beweger.

Die Freude, eine Ursache zu sein, versiegt nicht im Erwachsenenalter. Wir spüren unsere Selbstwirksamkeit, wenn wir Fenster putzen und stolz durch klare Scheiben schauen; wenn wir Becher töpfern, Bilder malen, Filme drehen, Monster in einem Computerspiel abschießen oder die Wohnung renovieren. Wenn wir uns Zeit nehmen, diese Dinge selbst zu tun, kann das viel befriedigender sein, als es andere Menschen für uns erledigen zu lassen. Denn was wir selbst in die Welt gebracht haben, schätzen wir mehr. Einige Wissenschaftlerinnen und Wissenschaftler nennen das den »IKEA-Effekt«.[30]

Wie erfüllend es ist, nach einem anstrengenden Tag im neu renovierten Zimmer zu stehen! Um mich herum strahlend weiße Wände, der Geruch frischer Farbe etwas beißend und doch so lieblich in der Nase. Das war ich! Ich habe das gemacht!

Selbstwirksamkeit macht Freude, wir erfahren uns als schaffendes Subjekt. In solchen Momenten erleben wir uns nicht als ein Ding, das auf äußere Einflüsse reagiert, nein, wir selbst können einen Einfluss haben und etwas in die Welt hineinbringen. Das ist so zentral für unser Selbstverhältnis, dass ein Fehlen von Selbstwirksamkeit meist aggressiv oder depressiv macht. In der Aggression versuchen wir noch gewaltsam, Wirkungen hervorzurufen, in der Depression haben wir bereits aufgegeben. So kann etwa am Arbeitsplatz das Gefühl, wir würden überhaupt nichts bewegen, zu Ohnmacht und Sinnkrisen führen. Projekte landen im Papiereimer, oder wir haben das Gefühl, uns nicht aktiv einbringen zu können. Als würden wir beständig Bauklötze auf den Boden werfen, die doch keinen Ton erzeugen.

Dann erfahren wir uns nicht im vollen Sinne als Mensch, als Wesen, das einen Anfang machen kann. Dann machen wir keinen Unterschied in der Welt.

Genau darum geht es jedoch beim zweckhaften Sinn: sich für etwas einzusetzen und einen Unterschied zu machen. Insofern ist Selbstwirksamkeit eine Bedingung, um das eigene Leben als sinnvoll zu erfahren.[31] Aber heißt das, jede Art von Selbstwirksamkeit ist automatisch sinnvoll? Reicht es, irgendetwas zu bewegen? Völlig egal was?

Während Kleinkinder noch Dinge auf den Boden werfen und dann schauen, was passiert, setzen wir Erwachsene unsere Kraft häufig zielgerichtet ein. Dies ist ja gerade der Unterschied zwischen einem spielerischen und einem zweckorientierten Handeln. Über den spielerischen Sinn haben wir bereits gesprochen, er steht selbstverständlich auch Erwachsenen offen. Wenn wir unsere Selbstwirksamkeit aber zielgerichtet einsetzen, müssen wir uns mit diesem Ziel auch identifizieren können, damit wir einen zweckhaften Sinn erfahren. So gehen wir eine konstruktive Beziehung ein zu etwas, was außerhalb von uns selbst liegt, wir verknüpfen unser Handeln, verknüpfen uns als Person, mit einer Sache, die uns etwas bedeutet. Unser Ich weitet sich, im Ergebnis unseres Tuns entdecken wir auch ein Stück weit uns selbst. Dieser Aspekt mag unscheinbar wirken, eröffnet aber noch mal eine neue Perspektive: Der zweckhafte Sinn ist immer eine *Sinnbeziehung*.

Nichts hat für sich genommen einen zweckhaften Sinn. Wer beispielsweise zum Erfolg eines Unternehmens beiträgt, der erfüllt einen Zweck und hat insofern einen Sinn für das Unternehmen. Auch der Sinn eines Messers besteht darin, dass es einen Zweck *für denjenigen* erfüllt, der mit ihm schneidet. Dieser Logik folgend zielt auch die Frage nach einem zweckhaften Sinn darauf ab, ob wir durch unser Handeln einen Sinn *für* etwas haben können. Damit wird der Unterschied zum Lebensglück endgültig klar.

Während die Frage nach dem glücklichen Leben lautet: »Was ist gut für mich?«, ist die Stoßrichtung der Sinnfrage: »Bin ich für irgendetwas gut?«

Wir fragen nicht: »Was hat die Welt mir zu bieten?«, sondern: »Was habe ich der Welt zu bieten?«

Wir fragen nicht: »Welchen Sinn hat die Welt für mich?«, sondern: »Welchen Sinn habe ich für die Welt?«

Im Moment der Krise finden wir auf diese Fragen keine Antwort. Es scheint, als wären wir für gar nichts gut. Zumindest nicht für irgendetwas Wichtiges – für einen Endzweck. Entweder wir haben keine Endzwecke, oder wir können nichts zu ihrer Erfüllung beitragen. Was tun?

Würde in diesen Momenten jemand zu uns kommen, während wir zweifelnd nach Sinn suchen, und sagen: »Tu, was dir guttut, genieße das Leben!«, dann wäre das zwar nicht grundsätzlich verkehrt, hilft uns aber nicht weiter. Denn darum geht es nicht. Dieser Ratschlag beantwortet keine Sinnfragen. Ja, natürlich gibt es Möglichkeiten, den Tag mit unterhaltsamen Tätigkeiten zu füllen! Doch wenn wir in einer Sinnkrise sind und nicht bloß schlechte Laune haben, dann reicht das nicht. Sport, Spieleabende, Spaziergänge im Wald … Alles erscheint plötzlich profan, oberflächlich und unwichtig. Geht es denn nicht um mehr im Leben als um ein bisschen Fun? Wir raffen uns auf, versuchen uns zu vergnügen – alles gut und schön, doch dahinter bleibt eine Leere. Wir wollen mehr. Mehr was?

Die Suche nach Sinn, das ist die Suche nach *Wozus* jenseits der eigenen Glücksbilanz.

SCHAFF DIR DEINEN EIGENEN SINN?

Zweckhafter Sinn entsteht, wenn wir uns an Zielen orientieren, die wir für wichtig halten. Wie aber können wir solche Ziele finden?

Einen vorgefertigten Sinn und Zweck gibt es nicht. Gemäß den Naturwissenschaften sind wir zufällig und insofern grundlos auf diesem Planeten. Daher liegt die Antwort nahe, dass wir unsere Ziele und Zwecke frei wählen können. So gesehen wäre der Sinn unseres Lebens derjenige Sinn, den wir selbst unserem Leben geben.[32]

Vielen Menschen gelingt das sehr gut. Stundenlang spielen Musikerinnen und Musiker die immer gleichen Tonfolgen, um ihren Stil zu perfektionieren. Ganz sicher macht das Üben nicht nur Spaß, doch die Leidenschaft für dieses Ziel treibt sie weiter an. Andere Menschen opfern sich geradezu auf, um ein soziales Projekt umzusetzen oder ihren Kindern eine gute Ausbildung zu ermöglichen. Wieder andere widmen ihr Leben der Wissenschaft, dem Erhalt eines Denkmals, dem Kampf gegen Rassismus oder dem Erfolg eines Unternehmens.

All diese Menschen haben einen Grund, morgens aufzustehen und durchzuhalten, auch wenn es zeitweise anstrengend ist. In unglücklichen Momenten können sie aus ihren Zielen Kraft schöpfen. Das verändert die Welt, durch die sie sich bewegen, grundlegend: In ihrer Welt ist nicht alles vergeblich und wertlos, sondern sie ist voller Dinge, für die es sich einzusetzen und zu leben lohnt. Ihre Endzwecke liegen den Menschen zutiefst am Herzen. Im weiteren Sinne des Wortes könnten wir sagen: Es ist das, was sie lieben.[33]

Dies ist keine passive Liebe, sie gibt ihrem Leben Richtung und Zusammenhang. Und mehr noch als das: Was ihnen wichtig ist, wird zu einem Teil ihrer Identität, prägt den Charakter ihres Lebens und strukturiert ihren Alltag.[34] Durch ihren Sinn erhält ihr Dasein seine Form; sie haben einen übergeordneten Kompass und können daraus Unterziele ableiten, etwa auf eine neue Geige zu sparen. So können sie konkrete Schritte unternehmen auf dem Weg zu ihrer großen Vision. Dabei geht es weniger darum, solche Endzwecke erfolgreich zu *erreichen*, sondern Endzwecke zu *haben* –, weil es ohne sie nichts Wichtiges zu tun gäbe.[35]

Das Problem in Zeiten der Sinnkrise ist, dass wir solche Ziele nicht finden können. Alles versinkt in einem eintönigen, wertlosen Grau. Wozu sollte man Violinist werden und täglich stundenlang Geige spielen? Wen interessiert's? Was macht das schon für einen Unterschied?

Ein Ansatz wäre es, sich in solchen Momenten aufzuraffen und verschiedene Sachen auszuprobieren. Denn Leidenschaft finden wir nicht, indem wir im stillen Kämmerlein unser Herz befragen; Leidenschaft entwickeln wir in der Praxis. Wenn wir etwas anfangen und dabei ein erstes Interesse und Freude entdecken, ist dies der Beginn einer kleinen Flamme. Über die Zeit hinweg kann sie erlöschen, weiterlodern oder zu einem regelrechten Feuer heranwachsen. Nur sehr, sehr wenige Menschen sind wie vom Blitz getroffen, wenn sie das erste Mal einen Pinsel in der Hand halten, oder sich mit Umweltthemen auseinandersetzen. In der Regel besteht zunächst nur eine zarte Sogwirkung. Hingabe entwickelt sich erst im Laufe der Zeit, und manchmal bleibt diese Entwicklung auch aus. Das lässt sich weder erzwingen noch vorhersehen. Die eigene Freiheit besteht lediglich darin, diesen ersten Anzeichen einer Leidenschaft nachzugehen oder sie ungenutzt verstreichen zu lassen.

Die Frage nach dem Sollen

Ein möglicher Ratschlag lautet also: »Gehe deinen Interessen nach. Vielleicht entwickelt sich daraus echte Leidenschaft, und du findest deine Endzwecke.«

Dieser Gedanke ist definitiv nicht verkehrt. Aber beantwortet er auch Sinnfragen? Kann er in einer Sinnkrise überzeugen?

Nein, wie beim Streben nach Glück trifft auch diese Antwort nicht den Kern des Problems. Menschen verfolgen alle möglichen Endzwecke. Die eigene Karriere zum Beispiel wird, selbst in der Philosophie, häufig als *Wert an sich* gehandelt und mit einem Energieaufwand verfolgt, der gar nicht im Selbstinteresse liegt. Prinzipiell kann man so ziemlich alles zum Endzweck machen. Es gab Aktienhändlerinnen und -händler, die zu Beginn der Coronakrise auf sinkende Kurse wetteten und dadurch die Rezession weiter befeuerten. Mit Leidenschaft sahen sie ihren Kontostand steigen. Gleichzeitig kämpften Ärztinnen und Ärzte um das Überleben erkrankter Menschen. In beiden Fällen konnten Menschen vermutlich einen Sinn aus ihren Tätigkeiten ziehen.

Die Sinnfrage aber fragt nicht, welche Ziele wir theoretisch verfolgen *könnten*, sondern welche wir verfolgen *sollten*. Ein völlig beliebiger Sinn kann die Zweifel am Wozu des Ganzen nicht beruhigen.

Nun klingt diese Formulierung des »Sollens« nach einer moralischen Weisung. Geht es bei der Suche nach Sinn letztlich um ethische Leitlinien?

Ich denke, wir haben es hier mit verschiedenen Arten des »Sollens« zu tun. Das moralische »du sollst … nicht töten, nicht stehlen und so weiter«, hat den Charakter des Verbots beziehungsweise des Befehls. »Du sollst« bedeutet hier so viel wie »du musst«. In Sinnkrisen fragen wir aber nicht nach moralischen Rechten, Pflichten und Verboten. Wir suchen keine unumstößlich formulierten Regeln, sondern etwas, für das es sich lohnt, morgens aufzustehen und sich einzusetzen.

»Wie *soll* ich leben?« – Es gibt verschiedene Ansätze, auf diese Grundfrage philosophisch zu antworten. Das gute Leben hat die Form eines Ratschlags: »Tu, was gut für dich ist!« Das moralische Leben hat die Form eines Befehls: »Tu, was du tun musst!« Das sinnvolle Leben hat die Form eines Appells: »Tu, was wirklich wichtig ist!«

Glück, Sinn und Moral bilden daher einen Dreiklang. Das spiegelt sich auch in unseren alltäglichen Motivationen wider.

Susan Wolf und Harry Frankfurt unterteilen die Gründe, aus denen Menschen handeln, in drei Kategorien: Gründe des Eigeninteresses, Gründe der Liebe und Gründe der Pflicht.[36] Aus Eigeninteresse handeln wir, wenn wir ins Disneyland gehen, uns gesund halten oder andere Personen ausbeuten. Aus Liebe handeln wir, wenn wir uns für etwas einsetzen, das uns am Herzen liegt. Aus Pflicht handeln wir … nun ja, wenn wir uns verpflichtet fühlen, den Müll zu trennen, die Wahrheit zu sagen oder in einer Pandemie den Mindestabstand einzuhalten.

Im echten Leben bilden diese drei Arten von Gründen meist eine bunte Mischung. Helfen wir einem guten Freund, dann tun wir dies vermutlich sowohl aus Eigeninteresse, um die Freundschaft nicht zu gefährden, wie auch aus Liebe zur anderen Person wie auch aus Pflichtgefühl.

Gerade weil es in der Realität so viele Überschneidungen gibt, ist es allerdings hilfreich, diese drei Arten von Gründen zu unterscheiden. Denn auf diese Weise können wir die Sehnsucht nach Sinn besser verstehen: Wir sehnen uns nicht nach Regeln, die wir befolgen müssen, sondern nach etwas Wertvollem, für das wir uns einsetzen können.

Ins Herz dieser Sehnsucht trifft zum Beispiel der Slogan der deutschen Bundeswehr; er zielt direkt ins Mark unserer sinnsuchenden Gesellschaften. Der Leitspruch lautet prägnant: »Mach, was wirklich zählt!«

Dies ist kein Ratschlag, und es ist kein Befehl. Es ist ein Aufruf; ein Appell, die eigene Lebensenergie nicht zu verschwenden, sondern das, was wirklich wichtig ist, zum Nordstern der eigenen Existenz zu machen.

Direkt auf das Eigeninteresse abzuzielen wäre in diesem Kontext pervers. »Mach, was Spaß bringt, dich bereichert und dein Leben verbessert«, kann in Anbetracht von Auslandseinsätzen nur ein schlechter Scherz sein. Das Pflichtgefühl der potenziellen Rekrutinnen und Rekruten anzusprechen zeugt wiederum von einer fragwürdigen Moral. »Erfülle deine Pflicht für das Vaterland!«, klingt unmittelbar faschistisch und zieht genau diejenigen Menschen an, die nicht in den öffentlichen Dienst eintreten sollten. Beide Arten von Gründen sind hier also nicht angebracht. Das haben die Marketingstrateginnen und -strategen vermutlich erkannt. Deshalb beschwören sie die dritte Art von Gründen herauf und appellieren an das Sinnbedürfnis: »Mach, was wirklich zählt!«

Glück, Sinn und Moral – das sind drei Ebenen des Lebens, drei Kategorien von Gründen zu handeln, drei philosophische Fragen, drei verschiedene Sehnsüchte. Sie sind bei verschiedenen Menschen unterschiedlich stark ausgeprägt; das mag an Veranlagungen und Erziehung liegen und definitiv an gesellschaftlichen Strukturen, aber auch an den eigenen Entscheidungen. Denn unsere Persönlichkeit ist wie ein Beet der Möglichkeiten. Welche wir nähren und welche wir klein halten, das liegt zum Teil auch in unserer Macht, indem wir entscheiden, wie wir unser Leben verbringen und mit welchen Menschen wir uns umgeben.

Alle drei Sehnsüchte sind wie Knospen im Menschen vorhanden. Das wird schon an den alten Geschichten deutlich, an Gilgamesch, Konfuzius, der Bibel oder dem Koran. Immer finden wir Ratschläge, worin ein gutes Leben besteht; Appelle, uns um das zu kümmern, was wirklich wertvoll und wichtig ist; Befehle und Verbote, an die wir uns halten müssen.

Je nachdem welche der drei Triebfedern man in den Blick nimmt, entsteht daraus ein unterschiedliches Menschenbild. Da ist der eigennützige Mensch, nur auf seinen Vorteil und sein Lebensglück bedacht. Da ist der schaffende, liebende Mensch, der aus innerem Antrieb heraus etwas in der Welt bewegen möchte. Da ist der gehorsame Mensch, der klare Regeln braucht, um sich daran zu orientieren. Sie alle wohnen in unserem Herzen. Zwischen ihnen müssen wir vermitteln. Alle drei können uns gute Gründe geben, so oder so zu handeln. Wem wir zuhören, das ist unsere Entscheidung. Darin liegt eine Freiheit, die uns niemand abnehmen kann.

Lieben, was der Liebe wert ist

Die Sinnfrage entsteht aus einem Zweifel heraus; dem Zweifel, ob nicht letztlich alles vergeblich ist. Natürlich verfolgen die Menschen um uns herum alle möglichen Ziele. Aber sich einfach an *irgendeinem* Lebensziel zu orientieren wäre ein Ansatz, der nicht auf den Zweifel eingeht und damit die eigentliche Frage verfehlt. Die Sehnsucht nach einem sinnvollen Leben ist nicht die Sehnsucht, dass es sich aus irgendwelchen Gründen sinnvoll *anfühlt*, sondern dass es sinnvoll *ist*.[37] Wir wollen unsere Selbstwirksamkeit auf etwas richten, das tatsächlich zählt; oder in der Formulierung der Philosophin Susan Wolf: Wir wollen aus Liebe zu einer Sache handeln, die dieser Liebe auch wert ist.[38]

Genau diese Überzeugung können wir auch bei vielen Menschen beobachten, die sich mit voller Energie für eine Sache einsetzen, auch wenn das einen Preis für sie hat. Sie ziehen Kraft aus dem Glauben, dass das, was sie tun, wichtig ist; sie halten es für sinnvoll. Wer für einen besseren Umweltschutz kämpft, hält dessen Dringlichkeit nicht für eine persönliche Geschmacksfrage. Und wer sein ganzes Leben einer wissenschaftlichen Forschung widmet, glaubt meist, der übergeordnete Zweck sei dieser Anstrengung auch *wert*. Solche Menschen sehen ihr Handeln im Einklang mit den Tatsachen, weil für wichtig genommen wird, was tatsächlich wichtig ist.

Wenn echte Hingabe an eine Sache also mit der Behauptung verbunden ist, diese Sache sei dessen auch wert, dann kann man in dieser Behauptung möglicherweise irren – irren über das, was tatsächlich wertvoll ist, irren über das, was sinnvoll ist.

Und genau dieser Eindruck kann in Sinnkrisen entstehen: als wäre alles nur ein großer Irrtum. Als würde man plötzlich aufwachen und erkennen, dass alles wertlos ist.

Ich wünschte, da wäre ein Ziel, für das ich brennen könnte. Aber da ist keins. Suchend schaue ich mich um, sehe rennende Menschen, die so beherrscht sind von ihren ganzen Zielen, dass sie kaum noch Luft zum Atmen haben. Doch was sind das für Ziele? Mit Hochdruck streben sie nach Karriere, betreiben Kunst und Wissenschaft und Technik, fiedeln auf ihren Instrumenten, zerstören den Planeten, drehen sich im Kreis. Wozu das alles? Ich bin der halbgaren Antworten müde.

Wir haben die Sinnfrage lange genug abgegrenzt und geschärft. Es wird Zeit, dass wir an ihre Substanz gehen.

DIE SUCHE NACH OBJEKTIVEN WERTEN

Seit mehreren Seiten steuern wir auf einen heiklen Punkt zu, den wir bisher vermieden haben. Wir suchen nach etwas, das tatsächlich wertvoll und wichtig ist – anders formuliert: Wir suchen nach objektiven Werten. Nur wenn es solche Werte gibt, ist eine echte Antwort auf die Sinnfrage möglich. Zu diesem Schluss kommen auch viele andere Philosophinnen und Philosophen. So unterschiedlich ihre Gedankengänge auch sind, immer wieder laufen sie in diesem Punkt zusammen. Große Einigkeit also? Nein, denn an dieser Stelle geht der Streit erst richtig los.

Sogenannte Nihilisten sind der Überzeugung, objektive Werte könne es ohne einen personalen Gott nicht geben. In einem Universum, wo Gott tot ist oder sich zumindest als greifbare Sinnquelle entzieht, bleibt ihnen zufolge gar nichts übrig. Weder gebe es moralische Werte, die über den Menschen stehen, noch sei ein sinnvolles Dasein möglich. Nihilistinnen und Nihilisten sagen: In Momenten der Sinnkrise hast du die Wahrheit erkannt.

Andere Philosophinnen und Philosophen widersprechen. In der gegenwärtigen Debatte sind vor allem Susan Wolf und Thaddeus Metz zwei prominente Stimmen. Sie meinen, auch ohne Götter könne es objektive Werte geben, und ein sinnvolles Leben sei daher sehr wohl möglich. Aber welche Begründungen liefern sie dafür? Wer sich mit ihren Texten auseinandersetzt, muss zu dem ernüchternden Ergebnis kommen: gar keine.[39] Beide verweisen vor allem auf verbreitete Intuitionen und behaupten, wir würden »intuitiv erkennen«, dass es objektiv wertvolle Dinge gibt. Dies überzeugend zu begründen sei, so Wolf, ein bisher »ungelöstes Problem in der Philosophie«.[40] Sie zeigt sich optimistisch: Früher oder später wird bestimmt jemand einen stichhaltigen Beweis finden, der ihre Intuitionen bestätigt.

Das wird einen Menschen in der Sinnkrise kaum überzeugen können, einen Menschen, der zweifelt und nach Antworten verlangt. Denn solche Krisen sind von einer völlig gegenteiligen Intuition geprägt: Der drängenden Intuition, es gebe keine objektiven Werte, und überhaupt nichts sei wirklich wichtig.

Und vielleicht stimmt dieser Eindruck, und die Nihilisten haben recht. Vielleicht sitzen Wolf, Metz und Co. nur ihren eigenen Sehnsüchten auf. Gerade weil sie die *sehr starke* Intuition haben, ein sinnvolles Leben sei möglich, lässt sich dies psychologisch erklären. Laut Sigmund Freud sind solche metaphysischen Vorstellungen »Erfüllungen der ältesten, stärksten, dringendsten Wünsche der Menschheit; und das Geheimnis ihrer Stärke ist die Stärke ihrer Wünsche«.[41] Dementsprechend wäre ihre »intuitive Erkenntnis« objektiver Werte nur ein psychischer Selbstschutz, um das eigene Leben als sinnvoll empfinden zu können. Der Erkenntnistheoretiker Walter Terence Stace bringt das sehr schön auf den Punkt: »Im Wesentlichen waren die idealistischen Gedankensysteme nichts als Rationalisierungen menschlichen Wunschdenkens und Hoffens. Sie entstanden, weil die Menschen die Finsternis der Welt nicht akzeptieren wollten. Sie waren beruhigende Illusionen, in deren Wärme zart besaitete Intellektuelle Schutz vor den eisigen Winden des Universums suchten. Eine Zeit lang hatten sie Bestand. Aber heute sind sie dahin«.[42]

Dieser Eindruck erhärtet sich, wenn wir einen kurzen Blick in die Geistesgeschichte werfen.

In der Philosophie wurde der Glaube an objektive Werte vor allem durch Platon geprägt. Klassische Kandidaten sind »das Wahre«, »das Schöne«, »das Gerechte«, »das Göttliche« und dergleichen. Begründet wurden solche Werte in der Regel mit Verweis auf eine höhere, metaphysische Ebene, auf ein göttliches Wesen oder andere übersinnliche Kräfte. So wurden beispielsweise »Natürlichkeit« oder »die Natur« häufig als intrinsischer Wert gehandelt, weil sie als Produkte göttlicher Schöpfung angesehen wurden. Gleichzeitig galt die Natur als Maßstab dafür, was als objektiv schön zu gelten hatte, denn in ihr zeigte sich die kosmische Ordnung und Harmonie. Das Ziel, besonders schöne Kunst zu erschaffen, war daher nicht nur ein ästhetisches Ideal, sondern auch ein Versuch, transzendente Werte zu verwirklichen.

Klar, solche angeblich objektiven Werte, wie etwa Schönheit, können einen Wert für Menschen haben – immerhin kann man sich daran erfreuen. Aber was soll es heißen, sie seien *an sich* wertvoll? Warum sollte zum Beispiel schöne Kunst objektiv wertvoller sein als hässliche Kunst?

Solche Fragen lassen sich nicht beantworten ohne eine abwegige Metaphysik, welche die eigenen Werturteile überhöht und als universelle Wahrheiten darstellt. Durch komplizierte, philosophische Gedankenverrenkungen soll das Offensichtliche verschleiert werden: dass dahinter einfach persönliche oder kulturell gewachsene Meinungen stehen. Insofern ist es auch kein Wunder, wenn sich entsprechende Intuitionen und Theorien über die Zeit ändern. Die wenigsten Kunstschaffenden versuchen heute noch, sich über schöne Ölgemälde einer metaphysischen Sphäre anzunähern. Vorstellungen wie diese unterliegen dem gesellschaftlichen Wandel.

Besonders ironisch ist, dass in der Philosophiegeschichte immer wieder behauptet wurde, intellektuelle Errungenschaften seien intrinsisch wertvoll. Diese Ansicht geht zurück bis mindestens auf Aristoteles, der meinte, ein Leben in Kontemplation sei ein sinnvolles Leben.[43] Dieser Philosoph meinte also tatsächlich, zu philosophieren sei der Sinn des Lebens! Da können Sinnsuchende nur müde schmunzeln. Auch Susan Wolf und Thaddeus Metz stehen in dieser Tradition und halten Philosophie für objektiv wertvoll. Immerhin sind sie etwas großzügiger als Aristoteles und meinen, auch andere Werte seien denkbar. Bis auf den genannten Verweis auf weit verbreitete *Intuitionen* geben sie uns allerdings keine nähere Erläuterung ihrer Behauptungen.

Auf diesen Zug sollten wir nicht aufspringen. Eine Philosophie, die vage Bauchgefühle als Begründung akzeptiert, kann nicht überzeugend sein. Schließlich haben manche Menschen die klare Intuition, es sei richtig, einen Mörder zum Tode zu verurteilen, andere wiederum haben genau gegenteilige Intuitionen. Kein Wunder! Intuitive Werturteile sind verinnerlichte Bilder, kulturelle Vorstellungen, Ergebnisse von Ängsten und Wünschen. Natürlich kann es interessant sein, darüber nachzudenken, woher sie kommen und was hinter ihnen steht. So können wir viel über uns lernen. Aber um Antworten auf Fragen des guten, des moralischen oder des sinnvollen Lebens zu begründen, sind Intuitionen ungeeignet.

Das gilt insbesondere, weil solche Werturteile ja nicht im Rahmen eines basisdemokratischen Prozesses entstehen. So ist es kein Zufall, dass ein Großteil der Weltbevölkerung immer noch die Intuition hat, es sei »irgendwie falsch«, wenn gleichgeschlechtliche Personen miteinander Sex haben.[44] Und es ist kein Zufall, dass ausgerechnet intellektuelle oder künstlerische Unternehmungen in der Geistesgeschichte als besonders wertvoll herausgehoben wurden. In beiden Fällen prägen Gruppen mit einer besonderen Diskursmacht die gesellschaftlichen Wertvorstellungen, Leitbilder und Anerkennungsverhältnisse – und eben die Intuitionen darüber, was richtig oder falsch, was wertvoll oder wertlos ist.

An dieser Stelle einfach nur auf unser Gefühl zu vertrauen wäre also nicht nur wenig hilfreich, sondern geradezu gefährlich. Die beiden spätmodernen Slogans: »Hör auf dein Herz!« und »Folge deinem Herzen!«, suggerieren, unser Herz böte einen privilegierten Zugang zu einer tieferen Wahrheit oder sei Ausdruck unseres unverfälschten, authentischen Selbst. Weder das eine noch das andere stimmt. Wenn wir auf unser Herz hören, dann hören wir immer *auch* das Echo äußerer Botschaften. Und wenn wir unserem Herzen folgend endlich den lange ersehnten Porsche kaufen, kommt das nicht von ungefähr.

Dass der Ruf unseres Herzens immer auch durch äußere Leitbilder beeinflusst wird, ist nicht zwangsläufig problematisch. Dieser Punkt kam bereits zur Sprache: Menschen sind zutiefst soziale Wesen. Unser Ich, das ist immer ein »Ich im Wir«.[45] Durch Sprache und Erziehung, äußere Erwartungen und Geschichten, durch Gegenstände und Institutionen sind wir geprägt. »Authentisch zu leben« kann daher nicht bedeuten, völlig unbeeinflusst von äußeren Faktoren zu sein; das geht gar nicht. Sondern es heißt, sich innerhalb des sozialen Gefüges selbstbestimmt zu positionieren. Dafür braucht es Mut und Demut: Mut, sich abzugrenzen und eigene Standpunkte zu finden. Demut, weil wir dies niemals ganz alleine können. Aufklärung kann nur als gemeinschaftliches Projekt gelingen.

Intuitionen sind eine komplizierte Sache. Sie können uns helfen, in sozialen Begegnungen, beim Sport oder in Gefahrensituationen schnell zu reagieren. Aber sie lassen sich leicht verwirren. In der Psychologie gibt es zahlreiche Untersuchungen dazu; einige besonders populäre stammen vom Nobelpreisträger Daniel Kahneman: Intuitiv erscheinen Sätze wahr, wenn sie sehr häufig wiederholt werden, denn kognitiv lässt sich Vertrautheit nur schwer von Wahrheit unterscheiden. Intuitiv werden Aussagen als klüger empfunden, wenn sie sich reimen. Und intuitiv wird einem Text in hellblauer Schrift eher Glauben geschenkt als in mittlerem Grün.[46]

Intuitionen sind fehlbar, und sie sind beeinflussbar. Das gilt auch für intuitive Urteile darüber, was wertvoll und wichtig ist. Machen wir uns das nicht bewusst, werden wir anfälliger für Manipulationen. »Mach, was wirklich zählt!«, lautet die Kampagne der Deutschen Bundeswehr. Aber ist der Dienst an der Waffe *tatsächlich*, was wirklich zählt? Wenn wir darüber nicht selbst nachdenken, übernehmen andere das Denken nur zu gern für uns; und das auf manchmal schwer durchschaubare Weise. Denn nicht immer ist der Appell an unser Sinnbedürfnis so unmittelbar sichtbar wie im Falle der Bundeswehrwerbung.

Umkämpfte Werte

Die Sehnsucht nach Sinn ist tief im Menschen verankert. Das macht anfällig für Missbrauch. Im Laufe der Geschichte wurde alles Mögliche zum Endzweck erklärt. Und schaut man sich an, von wem diese Werturteile und Geschichten in die Welt gesetzt wurden, stellt man fest: Es sind fast immer diejenigen, die davon selbst profitieren. Dabei ist es noch vergleichsweise harmlos, wenn in der Philosophie behauptet wird, Philosophie sei objektiv wertvoll. Wenn es aber beispielsweise um »den Endsieg der arischen Rasse« geht, wird es ernst.

Heutzutage glauben wir oft, die Suche nach Sinn sei eine hochgradig persönliche und individuelle Angelegenheit. Tatsächlich jedoch war sie immer schon ein gesellschaftlicher Kampfplatz. Was Menschen für sinnvoll oder sinnlos halten, ist stets auch eine Frage von Machtverhältnissen: Man kann zwar niemanden durch Gewalt zwingen, etwas wichtig zu nehmen;

Herrschaft im engeren Sinne stößt hier an ihre Grenzen. Aber Macht entsteht nicht nur durch Waffen. In jedem Gespräch ist eine bestimmte Art von Macht wirksam, und sei es nur die Macht, den anderen durch Argumente zu überzeugen. Dies ist eine diffuse Macht, die unsere gesamten Gesellschaften durchdringt und durchaus ein produktives Moment hat: Sie produziert soziale Wahrheiten, Rollen und Identitäten –, worauf wir noch ausführlicher zu sprechen kommen werden. Michel Foucault (1926–1984) bezeichnete diese Form von Macht daher als »produktive Macht«. Sie ist nicht per se schlecht, aber sie *kann* problematisch sein. Und das ist der Fall, wenn unsere Sehnsucht nach Sinn ausgenutzt wird und wir uns betrügen lassen.

Erinnern wir uns an das Atrahasis-Epos aus dem ersten Kapitel. In diesem sumerischen Mythos wird erzählt, dass die Menschheit erschaffen wurde, um für Götter zu schuften. Was hieß das wohl in der Praxis? Da wurde natürlich nicht für göttliche Wesen, sondern für die herrschende Klasse gearbeitet! So können wir bereits diesen viertausend Jahre alten Mythos als religiöse Rechtfertigung für die Ausbeutung des Volks verstehen.

Durch die Zeiten und Kulturen hindurch wurde die menschliche Sehnsucht nach Sinn immer wieder pervertiert. Auch Erzählungen wie die der Nationalsozialisten sprechen tiefe Sinnbedürfnisse an: Eine angeblich wichtige Rolle zu spielen bei der Erfüllung einer angeblich wichtigen Gesamtmission – und hinter diesem Ziel angeblich in Kameradschaft verbunden zu sein –, das war und ist ein mächtiges Versprechen.

Wir sollten also wachsam sein. Wie alle anderen Sehnsüchte kann auch die Sehnsucht nach Sinn ausgenutzt werden. Und das wurde sie nur allzu oft. Vielleicht schwingt auch diese Ahnung mit in heutigen Sinnkrisen, als ein desillusionierter Zynismus gegenüber aufgezehrten Sinnversprechen.

Schattenseiten des Sinns

Der Wunsch, nicht nur glücklich zu sein, sondern sich für etwas einzusetzen, das wirklich wichtig ist, hat eine wunderschöne Seite. Es ist letzten Endes der Wunsch, etwas Wertvolles – also etwas Gutes – in der Welt zu bewegen.

Aber wenn wir nicht aufpassen, kann genau diese Triebfeder ins Gegenteil umschlagen. Sinn kann äußerst hässlich sein. In seinem Buch *War Is a Force That Gives Us Meaning* beschreibt der Kriegsjournalist Chris Hedges sehr eindrücklich, wie stark die Sinnmaschine des Krieges ist. Ob in der griechischen Antike, im europäischen Mittelalter oder bei japanischen Samurais, ob in den Kreuzzügen oder im Jihad, in den beiden Weltkriegen oder im Vietnamkrieg – die meisten Soldatinnen und Soldaten wähnen sich auf der »richtigen« Seite. Sie ziehen für eine vermeintlich wichtige Sache in den Kampf, und das vermittelt manchen Personen einen Sinn, den sie im Alltag kaum finden können. So furchtbar Kriege auch für die Beteiligten sind: Wir gegen die anderen – dieses Mantra hat das Potenzial zusammenzuschweißen, Gemeinschaft zu stiften. Und umso größer die Gefahr für das eigene Leben, desto wichtiger kann dadurch auch die eigene Mission wirken. Der Glücksforscher Bruno Frey fasst zusammen: »Menschen berichten nach Kriegen häufig, dass sie Glücksgefühle hatten, weil sie durch den Krieg eine Solidarität erfahren haben und, noch wichtiger, das Gefühl gemeinschaftlicher Anstrengungen und eines gemeinsamen Sinns«.[47] Auch deshalb sinkt die Selbstmordrate in Kriegszeiten.[48] Es gibt scheinbar Wichtigeres zu tun, als sich umzubringen.

Endzwecke können gefährlich sein. Im Namen eines höheren Sinns wurden sehr viel mehr Morde begangen als aus purem Eigennutz. Endzwecke haben Macht über uns. Weil sie uns wichtig sind, prägen sie unseren Willen, rufen Wünsche in uns hervor und motivieren uns, unsere Energien zu mobilisieren. Endzwecke geben uns Gründe zu handeln, Gründe zu leben, Gründe zu kämpfen, mit Schweiß und Tränen – und manchmal auch mit Blut.[49]

Wir sollten daher sehr vorsichtig sein, wenn uns erzählt wird, was angeblich wirklich zählt. Permanent werden wir mit Geschichten und Botschaften konfrontiert, worin unser Glück besteht, was sinnvoll ist oder moralisch verboten.

Glück, Sinn und Moral, alle drei Wertdimensionen des Lebens geben uns Orientierung; sie sind Kompasse, die wir nicht ganz aus der Hand geben sollten.

Wenn wir uns all das bewusst machen; wenn wir verstehen, wie beeinflussbar, ja, wie fehlbar die Intuitionen sind, die in der Philosophie herangezogen werden, um objektive Werte zu begründen; wenn wir begreifen, dass all diese Intuitionen und Meinungen durch Machtverhältnisse geprägt sind –, dann stellt sich die Frage in aller Härte: Gibt es möglicherweise überhaupt nichts, was objektiv wertvoll ist? Hat der Nihilismus recht, und unser Dasein ist in dieser Hinsicht sinnlos? Weil eben die Suche nach etwas *tatsächlich* Wertvollem zum Scheitern verurteilt ist?

Oder gibt es vielleicht doch objektive Werte, nur von anderer Art, als wir sie bisher betrachtet haben? Objektive Werte, die völlig real sind und ohne eine abstruse Metaphysik auskommen; objektive Werte, die nicht auf einer ideologischen Verirrung fußen?

Haben wir sie einmal erkannt, ist die Antwort klar und eindeutig, so schlicht und doch mit dem Potenzial, alles zu verändern.

AGAPE

Mach, was wirklich zählt – aber was kann das sein?

Zwei häufig genannte Antworten haben wir diskutiert; beide konnten nicht überzeugen. Sowohl der Ansatz: »Strebe nach Glück!« wie auch: »Setz dir Ziele und verfolge sie mit Leidenschaft!« ist zwar nicht verkehrt, antwortet aber nicht auf die Sinnfrage. Denn diese fragt, was *wirklich* wertvoll und wichtig ist. Was wir brauchen, sind objektive Werte. Doch wir mussten feststellen: Die klassischen Kandidaten für solche Werte basieren auf metaphysischen Luftschlössern, sie sind in den Himmel gezeichnete Hoffnungen oder schlicht intellektuelle Eitelkeiten.

Wir fragen nach Zielen, deren Wert unabhängig ist von unserer persönlichen Haltung. Woher könnten solche Werte kommen? Welche Quellen finden wir, wenn wir außerhalb von Ideologien suchen?

Es sind unsere Mitmenschen. Stürzen alte Sinngebäude in sich zusammen und verbrennt die trügerische Sphäre höherer Werte, dann ersteht aus der Asche der Mensch.

Er erhebt sich aus der Asche des metaphysischen Ballasts, den er mit sich schleppte wie Gott die Bürde seiner Schöpfung. Er wirft ab, was ihn einst fliegen ließ, dann fesselte, schließlich nur noch verwirrte. Der Glaube an höhere Werte war dem Menschen wie Schwingen, mit denen er hinaufflog, bis dahin, wo er den Ursprung alles Seienden vermutete. Tempel aus Stein und Tempel aus Regeln errichtete er, ein Tempel war ihm das Diesseits für das Jenseitige. In den Trümmern erblickt er nun seinesgleichen, noch von Staub bedeckt, noch unscharf: seinen Mitmenschen.

Ist Gott todt und versiegt als Quelle transzendenter Werte,

dann sind es die Subjekte um uns herum, die unserem Leben Sinn verleihen können. Für sie können wir tun, was nicht nur gut für uns ist. Für sie können wir einen Sinn haben. Statt nach Illusionen zu jagen, uns in Traumlandschaften zu flüchten, können wir sinnvoll leben, sinnvoll für unsere Mitmenschen. Wir sagten, die Sehnsucht nach einem zweckhaften Sinn sei die Sehnsucht, für etwas gut zu sein; sei die Sehnsucht, das eigene Leben an Endzwecken auszurichten, die dieser Liebe auch wirklich wert sind. Solche Endzwecke können unsere Mitmenschen sein.

So wird das Jonglieren mit dem geheimnisvollen Sinnbegriff plötzlich ganz weltlich und klar.

Zu viele Menschen sind gestorben für einen vermeintlich höheren Sinn, sind in den Tod gegangen für die trüben Irrlichter des Vaterlandes, des Fortschritts oder eines göttlichen Willens. Die Sehnsucht nach Sinn wurde zu oft missbraucht, wurde abgelenkt vom Hier und Jetzt auf ferne Planetenbahnen. Sinnvoll aber handeln wir, wenn wir unsere Mitmenschen zu Endzwecken machen.

Wert und Sinn gibt es. Aller Wert und Sinn kommt von Menschen.

Dieser Sinn, er ist immer schon da. Wir können ihn erkennen, wenn wir unseren Blick senken, von den dunklen Weiten des Kosmos auf diesen Planeten. Hier sind wir. Hier leben wir. Hier ist unser Zuhause. Hier ist unser Sinn. In dieser Welt, nicht jenseits dieser Welt. Hier können wir Sinn finden –, wenn wir hier suchen. Wenn wir aufhören, uns genau dort zu verirren, wo eben kein Sinn zu finden ist, im Nebel verklingender Metaphysik.

Weisheit, Erkenntnis, Schönheit – nichts davon ist an sich gut, an sich wertvoll, an sich wichtig. Alles, was wertvoll und wichtig ist, ist es, weil es *für jemanden* wertvoll und wichtig ist. Dieser Jemand ist die Quelle des Wertes, er ist der Endzweck.

Der Endzweck – das ist also immer ein Subjekt; kein Objekt, kein Ding, kein Konzept, keine kosmische Ordnung. Nur wo Jemand ist, kann Sinn entstehen.

Daher auch die Götter. Sie waren und sind nicht deshalb Sinnquellen, weil sie so wahnsinnig *anders* sind als Menschen, so mystisch, mächtig und schwer greifbar. Sondern im Gegenteil: weil sie uns so ähnlich sind; weil sie als Subjekte mit Gedanken und Absichten, mit Wünschen und Gefühlen vorgestellt werden, als Gesprächspartner, als ein Gegenüber, als ein *Du* – deshalb können sie Orientierung, Wert und Sinn stiften. Nicht ihre vermeintliche Allmacht, Ewigkeit und Transzendenz sind ausschlaggebend, sondern ihre *Personalität*. Nur deshalb ist es überhaupt möglich, eine gelingende Beziehung zu göttlichen Wesen einzugehen. So starren wir verträumt hinauf zu den Sternen, suchen nach Subjekten, die der Liebe und Mühe wert sind, dabei können wir sie hier auf der Erde finden, sie leben um uns herum, jeden Tag.

Diesen Sinn können wir erkennen, er liegt direkt vor uns. Aber an diesem Sinn müssen wir auch mitwirken, er hängt von uns ab. Die naheliegendste Wahrheit kann übersehen werden, wenn sich der Blick in der Ferne verliert. Viel zu oft leben wir in einer Art und Weise, die uns weder glücklich macht noch unsere Mitmenschen zum Endzweck hat. Ziele verselbständigen sich, werden wie bei dem Touristen aus der Anekdote von Heinrich Böll unmerklich zum Selbstzweck; Stück für Stück entfalten sie ihre Macht über uns, bis wir unsere Energie verschwenden. Dann kämpfen wir um einer Sache willen, die weder uns noch andere bereichert. Dann haben wir uns betrügen lassen von all den vermeintlichen Werten, von all den Geschichten und Bildern. Dann nehmen wir wichtig, was nicht wichtig ist. Dann lieben wir, was dieser Liebe nicht wert ist.

Die Welt ist tatsächlich voll von Sinnlosigkeiten. Und sie ist voll von Sinn. Mitmenschen zum Endzweck zu machen, das bedeutet, den eigenen Kompass an ihnen zu orientieren, nicht nur im Handeln, sondern auch im Fühlen. Das heißt zu lieben, was der Liebe wert ist. Denn Menschen sind Quellen von Werten. Und mit diesen Quellen können wir eine Verbindung eingehen. Sinn, das ist Verbundenheit.

Ist unser Leben sinnvoll, dann ist es immer sinnvoll für andere Menschen. Für die Kunst, für die Philosophie, für das Vaterland oder die Vollkommenheit hingegen können wir nicht sinnvoll sein. Das sind nur Konzepte und Praktiken. Sie können dem Menschen dienen, aber nicht der Mensch ihnen. All diesen angeblich objektiven Werten ist völlig egal, was wir tun. Vergessen wir das und erheben zum Endzweck, was eigentlich nur Mittel zum Zweck sein kann, dann versuchen wir für *Etwas* sinnvoll zu sein, nicht für *Jemanden*. Wir basteln an einer Sinnbeziehung, versuchen, uns mit etwas zu verbinden, das nur Konzept, Ding, Starrheit ist. Menschen aber sind nicht starr. Ihr Sein ist immer ein Werden. Gehen wir mit ihnen die einzigartige Verbindung ein, die entsteht, wenn wir etwas von ganzem Herzen wichtig nehmen, dann verbinden wir uns mit Lebendigkeit.

Das ist kein Sinn, der uns klein macht, zu einem bloßen Werkzeug, zu einem Etwas, das irgendeine Funktion erfüllt. Dies ist ein Sinn, in dem wir uns zum Mittel eines Endzwecks machen und dabei doch ein Jemand bleiben. Dies ist eine Sinnbeziehung auf Augenhöhe, zwischen zwei Wesen, die einen Anfang machen können.

Die Sehnsucht nach Sinn, die Frage nach einem zweckhaften Sinn, sie ist beantwortbar. Vollumfänglich und ohne Taschenspielertricks. Wir brauchen keine Ideologie, brauchen keine Metaphysik. Wir müssen nur die Augen öffnen. Denn dieser Sinn ist echt. Und er ist hier. Von ihm sind wir betroffen.

In den dunklen Weiten unseres kulturellen Gedächtnisses

zweifelt der Nihilist: Warum sollte das, was für Mitmenschen wertvoll ist, auch *wirklich* wertvoll sein? Das ist Betrug, schreit er, das zählt nicht als objektiver Wert!

Dieser intellektuelle Astronaut fliegt hinauf zu den Sternen, schaut von weit außerhalb auf unseren Planeten. Aus seiner verirrten Perspektive betrauert er die Sinnlosigkeit des Daseins. Recht hat er. Dort oben ist kein Sinn. Von seinem Standpunkt gesehen sind Menschen bedeutungslos. Denn er setzt voraus, dass Menschen nur wertvoll sein können, wenn etwas Äußeres – ehemals: Gott – ihnen einen Wert verleiht. Mitmenschen zum Endzweck zu machen bedeutet aber gerade *nicht* nach einer äußeren Wertquelle zu suchen, sondern den Menschen selbst als Wertquelle anzuerkennen. Wer das tut, hört auf, die eigenen Handlungen durch einen kosmischen Blick von Nirgendwo zu bewerten.[50] Die Perspektive der Mitmenschen ist dann diejenige, die zählt.

Weigert sich der Nihilist, sein intellektuelles Raumschiff zu verlassen und auf die Erde zurückzukehren, dann zeigt das nur seine Feigheit. Dann lenkt er ab von den wahren Ursachen seiner düsteren Lebensperspektive. Er behauptet, von der Antwort enttäuscht zu sein: Die Mitmenschen sind der Sinn – das ist ihm zu profan. Er hatte Größeres und Geheimnisvolleres erwartet. Metaphysik eben.

In Wahrheit wurde der Nihilist aber gar nicht durch die Antwort enttäuscht. Er war es von Anfang an. Der eigentliche Ursprung seiner Krise ist nicht die Erkenntnis, dass es keinen metaphysischen Sinn gibt. Denn diesen Sinn sucht er überhaupt nur deshalb, weil er zuerst vom Diesseits enttäuscht wurde – weil er die schmerzhafte Erfahrung machen musste, wenn weltlicher, zwischenmenschlicher Sinn zerreißt. Und das kann er. Er kann zerreißen. Aber er kann auch wiederhergestellt werden. Wirklich und wahrhaftig. Und ohne Ideologie.

Fürsorge

Sinn entsteht, wenn wir unsere Mitmenschen zu Endzwecken machen. Aber was heißt das konkret? Indirekt haben wir es bereits herausgefunden. Denn sich für die eigenen Endzwecke einzusetzen heißt – im weiteren Sinne des Wortes –, aus Liebe zu handeln. Wenn diese Liebe nicht der Weisheit gilt, dem Vaterland oder dem beruflichen Erfolg, sondern wenn sie Menschen gilt, echten Menschen aus Fleisch und Blut, dann hat sie einen eigenen Namen. Die antiken Griechen nannten sie *ἀγάπη – Agape.*[51] Heute kennen wir sie vor allem unter der Bezeichnung *Nächstenliebe.*[52]

Nächstenliebe, das klingt fromm, das klingt ethisch, das klingt abgenutzt. Doch Nächstenliebe können wir als eine ganz selbstverständliche Sache verstehen. Sie ist immer dann am Werk, wenn wir *um einer anderen Person willen* handeln. In solchen Situationen geht es weder darum, einen Vorteil zu erzielen noch darum, moralische Prinzipien einzuhalten. Stattdessen sind die Beweggründe viel einfacher: Wir wollen tun, was gut für die andere Person ist – aus dem schlichten Grund, *weil* es gut für sie ist. Da braucht es keine zweite, dritte Ebene. Wenn wir so handeln, ist unser Mitmensch selbst der Endzweck.

Und das tun wir – oft. Wenn wir Kindern eine Gutenachtgeschichte vorlesen, anderen in der U-Bahn helfen oder mit unserer Arbeit etwas Gutes bewegen wollen, dann steht dahinter meist eine Haltung der Nächstenliebe.

Insofern ist Agape ein ganzheitliches Prinzip: Hier sind Kopf, Herz und Hand gleichermaßen beteiligt.[53] Die innere Einstellung leitet auch das Handeln: Aus Agape heraus erwächst eine Praxis der Fürsorge.

Wie genau diese Fürsorge aussieht, lässt sich nicht pauschal beantworten. Denn was jemandem hilft, ist individuell unterschiedlich. Der eine Freund hat Liebeskummer, und gut für ihn wäre es, ihn aufzuheitern und abzulenken. Ein anderer Freund hat Liebeskummer, und gut für ihn wäre es, gemeinsam zu trauern. Schon am nächsten Tag haben sich die Bedürfnisse aber vielleicht wieder verändert. Fürsorge erfordert es daher, ein Gespür für unser Gegenüber zu entwickeln. Und dafür müssen wir zuhören.

Denn was gut für jemanden ist, hängt von der betroffenen Person ab, nicht von unseren eigenen Vorstellungen.

Das ist essenziell. Alles andere ist keine Fürsorge, sondern Paternalismus – das hieße, vermeintlich besser zu wissen, was gut für eine Person ist als sie selbst. Ihre eigene Vorstellung vom Guten wird einfach übergangen und ihr somit die Urteilsfähigkeit abgesprochen. Ihr angeblich »wahres Wohlergehen« wird ernster genommen als die Person selbst. Eine absurde Haltung. Leider ist sie nur allzu oft am Werk.

Seit den 1940er Jahren wurden vor allem in den USA Tausende Menschen einer Operation unterzogen, die als Lobotomie bezeichnet wurde. Bei diesem Eingriff wurden Nervenbahnen im Gehirn von psychisch belasteten Menschen durchtrennt; die Folge waren starke Persönlichkeitsveränderungen und reduzierte Emotionen. Als vermeintliche Hilfe bei Depressionen und innerer Unruhe wurden mit dieser Methode über Jahrzehnte hinweg unzählige Menschen geschädigt, darunter John F. Kennedys Schwester. Im Alter von 23 Jahren wurde sie lobotomiert, einfach nur weil sie leichte Lernstörungen aufwies. Nach der Operation verbrachte sie den Rest ihres Lebens mit schwerer Behinderung im Pflegeheim. Vielleicht kennst du die Schlussszene des Films *Einer flog über das Kuckucksnest*: Nachdem sich der von Jack Nicholson gespielte Protagonist immer wieder gegen die Klinikleitung aufgelehnt hat, wird er unters Messer gelegt und liegt anschließend nur noch abwesend im Bett. Diese Operationen wurden tatsächlich massenhaft durchgeführt. Allein der Arzt Walter J. Freeman lobotomierte 3000 Menschen. Vielen erging es anschließend wie Rosemary Kennedy und der genannten Filmfigur. Dabei war Freeman »kein vorsätzlich böser, ignoranter oder gar sadistischer Arzt«, schreibt der Historiker Ronald D. Gerste. »Die Sorge um psychiatrische Patienten trieb ihn um, sein Mitgefühl mit den Kranken war ehrlich.«[54]

Solche Beispiele sind ein Grund zur Demut, denn sie zeigen uns, dass sich hinter angeblicher Fürsorge ein hässlicher Paternalismus verstecken kann. Unter dem Banner der Nächstenliebe wurden viele Verbrechen begangen, manchmal absichtlich – häufig ungewollt. Auch deshalb ist Fürsorge alles andere als trivial, sie ist eine Kunst. Sie muss erlernt werden.

Ob etwas wertvoll für eine Person ist oder nicht, hängt zwar von *ihren* Werturteilen ab, nicht von unseren. Trotzdem müssen wir ihre Werturteile nicht kommentarlos hinnehmen; natürlich können wir sie konstruktiv und gemeinsam hinterfragen. Fürsorge ist eine dialogische Praxis.[55]

Denn nicht nur die umsorgte, auch die sorgende Person ist einzigartig: Manchen fällt es einfacher, ihre traurigen Freunde abzulenken und aufzuheitern. Andere sind gute Zuhörer oder Ratgeberinnen. Stets sorgen wir als einzigartige Person um eine andere einzigartige Person in einer einzigartigen Situation.

Deshalb hat Nächstenliebe eintausend Gesichter. Abhängig davon, ob wir einem Menschen nahestehen, abhängig davon, was er braucht und worin unsere eigenen Stärken liegen. Fürsorge kann Aufopferung sein oder die einfache Nachfrage, ob ein verloren aussehender Mensch den Weg nicht findet. Schon ein freundliches Lächeln kann Fürsorge sein. Es können kleine oder große Taten sein, im Privaten oder im Beruflichen, in langfristigen Projekten oder in spontanen Begegnungen, im engsten Kreis oder mit vollkommen Fremden.

Fürsorge ist eine Beziehung. Wie diese Beziehung aussieht, wird wesentlich bestimmt von den Menschen, die an ihr teilhaben. Deshalb legt sie uns auch nicht auf eine bestimmte Lebensweise fest. Dies ist ein Sinn, den jede und jeder auf andere Weise ausbuchstabiert. Dies ist ein Sinn, in dem wir selbst als Subjekte gefragt sind, als Wesen, die eigene Anfänge machen können. Und doch steht hinter all dieser Vielfalt eine gemeinsame Haltung: wichtig zu nehmen, was tatsächlich wichtig ist.

Eine verwandelte Welt

Die Frage nach dem Sinn des Lebens wird häufig so verstanden, als würde dieser Sinn bereits in uns oder in der Welt existieren und unsere Aufgabe bestehe darin, ihn zu entdecken. Das erinnert an die Suche nach einem Goldschatz, der irgendwo versteckt ist und darauf wartet, von uns gefunden zu werden. Doch Sinn und Schätze sind ganz unterschiedlich. Sinn existiert nicht als Gegenstand außerhalb von uns. Ebenso wenig ist Sinn ein funkelnder Edelstein, der in unserem »wahren Selbst« verborgen ist. Sinn ist weder in der Welt noch in unserem Herzen, sondern *dazwischen.* Sinn entsteht durch Beziehungen; ist nicht in dir oder in mir, sondern zwischen uns.

Weil wir nicht allein sind auf diesem Planeten, haben wir die Möglichkeit, unser Leben an wertvollen Zwecken auszurichten. Wir haben die Möglichkeit, Sinnbeziehungen einzugehen. Ergreifen wir diese Möglichkeit beim Schopf, lassen uns darauf ein, und zwar ganz, im Kopf und im Herzen, in unseren Überzeugungen und Wünschen, in unseren Werturteilen, Emotionen und Absichten, dann wird unsere Welt zu einer anderen Welt – zu einer reicheren Welt.

Ein solcher Sinn existiert nicht nur in Momenten, wo wir konkret aus Nächstenliebe handeln. Ein solcher Sinn geht viel tiefer, er ist eine Art des In-der-Welt-Seins.

Wenn wir tief im Herzen erkennen, dass andere Menschen wertvoll sind, verändert das unsere Welt dauerhaft. Dafür müssen wir andere ernst nehmen, ihre Bedürfnisse und Überzeugungen wichtig nehmen. So zerbricht der depressive Schleier aus Gleichgültigkeit, der in Sinnkrisen alles unwichtig und wertlos erscheinen lässt. Unsere Welt wird größer, beginnt zu leuchten. Aus dem grauen Ozean der Wertlosigkeit erheben sich Inseln der Bedeutung. Und eben diese Bedeutung müssen wir nicht erfinden oder ideologisch erträumen. Sie ist bereits da. Wir müssen sie nur anerkennen.

Etwas Wertvolles bewegen

Agape ist Verbundenheit, die tiefe Einsicht, dass wir gemeinsam sind auf dieser Welt. In einem abgeschwächten Sinne machen wir das Wohlergehen anderer zu unserem eigenen –, denn es liegt uns am Herzen. So überschreiten wir die Mauern unseres Egos, weiten unsere Welt und bleiben dennoch als Subjekt bestehen.

In der Praxis ist es trotzdem nicht immer gut für uns, aus Nächstenliebe zu handeln. Manchmal stehen Fürsorge und Eigeninteresse im Konflikt. Die Entscheidung, wie wir uns dann verhalten, kann uns niemand abnehmen. Dennoch: Agape eröffnet Fenster, die Gegenüberstellung von Egoismus und Altruismus aufzulösen. Indem wir Wertvolles für andere tun, können wir uns selbst als wertvolle Wesen erfahren – unsere Welt und unser Leben als sinnvoll empfinden. Und das wiederum kann glücklich machen.

Schließlich bedeutet Agape nicht unbedingt, sich leidend für andere aufzuopfern. Eine wichtige Aufgabe zu haben, Wertvolles zu tun, Mitmenschen zu unterstützen, das kann zutiefst erfüllend sein! Wir erfahren uns als selbstwirksam, sehen, wie wir etwas in der Welt bewegen, und sei es nur im Kleinen, sehen, wie wir nicht *irgendetwas*, sondern etwas Wertvolles bewegen.

Agape kann uns Gründe geben, morgens aufzustehen und uns in dieser Welt einzubringen, auch wenn es gerade schwierig ist. Agape gibt uns ein Wozu.

Wenn wir aus Nächstenliebe handeln, sind wir emotional tief involviert, schöpfen daraus Lebenskraft und Orientierung. So wurde auch in zahlreichen Studien nachgewiesen, dass anderen Menschen zu helfen ein zentraler Baustein für die Stärkung des eigenen Sinngefühls ist.[56]

Besonders deutlich erfahren wir dies bei nahestehenden Personen. Unsere Kinder, unsere Freundinnen und Freunde, unsere Familie sind für uns Endzwecke par excellence. Kritische Nachfragen nach dem Sinn dieses Sinns laufen ins Leere. »Warum ist es dir wichtig, dass es deinem Kind gut geht?« – Diese Frage ist für die allermeisten Eltern schlicht absurd. Sie lieben ihr Kind. Punkt. Dieser Sinn steht auf festem Boden.

Menschen, die wir lieben, geben uns Gründe, uns für etwas einzusetzen, das außerhalb unseres eigenen Vergnügens liegt. Solche Beispiele sind besonders plastisch. Darin liegt ihre Stärke und gleichzeitig ihre Schwäche. Denn nur allzu häufig wird an nahestehenden Personen nicht nur sichtbar, was es heißt, Menschen als wertvoll anzuerkennen –, allzu häufig endet diese Anerkennung auch an der Familiengrenze. Agape aber kennt solche Grenzen nicht. Sie ist eine grundsätzliche Weltbeziehung, eine Art durch das Leben zu gehen, getragen von der Erkenntnis, dass alle Menschen Subjekte sind – Quellen von Werten. Oder, wie Erich Fromm, in seiner *Kunst des Liebens* schreibt: »Liebe ist nicht in erster Linie eine Bindung an eine bestimmte Person. Sie ist eine Haltung, eine Charakter-Orientierung, welche die Bezogenheit eines Menschen zur Welt als Ganzem und nicht nur zu einem einzigen ›Objekt‹ der Liebe bestimmt. Wenn jemand nur eine einzige andere Person liebt und ihm alle übrigen Mitmenschen gleichgültig sind, dann handelt es sich bei seiner Liebe nicht um Liebe, sondern um eine symbiotische Bindung«.[57]

Klar, wir können unmöglich alle Menschen dieser Welt lieben wie unsere eigenen Kinder, darum geht es auch nicht. Aber gerade in der funkelnden Einzigartigkeit unserer Liebsten können wir die Menschheit in all ihren Facetten erblicken. Denn das Große zeigt sich im Kleinen, und das Kleine zeigt sich im Großen. Es mag eine einzigartige Person sein, der unsere einzigartige Liebe gilt. Aber auf dem Grund dieser einzigartigen Liebe können wir eine tiefere und allgemeinere Wahrheit entdecken. Wenn wir mit dem Herzen sehen: Sie alle sind der Liebe und Fürsorge wert. Jede und jeder von ihnen.

Ich kenne niemanden, der überhaupt keine Nächstenliebe in sich trägt; und kenne niemanden, der ausschließlich davon geleitet ist. Agape, Fürsorge und Sinn – das ist immer ein Mehr oder Weniger; niemals ein Ja oder Nein! Zumal wir hier nur über eine bestimmte Art von Sinn sprechen: den zweckhaften Sinn. Niemand lebt vollständig sinnvoll oder vollständig sinnlos.

Wer aber lebt sinnvoll genug? Und wer lebt sinnvoller als andere?

Solche Überlegungen offenbaren eine falsche Perspektive. Die Sinnfrage entsteht aus einer *persönlichen* Suche, manchmal Verzweiflung heraus. Hier ist ihr Ursprung, hier ist sie verankert. Diesen Anker zu lösen und die Kategorie des Sinns plötzlich zu nutzen, um die Lebensführung anderer Menschen zu bewerten, führt unweigerlich in die Irre. Sinn wird dann mit Moral verwechselt, und heraus kommt eine krude, gefährliche Mischung.

Sinn und Moral sind zwei unterschiedliche Dinge. Und niemand muss zwingend sinnvoll leben. Es ist auch in Ordnung, einfach glücklich zu sein. Wenn Menschen durch ihre Leidenschaften erfüllt sind und dabei niemandem schaden, dann ist das hervorragend.

Wer aber nach Sinn sucht und fragt: »Wozu das alles? Was zählt schon auf dieser Welt?«, dem sollten wir nicht antworten, es sei die Karriere, die Kunst, die Weisheit oder das Vaterland. Denn all das kann immer nur Mittel sein. Mittel für Menschen.

Die Antwort finden wir in unserem Leben. Denn welche Momente geben uns Sinn? Es sind die Erfahrungen, gebraucht zu werden, sich einzubringen, einen Unterschied zu machen. Ein dankbarer Blick. Wir haben etwas bewegt, und sei es ein noch so kleines Teilchen.[58]

Dafür müssen wir uns auf das Wesentliche besinnen. Und doch liegt es nicht ganz allein an uns, ob dies gelingt. Äußere Umstände können es uns erleichtern oder erschweren. Denn Agape ist eben mehr als ein Gefühl; Sinn muss auch in die Tat umgesetzt werden können. Wer den Eindruck hat – bei aller Nächstenliebe – dauernd gegen Wände zu rennen und zu scheitern, kann sein Leben nicht als erfüllt erfahren; die Selbstwirksamkeit fehlt. Es reicht eben nicht, dass es wertvolle Wesen gibt. Wir müssen auch eine Rolle finden können, aus der heraus wir Gutes tun können –, ohne uns selbst dabei aufzugeben.

In unseren Möglichkeiten, ein sinnvolles Leben zu führen, sind wir daher von anderen abhängig. Wir brauchen andere, um überhaupt für irgendjemanden sinnvoll sein zu können. Und wir können vor allem dort als liebevolle Wesen gedeihen, wo auch andere liebevoll sind. Sinn begünstigt daher die Entstehung von mehr Sinn: Agape ist Lebendigkeit – eine Lebendigkeit, die andere anstecken und ihnen helfen kann, ihre Egozentrik zu überwinden.

Allerdings ist es umgekehrt schwer, sich von Agape leiten zu lassen, wenn andere nur ihren eigenen Vorteil im Blick haben und Fürsorge ausnutzen. So begünstigt Sinnlosigkeit die Entstehung von noch mehr Sinnlosigkeit; ein Kreislauf, der also in beide Richtungen funktioniert. Und jeder und jede von uns kann dazu beitragen, das Rad in die richtige Richtung zu drehen.

Nur Menschen sind der Liebe wert

Wenn wir die bisherigen Überlegungen genau anschauen, müssen wir unsere Antwort ein Stück erweitern. Denn der Grund, weshalb ausgerechnet Menschen Sinnquellen sein können, hängt wesentlich damit zusammen, dass sie ein Wohlergehen haben. Im Gegensatz zu Menschen ist es beispielsweise für einen Stein völlig wertlos, wenn wir ihn pflegen. Um *seinetwillen* brauchen wir also nicht handeln, sondern höchstens, weil wir selbst Spaß an der Sache haben. Als Endzweck ist er ungeeignet.

An diesem einfachen Beispiel wird ein grundsätzliches Problem deutlich, das auch vermeintlich objektive Werte betrifft. Wir hatten festgestellt, dass die Sinnfrage nicht der Logik folgt: »Was ist gut für mich?«, sondern vielmehr: »Bin ich für irgendetwas gut?«. Für bloße Konzepte kann das, was wir tun, aber keinerlei Sinn haben – weder für die Kunst noch für die Wissenschaft, das Vaterland oder die Karriere. Trotzdem werden solche Konzepte in der Praxis immer wieder so behandelt, als wären sie wichtige Endzwecke. Es ist nicht immer direkt ersichtlich, warum das ein Fehlschluss ist. Schließlich ist die Redeweise, etwas »für den Fortschritt« oder »für das Vaterland« zu tun, tief im Sprachgebrauch verankert. Aber das sind nur Metaphern, die irgendwann ein Eigenleben bekommen haben. Hier haben sich Personifizierungen eingeschlichen, und solche sprachlichen Feinheiten beeinflussen unsere Perspektiven: Als wäre das Vaterland eine Art diffuses Lebewesen, das über uns steht und stolz auf uns sein könnte. Es wird mehr als »Vater« vorgestellt denn als »Land«. Das ist irreführend. Dem Fortschritt oder dem Vaterland ist es völlig egal, was wir tun. Nur andere Menschen kann es interessieren, wenn wir eine neue Entdeckung machen oder in den Krieg ziehen. Nur für sie kann es wertvoll und wichtig sein – oder eben schädlich.

Vielleicht ist es genau dieser logische Widerspruch, den wir in Momenten der Sinnkrise erkennen: die Absurdität, dass so vieles auf der Welt für *an sich* wertvoll genommen wird, das *an sich* überhaupt keinen Wert haben kann.

Heißt das nun im Klartext, es ist sinnlos, Kunst zu schaffen? Natürlich nicht! Wie viele Menschen haben sich berühren lassen durch Mahlers Fünfte, durch Goethes Werther, durch Frida Kahlos Surrealismus!

Die Frage ist einfach: Wozu? Der Sinn künstlerischen Schaffens kann nur darin bestehen, dass es entweder die Künstlerin glücklich macht oder für andere Menschen einen Wert hat. Wenn weder das eine noch das andere der Fall ist, sollte man es besser sein lassen.

Sogar Nihilisten in ihren intellektuellen Raumschiffen müssen die Tatsache anerkennen, dass unsere Handlungen für andere Menschen gut oder schädlich sein können –, und nur darauf kommt es an.[59] Wer seine Mitmenschen zum Endzweck macht, hat kein Problem damit, dass alles außerhalb dieser Menschen bedeutungslos ist. Denn alles außerhalb ist dann auch nicht wirklich relevant.

Es braucht also keine komplizierte philosophische Theorie, sondern lediglich simple Logik: Nur Menschen sind tragfähige Endzwecke, denn nur für sie kann das, was ich tue, tatsächlich gut sein.

Grenzen des Sinns

Nur für Menschen? Nicht ganz. Auch Tiere haben ein Wohlergehen. Und möglicherweise sogar Pflanzen. Aber hier wird es schnell esoterisch oder besser gesagt: metaphysisch. Denn zwar können Bäume gedeihen oder sterben, können also auf das reagieren, was wir tun. Aber, soweit ich das beurteilen kann, haben sie dabei keine Empfindungen. Falls du mit mir darin übereinstimmst, dann pflege deinen Garten, wenn du daran Freude hast –, aber nicht *um der Pflanzen willen*. Wenn der Garten mehr Mühe als Freude bereitet und zur Belastung wird, dann ist es ratsam, einen Gang zurückzuschalten. Denn der Garten sollte dir dienlich sein, nicht du ihm.

Wie auch immer es bei Pflanzen ist, Tiere jedenfalls haben ganz sicher Empfindungen, sie haben ein Wohlergehen: Wir können ihnen Gutes tun, und wir können ihnen schaden. Deshalb sind auch Tiere Quellen von Werten, und es ist sinnvoll, den eigenen Hund selbst dann zu füttern, wenn man keine Freude daran hat. Auch Tiere verdienen unsere Fürsorge. Wer um ihretwillen handelt, betreibt keine Metaphysik.

An dieser Stelle wird allerdings deutlich, dass Betrachtungen über Sinn auch Grenzen haben. Kümmert sich eine Person ganz konkret und praktisch um Tiere, dann kann dies sinnstiftend sein. Das gilt zum Beispiel für Zoowärterinnen und Zoowärter –, die ihre Arbeit laut einer Studie als besonders sinnvoll empfinden.[60] Recht haben sie, dies ist kein illusorischer Sinn.

Wenn wir aber über industrielle Massentierhaltung diskutieren, über das Quälen und die Ausbeutung von Tieren, dann ist dies keine Frage von Sinn und Unsinn, sondern es ist eine moralische Frage, eine Frage der Tierethik. Tiere sind zwar keine Personen, sie können selbst nicht moralisch oder unmoralisch *handeln*, aber man kann sie unmoralisch *behandeln*. Einem Kätzchen, das eine Maus quält, bevor es sie tötet, kann man keinen Vorwurf machen. Quält man aber dasselbe Kätzchen, ist das moralisch falsch. Solche Asymmetrien machen Tierethik zu einer komplizierten Sache, die in anderen Büchern als diesem ausführlich behandelt wird.

Betrachtungen über das sinnvolle Leben haben nicht nur Grenzen, wenn es um Tiere geht. Schließlich dürfen wir nicht vergessen: Neben den Sphären des guten und des sinnvollen Lebens gibt es ja auch die Sphäre von Moral und Ethik (zwei Ausdrücke, die ich hier synonym verwende). Zum Beispiel ist die krasse Ungleichverteilung von Wohlstand auf dieser Welt nicht »sinnlos« – sie ist ungerecht.

Natürlich ist es lohnenswert, gegen solche Ungerechtigkeiten zu kämpfen. Die Kategorien von *Sinn* und *Moral* beginnen hier ineinanderzufließen, und der Unterschied wird erst auf einer motivationalen Ebene sichtbar: Es gibt Personen, die aus Nächstenliebe gegen Ungerechtigkeiten kämpfen. Und es gibt andere Personen, die aus Pflichtgefühl handeln.[61] Auch wenn sich Sinn und Moral in vielen Fällen gar nicht widersprechen, folgen sie also prinzipiell einer anderen Logik.

Auf der Website www.wozu-das-alles.de gehe ich darauf vertieft ein, hier reicht es festzuhalten: Moralische Regeln beschränken den Bereich des erlaubten Handelns – wir dürfen nicht alles tun! Das allein reicht aber nicht als Orientierung im Leben. Woran sollen wir uns innerhalb dieses Bereichs ausrichten? Was ist unserer Anstrengung und Fürsorge wert? Das sind Fragen des Sinns.

Auch wenn die Grenzen fließend sein mögen, ist es wichtig, diese Aspekte nicht in denselben Topf zu werfen. Nächstenliebe kann keine moralische Pflicht sein – auch aus logischen Gründen. Denn das würde ja bedeuten, *um eines Prinzips willen* zu handeln, nicht um der betroffenen Menschen willen, kurzum: aus Pflichtbewusstsein, nicht aus Nächstenliebe.

Zwar kann Sinn theoretisch in Konflikt mit ethischen Prinzipien stehen, aber das sind Ausnahmen. Wenn wir keine metaphysischen Irrlichter zum Sinn erklären, sondern erkennen, dass nur Lebewesen unserer Liebe wert sind, dann steht ein solches Handeln meist auch im Einklang mit ethischen Leitplanken. Und es bereichert obendrein unser eigenes Leben. Glück, Sinn, Moral – das sind zwar alles unterschiedliche Dinge, aber sie sind miteinander verknüpft.

Fürsorge bedeutet, anderen Gutes tun zu wollen. Das hört sich zunächst nicht nur nach einer moralischen Angelegenheit an; auch eine weitere Verwirrung drängt sich geradezu auf: Geht es also darum, so viel Gutes zu tun wie möglich? Zum Beispiel ein Medikament gegen Krebs zu entwickeln? Wäre das nicht die ultimative Umsetzung von Agape?

Nein, Sinn ist kein Wettbewerb und kann nicht maximiert werden. Auch darauf gehe ich auf der Website wozu-das-alles.de ausführlicher ein. Es geht nicht darum, einen spektakulären Fußabdruck zu hinterlassen, sondern etwas Sinnvolles zum eigenen Sinn zu machen – ein tragfähiges *Wozu* zu haben. Sinn besteht in unserem Kompass: wichtig zu nehmen, was tatsächlich wichtig ist. Genau darauf bezieht sich die Frage nach einem zweckhaften Sinn. Und Agape ist die Antwort.

Nichts ist einfach so wertvoll, ist für sich genommen wichtig. Gut oder schlecht können Handlungen nur für Lebewesen sein. Es ist dem Mount Everest ganz und gar egal, ob wir ihn in die Luft sprengen oder nicht. Für ihn ist das nicht »schlecht«, und genauso wenig ist es für das Klima »schlecht«, wenn es sich verändert, oder für Wasser, wenn es verschmutzt. Ein großes, existenzielles Problem ist es indessen für viele Menschen und Tiere, wenn sich das Klima verändert und Flüsse vergiftet werden. Für sie ist das äußerst schlecht. Wollen wir die Welt zu einem »besseren« Ort machen, lautet die Kernfrage: Besser für wen?[62]

Erstaunlicherweise entstehen Sinnkrisen gerade im Berufskontext besonders häufig. Dabei ist dies ein Bereich, in dem wir an der gesellschaftlichen Arbeitsteilung teilhaben und einen Beitrag für andere leisten können. Neben unseren Liebsten, die gewissermaßen Agapes »Nahbereich« ausmachen, können wir hier – direkt oder indirekt – auch für Menschen etwas tun, mit denen wir nicht persönlich verbunden sind. Weshalb ist es ausgerechnet hier oft so schwierig, den Sinn des Ganzen zu erleben?

SINN DER ARBEIT

Arbeit prägt unser Leben. Zumindest für die meisten Menschen gilt das. Durchschnittlich 34,8 Stunden arbeiten Erwerbstätige in Deutschland.[63] Woche um Woche, Jahr um Jahr. An vielen Tagen bleibt kaum Zeit für andere Beschäftigungen übrig.

Mögen wir auch unterschiedlichen Jobs nachgehen, montagmorgens verbindet uns doch das magische Band eines geteilten Schicksals. Die Woche beginnt, wir müssen raus, als Teil des großen Getriebes. Jeder von uns nimmt seinen Platz ein.

Jeder? Nicht ganz. Manche sind arbeitslos, außen vor, kein Teil des Ganzen. Und während einige Personen mit einem Knoten im Bauch zur Arbeit fahren, leiden andere darunter, eben nirgendwohin zu müssen, nicht gebraucht zu werden. Diese Erfahrung kann auch Menschen treffen, die gerade in Ruhestand gegangen sind, die zwar gesellschaftlich nicht herabgewürdigt werden wie Arbeitslose, aber denen irgendetwas fehlt. Für Rentnerinnen und Rentner ist es häufig nicht nur eine organisatorische Herausforderung, die leeren Tage zu füllen. Oft schwingt auch die Frage mit: Wer bin ich noch?

Denn Arbeit ist ein zentraler Pfeiler in unserer Gesellschaft. »Was machen Sie beruflich?« – meist fällt diese Frage schon in den ersten Minuten des Kennenlernens. Und sie bezieht sich nicht bloß darauf, womit jemand seine Miete bestreitet und seinen Alltag verbringt; es ist auch die Frage nach einer Identität. Antwortet jemand: »Ich *arbeite als* Friseur«, heißt das meist: »Ich *bin* Friseur.«

Arbeit ist Lebenszeit, Existenzsicherung, gesellschaftliche Teilhabe, Identität. Das gilt zwar nicht für jeden Menschen gleichermaßen, aber doch für die Grundstruktur unserer Arbeitsgesellschaft. Und deshalb ist es auch kein Wunder, dass Sinnfragen gerade im beruflichen Kontext entstehen. Dort bringen wir unsere Fähigkeiten ein und bekommen dafür mehr oder weniger Anerkennung.[64] Dort investieren wir Zeit und Energie, dort sind wir tätig.

Aber wozu eigentlich?

Eine Antwort liegt auf der Hand: um den Lebensunterhalt zu bestreiten. Aber vielen Menschen reicht das nicht für ein Sinngefühl. Kein Wunder, wenn wir bedenken, wie grundlegend und vielschichtig die Rolle von Arbeit ist. Immer stärker werden berufliche Fragen daher auch zu Sinnfragen. Immer verbreiteter wird das Bedürfnis, einen sinnvollen Job auszuüben. Neun von zehn US-Amerikanerinnen und -Amerikanern würden dafür sogar ein geringeres Gehalt in Kauf nehmen.[65] Menschen arbeiten eben nicht nur des Geldes wegen, sind nicht rein egoistisch, sondern haben auch den Wunsch, sich sinnvoll einzubringen. Anders lässt sich kaum erklären, weshalb Feuerwehrleute ab 2000 Euro Nettogehalt in brennende Häuser steigen, während es in anderen Bereichen schwierig ist, für die gleiche Summe jemanden zu finden, der Excel-Tabellen ausfüllt.[66]

Nicht nur in aufregenden, kreativen oder prestigeträchtigen Berufen ist das Gehalt weniger entscheidend, als es auf den ersten Blick scheint. Auch Reinigungskräfte im Krankenhaus haben in Befragungen herausgehoben, wie wichtig es für sie ist, eine Aufgabe zu haben und ihre Kolleginnen und Kollegen zu sehen.[67] Für fast alle Erwerbstätigen ist Arbeit mehr als nur eine Einkommensquelle. Und sogar beim Einkommen geht es um mehr als ums bloße Geld. Denn das Gehalt selbst *verdient* zu haben, kann das Selbstwertgefühl stärken. Umgekehrt ist es nicht nur aus finanziellen Gründen ärgerlich, schlecht für die eigene Arbeit bezahlt zu werden. Es kann auch moralisch empören oder das Selbstwertgefühl untergraben.

Als ich vor mehreren Jahren begann, dieses Buch zu schreiben, konzentrierte ich mich zunächst auf klassische philosophische Themen. Die Gleichgültigkeit des Universums, die Zufälligkeit unserer Existenz, die Vergänglichkeit alles Seienden … damit begann meine Reise. Im Laufe der Zeit wurde mir klar: Diese globalen Themen sind zwar nicht unwichtig. Besonders drängend wird die Frage nach einem zweckhaften Sinn aber im beruflichen Kontext. Wie ein winziger Stachel kann sie sich in unserer Seele festsetzen und langsam eine Wunde aufscheuern. Bis wir eines morgens abgehetzt vor der Bürotür stehen und uns fragen: Wozu das alles?

Es gibt tatsächlich sinnlose Jobs

In den vergangenen Kapiteln haben wir drei Facetten des Sinns kennengelernt. Erstens den eschatologischen Sinn: ein Sinn durch *Hoffnung*, der uns vor allem durch Krisen helfen kann. Zweitens den spielerischen Sinn: ein Sinn durch *selbstzweckhaftes Tun*, wie wir ihn besonders bei Kindern beobachten können. Drittens den zweckhaften Sinn: ein Sinn durch *endzweckhaftes Tun*, der entsteht, wenn wir machen, was wertvoll und wichtig ist.

Möglicherweise klingt das etwas abstrakt und schwer umsetzbar. Tatsächlich aber schöpfen wir in vielen Bereichen des Lebens aus genau diesen Sinnquellen –, ohne groß darüber nachzudenken. Wir erforschen die Welt spielerisch wie ein Kind oder stellen unser eigenes Wohl für andere Menschen zurück, die unserer Hilfe und Fürsorge bedürfen. Das, was wir tun, hat dann einen Sinn – sei dieser *selbstzweckhaft* oder *endzweckhaft*. Sinn ist eine völlig reale Sache.

Allzu oft jedoch werden wir durch Luftschlösser abgelenkt, die sich zu Gewohnheiten verfestigen. Wir reiben uns auf für ein bisschen Erfolg, ein wenig Anerkennung, etwas mehr Geld. In diesem Taumel widmen wir einen ganzen Teil unserer Lebenszeit Beschäftigungen, die weder notwendig sind noch Spaß machen, die weder dem Wohlergehen anderer Menschen dienlich sind noch unserem eigenen. Weder genießen noch spielen oder tanzen wir, weder leisten wir Fürsorge für andere, noch sichern wir unser eigenes Überleben. Stattdessen schnauzen wir unseren Lebenspartner an, nur weil das Bad blockiert ist und wir zu spät ins Büro kommen.

Wozu das alles?

Sinnkrisen sind nicht immer das Ergebnis einer emotionalen Verirrung. Manchmal entstehen sie völlig zu Recht. Manchmal ist das, was wir tun, tatsächlich sinnlos.

Leistet deine Arbeit einen sinnvollen Beitrag zur Welt?
Diese Frage wurde Tausenden Personen in verschiedenen Ländern gestellt. Die Antworten fielen gemischt aus. Viele betrachten ihren Job als sinnvoll (was nicht unbedingt heißt, dass sie mit ihren Arbeitsbedingungen zufrieden sind), aber die meisten Befragten sind eher skeptisch. Sie meinen, dass ihre Aufgaben zumindest teilweise sinnlos sind. Und dann gibt es noch Menschen, die sogar das Gesamturteil fällen: »Nein, meine Arbeit leistet überhaupt gar keinen sinnvollen Beitrag zur Welt«.

Rund 35 Prozent der Angestellten in Deutschland sind dieser Überzeugung. In Großbritannien und in den Niederlanden sind es sogar noch mehr. Es handelt sich um ein Massenphänomen.[68]

Sinnkrisen am Arbeitsplatz sind nicht bloß das Problem einzelner Betroffener. Vielmehr liegt hier ein strukturelles Problem vor. Nur 15 Prozent der Beschäftigten in Deutschland sind emotional voll bei der Sache, fast sechs Millionen haben innerlich bereits gekündigt. In anderen Ländern sieht es nicht besser aus. Die negativen Gefühle zur eigenen Arbeit führen zu mehr Krankheitstagen und geringerer Produktivität.[69] Vor allem sind sie eine Belastung für die Betroffenen.

Bevor es allzu düster wird, muss ergänzt werden, dass trotz aller Zweifel immerhin die Hälfte bis drei Viertel der deutschen Beschäftigten gerne zur Arbeit gehen.[70] Der Kontakt zu Kolleginnen und Kollegen, die Struktur im Alltag und das Gefühl, überhaupt irgendeine Aufgabe zu haben, machen einiges wett. Es wäre verfehlt, Arbeit per se schlechtzureden und als Hölle auf Erden darzustellen. Aber dieser konkrete Aspekt ist bemerkenswert: Sehr viele Menschen sind der Überzeugung, dass ihre Arbeit, der sie so viel Lebenszeit widmen, so viele Stunden, Wochen und Jahre, komplett sinnlos ist.

Wie ist das möglich?

Etwas daran ist erstaunlich. Laut ökonomischer Theorie dürfte es überhaupt keine sinnlosen Jobs geben, zumindest nicht in profitorientierten Unternehmen. Erstens müssen alle Produkte einen echten Mehrwert für die Konsumentinnen haben – sonst würde sie ja niemand kaufen. Nutzlose Angebote verschwinden also sofort vom Markt. Zweitens kann es keine überflüssigen Jobs geben, weil das die Kosten unnötig nach oben treiben würde. Firmen können es sich schlicht nicht leisten, Menschen für nutzlose Arbeit zu bezahlen, daher leistet jeder und jede Angestellte einen unverzichtbaren Beitrag. So die Theorie. Betrachtet man beide Argumente zusammen, folgt daraus: Alle Jobs tragen dazu bei, nützliche Produkte und Dienstleistungen bereitzustellen. Alle schaffen irgendeinen Mehrwert für die Kundschaft, für reale Menschen. Alle haben irgendeinen Sinn.

Leider ist diese Theorie schlicht und ergreifend falsch, in beiden Punkten. Weder sind alle verkauften Produkte nützlich, noch sind alle Aufgaben notwendig.

Dass viele Produkte im Grunde überflüssig sind, manchmal sogar schädlich, ist relativ offensichtlich. Deshalb müssen sie den Konsumenten auch oft »angedreht« werden. Ein Freund von mir, der während seines Studiums in einem Geschäft jobbte und dort Handyverträge verkaufte, zeigte mir damals eine E-Mail von seinem Chef: »Wenn du denkst, es geht nichts mehr, kommt von irgendwo ein Flex-Tarif her!!!!« – Mit vielen Ausrufezeichen und schlechter Poesie wurden die Mitarbeiter unter Druck gesetzt, der Laufkundschaft weitere Verträge aufzuschwatzen –, auch wenn das für sie überhaupt keinen Sinn machte. Hauptsache verkaufen.

Und es funktioniert: Gekauft wird immer weiter. Ein Tuareg in der Sahara besitzt etwa 130 einzelne Gegenstände,[71] ein deutsches Kind bereits über 1000.[72] Mit zunehmendem Alter wird es nicht weniger. Häufig sind wir uns dieser Massen überhaupt nicht bewusst, erst beim Umzug werden sie sichtbar, wenn sich die Kartons in beeindruckend langen Reihen im Flur stapeln. Wie viel braucht man, um glücklich zu sein?

Manchmal wird all der Krempel gar zur Belastung. Die Japanerin Marie Kondō verdient ein Vermögen damit, anderen dabei zu helfen, aufzuräumen und Sachen wegzuwerfen. Ihre Bücher wurden Millionen Mal verkauft, auf Netflix war ihre Sendung ein Hit. Früher wäre ein solcher Hype ums Ausmisten völlig undenkbar gewesen. Vor hundert Jahren umfasste ein durchschnittlicher Haushalt rund 180 Gegenstände – heute sind es circa 10 000.[73]

Weil viele Menschen nicht nur genug haben, sondern sogar so viel, dass ihr Besitz zur Belastung wird, müssen weitere Produkte aufwendig beworben werden. Dinge werden zu Symbolen gemacht, das Auto etwa zu einem Wahrzeichen von Freiheit, Luxus und Status. Allein in Deutschland werden jährlich knapp 23 Milliarden Euro für Werbung ausgegeben, um die Maschine am Laufen zu halten.[74]

Auf diese Weise lässt sich Geld verdienen. Insofern ist es nachvollziehbar, weshalb immer neue Kaufwünsche erzeugt und im Grunde überflüssige Produkte verkauft werden. Demgegenüber ist es viel schwieriger zu verstehen, weshalb auch in profitorientierten Unternehmen überflüssige Arbeitsbereiche geschaffen werden. Das widerspricht doch geradezu der kapitalistischen Logik! Es bedeutet ja, dass mehr Personen als notwendig angestellt und bezahlt werden – der Profit also nicht optimal ist. Wie kann das sein?

In seinem aufschlussreichen Buch *Bullshit Jobs* analysiert der Anthropologe David Graeber einige Mechanismen, wie überflüssige Stellen entstehen können.[75] Drei Beispiele möchte ich kurz aufgreifen:

1) Führungskräfte wirken erfolgreicher und wichtiger, wenn sie viele Mitarbeitende haben. Daher gibt es oft wenige Anreize, das Team zu verkleinern –, auch wenn es eigentlich nicht genug Arbeit für alle gibt. Lieber werden zusätzliche Aufgaben erfunden.
2) Durch neue Technologien können Prozesse effizienter werden. Aber anstatt Arbeitszeiten zu verkürzen oder mehr Raum für die Kernaufgaben zu schaffen, wächst der Überbau aus Verwaltung und Meetings, E-Mails, Schulungen, Absprachen und Qualitätsmanagement.
3) Überflüssige Arbeitsbereiche bleiben auch bestehen, weil Arbeit unabhängig von ihrem Sinn verteidigt wird. Beschäftigte in »Bullshit Jobs« sprechen kaum über ihre Situation, weil sie nicht als kündbar dastehen wollen. Gewerkschaften wollen unbedingt Arbeitsplätze erhalten. Und sämtliche Parteien, von Links bis Rechts, schreiben es sich auf die Fahne, Arbeitsplätze zu sichern oder sogar zu schaffen. Besser Arbeit ohne Sinn als keine Arbeit, lautet die stille Übereinkunft. In einem Interview argumentierte Barack Obama gegen die Verschlankung des amerikanischen Gesundheitssystems: »Jeder, der eine einheitliche Krankenversorgung befürwortet, sagt: Seht nur, wie viel Geld wir bei Versicherungen und Papierkrieg sparen würden. – Darauf kann ich nur ant-

> worten: Das entspricht einer Million, zwei Millionen, drei Millionen Arbeitsplätzen ... Was machen wir mit denen? Was geben wir ihnen zu tun?«.[76]

Entgegen der ökonomischen Theorie gibt es eine ganze Menge sinnloser Jobs – und zwar nicht nur im öffentlichen Verwaltungsapparat, sondern auch in profitorientierten Unternehmen. Während im Niedriglohnbereich rationalisiert wird und Mitarbeitende auf den Prüfstand gestellt werden, bläht sich darüber ein immer größerer Bereich aus Management und Verwaltung auf. Während Beschäftigten an der Kasse, im Restaurant oder der Fabrik kaum eine Minute zum Verschnaufen bleibt, wächst in besser bezahlten Jobs der Anteil überflüssiger Aufgaben, oder es wird heimlich auf Facebook gesurft, um die Zeit bis 18 Uhr totzuschlagen. Das alles mag wie eine billige Abrechnung mit der Arbeitsgesellschaft klingen, aber die Zahlen sprechen für sich: Büroangestellte verbringen nur 40 Prozent ihrer Arbeitszeit mit Kernaufgaben.[77]

Das ist ein neues Phänomen, ebenso wie die daraus resultierenden Sinnkrisen. Vor fünfhundert Jahren wäre diese Diskussion nicht verständlich gewesen. Damals arbeiteten die meisten Menschen in der Landwirtschaft. Auch sie hatten mit der Vergänglichkeit ihres Daseins zu kämpfen, aber immerhin lag das *Wozu* ihrer Arbeit auf der Hand. Das hat sich geändert. Zwar gibt es weiterhin viele Beschäftigungsbereiche mit einem gesellschaftlichen Mehrwert, aber eben auch einen wachsenden Teil an »Bullshit Jobs«. Das System ist zu effizient geworden. Es gibt nicht genug sinnvolle Arbeit, um alle Menschen in Vollzeit zu beschäftigen. Trotzdem wird an diesem Konzept festgehalten, und die entstandenen Freiräume werden krampfhaft aufgefüllt.

Um es klarzumachen: Arbeiten kann eine wunderbare Sache

sein. Sie kann uns beleben und erfüllen, fordern und bereichern, sie kann Identität, Anerkennung und Sinn geben – selbst wenn es manchmal keinen Spaß macht. Für viele Menschen ist Arbeit eine wichtige Sache. Aber für viele andere ist sie eben ein Stein, den sie täglich aufs Neue sinnlos den Berg hinaufrollen. Sie wissen, *was* sie machen sollen und *wie* – aber nicht *warum*.[78] Das ist ein bisschen wie damals im Mathe-Unterricht. Uns wurde gesagt, *was* wir tun sollten: lineare Gleichungssysteme lösen. Es wurde auch gesagt, *wie*: indem wir eine Gleichung nach X auflösen und in die andere einsetzen. Aber die Frage *wozu* das alles, blieb völlig unklar.

Für viele Menschen hat der Mathe-Unterricht nie geendet. Über ein Drittel der Beschäftigten in Deutschland sieht sich dazu gedrängt, einen großen Teil ihrer Lebenszeit für Tätigkeiten aufzuwenden, in denen sie keinerlei Sinn sehen.

Nun ließe sich einwenden, dass sie den Beitrag ihrer Arbeit möglicherweise nicht *erkennen*, sich diese Menschen also irren. Doch das Gegenteil scheint mir plausibler. Wer könnte Tätigkeiten besser einschätzen als jene Personen, die sie täglich ausüben?

Wir können zwar nicht schlussfolgern, dass all die Menschen mit »Bullshit Jobs« keine Antwort auf die Frage *Wozu das alles?* finden. Für viele ist der Sinn einfach, sich selbst und die eigene Familie zu ernähren. Sie haben sehr gute Gründe, im Hamsterrad weiterzulaufen. Genau dies ist aber kein Anlass zur Beruhigung, sondern im Gegenteil, darin besteht ja der Skandal: dass derart viele Menschen ihre Lebenszeit mit sinnlosen Beschäftigungen verbringen müssen, um die eigene Existenz zu sichern.

Kontexte strukturieren unsere Begegnungen

Natürlich ist Agape wesentlich eine persönliche Einstellungssache; es liegt an uns, andere Menschen zum Kompass unseres Handelns zu machen. Insofern sollten wir uns im Job vielleicht stärker auf die Freiräume konzentrieren, in denen wir Sinn finden können. Dieser Gedanke ist wichtig, gleichzeitig wäre es naiv, die Kraft zu unterschätzen, die Kontexte auf uns ausüben. Es kann uns einfacher oder schwerer gemacht werden, Haltungen der Nächstenliebe zu entwickeln. Das gilt in der Familie wie am Arbeitsplatz.

Wenn alles effizient sein soll, wird es schwer, sich um andere Menschen zu kümmern. Erstens ist weniger Zeit dafür vorhanden, zweitens wird unsere eigene Perspektive auf Mitmenschen durch den Kontext mitgeprägt. Agape heißt, andere als wertvolle Wesen zu verstehen, nicht als Nummer auf einem Papierstapel oder als Ding, das für irgendetwas gut sein soll. Wenn man jedoch tagtäglich in Kontexten unterwegs ist, wo anderen genau diese Rolle zukommt, dann ist es nicht leicht, diese Sichtweise zu durchbrechen.

Unmöglich ist es allerdings nicht. Täglich beweisen dies zahlreiche Angestellte in Ämtern und Kundenservices, wenn sie den Dienst nach Vorschrift überschreiten, um anderen Menschen ehrlich zu helfen. Häufig sind die Spielräume größer als auf den ersten Blick erkennbar.

Trotzdem sollten wir unsere Autonomie nicht überbewerten. Wie wir unsere Mitmenschen betrachten und mit ihnen umgehen, liegt an uns, wird aber durch den Kontext beeinflusst. Denken wir etwa an Partys: Es ist viel einfacher, locker auf andere zuzugehen, wenn die Gesamtatmosphäre ungezwungen ist. Ähnliches gilt in der Arbeitswelt: Kontexte strukturieren menschliche Begegnungen.

Und nicht nur das. Sogar wie wir Gegenstände betrachten, wird durch den Kontext beeinflusst. Eine gute Matratze kann das Leben von Menschen verbessern. Deshalb könnte man einen Sinn darin sehen, in einer Matratzenfirma zu arbeiten. Doch es ist schwierig, seiner Tätigkeit dort mit einer Haltung der Nächstenliebe nachzugehen, wenn am Arbeitsplatz täglich klar wird, dass es im Kern nicht darum geht, irgendwem zu helfen. Statt langlebige und reparierbare Produkte herzustellen, werden minderwertige Lösungen in ein glamouröses Licht getaucht, das alles mit dem sehr klaren Ziel, den Unternehmensprofit zu maximieren.[79] Und damit ist gleichsam auch der Zweck der eigenen Arbeit festgelegt.

Smith gegen Smith

Wir können versuchen, uns vor Augen zu halten, inwiefern unsere Arbeit das Leben anderer Menschen verbessert. Und sich dies bewusst zu machen ist sicherlich wichtig! Aber es wird nun deutlich, weshalb das in einigen Berufskontexten schwer ist.

In ihrem Buch *Glück allein macht keinen Sinn* rät die Psychologin Emily Esfahani Smith, den Arbeitsalltag anders zu betrachten und eine »Dienstleistungsmentalität« zu entwickeln. Sie schreibt: »Nicht jeder von uns findet seine Berufung. Aber das heißt nicht, dass wir keinen Sinn finden können […] Wie auch immer unsere Tage aussehen mögen: wenn wir unsere Aufgaben in einem anderen Licht sehen, nämlich als Möglichkeit, Menschen zu helfen, dann fühlen sich auch unsere Arbeit und unser Leben bedeutender an.«[80]

Darin steckt viel Wahrheit. Und überhaupt ist ihr Buch sehr intelligent, intensiv recherchiert und lesenswert – eines der besten über die Sinnfrage, die ich gelesen habe. Ihren genannten Ratschlag will ich aus meiner Sicht erweitern, denn hier offenbart sich ein weit verbreiteter Konflikt.

Emily Esfahani Smith empfiehlt, sich klarzumachen, welchen Beitrag man leistet. Anstatt bloß Brötchen zu backen, jeden Tag aufs Neue, immer wieder von vorne, um die eigene Miete zu bezahlen, soll man sich deutlich machen: »Mein Job ist es nicht, dein Geld zu nehmen. Mein Job ist es, dich zu ernähren.«[81]

Interessant an dieser Formulierung ist, dass sie in direktem Widerspruch zur ökonomischen Theorie steht. So heißt es bei Adam Smith: »Unser tägliches Abendessen verdanken wir nicht der Wohltätigkeit von Metzgern oder Bäckern –, sondern ihrem Eigeninteresse. Wenn wir bei ihnen einkaufen, verlassen wir uns nicht auf ihre Menschlichkeit, sondern auf ihre Selbstliebe.« Sie geben uns Nahrung, um Geld zu verdienen.[82]

Emily Esfahani Smith und Adam Smith schauen also von komplett entgegengesetzten Standpunkten auf die gleiche Tätigkeit.

Nun könnte man denken: Gut, das kann man so oder so betrachten. Wenn ich in einer Bäckerei arbeite, liegt es an mir, ob ich in den Brötchen nur einen Weg sehe, um an Geld zu kommen, oder ob es mir vor allem darum geht, meine Mitmenschen zu ernähren.

Das Problem daran ist, dass die Perspektive von Adam Smith einen gewaltigen Einfluss darauf hat, wie unsere Gesellschaften strukturiert sind. Seine Interpretation ist ein Denkrahmen für die Politik und Unternehmen, beeinflusst unsere Märkte und Institutionen; so ist sie zu einer selbsterfüllenden Prophezeiung geworden. Leider sind unsere Ökonomien durch Adam Smith geprägt, nicht durch Emily Esfahani Smith. Und das erschwert es, Brötchen so zu betrachten, wie sie es uns empfiehlt –, denn mit einer solchen Perspektive müssen wir uns gegen die Struktur unserer Wirtschaftssysteme und Arbeitswelten stemmen. Das kann manchmal gelingen. Oft scheitert es.

Wirtschaft als moralfreie Zone?

Wirtschaftliche Strukturen können uns also im Weg stehen, eine Haltung der Nächstenliebe zu entwickeln und Sinn zu erfahren. Es ist ein Grundproblem: Sinn entsteht, wenn wir nicht rein egoistisch handeln, sondern auch das Wohlergehen anderer wichtig nehmen. Doch unsere Wirtschaftssysteme sind am Egoismus ausgerichtet.

Bis heute wird in der Mainstream-Ökonomik davon ausgegangen, dass alle Menschen letztlich egoistisch sind – und dass dies auch gar kein Problem ist! Denn durch die »unsichtbare Hand des Marktes« wird Egoismus zu einer produktiven, treibenden Kraft. Eigennutz dient dem Allgemeinwohl, so die Theorie. Ein Beispiel: Wir haben alle etwas davon, dass der Bäcker so egoistisch ist und versucht, seinen Umsatz durch besonders leckere Brötchen zu steigern.

Selbstsucht ist also eine gute Sache, das ist die Kernaussage von Adam Smiths Zitat. Seit dem 18. Jahrhundert wurde diese blumige Sicht auf egoistisches Verhalten immer populärer. In der Folge wurde Ökonomie zunehmend als ein Bereich betrachtet, in dem moralische Prinzipien überflüssig sind. Hier ist es völlig in Ordnung, wenn jeder nur an sich selbst denkt, denn am Ende profitieren alle davon, sogar die Ärmsten. Es bedarf nur einiger Gesetze, um Verträge abzusichern und Morde zu verhindern, aber innerhalb dieses Rahmens gilt: Hol das Beste für dich raus!

Auf diese Weise setzte sich eine Logik in der Wirtschaft durch, die von der restlichen Moral entkoppelt ist. Im Privaten ist purer Egoismus ja verpönt, es werden also zweierlei Maß angesetzt.

Der Soziologe Karl Polanyi beschrieb diese »Große Transformation« als einen Prozess zunehmender Entbettung: Wirtschaftliche Beziehungen waren nicht mehr *eingebettet* in die Regeln moralischen Miteinanders. Seine Theorie wurde häufig aufgegriffen, so meint etwa Erich Fromm: »Das wirtschaftliche Verhalten wurde von der Ethik und den menschlichen Werten abgetrennt. […] Die Entwicklung dieses Wirtschaftssystems wurde nicht mehr durch die Frage: *Was ist gut für den Menschen?* bestimmt, sondern durch die Frage: *Was ist gut für das Wachstum des Systems?* Die Schärfe dieses Konflikts versuchte man durch die These zu verschleiern, dass alles, was dem Wachstum des Systems (oder auch nur eines einzigen Konzerns) diene, auch das Wohl der Menschen fördere.«[83]

Diese Entbettung führte zu wachsenden Ungleichheiten und Umweltzerstörungen – kein Wunder, wenn Egoismus als Wert gefeiert wird. Durch die Theorie der Entbettung können wir außerdem eine weitere Konsequenz besser verstehen: Arbeit wurde nicht nur zunehmend aus der moralischen Sphäre herausgelöst, sondern auch aus der Sphäre des Sinns.

Im genannten Zitat von Adam Smith wird ein größeres Projekt erkennbar: das Projekt, den menschlichen Wunsch, tätig zu sein und etwas Sinnvolles zu tun, in eine egoistische Logik zu übersetzen. Das ist sinnzerstörend. Der offensichtliche Sinn, Brötchen zu backen, rückt in den Hintergrund und wird von einem anderen Zweck verdrängt: Geld zu verdienen.

Geld zu verdienen, das liegt natürlich in unserem Eigeninteresse. Aber manchmal reicht es eben nicht als Wozu des Ganzen. Wenn man sich um vier Uhr morgens in die Bäckerei quält, während andere Leute am selben Tag ein Vermögen verdienen, nur weil die Aktienkurse um zwei Prozent gestiegen sind, dann ist es schwer, das Gehalt als einzige Sinnquelle zu nehmen. Denn *aus dieser Perspektive* leistet man keinen wichtigen Beitrag in der Backstube, sondern ist schlicht ein gesellschaftlicher Verlierer. Eine solche Perspektive untergräbt unmittelbar die eigene Sinnerfahrung.

Hier offenbart sich ein Grundproblem der ökonomischen Theorie von Adam Smith, die bis heute großen Einfluss hat. Menschen werden hier nicht auf neutrale Weise so beschrieben, wie sie »wirklich ticken« –, stattdessen werden Tatsachen geschaffen. Insbesondere wenn der Wettbewerb durch strikt profitorientierte, große Ketten immer härter wird und das Überleben der kleinen Familienbäckerei plötzlich auf dem Spiel steht, ist es schwierig, noch den Menschen ins Zentrum zu stellen. Dann muss man den eigenen Vorteil im Blick behalten, um nicht unterzugehen.

Wozu backen Menschen Brötchen?

Sozio-ökonomische Strukturen machen es Bäckerinnen und Bäckern nicht leicht, von ganzem Herzen zu sagen: »Mein Job ist nicht, dein Geld zu nehmen. Mein Job ist es, dich zu ernähren«, wie Emily Esfahani Smith es fordert.

Am Beispiel meines Studienfreundes lässt sich dieses verbreitete Problem gut erkennen. Theoretisch hätte er seinen Job ja ganz anders betrachten können. Immerhin ermöglichen Handys auch Kommunikation, Austausch, Absprachen, spontane Treffen und Liebesbotschaften. Handys sind mehr als nur Schnickschnack, schon lange sind sie Teil unserer sozialen Infrastruktur. Und so könnte man auch einen Wert darin sehen, Handyverträge zu verkaufen. Mein Freund hätte sich denken können: Genau das ist es, was ich tue, das ist der Sinn meiner Arbeit. Wenn ich im Winter zum Geschäft gehe, während es noch dunkel ist, in der Kälte, dann weiß ich wozu. Ich verbinde Menschen. Das ist wertvoll und wichtig. Dieser Sinn ist kein Hirngespinst, keine Ideologie. Was ich tue, ist tatsächlich gut für andere. Ich mache einen Unterschied in der Welt.

Das hätte sich mein Freund denken können. Theoretisch. Warum hat er dennoch bald gekündigt? Warum hat er mir frustriert jene E-Mail gezeigt, an die ich mich Jahre später noch erinnere?

Weil es in der Realität verdammt schwierig ist, die Dinge so zu sehen. Wenn der Chef einen unter Druck setzt, den Kunden irgendwelche Tarife aufzuschwatzen, die sie überhaupt nicht brauchen, ja, wie soll man dann aufrichtig sagen: »Mein Job ist es nicht, dein Geld zu nehmen. Mein Job ist es, dir zu ermöglichen, mit deinen Liebsten zu sprechen.« – Das ist doch Quatsch, das ist nicht dein Job. Dein Job ist es, möglichst teure Tarife zu verkaufen. Daran hat dein Chef keinen Zweifel gelassen.

Und deshalb ist der Ratschlag von Emily Esfahani Smith, eine Dienstleistungsmentalität zu entwickeln, zwar nicht *falsch*. Er blendet aber aus, dass viele Jobs es kaum ermöglichen, eine solche Mentalität zu entwickeln. Sich den Sinn der eigenen Tätigkeit vor Augen zu halten, wird dann zu einer anstrengenden Aufgabe, die immer wieder von außen torpediert wird. Jeden Tag aufs Neue muss das Sinngefühl mühsam erkämpft werden.

Die Grundlagen für ein sinnerfülltes Leben zu schaffen – das ist nicht nur eine persönliche, sondern auch eine gesellschaftliche Herausforderung.

Sinn als Unternehmensstrategie

Wenn Profitorientierung den ursprünglichen Sinn von Berufsfeldern zersetzt, bleibt häufig der schale Beigeschmack des »Bullshits« zurück. Möglicherweise ist das ein Grund, weshalb derzeit eine regelrechte Sinnindustrie in der Wirtschaft entsteht. Immer mehr Unternehmen definieren ihren *Purpose*, also ihren Sinn und Zweck für Gesellschaft und Umwelt. So behauptet Siemens-Chef Joe Kaeser im Interview mit dem Handelsblatt: »Wir haben erstmalig den Sinn in den Mittelpunkt unserer neuen Strategie gestellt, nämlich dass das Unternehmen der Gesellschaft dient. Das ist eine starke und attraktive Botschaft. Und es macht auch mehr Spaß als Prozesse um der Prozesse willen anzutreiben.«[84]

In einem ähnlichen Spirit erklärt auch Danone-Chef Emmanuel Faber: »Der Zweck dieser Firma ist es nicht, Shareholder Value zu schaffen« – also Gewinne für Aktionäre zu erwirtschaften. Stattdessen verfolge Danone das Ziel, »durch Lebensmittel so vielen Menschen wie möglich ein gesundes Leben zu ermöglichen«.[85] Das klingt beinah nach einer humanitären Organisation.

Erleben wir derzeit also ein großes Umdenken? Eine zweite »Große Transformation«, in der das wirtschaftliche Geschehen endlich wieder eingebettet wird, wieder einen Sinn bekommt? Was steht hinter dieser Suche nach Purpose?

Einen wichtigen Anstoß gab sicherlich Larry Fink. In einem offenen Brief drohte der Chef des weltweit größten Vermögensverwalters, BlackRock, seine Investitionen aus Unternehmen ohne glaubwürdigen Purpose abzuziehen.[86] Heißt: Wer seinen Sinn nicht beim Namen nennen kann, kriegt das Geld gestrichen – und wir reden hier über viel Geld. BlackRock verwaltet 7,4 Billionen US-Dollar[87], was etwa der Hälfte des Bruttoinlandprodukts aller Euroländer zusammengenommen entspricht.[88] Wer über so viel Geld verfügt, hat Einfluss. Laut Forbes-Magazin zählt Larry Fink zu den dreißig mächtigsten Menschen der ganzen Welt.[89] Mit anderen Worten: Seine Briefe werden gelesen.

Larry Fink ist zwar eine Schlüsselfigur im Purpose-Trend, aber seine Aussagen konnten nur deshalb eine so große Wirkung entfalten, weil sie zum Zeitgeist passen. Eine wichtige Erkenntnis greift um sich: Die Entbettung der Wirtschaft wurde zu weit getrieben. Die Opfer sind zu groß, der gesellschaftliche Zusammenhalt ist gefährdet, die Umwelt belastet. Es gibt zu viel »Bullshit«.

Vielleicht könnten diese Probleme gelöst werden, wenn der Sinn tatsächlich wieder in den Vordergrund gerückt wird. Damit das gelingt, muss die Sinnsuche jedoch ehrlich angegangen werden. Und daran scheitert es häufig. In vielen Fällen soll Purpose vor allem dem Profit dienen. Der eigentliche Zweck des Ganzen bleibt also unverändert, was kein Geheimnis ist. Fast sämtliche Dax-Konzerne sehen den *Purpose* ihres Unternehmens als entscheidend für künftigen wirtschaftlichen Erfolg.[90] Die Hoffnung dahinter: motivierte Mitarbeitende, treue Kundinnen und Kunden sowie Larry Finks Kapital.[91]

Von einer zweiten großen Transformation sind wir also weit entfernt – der wahre Endzweck bleibt Profit. Das allerdings ist sinnlos. Meist wird zwar irgendjemand reicher, aber auch diese Person ist am Ende nicht glücklicher. Wozu das alles? Das ist dann eine berechtigte Frage.

Solange Purpose nur eine Marketingstrategie ist, wird der wichtige Grundgedanke untergraben. Anstatt »Bullshit« zu reduzieren, werden noch mehr Sinn-Märchen in die Welt gesetzt. Purpose ist dann eine Verschleierungstaktik, aber Angestellte merken sehr wohl, worum es eigentlich geht.

Solange Profit das höchste Ziel ist, bleibt wenig Raum für

andere Ziele. Ein Unternehmenssinn ist zwar durchaus mit Gewinnen vereinbar, aber eben nicht mit *höchstmöglichen* Gewinnen. In der Realität gibt es Zielkonflikte zwischen Umsatz und gesellschaftlichem Mehrwert. Immer dort, wo es darum geht, *so viel wie möglich* zu verkaufen, ist der Sinn von Arbeit deshalb bedroht. Denn dann wird versucht, Menschen etwas anzudrehen. Mein Studienfreund ist ein gutes Beispiel dafür. Hier war Profitmaximierung ein so dominantes Ziel, dass kein Platz mehr blieb für einen anderen Sinn und eine Perspektive, die in der eigenen Arbeit einen Mehrwert für andere sieht. Die Suche nach einem Purpose in der Wirtschaft sollte daher nicht nur betreffen, *was* produziert wird und *auf welche Weise*, sondern auch: *wie viel.*[92]

Es ist wichtig, sich solche Zusammenhänge bewusst zu machen. Erstens wird auf diese Weise deutlich, dass die Suche nach Sinn auch eine gesellschaftliche Herausforderung ist; wir können sie nur gemeinsam bewältigen. Zweitens hoffe ich, dass solche Überlegungen auch bei der eigenen, persönlichen Sinnsuche helfen. Falls du zu demjenigen Drittel der Menschen gehörst, die keinen Sinn in ihrer Arbeit sehen, dann liegt das nicht unbedingt daran, dass mit dir etwas nicht stimmt. Möglicherweise gibt es strukturelle Gründe. Diese zu erkennen kann ein erster Schritt sein, die eigene Suche selbstbestimmter und gelingender zu gestalten.

Emily Esfahani Smiths Ratschlag kann dabei durchaus helfen. Manchmal erkennen wir den Sinn des Ganzen einfach nicht –, obwohl er existiert. Dann müssen wir die Augen öffnen, wie sie es sehr treffend auf den Punkt bringt. Aber manchmal öffnen wir die Augen, und da gibt es nicht viel zu entdecken. Manchmal macht das Ganze tatsächlich keinen Sinn.

Was dann zu tun ist, können keine Philosophin und kein Philosoph beantworten. Natürlich kann es Gründe geben, trotz aller Zweifel am Job festzuhalten, sich erst mal hochzuarbeiten, um irgendwann in ein anderes Feld zu wechseln. Doch darin liegt auch die Gefahr, sich hier und jetzt bietende Möglichkeiten nicht beim Schopf zu greifen. Im schlimmsten Falle läuft es wie beim Touristen, der alles auf die Zukunft setzt, während die Tage, Wochen, Jahre verstreichen.

Daher kann es lohnenswert sein, das Leben in die Hand zu nehmen, anstatt sich in Tagträumen darüber zu verlieren, was man *eigentlich* tun will. Am Ende geht es nicht darum, irgendetwas Spektakuläres zu leisten, wie uns manchmal Glauben gemacht wird. Sinn entsteht im Kleinen. Und wenn das gelingt, können wir ihn auch erkennen.

Arbeit neu denken

Sinnkrisen am Arbeitsplatz haben also häufig strukturelle Gründe. Das könnte ein Anlass sein, Arbeit neu zu denken. Ein wichtiger Schritt wäre es, der sogenannten Sorgearbeit einen anderen Stellenwert beizumessen. In diese Kategorie fallen zum Beispiel die Pflege hilfsbedürftiger Menschen oder die Erziehung von Kindern. Beides ist direkte Fürsorge und hervorragend mit Agape vereinbar. Solche Berufe dienen nicht nur dem eigenen Geldbeutel, sondern auch anderen Menschen, unmittelbar und greifbar. Der Sinn liegt auf der Hand.

Allerdings sind diese Jobs meist unterbezahlt –, auch weil sie vorwiegend von Frauen ausgeübt wurden und werden, die damals wie heute finanziell benachteiligt werden. Die schlechte Vergütung von Sorgearbeit ist indessen nicht nur ein Problem für die Betroffenen, macht die Stellen unattraktiver und führt zu Fachkräftemangel. Es sendet auch eine zweifelhafte Botschaft: Die Botschaft, dass solche Tätigkeiten, wörtlich genommen, nicht viel Wert sind. Denn Gehalt ist eine Form von Anerkennung. Das wird bei Beförderungen deutlich, und auch sprachlich ist diese Denkweise verankert: »Wie viel *verdienst* du in deinem neuen Job?«

Unweigerlich wird durch das Einkommen suggeriert, ein Marketingexperte *verdiene* mehr Geld als ein Erzieher. Das ist zweifelhaft. *Verdient* er wirklich mehr? Warum? Strengt er sich mehr an? Schafft er besonders viel Mehrwert?

Nein, leider besteht kaum ein Zusammenhang zwischen gesellschaftlichem Beitrag und Einkommen.

Vielleicht erinnerst du dich an den Applaus um 18 Uhr. In Italien fing es an, die Bilder gingen um die Welt. Auf ihren Balkonen stehend klatschten Menschen einen Beifall, der durch die Straßen hallte. Als Anerkennung, als großer Dank an all diejenigen, die inmitten der Coronakrise den Laden am Laufen hielten. Krankenpfleger, Ärztinnen, Kassierer im Supermarkt, die täglich der Gefahr einer Ansteckung ausgesetzt waren, Altenpfleger, Postbotinnen, Erntehelfer, Busfahrerinnen, Müllwerker … All die Leute, ohne die es nicht geht. All die Leute, die sonst kaum wahrgenommen werden – und die meist wenig verdienen. Diese Menschen verdienten nun Beifall. Auch von meinem eigenen Balkon in Berlin hörte ich den Applaus und sah vereinzelte Transparente in der Nachbarschaft: »Danke, ihr Helden!«

Unter diesen Heldinnen und Helden waren viele Menschen, die sonst eigentlich nicht als Lichtgestalten unserer Gesellschaften gefeiert werden: Leute ohne Studienabschluss, in Berufen, die wenig Aufregung und Selbstverwirklichung versprechen. Aber, das wurde nun deutlich, die unverzichtbar sind, wichtig, wertvoll, sinnvoll.

Es blieb beim Applaus. Einige Supermärkte zahlten einmalige Sonderzuschläge an die Beschäftigten. Langfristig änderte sich nichts.

In dieser Situation wurde einiges sichtbar: Es gibt kein Leistungsprinzip. Gerade anstrengende und unverzichtbare Jobs sind häufig schlecht bezahlt. Das ist erstens ethisch ungerecht, und es erschwert zweitens ein sinnvolles Leben. Denn etwas Sinnvolles zu tun zahlt sich häufig einfach nicht aus. Eine Freundin von mir arbeitet im Marketing. Ihr Arbeitsbereich ist abwechslungsreich und kreativ, doch sie selbst sieht nur wenig Sinn darin – viel wichtiger fände sie es, stattdessen Kindern neue Sprachen beizubringen. Dazu hätte sie auch die Möglichkeit, aber die Bezahlung würde weit unter ihrem jetzigen Gehalt liegen. So steht sie vor einer Wahl, vor einem Zielkonflikt. Diese Situation ist kein Naturgesetz, sondern wird durch gesellschaftliche Strukturen geschaffen. Und genau dieser völlig reale Zielkonflikt schafft innere Konflikte, begünstigt Findungskrisen und Sinnkrisen.

Wert und Wertschätzung

Wertvolle Tätigkeiten werden also nicht immer wertgeschätzt. Weder zeigen sich andere Menschen stets dankbar, noch kommt in jedem Einkommen eine entsprechende Anerkennung zum Ausdruck. Es lohnt sich, diesen Punkt an unsere philosophischen Überlegungen rückzukoppeln.

Wir hatten festgestellt, dass unsere Taten nur für andere Lebewesen wertvoll sein können. Ob das, was wir tun, *tatsächlich* wertvoll ist, liegt insofern an ihren Werturteilen, nicht an unseren. Dieses Detail ist entscheidend, um Fürsorge nicht mit Paternalismus zu verwechseln: Ich kann nicht sagen, was gut für dich ist –, das musst du selbst entscheiden.

Aber auch wenn ich deine *Werturteile* ernst nehme, garantiert mir das nicht, dass du meine Anstrengungen und Mühen, meine Leistung und meinen Einsatz auch *wertschätzt*. Ein kurzes Beispiel kann das verdeutlichen:

Tun all die Menschen, die frühmorgens Mülleimer leeren, nicht etwas Wertvolles auch dann, wenn kaum jemand von dieser Arbeit Notiz nimmt?

Ja, natürlich. Die Arbeit eines Müllwerkers ist wertvoll und wichtig; und zwar nicht weil es einen metaphysischen, objektiven Maßstab dafür gäbe, sondern weil alle anderen Menschen die Überzeugung haben, dass es gut für sie ist, nicht im Müll zu ersticken. Ihr Wohlergehen ist der Maßstab.

Trotzdem ist kaum jemand wirklich dankbar für die Müllentsorgung. Wir betrachten sie als Selbstverständlichkeit, sehen nicht, dass hier andere Menschen unter hohem Einsatz um uns sorgen. Wenn Wert und Wertschätzung wie in diesem Falle zu sehr auseinandergehen, kann dies Zweifel am Sinn des Ganzen aufwerfen. Ist das Müllentsorgen wirklich so wichtig? Warum zeigt sich niemand dankbar? Warum ist die Bezahlung so schlecht?

Wir alle wollen, dass unser Müll abtransportiert wird. Aber Anerkennung muss glaubwürdig sein, sonst wirkt sie wie viele hohle Phrasen, wie »Bullshit«. Auch deshalb ist die Frage nach Einkommensverteilungen nicht nur ein Thema von Gerechtigkeit, sondern indirekt auch des sinnvollen Lebens. Spiegelt sich der eigene Mehrwert nicht im Gehalt wider, dann ist der Sinngehalt der eigenen Arbeit weniger erlebbar. Der Sinn des Ganzen wird dann zu einem abstrakten Gedanken, den man sich immer wieder vor Augen halten muss.

Dennoch garantiert ein angemessenes Einkommen allein keine Sinngefühle. Es gibt auch andere Dimensionen, und da braucht es oft gar nicht viel. Häufig reicht ein ernst gemeintes Dankeschön. Häufen sich solche Momente, kann dies zu einem positiven Grundgefühl beitragen. Ist das narzisstisch?

Keineswegs. Es geht nicht darum, bejubelt zu werden, sondern anerkannt zu werden für das, was man tatsächlich leistet. Diese Übereinstimmung zwischen Wert und Wertschätzung, das ist der springende Punkt. Es geht nicht um den Applaus an sich. Deshalb leiden Menschen in »Bullshit-Jobs« ja auch dann, wenn sie Lob und Auszeichnungen erhalten. So etwas ist zwar nett; aber wenn die Betroffenen selbst keinen Wert in ihrer Arbeit sehen, bedeutet auch die äußere Anerkennung wenig. Sie scheint nicht gerechtfertigt und daher weniger wert. Es entsteht das Gefühl, nur eine Hochstaplerin oder ein Hochstapler zu sein. Erst wenn man einen echten Mehrwert generiert und dieser auch wertgeschätzt wird, stellt sich ein Sinngefühl ein.

Mut zum Sinn

Eine Umfrage unter 2 Millionen US-Amerikanerinnen und -Amerikanern zeichnet ein eindeutiges Bild: Angestellte in den Bereichen *soziale Dienstleistungen*, *Gesundheit*, *Lehre und Weiterbildung* sowie *öffentliche Sicherheit* empfinden ihre Jobs als besonders sinnvoll.[93] All diese Berufe haben etwas gemeinsam, analysiert der renommierte Organisationspsychologe Adam Grant: Sie dienen der mentalen oder körperlichen Gesundheit anderer Menschen. Würden diese Jobs nicht existieren, ginge es anderen Personen spürbar schlechter.[94]

Dieser Sinn ist vor allem dann erfüllend, wenn die Wirkung der eigenen Arbeit konkret erfahrbar ist – also Selbstwirksamkeit erlebt wird. Ein Experiment mit Angestellten, deren Aufgabe darin besteht, Gelder für Stipendien aufzutreiben, konnte das eindrucksvoll bestätigen. In der Praxis sitzen diese Personen in Büros, telefonieren, schreiben E-Mails und sehen wenig vom Ergebnis ihrer Arbeit. Daher wurden Treffen organisiert, bei denen sie jungen Menschen begegneten, denen die eingesammelten Spenden ein Studium ermöglicht hatten. Es ist nur zu erahnen, wie bewegend diese Erfahrung gewesen sein muss. Im kommenden Monat waren die Fundraiserinnen und Fundraiser derart motiviert, dass sie unfassbare 400 Prozent mehr Geld einwerben konnten.[95]

Besonders sinnstiftend ist Arbeit auch dann, wenn Menschen ihre individuellen Fähigkeiten einbringen können. Zu diesem Ergebnis kommen eine ganze Reihe von Studien.[96] Und das ist nicht verwunderlich. Je mehr unsere persönlichen Stärken gefragt sind, desto weniger sind wir ersetzbar. Wir sind nicht überflüssig. Und wichtiger noch als das: In solchen Kontexten erfahren wir eher, dass wir als Individuum tätig sind, als Jemand, als einzigartige Person. Wenn wir der Arbeit unsere eigene Note geben, erkennen wir uns im Ergebnis wieder. Das bin ich, ich habe das gemacht! Hier sind wir keine Zahnräder, keine Arbeitsroboter, kein austauschbares Etwas, das irgendeine Funktion erfüllt.

Sinn entsteht, wenn wir *als Menschen* und *für Menschen* tätig sind.

Wenn wir diesen Sinn stärker in den Vordergrund stellen, im eigenen Alltag und in der gesellschaftlichen Rolle von Arbeit, haben wir viel zu gewinnen. Vor wenigen Jahrhunderten hatten fast alle Menschen »systemrelevante« Aufgaben. Heute entsteht manchmal der Eindruck, wir müssten uns damit abfinden, dass es so viel »Bullshit« gibt. Das muss nicht so sein. Wir könnten Arbeit wieder stärker am Sinn ausrichten. Nicht nur volkswirtschaftlich wäre das von Vorteil. Sich einzubringen und etwas zu bewegen ist für die meisten Menschen ein tiefer Wunsch. Ja, es scheint sogar ein angeborenes Grundbedürfnis zu sein, wie wir an früherer Stelle festgestellt haben. Menschen handeln eben nicht nur aus Eigeninteresse. Kein Buch hat das kraftvoller herausgearbeitet als *Im Grunde Gut* von Rutger Bregman. Es ist ein völliger Irrglaube, dass der Homo sapiens nur auf sein eigenes Wohl bedacht ist. Unsere Vorfahren hätten in ihren Horden kaum überleben können, wenn alle nur selbstsüchtig gewesen wären. Unsere andauernde Existenz verdanken wir nicht dem »Recht des Stärkeren«, sondern unseren Fähigkeiten zu Kooperation, Empathie, Fürsorge, Ehrlichkeit, Nächstenliebe und Verantwortung. Der Mensch ist eine soziale Spezies.

»Wir Menschen haben ein angeborenes, tief verwurzeltes Verlangen zu *sein*: unseren Fähigkeiten Ausdruck zu geben, tätig zu sein, auf andere bezogen zu sein, dem Kerker der Selbstsucht zu entfliehen«, schreibt der Psychologe Erich Fromm.[97] Dieses Verlangen bedeutet keine masochistische Aufopferung, sondern stärkt die eigene Ich-Erfahrung. Agape überschreitet die Gegenüberstellung von Egoismus und Altruismus. Es kann sehr erfüllend sein, etwas Sinnvolles zu tun.

Wenn wir dies bedenken, scheint unser Wirtschaftssystem in vielen Bereichen auf unrealistischen Annahmen zu beruhen. Als würden Menschen nur fürs Geld arbeiten. Das ist nicht nur wirklichkeitsfern, es ist auch gefährlich, Institutionen an dieser Annahme auszurichten. So kann der intrinsische Wunsch, tätig zu sein, untergraben werden.

Wir könnten diesem Wunsch mehr Raum zur Entfaltung geben, Arbeit kann ein zentraler Baustein dabei sein. Dafür muss sie bewusster an Menschen ausgerichtet sein. Sonst droht sie zum puren Broterwerb zu werden, was in Anbetracht der vielen Lebenszeit bedauerlich ist. Oder es entsteht sogar der Eindruck, zu arbeiten sei bereits an sich etwas Gutes und notwendig, um die eigene Existenz zu rechtfertigen. Das ist Augenwischerei. Schon 1890 schrieb der Ökonom Alfred Marshall: »Wir können Arbeit definieren als jede Anstrengung von Geist oder Körper, die teilweise oder ausschließlich mit dem Blick auf etwas Gutes außerhalb des Vergnügens, das man aus der Arbeit bezieht, unternommen wird.« – Es muss also etwas »Gutes« geben, dem die »Anstrengung« dient – einen Endzweck.[98]

Damit der Mensch als Endzweck nicht in den Hintergrund rückt, muss der Wert von Fürsorge wertgeschätzt werden.

Die meist schlechte Bezahlung von Sorgearbeit hingegen vermittelt eine Geringschätzung – von Tätigkeiten, die früher noch nicht mal der Sache nach als »Arbeit« anerkannt wurden, sondern lediglich als Aufgaben »nicht arbeitender« Hausfrauen galten. Diese Geringschätzung betrifft nicht nur Sorgearbeit im engsten Sinne; sie prägt auch unseren Blick auf andere Beschäftigungen. Viele Berufsbilder haben Dimensionen gelebter Fürsorge. Wer Brücken baut oder Stühle, wer Restaurants betreibt oder den Müll entsorgt, wer Sprachen unterrichtet, Brötchen backt, Häuser errichtet, Lieder singt, Glühbirnen austauscht oder Busse bewegt, tut etwas, was auch anderen hilft. Das alles sind Tätigkeiten, die zwar nicht zwingend auf Agape schließen lassen, aber zu einer solchen Haltung zumindest passen würden.

Hinzu kommen all die Momente der Zwischenmenschlichkeit; kurze aufmunternde Gespräche an der Kasse, beruhigende Worte in einem Konflikt, Hilfe, wenn eine Person überfordert ist, Trost und Beistand. Solche Aspekte der Fürsorge unterscheiden uns von Arbeitsrobotern. Sie stellen einen Wert jenseits bloßer Produktion dar. Für viele Taxifahrerinnen und -fahrer gehört das Steuern eines Autos genauso zum Job, wie als Kummerkasten ihren Kunden zuzuhören. Doch ausgerechnet diese »Care«-Aspekte werden im Verständnis von Arbeit häufig ausgeblendet. Ihre Produktivität lässt sich schwer messen, ja, oftmals stören sie geradezu im Ablauf. Längere Gespräche mit besorgten Patientinnen und Patienten lassen sich nicht bei der Krankenkasse abrechnen und halten den Betrieb auf. Ein Wertesystem, das Care-Aspekte als kaum erwähnenswertes Nebenprodukt betrachtet und damit genau denjenigen Tätigkeiten einen niedrigen Stellenwert einräumt, die besonders sinnvoll sind – diese Struktur erschwert es, das eigene Leben am Arbeitsplatz als sinnvoll zu erfahren.

Der Drang nach Optimierung steht also sowohl spielerischen wie auch fürsorgenden Haltungen entgegen. Für beides bleibt wenig Raum in der engmaschigen Taktung des Alltags. Dabei könnten gerade die gewaltigen Fortschritte in Technologie und Produktivität neue Freiheiten schaffen. Doch diese Potenziale wurden bisher kaum genutzt, um Arbeit zu entzerren und mehr Platz für das Wesentliche zu schaffen. Stattdessen wird Arbeit verdichtet, werden immer neue Konsumbedürfnisse und immer größere Verwaltungsapparate erzeugt. Diese Strukturen zu ändern erfordert sicherlich eine längere Transformation. Nur auf »die Politik«, »den Kapitalismus« oder »das System« zu schimpfen wäre aber fadenscheinig. Täglich stricken wir selbst das gesellschaftliche Netz mit. In seinen Lücken und Knoten finden wir Möglichkeiten, Strukturen im Kleinen umzuweben. Dafür brauchen wir Haltungen, die uns Orientierung geben können. Und dafür müssen wir uns klarmachen, was wirklich wertvoll und wichtig ist.

VERSÖHNUNG MIT DEM LAUF DER DINGE?

Es ist erstaunlich. Im Nachdenken über den Sinn des Lebens sind wir bei Schöpfungsmythen und der Zwecklosigkeit des Kosmos gestartet, haben dann über Agape gesprochen und schließlich über Arbeitswelten. Wie sind wir von A nach B gekommen?

Der entscheidende Abzweig auf dieser Gedankenreise war, die Sinnfrage als eine Frage der *Praktischen Philosophie* zu verstehen: als Frage, wie wir unser Leben führen sollen. Denn nach Sinn suchen wir, um uns in der Welt zu orientieren. Wir wollen wissen, was wirklich zählt.

Im ersten Kapitel haben wir festgestellt, dass dies auch der Grund ist, weshalb immer wieder die Frage aufgeworfen wurde: »Wozu sind wir hier?« Dahinter steht keine bloße Neugier, sondern der Wunsch nach einem Kompass. Wäre die Menschheit zu einem konkreten, wichtigen Zweck erschaffen worden, dann hätten wir einen Auftrag zu erfüllen. Auch von einem solchen »höheren«, überweltlichen Sinn erhoffen wir uns also einen weltlichen Sinn. Kein Wunder, denn in *dieser* Welt müssen wir uns orientieren. Mit *diesem* Leben müssen wir etwas anfangen.

Die Suche nach einem überweltlichen Sinn wird erst dann zu einem drängenden Existenzproblem, wenn weltlicher Sinn zerreißt. Plötzlich stirbt ein geliebter Mensch – warum? Was ist das für eine Welt, in der so etwas passieren kann?

Oder wir sehen unseren eigenen Tod näher rücken, haben Angst vor der Auslöschung, dem Ende unseres weltlichen Sinns.

Oder wir fühlen uns von Menschen zurückgestoßen, rennen gegen Wände, haben das Gefühl, nichts bewegen zu können, dass all unsere Anstrengungen verpuffen, alles letztlich »Bullshit« ist.

Gemeinsam haben diese Erfahrungen, dass weltlicher Sinn gefährdet ist – der Sinn, auf den es ankommt. Wenn wir daran zu verzweifeln beginnen, kann die bohrende Hoffnung aufkommen: Wenn es doch *wenigstens* einen überweltlichen Sinn gäbe!

Gibt es nicht. Wir können Sinn nur dort wiederherstellen, wo er zerrissen ist: im Weltlichen, im Zwischenmenschlichen. Und das ist möglich.

Der Kosmos ist also nicht entscheidend. Es kommt nicht darauf an, ob es irgendeinen Grund gibt, weshalb wir geboren wurden. Sondern es kommt darauf an, ob wir etwas Sinnvolles tun können, nun da wir auf diesem Planeten sind. Das ist der springende Punkt. Wir brauchen keinen überweltlichen Sinn als Vehikel, um davon ausgehend einen weltlichen Sinn abzuleiten; stattdessen können wir das Problem direkt bei der Wurzel packen. Wie genau? Wir sind auf verschiedene Ansätze gestoßen.

In Krisen kann uns die *Hoffnung* auf eine weltliche Erlösung einen Sinnhorizont eröffnen und uns dabei helfen durchzuhalten. Abseits solcher Krisensituationen sollten wir jedoch vorsichtig sein, unseren Sinn aus der Zukunft zu ziehen. Denn wenn wir immer nur auf eine angeblich bessere Zukunft hoffen und hinarbeiten, verpassen wir irgendwann unser Leben im Hier und Jetzt. Deshalb sollten wir die Möglichkeiten nutzen, uns spielerisch auf die Gegenwart einzulassen.

Das heißt nicht, dass es in jedem Fall sinnlos ist, auf etwas hinzuarbeiten und sich für etwas einzusetzen. Wenn das Ziel wirklich wichtig ist, kann es der Anstrengung wert sein. Aber was ist schon »wirklich wichtig«?

Eine häufig genannte Antwort haben wir verworfen: das eigene Lebensglück. Ja, natürlich ist es wunderbar, glücklich zu sein und mit Leidenschaft seinen Hobbys nachzugehen. Erst so erhält unser Leben seine Farben, und unsere Welt wird in ein aufregendes Meer der Möglichkeiten verwandelt. Wer eine erfüllende Tätigkeit gefunden hat, kann sich dankbar schätzen. Es ist nur zu empfehlen, solchen Begeisterungen nachzugehen oder sich auf die Suche danach zu begeben. Schließlich ist die Welt voll wunderbarer Dinge!

Aus philosophischer Sicht bewegen wir uns hier auf das Terrain des *guten* Lebens. Gut zu leben, das ist, per Definition, eine gute Sache. Das Sinnproblem lösen wir mit diesem Ansatz aber nicht. Denn nehmen wir den Zweifel ernst, der echte Sinnkrisen ausmacht, und gehen ihm auf den Grund, dann können wir dort eine Frage entdecken, die weiter geht als der Wunsch nach spannenden Freizeitbeschäftigungen. Menschen, die diese Frage bewegt, suchen andere Antworten, sie suchen nach etwas, das sie nicht nur begeistern kann, sondern das tatsächlich wichtig ist und ihrer Liebe und Anstrengung wert. Was kann das sein?

In diesem Kapitel haben wir endlich Antwort gefunden: Andere Lebewesen sind es. Und nur sie sind es. Denn alles andere ist für sich genommen wertlos. Die Kunst, das Vaterland, die Philosophie, nichts davon hat einen Wert – außer es hat einen Wert für Lebewesen.

Trotzdem werden viele derartige Konzepte in der Praxis so behandelt, als wären sie an sich wichtig; als wären sie Endzwecke. Menschen strampeln sich ab für ihre Karriere, ohne dass ihnen selbst oder anderen damit geholfen ist. Menschen gehen »für ihr Vaterland« in den Tod, schaden damit sich selbst und anderen, während es dem Vaterland völlig egal ist. Wie sollte es auch anders sein? Das Vaterland ist schließlich nur ein Konzept. Gleichzeitig behaupten Philosophinnen und Philosophen, angeblich wichtige Projekte zu verfolgen, um sich selbst wichtig zu fühlen, versuchen aber gar nicht, ihre Projekte so anzulegen, dass sie tatsächlich irgendwem nützen.

Das alles sind Traumschlösser, Ideologien. Meist profitiert durchaus jemand davon. Zum Beispiel liegt es im Interesse von Unternehmerinnen und Unternehmern, dass ihre Mitarbeitenden das Konzept der Karriere derart wichtig nehmen, dass sie sich regelrecht für ihre Arbeit aufopfern –, auch wenn ihnen das persönlich eher schadet als nützt. Aber weshalb können sich solche Ideologien durchsetzen? Warum sind sie so verlockend?

Weil Menschen ein tiefes Bedürfnis nach Sinn haben. Sie brauchen etwas, das wirklich wichtig ist, sie wollen sich für etwas einsetzen. Sie brauchen Endzwecke, an denen sie sich orientieren können. Dieser Wunsch macht so anfällig für Sinnmärchen.

Wenn wir all diese Geschichten abschütteln, diese metaphysische Kruste aufbrechen, dann kommt darunter ein anderer Endzweck zum Vorschein: Natürlich können wir Wertvolles tun! Für andere Lebewesen!

Im Arbeitskontext ist die Umsetzung dieser Erkenntnis nicht immer einfach. Das hat auch strukturelle Gründe, denn auf vielen Feldern dienen unsere Ökonomien nicht dem menschlichen Leben. Ausweglos ist die Lage allerdings nicht. Neben »Bullshit-Jobs« gibt es viele Tätigkeiten, die einen sichtbaren Mehrwert haben. Manchmal ist ein Jobwechsel daher eine Chance, aus dem Hamsterrad zu entfliehen. Oder man entdeckt neuen Sinn in der eigenen Tätigkeit, indem man sich darauf besinnt, was wirklich zählt. Denken wir an den Bäcker. Arbeitet er für sein Gehalt oder um Menschen zu ernähren? Das ist eine gesellschaftliche Frage, aber auch eine Sache der persönlichen Einstellung.

Gemeinsam können wir die Grundlagen für ein sinnvolles Leben schaffen, im Kleinen, in unseren alltäglichen Begegnungen und im Großen –, wenn wir beginnen, gesellschaftliche Strukturen gemeinsam zu hinterfragen.

Dafür müssen wir uns klarmachen, worauf es ankommt. Manchmal denken Menschen, ein weltlicher Sinn sei eine Art »Trostpflaster«, falls es keinen höheren, metaphysischen Sinn gibt. Nach dem Motto: »Die großen Fragen kann ich zwar nicht beantworten, aber immerhin kann ich in meinem Umfeld einen positiven Beitrag leisten.« – Das ist eine verzerrte Perspektive. Menschen sind soziale Wesen, die einen sozialen Sinn brauchen. Wenn überhaupt, wäre umgekehrt ein metaphysischer

Sinn das Trostpflaster, falls wir in unserem Alltag keinen Sinn finden können. Nach dem Motto: »In meinem Umfeld kann ich zwar keine gelingende Rolle einnehmen, aber immerhin hat das Ganze irgendeinen kosmischen Sinn.«

Leben ist mehr als Handeln

Wir sind der Sinnfrage in vielen Verästelungen nachgegangen, sind ihr immer tiefer auf den Grund gegangen und weit gekommen. Unsere Reise ist noch nicht am Ende.

Im zweiten Kapitel, als es um die Vergänglichkeit alles Seienden ging, kam bereits ein wichtiger Punkt zur Sprache: Das Motiv hinter der Sinnfrage ist nicht nur, einen praktischen Kompass an die Hand zu bekommen, sondern auch sich emotional mit den schwierigen Seiten der Welt zu versöhnen. Bisher haben wir uns auf den Kompass konzentriert. Aber wie können wir Frieden schließen mit unserem Dasein, wie können wir uns darin aufgehoben fühlen? Das ist eine Facette der Sinnfrage, der wir bisher nur am Rande nachgegangen sind.

Was ist der Sinn des Ganzen?

Diese Frage bedeutet nicht nur: »Wie soll ich mein Leben führen?« Sie bedeutet auch: »Wie kann ich dieser Welt einen Sinn abgewinnen?«

Jeden Tag werden Menschen völlig unerwartet aus dem Leben gerissen. Warum? Verbirgt sich hinter dieser Grausamkeit wenigstens ein tieferer Sinn?

Hier geht es um andere Sinnfragen als bisher. Hier geht es um eine andere Seite unseres Lebens. Bis jetzt haben wir uns vorwiegend auf Fragen nach einer sinnvollen *Lebensführung* konzentriert. Dahinter steht ein starkes Menschenbild: selbstbestimmte Menschen, die etwas bewegen und eigene Anfänge machen, wahre Sinnschaffende.

Diese Sicht ist wichtig, aber unvollständig. Denn unser Leben ist mehr als das, was wir aktiv tun. Unser Leben ist auch das, was uns passiert.

Wie sah deine letzte Stunde aus? Vermutlich hast du dich entschieden, etwas zu lesen, sonst würdest du dieses Buch kaum in den Händen halten. Insofern hast du agiert, warst Autorin oder Autor deiner eigenen Lebensgeschichte. Aber vielleicht hat auch plötzlich das Telefon geklingelt, gerade in dem Moment als du dich hingesetzt hast. Du musstest entscheiden, ob du rangehst oder nicht. Vielleicht hast du einfach gar nichts gemacht und das Klingeln abgewartet. Aber auch das war deine Wahl. Es ist unmöglich, sich nicht zur Welt zu verhalten.

An diesem kleinen Beispiel wird bereits deutlich: Unser Leben zu *führen* bedeutet sehr wesentlich, sich zu dem zu verhalten, was uns *passiert*. Beide Seiten des Lebens – die aktive und die passive – sind also miteinander verwoben. So sind die Fragen: »Welchen Sinn hat mein Leben?« und: »Welchen Sinn hat das, was mir geschieht?« zwei Seiten derselben Medaille.

Absurde Welt

Häufig liegt es an uns selbst, den Ereignissen einen Sinn zu geben. Aus gescheiterten Liebesbeziehungen können wir lernen, an Schicksalsschlägen können wir wachsen; aber manchmal ist das verdammt schwer. Manchmal ringen wir geradezu verzweifelt nach Ankerpunkten, die uns helfen könnten, den Dingen eine Bedeutung zu geben.

Wir kennen starke Raucher, die wie Helmut Schmidt fast siebenundneunzig werden, und Gesundheitsfetischisten, die mit

Mitte dreißig tot umfallen, plötzlicher Herzstillstand, ohne Vorerkrankung. Der konkrete Einzelfall – und für diesen interessieren wir uns meistens – entzieht sich den vernünftigsten Statistiken. Eine sinnvolle Welt, das wäre auch eine widerspruchsfreie Welt. Doch es bedarf schon einer gewaltigen intellektuellen Zauberei, um das von dieser Welt behaupten zu können –, Zauberei wie sie eben Statistikerinnen und Statistiker betreiben, hochwissenschaftliche Zahlenspiele, die leider unser eigenes Leben nie zu beschreiben scheinen. Und um das eigene Leben geht es uns ja gerade, wenn wir nach seinem Sinn verlangen.

Nicht nur chaotisch ist sie, unsere Welt, sie ist auch ungerecht. Manch herzensguter Mensch muss die härtesten Schicksalsschläge erleiden, während andere mit Erfolg belohnt werden. So berichtet der Protagonist aus Camus' hervorragendem Roman *Der Fall*:

> »Ich habe einen Mann mit reinem Herzen gekannt, der sich weigerte, den Menschen zu misstrauen. Er war ein Pazifist und Anarchist, seine unteilbare Liebe galt der gesamten Menschheit und der Tierwelt natürlich auch. Ganz fraglos eine erlesene Seele. Nun, während der letzten europäischen Glaubenskriege zog er sich aufs Land zurück. Über der Tür seines Hauses stand zu lesen: ›Woher du auch kommen magst, tritt ein und sei willkommen.‹ Was glauben Sie, wer dieser hochherzigen Einladung Folge leistete? Ein paar Angehörige der französischen Miliz. Sie traten ein, ohne anzuklopfen, und rissen ihm die Gedärme aus dem Leib.«[99]

Erfahren wir von solchen Einzelfällen, trifft sie uns, die Absurdität. Ganz abgesehen davon, dass es an manchen Tagen so wirkt, als wären »solche Einzelfälle« eher der Regelfall als die Ausnahme. Die Welt scheint uns dann nicht nach vernünftigen

Gesetzen zu funktionieren, sondern kommt uns chaotisch, ungerecht, sinnlos vor. Wie sollen wir in einer *solchen* Welt ein sinnvolles Leben führen? Ja, wäre die Welt ein Buch und der Mensch ein Wort, wie sollte er dann inmitten dieses Kauderwelschs seine Zeile finden können?

Auf der Suche nach Schicksal

Warum ist unsere Welt, wie sie ist? Warum passiert uns, was uns passiert?

Die Naturwissenschaften können diese Fragen nicht beantworten, das haben wir bereits festgestellt. Denn sie liefern nur *Erklärungen*, aber keine *Begründungen*. Daher ist die Versuchung groß, sich in vage metaphysische Überlegungen zu flüchten. Meist taucht der Begriff des Schicksals auf.

Es kann kein Zufall sein, dass wir diese Person getroffen haben, der wir nun verliebt in die Augen schauen. Es kann kein Zufall sein, dass ausgerechnet wir eine Freifahrt auf der Achterbahn gewinnen. Es kann kein Zufall sein, dass unser Auto auf dem Weg zum Vorstellungsgespräch liegen bleibt. Es kann kein Zufall sein, dass du und ich uns immer wieder über den Weg laufen, mitten in dieser riesigen Stadt, diesem sonst so anonymen Monstrum. Das muss Schicksal sein.

Der Glaube an ein Schicksal kann die Angst mildern, unser Leben würde wesentlich durch den Faktor Zufall bestimmt und sich daher in wichtiger Hinsicht unserer Kontrolle entziehen. Er kann eine Liebesbeziehung bedeutender wirken lassen. Er kann insgesamt das Unbehagen darüber abfedern, dass alles genauso gut anders hätte laufen können. Aber er garantiert keine Versöhnung mit der Welt, in der wir leben. Denn wir verstehen dieses Schicksal, von dem wir so gern sprechen, nicht. Es scheint willkürlich. Und es ist uns wahrlich nicht immer wohlgesonnen, dieses vermeintliche Schicksal. So drängt sich, egal ob wir religiös sind oder nicht, die Theodizee-Frage auf: die Frage nach dem Sinn des Leides. Dass hinter einem Lottogewinn nur glücklicher Zufall steht, damit können wir vielleicht klarkommen. Dass aber hinter einem tödlichen Unfall nur eine Kette unglücklicher Zufälle steht, ist viel schwieriger zu verkraften.

Warum ist das ausgerechnet unserer besten Freundin passiert? Steht dahinter irgendein Sinn? Wenn nicht, scheint diese Welt kaum zum Aushalten zu sein!

Ein tieferer Sinn des Ganzen könnte helfen, mit der Welt umzugehen, in ihr Frieden zu finden. Wieso haben Sinnvorstellungen eine solche Kraft?

Die Frage ist nicht trivial. Schließlich würde ein verborgener Sinn weder Hexenschüsse heilen noch geliebte Menschen zurück ins Leben holen. Warum suchen wir nach Begründungen, wenn sich dadurch eh nichts ändert?

Die israelische Soziologin Eva Illouz erklärt: »Wenn unser Leid nicht begründet werden kann, leiden wir doppelt: unter dem Schmerz, den wir erfahren, und unter unserer Unfähigkeit, ihm eine Bedeutung zu verleihen.«[100]

Ein Schicksal soll vor allem Bedeutung verleihen. Und auch wenn diese Bedeutung nicht immer erkannt und in Worte gefasst werden kann, so tröstet die Vorstellung, dass es überhaupt irgendeine verborgene Bedeutung gibt. Der Glaube an ein Schicksal kann helfen, sich mit dem Lauf der Dinge zu versöhnen.

Dieser Wunsch nach Versöhnung ist nachvollziehbar, aber auch er kann Schattenseiten haben. Manchmal ist es gar nicht so hilfreich, sich mit Situationen abzufinden. Manchmal lenkt die Suche nach einem Schicksal von weltlichen Erklärungen ab.

Im Jahr 2010 wurde Haiti von einem schweren Erdbeben heimgesucht. 316 000 Menschen starben. Warum?

Grund war nicht nur die geologische Stärke des Bebens, sondern auch die Bauweise der Häuser, das mangelnde Frühwarnsystem, schlicht: die Armut von Haiti. Und diese wiederum steht in einem größeren Zusammenhang. Ebenso sind Hungersnöte weniger eine Boshaftigkeit des Schicksals, sondern meist auch das Ergebnis menschengemachter Systeme.

Insgesamt ist ein großer Teil der »Schicksalsschläge« also nicht nur Ergebnis unglücklicher Zufälle, sondern auch struktureller Gegebenheiten. Zum Beispiel ist eine plötzliche Arbeitsunfähigkeit ein viel größerer »Schicksalsschlag«, wenn es keine sozialen Sicherungssysteme gibt.

Das ist wichtig in Erinnerung zu halten. Trotzdem ist und bleibt ein Hexenschuss eine schmerzhafte Angelegenheit – auch bei finanzieller Absicherung, medizinischer Versorgung und liebevoller Pflege. Und selbst mit den besten Frühwarnsystemen, Evakuierungsplänen und Bauweisen werden Erdbeben auch in Zukunft Todesopfer fordern. Es wird immer Leid geben. Das ist schwer zu akzeptieren.

Auch wenn tote Menschen nicht lebendig werden, so könnte uns ein Sinn vielleicht dabei helfen, das Ereignis anzunehmen und uns in der Welt aufgehoben zu fühlen. Er würde es ermöglichen, das Leben trotzdem zu bejahen.

Manchmal stellen wir uns ein solches *Ja zum Leben* als lauten, begeisterten Ausruf vor. Wie ein Mensch, der freudenstrahlend in die Welt schreitet und von ganzem Herzen jubiliert: »Ja, ich will!«

Aber darum geht es gar nicht unbedingt. *Ja* zu sagen kann auch heißen, einen stillen, inneren Frieden zu schließen. Stirbt ein nahestehender Mensch, werden wir das niemals enthusiastisch befürworten können. Aber vielleicht können wir uns eines

Tages damit versöhnen, den inneren Hass gegenüber dem Universum überwinden und wieder spüren: Ja, auch in dieser Welt will ich leben.

Das zu schaffen ist keine leichte Aufgabe. Manche Personen können auf diesem Weg Kraft aus Religionen schöpfen. Selbst wenn »Gottes Wege unergründlich sind«, der Sinn also nicht vollständig erkennbar ist, so glauben sie immerhin, *dass* es einen verborgenen Sinn gibt. Wenn Gott das alles geschehen lässt und damit *Ja* zum Lauf der Welt sagt, könnte das ein Grund sein, selbst auch *Ja* zu sagen. Die meisten Religionen gehen von einer solch sinnstiftenden Ebene hinter der chaotischen, ungerechten Welt des Diesseits aus. In der Psychologie wird das als »Coping-Mechanismus« bezeichnet: Religionen können dabei helfen, mit Tod, Krankheit und Ungerechtigkeit umzugehen.[101]

Doch was bleibt, wenn man nicht auf religiösem Boden bauen kann oder möchte?

Dann lassen sich Leid und Tod möglicherweise kausal erklären, aber treffen uns ohne *Begründung*. Wie können wir unsere Rolle in diesem Geschehen finden? Das ist eine tiefgehende Herausforderung. Denn wenn der Lauf der Dinge uns fremd wird, drohen auch wir selbst uns fremd zu werden. Mit dem Weltverständnis bröckelt auch unser Selbstverständnis. Äußere und innere Sinnzusammenhänge werden überdehnt, bieten kaum noch Halt, wir drohen uns zu verlieren. Fassungslos irren wir durch die Welt, die sich uns scheinbar so feindselig gegenüberstellt.

Feindselig? Nicht mal das. Wäre die Welt feindlich, so hätte sie Absichten und Pläne. Sie würde unseren Lebensweg beobachten und uns gezielt Steine in den Weg legen. Dann gäbe es also einen Sinn, nur eben einen düsteren. Und wir wären der Welt immerhin wichtig genug, ihre bösartige Energie auf uns zu lenken. Dann gäbe es ein Schicksal, aber eben kein angenehmes. Dann wäre die Welt ein Biest, und wir könnten uns ihr wütend entgegenwerfen.

Nicht einmal eine solche Rolle wird uns zuteil. Wir erleiden keine Hexenschüsse, weil das Universum uns hasst. Und wir gewinnen nicht im Lotto, weil es uns liebt. Nein, wir sind ihm einfach völlig egal.

Und eben genau diese demonstrative *Gleichgültigkeit* kann so schmerzhaft sein. Wie können wir Sinn finden in einem Universum, dem wir nichts bedeuten? Wie können wir unser eigenes Dasein bejahen, wenn die Welt uns nicht bejaht – ja, noch nicht einmal verneint, sondern einfach nur schweigt?

Nach den Erfahrungen von *Ziellosigkeit* und *Vergänglichkeit* werden wir nun einem dritten Auslöser von Sinnkrisen nachgehen: der Erfahrung von *Gleichgültigkeit*. Davon ausgehend werden wir eine weitere Facette des sinnvollen Lebens entfalten.

IV

WEN INTERESSIERT'S?

Auf einem Randplatz des Weltalls stehe ich, mitten an der Bushaltestelle. So viel in mir hat sich verschoben, doch die Ampel springt gleichmäßig von Grün auf Gelb auf Rot. Und wieder zurück. Wie sie es immer tat.

Ich überlege zu schreien. Aber das hätte keinen Sinn. Die Welt hat ihren eigenen Takt. Sie gerät nicht aus der Bahn, nur weil ich in einer Sinnkrise bin. Sie interessiert sich überhaupt nicht für meine Krisen und Höhenflüge. Ich könnte noch so viele Regentänze vollführen, es würde doch nicht zu regnen beginnen. Ich könnte noch so viel weinen und hoffen, eines Tages muss ich dennoch gehen.

Nur schwer kann ich sortieren, was genau mir fehlt, was genau ich verloren habe, was mich so un-heimlich fühlen lässt. Ich frage mich, wie alles von außen aussieht, muss plötzlich an Neil Armstrong denken, den Astronauten, den Weltverlassenen. Ein kleiner Schritt für ihn, ein großer Schritt für die Menschheit. Meilenstein der Geschichte. Was für ein Durchbruch. Zig Milliarden investiert, Millionen vor dem Fernseher. Während andere vor Hunger sterben. Ich stelle mir vor, wie Armstrong seine Flagge in den unbelebten Mond stößt, eine Nationalflagge. Von welcher Mensch-

heit spricht er? Ich stelle mir vor, wie er auf die Erde blickt, seine Schritte federleicht; von fern.

DIE GLEICHGÜLTIGKEIT UNSERER WELT

Es gibt keine Begründung, warum Menschen existieren und warum sie sterben müssen. Es gibt keine Begründung, warum sich uns die Welt immer wieder entgegenstellt, uns enttäuscht und leiden lässt. Der Zufall ist blind und ist doch nicht gerecht wie die Göttin Justitia. Er wägt nicht ab, sondern schlägt wahllos zu.

In ihrer Alltäglichkeit und in ihren Extremen antwortet *Welt* uns nicht. Zerbricht eine Liebesbeziehung, so wird die Sonne dennoch aufgehen, bleiben Deadlines am Arbeitsplatz unverrückt, fahren die Straßenbahnen wie an jedem anderen Tag. Selbst wenn wir den Planeten Erde in einem atomaren Krieg aus den Fugen heben würden, in den Weiten des Alls bliebe unser Leid ungehört.

In dieser Hinsicht ist die Bedeutungslosigkeit des Menschen total. Kaum jemand hat das so ausdrucksstark auf den Punkt gebracht wie der polnische Philosoph Leszek Kołakowski (1927–2009). Ihm zufolge zeigt sich die Gleichgültigkeit der Welt in unzähligen Facetten: im körperlichen Schmerz, der sich unserer Kontrolle entzieht, in der Ungerechtigkeit des Todes, im verpassten Zug, der nicht auf uns gewartet hat – im Kleinen wie im Großen. In all diesen Fällen spüren wir, dass sich der Lauf der Dinge nicht für unsere Hoffnungen, Leiden oder Verbrechen interessiert.[1]

Selbst nach einem noch so tragischen Verlust dreht sich die Welt weiter, als wäre nichts geschehen. In diesem Kontrast spüren wir die Absurdität unseres Daseins. Eine solche Ungeheuerlichkeit müsste doch pompös daherkommen, dramatisch und laut! Doch stattdessen verhöhnt uns die Sonne mit einem besonders strahlenden Tag, nachdem eine geliebte Person gestorben ist. Das Universum interessiert sich nicht für unsere Trauer. So leiden wir doppelt: an dem, was uns widerfährt, und daran, dass all das nichts zählt. Diese umfassende Gleichgültigkeit zu überwinden – darin sieht Kołakowski »den zentralen Sinn des menschlichen Ringens mit dem Schicksal in seiner Alltäglichkeit und seinen Extremen.«[2]

Sinn als Bedeutsamkeit

Gleichgültigkeit kann sehr schmerzhaft sein. Wir kennen das aus Beziehungen zu anderen Menschen: Natürlich tut es weh, wenn wir angeschrien werden. Aber noch viel verletzender kann es sein, wenn sich jemand überhaupt nicht für uns interessiert. Je mehr uns ein Mensch bedeutet, desto mehr wollen wir auch ihm wichtig sein.

Was für eine Art von Wichtigkeit wünschen wir uns hier? Offenbar geht es weniger darum, wichtig zu sein, indem wir etwas Wichtiges tun und für unser Gegenüber nützlich sind. Vielmehr sehnen wir uns danach, dem anderen Menschen insgesamt am Herzen zu liegen. Unsere Bedürfnisse und Gefühle sollen nicht egal sein, als einzigartige und empfindsame Person wollen wir etwas bedeuten; in unserem Leiden und Hoffen, unseren Wünschen und Träumen. Dann wäre von Bedeutung, was uns so viel bedeutet. Eine Verbindung entsteht – und unsere Innenwelt wird zu einer geteilten Welt.

Die Sehnsucht nach Sinn, das ist auch die Sehnsucht nach Bedeutsamkeit. Möglicherweise ist diese Facette sprachlich nicht direkt ersichtlich. Schließlich verstehen wir in vielen Kontexten unter dem *Sinn* einer Sache entweder deren *Zweck* oder *inhaltliche Bedeutung*. Darum geht es hier aber nicht. Stattdessen steht die eigene *Wichtigkeit* im Zentrum. In der englischen Formulierung *the meaning of life* wird diese spezielle Facette der Sinnfrage auch sprachlich erkennbar: Wir wollen wissen, ob unser Leben *meaningful* ist, also bedeutsam und wichtig.

Auch in der Psychologie wird dieser Aspekt betont: Dass Menschen ein Gefühl von Bedeutsamkeit brauchen, um ihr Leben als sinnvoll zu erfahren, ist eine Kernaussage der Sinnforschung.[3] Wie aber können wir Bedeutsamkeit erfahren? Nicht jedenfalls durch teure Autos. Denn unbelebte Dinge, und seien es auch Diamanten, haben keine Innenwelt und können uns daher nur gleichgültig gegenüberstehen. Warum interessieren wir uns so sehr für Sachen, die sich nicht für uns interessieren?

Reichtum überwindet keine Gleichgültigkeit. Ja, diese Bedeutsamkeit hängt noch nicht einmal davon ab, ob wir einen wichtigen Zweck erfüllen oder nicht. Schließlich können wir einem anderen Menschen helfen, doch unsere Innenwelt mag ihm gleichgültig sein.

Insofern bestehen wichtige Unterschiede zum zweckhaften Sinn; gleichzeitig zeichnet sich eine Parallele ab: Nur unsere Mitmenschen können uns Bedeutung beimessen, nur sie können uns sehen und bejahen.

In den meisten Religionen wird dieser Kreis erweitert um einen oder mehrere Götter. Im Gebet kommen die Hoffnung und der Glaube an diese Bedeutsamkeit zum Ausdruck. Dahinter steht weniger der Wunsch, sinnvoll zu handeln, als vielmehr von Gott gehört und ernst genommen zu werden. Wie beim zweckhaften Sinn ist Gott allerdings weniger eine Sinnquelle, weil er überirdisch ist, sondern aufgrund seiner Ähnlichkeit zum Homo sapiens. Weil Gott lieben kann, enttäuscht sein, gnädig und verzeihend sein kann – kurzum: weil er oder sie als empfindsame Person vorgestellt wird –, ist es möglich, eine Sinnbeziehung einzugehen.

Wäre die ganze Welt durchwoben von einem solchen Gott, würde er in jedem Regenschauer walten und sich zeigen, dann wären Dinge nicht bloß stumme Materie; sie hätten den Glanz einer Person.

Aber auch ohne einen solchen Glauben kann unsere Welt uns Bedeutung beimessen – durch unsere Mitmenschen. Die Gleichgültigkeit der Welt ist also nicht allumfassend. Wir können Sinn erfahren, realen Sinn.

PHILIA

Die tauben Weiten der Galaxien begegnen uns mit Gleichgültigkeit; anderen Menschen können wir am Herzen liegen. Sie können nicht nur zeigen: *Was du tust, ist wichtig für mich*; sie können auch ausdrücken: *Du bist mir wichtig.*

Wer spricht so zu uns? Wem bedeuten wir etwas?

Es sind die Liebenden.

Über eine Art der Liebe haben wir bereits gesprochen und nannten sie *Agape*, Nächstenliebe. Diese Liebe ist unpersönlich, sie ist eine Haltung der Fürsorge gegenüber allen Mitmenschen. Nun aber sprechen wir von einer Liebe, die sich auf eine individuelle Person bezieht, auf das einzigartige und schillernde Mysterium des anderen. So ist es *Philia* (aus dem Altgriechischen: φιλία), die freundschaftliche Liebe, von der nun die Rede ist.

Weder verstehe ich Philia als stürmische, romantische Liebe noch als warmherzige Gastfreundschaft. Philia gilt einzelnen Personen, bejaht sie in ihrer Individualität, ihren Gefühlen und Gedanken. Natürlich können wir Sexualpartner auf diese Weise lieben, aber eben auch Freundinnen, Freunde und Familie. Nicht aber kann Philia gutem Wein oder der Musik gelten. Denn einen guten Wein schätzen wir lediglich für einzelne Eigenschaften, aus denen wir Freude ziehen können. Philia aber ist von anderer Art: Sie gilt anderen Menschen in ihrer lebendigen Gesamtheit.

Vielleicht verliebt man sich in jemanden aufgrund einzelner Aspekte, etwa weil er oder sie amüsant und attraktiv ist. Doch beginnt man den anderen wahrhaft zu lieben, im Sinne der Philia, liebt man ihn nicht mehr, *weil* er amüsant ist, sondern exakt umgekehrt: Man liebt seine amüsante Art, weil sie Ausdruck der individuellen Person ist.

Auf dieser Ebene ist kein Raum für eine Zwecklogik. Möglicherweise kann jemand gut zuhören, unterhaltsam sein oder treffende Prognosen für Aktienkurse abgeben. All das kann gut für andere sein – also einen Zweck haben. Aber als Person *insgesamt* ist dies nicht möglich. Und genau das zeichnet Philias Grundstruktur aus: Zwar erfüllt ein geliebter Mensch immer auch Zwecke für den anderen, aber die Liebe gilt nicht diesen Zwecken. In einem bekannten Zitat hat Erich Fromm diesen Unterschied auf den Punkt gebracht: »Unreife Liebe sagt: ›Ich liebe dich, weil ich dich brauche‹. Reife Liebe sagt: ›Ich brauche dich, weil ich dich liebe‹«.[4]

Es ist ein Paradox dieser Liebe, sie gilt der gesamten Person, aber ausgerechnet diese können wir nicht direkt erfahren. Wenn wir miteinander sprechen, lachen oder Abenteuer erleben, dann sehen wir stets nur einzelne Seiten der anderen. Dennoch: Liebe zeichnet sich durch einen Erkenntnisdurst aus, durch den Wunsch, die andere Person wahrhaftig zu erfahren. Trotz der Unmöglichkeit, dieses Ziel vollständig zu erreichen, gibt Philia dieses Streben nicht auf. Der Liebe wohnt eine Bewegung inne, hin zur anderen Person.

Diese Liebe ist mehr als nur ein Gefühl. Philia ist eine gelebte Beziehung. In ihr sind die Liebenden füreinander da. Philia enthält und umarmt Agape. Denn eine »Liebe« ohne Fürsorge um den anderen wäre keine wahre Liebe.

So spricht der Liebende: *Du bist wundervoll, und ich kann nicht sagen, warum. Denn zu sagen warum, das hieße, dich in Worte zu gießen, hieße zu sagen: Dies und das ist wundervoll. Doch dies und das, das meine ich nicht. Ich meine dich. Dich, wie du bist.*

Antwort und Dialog

Philia schafft eine ganz eigene Art von Sinnbeziehungen. Aber welche Dynamik ist hier entscheidend? Wird unser Leben sinnvoll, indem wir andere Menschen lieben oder andersherum: indem wir geliebt werden?

Am Anfang dieses Kapitels stand der Zweifel daran, ob wir selbst als individuelle Person wichtig sein können. Die Antwort lautet: Ja, wir können *jemandem* wichtig sein.

Anders kann es überhaupt keine Wichtigkeit geben. Nichts ist *an sich* wichtig. Wichtigkeit ergibt sich immer nur durch Beziehungen zu anderen, seien es Götter oder Menschen. Paradigmatisch für eine solche Verbindung ist die freundschaftliche Liebe.

Die Sehnsucht, jemandem wichtig zu sein, das ist die Sehnsucht, geliebt zu werden.

Aber selbst wenn es Menschen gibt, denen wir am Herzen

liegen, macht uns das nicht immun gegen Sinnkrisen. Manchmal erscheint die ganze Welt gleichgültig, wie eine kalte Wand. Wir versuchen, uns vor Augen zu halten, dass wir sehr wohl etwas zählen. Doch dieser Gedanke scheint in solchen Momenten abstrakt und ist nicht mehr greifbar. Das ist nur erstarrtes Wissen in unserem Kopf, es fließt nicht ins Herz, vermag nicht die innere Leere zu überwinden. Wir *erfahren* diese Liebe nicht. Worin aber wird Liebe erfahrbar? Was fehlt uns?

Wenn wir einer Person wichtig sind, dann können wir dies in ihren Handlungen spüren, in ihrer Sorge um uns, aber auch in ihrem Blick, in ihren Reaktionen auf unsere Äußerungen, in ihrer emotionalen Anteilnahme an unserem Leben. Sie ist betroffen von dem, was ja eigentlich uns betrifft. Diese Anteilnahme und Betroffenheit, dieses *Berührtsein* von uns und unserer Situation erfahren wir in ihrem Lächeln, ihrem mitfühlenden Blick, in ihren Nachfragen und Ratschlägen. Eine solche Äußerung, in der wir erfahren, dass wir anderen etwas bedeuten, nenne ich eine *Antwort*. So lässt sich die Sehnsucht nach einer *erfahrbaren Bedeutsamkeit* als eine Sehnsucht nach Antwort interpretieren.

In der Antwort spüren wir sowohl die Lebendigkeit unseres Gegenübers wie auch unsere eigene. Wir erfahren uns als Subjekt, das etwas zählt auf dieser Welt.

Vielleicht klingt das zunächst verwirrend. Immerhin bekommen wir im Alltag permanent »Antworten«, aber spüren darin häufig nichts als Gleichgültigkeit. Mechanisch beantworten Kollegen unsere Nachfragen, automatisiert wird uns an der Kasse ein schöner Tag gewünscht. Solche Wortwechsel meine ich aber nicht, sondern verstehe den Begriff der Antwort philosophischer.

Antwortet uns eine Person in dem hier gemeinten Sinne, dann geht sie auf uns ein. Sie setzt sich mit unserer individuellen Persönlichkeit, unserer Innenwelt, auseinander und reagiert auf uns. Die Reaktion ist eine *Bewegung* der Seele, ist Ausdruck einer Berührung – und damit eine immer auch emotionale Reaktion. Diese kann natürlich sprachlich ausgedrückt werden, muss es aber nicht. Auch ein mitfühlender Blick kann eine solche Antwort sein. Ja, manchmal ist das sogar entscheidender als Worte. Denn wer nur spricht: »Es tut mir leid«, aber kein Bedauern *zeigt* und keine Versuche unternimmt, Wunden zu heilen, derjenige redet nur, aber antwortet nicht.

In der Antwort unseres Gegenübers erfahren wir unsere Bedeutsamkeit. Antwort zu erfahren, das ist das Gegenteil davon, Gleichgültigkeit zu erfahren.

Nicht immer ist eine Antwort explizit zustimmend. Oft widersprechen Freundinnen und Freunde, rücken uns den Kopf zurecht, wenn wir in den Irrungen des Lebens vor lauter Bäumen keinen Wald mehr sehen. Doch auch in solchen Fällen kommt in ihrer Antwort eine tieferliegende Bejahung unserer Person zum Ausdruck. Auch im Widerspruch kann sich unsere Bedeutsamkeit zeigen. Wir erfahren, dass unsere Freundinnen nicht mechanisch nicken wie ein Wackeldackel auf dem Armaturenbrett eines Autos. Würden sie dauernd zustimmen, dann würde dies nur zeigen, wie wenig sie sich mit unserer Situation auseinandersetzen. In der Antwort zeigen sie sich nicht als blind Zustimmende, sondern als Subjekte mit eigenen Überzeugungen, Wünschen und Emotionen. Sie nehmen sich Zeit, ehrlich auf uns einzugehen. Wir sind ihnen wichtig.

Eine Antwort im philosophischen Sinne können wir nur von einem Subjekt erfahren, das zuhört. Doch Menschen können nur zuhören, wenn wir uns auch äußern! Wir müssen uns zeigen, um gesehen zu werden. Wir müssen uns erklären, um verstanden zu werden. Wir müssen Nähe zulassen, um gespürt zu werden.

Das ist nicht immer leicht. Manchmal verspüren wir einen Widerwillen, uns zu zeigen. Dabei ist es weniger die Angst vor Ablehnung als vielmehr die Angst vor Gleichgültigkeit, die uns zurückhält, »wir selbst« zu sein. Es ist die Furcht davor, zurückgestoßen zu werden, weil der oder die andere bei sich selbst bleibt, sich nicht auf uns einlässt und stattdessen vom eigenen Standpunkt heraus urteilt.

Aus Angst vor Distanz und Unverständnis verstecken wir uns zuweilen. Dafür kann es in Einzelfällen gute Gründe geben, aber dauerhaft verhindert es, eine Antwort zu erfahren. Aus Angst vor Gleichgültigkeit bauen wir Mauern um uns und lassen keinen hinein. Um sicher zu gehen, bleiben wir allein, und mit Sicherheit gehen wir genau daran ein.[5]

So wird deutlich, dass zu einer Antwort immer auch Wechselseitigkeit gehört. Nicht nur mein Gegenüber, auch ich selbst muss mit einer bestimmten Haltung in die Begegnung gehen – mit einer *dialogischen* Haltung.

Dialog kann nur entstehen, wenn sich beide Seiten einander öffnen, authentisch äußern, zuhören und sich berühren lassen. Diese Vorstellung einer dialogischen Haltung ist verwandt mit Erich Fromms *Haltung des Seins*, mit Martin Bubers *Ich-Du-Beziehung* und mit Hartmut Rosas *Weltanverwandlung*. All diese Konzepte betonen die Bereitschaft, sich zu verändern, zu wachsen und den eigenen Standpunkt zu verlassen.

Dafür brauchen wir Empathie; die Fähigkeit den eigenen Horizont zu überschreiten und durch die Augen unseres Gegenübers zu blicken.[6] Und wir brauchen die Demut, unsere eigene Perspektive als eine unter mehreren einzuordnen.

Noch stärker als Agape heißt Philia also *teilnahmsvoll* zu sein, an der Innenwelt des anderen teilzunehmen, sich selbst mitzuteilen – Welt zu teilen und gemeinsame Welt zu schaffen. So treten wir heraus aus der inneren Isolation, gehen eine Verbindung ein. Unsere Welt wächst. Gemeinsam sind wir weniger allein.

In dieser Verbundenheit entsteht etwas Neues. Ein Dialog ist mehr als nur die Summe von mir und dir. Er entfaltet sich *zwischen* uns, gewinnt eine eigene Energie und Lebendigkeit: Wir sprechen. Plötzlich entsteht eine neue Idee. Kam sie von mir oder von dir? Keiner von uns wäre allein darauf gekommen, aber im Gespräch liegt sie vor uns, ganz offensichtlich und klar.

Dialog ist eine Praxis des Miteinanders. Er ist eine Bewegung aufeinander zu, er ist eine Kraft, die uns verändert. Im Dialog schreiben wir einander Bedeutsamkeit zu, wir schaffen eine Sinnbeziehung.

Freundschaft als wechselseitige Sinnbeziehung

Fürsorge ist die Praxis der Nächstenliebe, haben wir im letzten Kapitel festgestellt. Nun sehen wir, dass auch die freundschaftliche Liebe mit einer besonderen Praxis einhergeht: dem Dialog.

Denn aus der Freundschaft heraus erwächst der Wunsch zum Dialog, und, umgekehrt, aus dem Dialog heraus erwächst die Freundschaft. Wenn zwei Menschen miteinander sprechen, sich zeigen und zuhören, hinschauen und füreinander da sind, entsteht Philia.

Dialogischer Sinn entsteht durch Gegenseitigkeit. Das wird sprachlich bereits am Begriff der Freundschaft deutlich. Schließlich nennen wir zwei Menschen nicht Freunde, wenn die eine Person der anderen egal ist. Erst wenn Philia wechselseitig wirkt, nennen wir die Beziehung eine Freundschaft.[7]

Die Ausgangsfrage des letzten Abschnitts, die Frage, ob Sinn entsteht, indem wir lieben oder indem wir geliebt werden – formuliert als *entweder oder* –, löst sich somit auf. Bedeutsamkeit entsteht weder allein durch die Liebe, welche uns zuteilwird, noch umgekehrt allein durch unsere Liebe zu anderen.

Philia erwächst im Dazwischen. Daher schreibt Martin Buber: »Gefühle wohnen im Menschen; aber der Mensch wohnt in seiner Liebe. Das ist keine Metapher, sondern die Wirklichkeit: die Liebe haftet dem Ich nicht an, so dass sie das Du nur zum ›Inhalt‹, zum Gegenstand hätte; sie ist *zwischen* Ich und Du.«[8]

Zwischen Ich und Du – nicht allein im Herzen, sondern in gelebten Beziehungen erwächst Bedeutsamkeit und Sinn. Diese Sicht wird auch durch psychologische Studien gestützt. Für die allermeisten Menschen sind enge Beziehungen die wichtigste Sinnquelle im Leben.[9] Umgekehrt kämpfen vor allem Personen mit Sinnkrisen, die das Gefühl haben, von anderen unerwünscht zu sein.[10]

Ein solcher Sinn ist weder selbstlos noch egoistisch. Wer liebt, ist für andere da und hat Anker in der Welt; es ist nicht alles wertlos und egal. Umgekehrt erfahren wir uns in der Liebe anderer als wertvoll – als wortwörtlich liebenswert. Gelingt dieses Wechselspiel, sind wir kein Atom mehr, das im leeren Raum vor sich herschwebt. Was uns geschieht, betrifft dann nicht nur uns, sondern auch andere. Als individuelle Person und in unserer ganz persönlichen Innenwelt sind wir von Bedeutung. So können wir davon sprechen, dass eine Liebesbeziehung eine Sinnbeziehung ist.

Dialog jenseits von Freundschaften

Ein Mensch, der mir antwortet, zeigt dadurch: *Du bist mir wichtig* und damit auch: *Es ist gut, dass es dich gibt, weil du Du bist.*

Diese Erfahrung, *gewollt* zu sein in der Welt, ist entscheidend für unser Selbstverhältnis. Und es kann überlebenswichtig sein.

Gerade am Anfang unseres Lebens sind wir auf diese Art von Liebe angewiesen. Wenn wir unseren Eltern gleichgültig sind, können wir uns auch ihrer Fürsorge nicht sicher sein. Vielleicht werden wir sogar zurückgelassen und sterben. Immer wieder in ihrer Antwort zu erfahren, dass wir unseren Eltern weiterhin wichtig sind, ist die beste Lebensversicherung. Möglicherweise ist das einer der Gründe, weshalb die Sehnsucht nach einer solchen Liebe und Bedeutsamkeit so tief verankert ist.

Was auch immer die evolutionsbiologischen Gründe sein mögen, fest steht: Von anderen bejaht zu werden hilft, auch persönlich Ja zum eigenen Leben zu sagen. Aus Philia erwächst eine Rechtfertigung unseres Daseins. Warum weiterleben? Weil wir anderen wichtig sind!

Dieser Sinnhorizont ist nicht identisch mit dem zweckhaften Sinn. Im letzten Kapitel lautete die Rechtfertigung: Warum weiterleben? Weil wir einen wichtigen Zweck erfüllen können!

Das sind verschiedene Facetten des Sinns, die sich nicht gegeneinander aufwiegen lassen. Prinzipiell sind sie unterschiedlich – in der Praxis allerdings häufig verwoben. Vor allem wenn wir Dankbarkeit erfahren, bildet dies eine Brücke zwischen dem zweckhaften und dem dialogischen Sinn. Dankbarkeit ist eine Antwort, wenn wir anderen etwas Gutes tun, aber sie kann noch viel tiefer gehen; kann eine Antwort auf unsere Anstrengungen sein, unseren Willen, ja, auf unsere gesamte Person. Denn unsere Fürsorge ist selten eine isolierte Handlung – in ihr kommt auch unsere Persönlichkeit zum Vorschein. So schwingt hinter der Antwort, »Danke, dass du tust, was du tust«, häufig die tiefere Botschaft mit: »Danke, dass du bist, wie du bist.«

Um solch eine Botschaft zu erfahren und Bedeutsamkeit zu erleben, müssen wir uns wahrhaftig zeigen – und nicht bloß eine schillernde Fassade unserer selbst. Erst wenn wir von uns selbst sprechen, können wir tatsächlich etwas zählen. Ein Mensch, der sich versteckt, kann nur Gleichgültigkeit erfahren.

Wir öffnen uns gegenüber unseren Liebsten, und sie antworten uns. Was ist mit all den anderen Menschen, mit denen wir nicht durch Philias Band verbunden sind?

Allein wandere ich durch die rufende Nacht. Irgendwo in diesem vielbesungenen, geliebten, gehassten Berlin. Zwischen jungen, wollenden Menschen und zwischen denen, die ihr Leben längst aufgegeben haben. Melancholisch, erfüllt von einem ungerichteten Drang, lasse ich mich treiben. Eine Eckkneipe zieht an mir vorbei, ich sehe gemeinsame Menschen, will auch ein gemeinsamer Mensch sein – doch irgendwie auch allein bleiben. Am Tresen bestelle ich ein Bier. Auf dem Hocker neben mir ein gestrandeter Amerikaner. Unaufgefordert beginnt er seine Geschichte zu erzählen. Ich beobachte, wie sein und mein Zigarettenrauch sich vermengen und das Vakuum der Unbekanntheit füllen. Wir sitzen und reden und verstehen. Er wurde verlassen. Ich kenne das. Wir lachen ein wenig und bestellen ein Bier zu viel. Vom Rausch beschwingt wird das Gespräch lebendiger, wir reden schneller, warten auf unseren Einsatz, wollen beide unsere Geschichte loswerden, nicken kurz, um dann einzuhaken und zu sagen, Ja, ich kenne das – und dann wieder von uns selbst zu reden.

Ein Freund von mir meinte einmal, Filmdialoge wirkten unrealistisch, wenn die Figuren zu gut aufeinander eingingen. Im echten Leben ließe man andere Personen vor allem ausreden, um wieder von sich selbst zu erzählen. Jetzt denke ich plötzlich daran und lache in mich hinein. Ja, ich kenne das mit dem Verlassen-

werden. Aber, nein, eigentlich nicht so wie der Amerikaner. Eigentlich ist seine Geschichte eine andere als meine. Ich halte inne und versuche zu verstehen, was ihn damals bewegt hat. Er schaut mich an und erzählt weiter, erzählt jetzt anders, langsamer, nachdenklicher. Schließlich das letzte Bier zu viel. Wir taumeln hinaus, verabschieden uns in die Nacht, befreunden uns auf Facebook, wissen beide, dass wir der Begegnung dadurch einen Teil ihres Zaubers nehmen, wir werden uns ja doch nicht wiedersehen. Ich muss noch manchmal an ihn denken.

Wir sind keine Freunde und waren keine Freunde. Aber für einen Moment sind wir aus uns herausgegangen –, weil wir offen erzählt und weil wir zugehört haben, weil wir beim anderen waren und den eigenen Standpunkt verlassen haben.

Natürlich können wir auch mit Menschen in Dialog treten, mit denen uns keine Freundschaft verbindet. Jeder Sachbearbeiter, der nicht wie ein Roboter unser Anliegen abarbeitet, sondern Anteil nimmt, und sei es in noch so begrenztem Maße, antwortet uns. Nicht so weitreichend und tiefgehend wie ein Freund, aber dennoch: Antworten können uns prinzipiell alle Menschen – sogar jene, mit denen wir kaum gesprochene Sprache teilen.

Philia ist also nicht die einzige Form von Bedeutsamkeit. Aber hier wird diese Art von Sinn in besonderem Maße erfahrbar. In der Freundschaft wird die dialogische Begegnung zur dauerhaften Verbindung, zu einer Beziehung, die auch dann nicht abbricht, wenn ein einzelnes Zusammentreffen mal nicht dialogisch verläuft. Denn auf einer tieferliegenden Ebene bejahen wir uns in der Freundschaft gegenseitig – in der Freundschaft im philosophischen Sinne, welche wir auch in romantischen Beziehungen oder der Familie erleben können.

Gleichzeitig können wir auch jenen dialogisch begegnen, die

unseren Weg nur flüchtig kreuzen. Wie genau? In der Freundschaft können wir *lernen*, mit Menschen solche Sinnbeziehungen einzugehen. So ist die Freundschaft ein Übungsfeld und ein Vorbild, sie ist wie ein utopischer Fluchtpunkt, der uns durch dialogische Begegnungen leitet. Man kann zwar nicht für einen Augenblick lieben, aber man kann für einen Augenblick miteinander handeln und Welt teilen.

Du oder Es?

Bedeutsamkeit beginnt schon im ganz Kleinen. Wenn wir im Wald einer Wanderin begegnen und uns mit einem Kopfnicken grüßen, dann bestätigen wir uns gegenseitig: *Ich sehe, dass du hier bist*. Die blinden Bäume um uns herum und auch das reflexartig fliehende Reh können das nicht. Nur die Wanderin erkennt unsere Existenz *als Person* und äußert dies durch kurzes Zunicken.

Manchmal aber begegnen wir keiner solchen Wanderin. Stattdessen werden wir im Alltag von immer mehr Automaten angesprochen: Möchtest du Bargeld auszahlen oder deine Karte aufladen? Wohin möchtest du navigiert werden? Wie kann ich dir helfen? Brauchst du mehr Informationen? Hast du schon diesen neuen Song gehört?

Alles nur Scheinfragen und Scheininteresse. Dahinter stehen ja doch nur Nullen und Einsen. Leider betrifft das nicht nur Computer. Wenn Sinn zerreißt, erscheinen auch Mitmenschen, ja, die gesamte Welt als großer Fake. Als wären unsere Begegnungen robotisiert. Dann wäre auch nicht viel verloren, wenn viele Aufgaben tatsächlich bald von Robotern übernommen werden.

Ein Dialog ist nur möglich zwischen *Ich* und *Du* – nicht zwischen *Ich* und *Es*. Diese Unterscheidung stammt von Martin Buber, der mit sehr einfachen und treffenden Worten auf den Punkt brachte, dass wir uns auf verschiedene Weise auf Menschen beziehen können: als Subjekte oder als Objekte. Buber war in seiner Philosophie von religiösen Grundüberzeugungen geprägt und empfahl, die gesamte Welt als ein *Du* anzusehen. Diese Sicht teile ich nicht. Vielmehr glaube ich im Gegenteil, wir sollten sehr genau unterscheiden zwischen Dingen und Menschen, zwischen *Es* und *Du*. Das Problem liegt genau darin, dass wir Menschen viel zu oft verdinglichen und Dinge viel zu oft vermenschlichen.

Wenn Personen wie Dinge behandelt werden, die irgendeinen Nutzen haben sollen, ihr Innenleben – ihre *Subjektivität* – hingegen ausgeblendet wird; und wenn gleichzeitig Autos oder die makellose Oberfläche von Smartphones liebevoll gestreichelt werden, dann liegt eine fundamentale Verwechslung vor.

Die Räume, die uns erlauben, andere als *Du* anzusprechen, sind bereits geschrumpft. Und sie drohen noch kleiner zu werden. Einer der Gründe dafür ist, dass unser Bezug zur Welt zunehmend technisch vermittelt wird. Die Sehnsucht, gesehen und gehört zu werden, Antwort zu erfahren, anerkannt zu werden, bedeutsam zu sein, pusht auch soziale Medien zum Massenphänomen. Was zähle ich? Die Versuchung ist groß, diese Frage durch die Anzahl von Likes zu beantworten.

Auch die Automaten werden immer zahlreicher und könnten die Verwirrung zwischen Du und Es, zwischen Person und Ding, zwischen Mensch und Maschine, noch weiter befeuern. Laut einer repräsentativen Umfrage der Datingplattform Parship in der Schweiz sehen mehr als ein Drittel aller Achtzehn- bis Neunundsechzigjährigen emotionale Beziehungen zu Robotern als künftige Option. Bei den unter dreißig Jährigen sind es sogar 47 Prozent.[11] Wie kann das sein?

Die Sehnsucht, bedeutsam zu sein und Antwort zu erfahren, ist stark. Es ist die Sehnsucht nach einem dialogischen Sinn. Aus ihr heraus wurden gewaltige Glaubensgebäude aufgebaut, wurden Götter erschaffen und Menschen im Namen dieser Götter verraten oder sogar getötet.

Nun werden gewaltige Datenmassen erzeugt und »Künstliche Intelligenzen« erschaffen, scheinbare Lebewesen, die uns scheinbar antworten können. Entgegen alter Menschheitsträume von Mary Shelleys *Frankenstein* bis zum Film *HER* haben künstliche Intelligenzen jedoch kein Bewusstsein, sondern sind einfach sehr komplizierte Computerprogramme zur Berechnung statistischer Zusammenhänge. Ihr »maschinelles Lernen« hat nichts mit menschlichem Lernen zu tun. Während einem Menschen ein einziges Foto genügt, um ein zuvor unbekanntes Tier anschließend wiederzuerkennen, benötigen Algorithmen mehrere Hunderttausend solcher Fotos. Denn menschliches Verstehen basiert darauf, sich eine Vorstellung von der Welt zu machen. Algorithmische Datenverarbeitung hingegen basiert auf Berechnungen von Zahlenwerten.

Die Illusion wird indessen immer perfekter. Daher sollten wir in unseren technikbegeisterten Gesellschaften vielleicht wachsamer sein. Aus dem tief verankerten Wunsch heraus, Antwort zu erfahren, könnte die Aussicht einer technischen Lösung allzu verlockend erscheinen. Ein solch einfacher Weg wäre jedoch eine Sackgasse. Anstatt zu den Sternen zu sprechen, zu Siri oder zu Alexa, sollten wir uns unseren Mitmenschen zuwenden. Denn echter dialogischer Sinn entsteht nur im echten Dialog. Ein illusorischer Dialog hingegen weckt lediglich die Illusion von Sinn.

Tiere sind des Menschen Freund?

Gespräche mit Robotern sind derzeit noch ein Nischenphänomen. Aber es gibt andere nichtmenschliche Wesen, die längst in Familien aufgenommen sind. Seit Jahrtausenden werden Tiere domestiziert, vor allem zur praktischen Nutzung, vermehrt auch als Spielgefährten oder tröstende Begleiter. Im Gegensatz zu Robotern können uns Tiere anders als gleichgültig gegenüberstehen. Sie haben basale Emotionen, können sich fürchten oder freuen und nicht bloß so tun.

So ist das aufgeregte Schwanzwedeln eines Hundes wie eine Antwort auf uns. Hier können wir mehr dialogischen Sinn erfahren als bei Personen, die sich nicht für uns interessieren, aber eben nie so tiefgehend wie bei Menschen, die uns wirklich zuhören. Ein tieferer Dialog, in dem wir uns in unseren Ängsten und Wünschen zeigen, in dem wir gehört und verstanden werden, aufeinander eingehen, von Subjekt zu Subjekt, von Du zu Du, uns zeigen und gesehen werden, in dem wir in der Einzigartigkeit unserer Person anerkannt und angenommen werden, ein solcher Dialog ist nur möglich mit Menschen. Nur sie können sich in unsere Situation hineinversetzen. Ein Hund weiß nicht, was es heißt, Stress auf der Arbeit zu haben.

Nun brauchen wir Menschen nicht gegen Tiere auszuspielen oder aufzuwiegen. Wer erfüllt ist von seiner Beziehung zu Tieren, kann sich glücklich schätzen. Wer aber zweifelt und nach Sinn sucht; wer sich fragt, ob er oder sie als Person mit der dazugehörigen, komplexen Innenwelt bedeutsam sein kann; wer sich wünscht, diese Bedeutsamkeit in einer Antwort zu erfahren – derjenige kann in seinen Mitmenschen die Quellen eines solchen Sinns finden.

Hass als Sinnbeziehung?

Die Bedeutsamkeit, die wir in einer Antwort erfahren, ist positiver Art. Das ist nicht so selbstverständlich, wie es klingen mag, denn immerhin stehen uns auch Personen, die uns hassen, alles andere als *gleichgültig* gegenüber. Auch ihnen sind wir nicht egal und damit auf gewisse Art wichtig. Der Durst nach Rache kann ein Menschenherz zur Gänze ausfüllen, er kann Berge versetzen, Kriege auslösen. Können Sinnbeziehungen aus Hass erwachsen?

Tatsächlich ziehen nicht wenige Menschen eine brennende Lebensenergie aus ihrem Hass. Der Film *The Revenant* von Alejandro González Iñárritu zeigt das sehr eindrucksvoll. In der Hauptrolle kämpft sich Leonardo DiCaprio durch die eiskalte Weite Alaskas. Stark verletzt, sein Rücken nahezu zerfetzt von einem Bärenangriff, quält sich *Hugh Glass* tagelang und allein durch den Schnee. Zwei Stunden lang können wir verfolgen, wie sich dieser zerstörte Körper elendig am Leben hält; erfüllt von einem ohnmächtigen Willen. Was treibt ihn an? Es ist keine Freude am Leben, es ist auch kein biologischer Überlebenstrieb, nein, es ist unendliche Rachsucht, die Hugh Glass nicht sterben lässt. Sie gibt ihm einen Sinn, alle Qualen durchzustehen. Sein einziger Sohn wurde ermordet. Und erst als Hugh Glass den Mörder findet und tötet, kann er loslassen und stirbt an seinen Verletzungen. Der Film beruht auf einer wahren Geschichte.

Wie die Liebe kann auch der Hass grenzenlose Energie freisetzen. Auch er durchschlägt den Schleier der Gleichgültigkeit und bindet Menschen aneinander.

Gleichgültigkeit zu überwinden, das ist ein Grundbedürfnis. Nicht wenige ziehen es daher vor, abgelehnt zu werden, als ihrem Umfeld völlig egal zu sein. Das lässt sich bei Kindern beobachten, die ihre Eltern gezielt wütend machen, um zumindest irgendeine Art von Reaktion zu erfahren. Besser beschimpft werden als angeschwiegen. Häufig entsteht Hass, wo Liebe gescheitert ist.

Trotzdem entstehen durch Hass keine Sinnbeziehungen. Denn der Ansatz: »Lebe in Feindschaften!«, verfehlt den springenden Punkt der Sinnfrage. Wenn wir die Welt als gleichgültig erfahren und dies Sinnkrisen auslöst, steht dahinter die Sehnsucht, jemandem wichtig zu sein, das heißt, bejaht zu werden. Ein Hassender aber bejaht uns nicht. Der Hassende steht uns zwar nicht gleichgültig gegenüber, aber er bleibt bei sich, ist nicht bei uns. Der Hassende *antwortet* uns nicht.

Hass kann zwar subjektiv wie eine Sinnquelle wirken, aber aus ihr sprudelt nur schmutziges Abwasser. Im Kern ist die Sehnsucht nach Sinn keine Sehnsucht nach Ablehnung. Und daher kann Hass auch keine Antwort auf die Sinnfrage sein.

Dialog in Gemeinschaft und Gesellschaft

Bisher haben wir uns vor allem auf direkte Beziehungen zwischen zwei Menschen konzentriert. Hier wird dialogischer Sinn in besonderem Maße erfahrbar. Doch unsere Überlegungen lassen sich auch auf allgemeinere, gesellschaftliche Kontexte übertragen. Auch hier lassen sich Es-Strukturen von Du-Strukturen unterscheiden.

Gerade in wirtschaftlichen Kontexten – die einen großen Teil unserer Lebenszeit prägen – werden wir häufig als *Es* angesehen: Unsere Bedürfnisse werden als Konsumpotential verstanden, unsere Fähigkeiten sind unser »Humankapital«, das als Arbeitskraft produktiv gemacht werden kann, und unsere

Überzeugungen sind vor allem als Kaufentscheidungen relevant.

Dialog aber ist mehr als nur die Verwertung unserer Bedürfnisse, Fähigkeiten und Überzeugungen. Dialog entsteht, wenn wir als *Du* erkannt, anerkannt und wertgeschätzt werden. Und umgekehrt, wenn wir selbst andere Menschen als *Du* anerkennen. Das umzusetzen liegt an uns – ist mitunter aber gar nicht so leicht. Hier schließt sich der Kreis zum zweckhaften Sinn.

Unsere Begegnungen mit anderen Menschen werden immer durch die Kontexte mitstrukturiert, in denen sie stattfinden. Es gibt viele Unternehmen, die es geschafft haben, eine Kultur zu etablieren, die Menschen nicht wie Dinge behandelt. Aber überall dort, wo die Marktlogik allzu dominant ist, sind die Räume dafür nicht groß. Wir werden als Zahnrad, nicht als Subjekt, wahrgenommen und dazu angehalten, andere ebenso zu sehen.

Vielleicht ist dieses Klima ein weiterer Grund für die verbreiteten Sinnkrisen am Arbeitsplatz: Wenn Menschen und Aufgaben einer Verwertungslogik unterworfen werden, wird es schwieriger, dialogisch auf andere einzugehen. Vor allem lassen sich Dialoge nur sehr bedingt beschleunigen. Wenn Zeit stets produktiv sein muss und durchgetaktet wird, geraten dialogische Verhältnisse daher in den Hintergrund. Es entsteht der Eindruck mangelnder Tiefe.

Unsere Gesellschaften umfassen mehr als nur die wirtschaftliche Ebene, auch die politische Sphäre betrifft uns. Hier können wir ebenfalls den Eindruck gewinnen, dass wir als Mensch wenig zählen oder aber umgekehrt: dass uns zugehört und geantwortet wird. In der Philosophie wurde daher das Konzept der *deliberativen Demokratie* entwickelt. Es betont, wie wichtig es ist, die eigene Stimme in politische Prozesse einbringen zu können –, statt sie lediglich in der Wahlkabine *abzugeben*. Das ist nicht allein eine Frage der Gerechtigkeit, sondern betrifft auch das Sinngefühl: die Erfahrung, dass den persönlichen Perspektiven Bedeutung beigemessen wird.

Wie in privaten Beziehungen, so ist es also auch in gesellschaftlichen Zusammenhängen möglich, entweder Gleichgültigkeit zu erfahren oder einen dialogischen Sinn. In jedem Fall entsteht ein solcher Sinn durch das Verhältnis zu unseren Mitmenschen. Daher sind wir in unseren Möglichkeiten, ein sinnvolles Leben zu führen, auf andere angewiesen – und das macht verletzlich. Aber wir sind nicht bloß abhängig; wir können auch eigene Anfänge machen. Manchmal kann eine einzelne Person ganze Es-Strukturen aufbrechen und Debatten in Dialoge verwandeln; aus einer Summe von Monologen wird ein gemeinsames Gespräch.

Natürlich gelingt das nicht immer, und manchmal bleibt wenig anderes übrig, als sich nach anderen sozialen Kontexten umzuschauen. Es ist unsere gemeinschaftliche und gesellschaftliche Aufgabe, solchen frustrierenden Erfahrungen entgegenzuwirken. Beim dialogischen Sinn sind immer mehrere Menschen beteiligt – wir können ihn also nur gemeinsam ermöglichen. Wenn wir uns anderen gegenüber öffnen, Freundschaften eingehen, unsere Beziehungen pflegen, dann erleben wir Bedeutsamkeit. Und indem wir die gesellschaftlichen Strukturen – sei es auch in noch so kleinem Radius – mitgestalten, schaffen wir die Grundlagen, damit dies auch in alltäglichen Begegnungen häufiger der Fall ist.

WELTBEZIEHUNGEN

Die Gleichgültigkeit der Welt ist nicht so absolut, wie nihilistische Dichterinnen und Dichter in dramatischen Worten beklagten oder wie es im Moment der Sinnkrise erscheinen mag. Ja, es stimmt, dem Himmel über unseren Köpfen, der peitschenden See und den Weiten des Kosmos sind wir egal – mit unseren Mitmenschen aber können wir in Dialog treten. Ihnen können wir wichtig sein.

Manche Menschen zweifeln am Sinn des Ganzen, obwohl sie gute Freunde haben. Machen sie sich nicht bewusst, dass sie anderen wichtig sind? Erkennen sie nicht, dass dies allein schon Grund genug ist, um zu leben?

Möglicherweise. Und vielleicht ist der beste Ratschlag daher, sich diese Beziehungen stärker deutlich zu machen. Vielleicht sollten wir unsere Augen vom Kosmos auf die Erde richten, menschliche Begegnungen wichtiger nehmen und die Gestirne etwas gelassener. Heißt das in der Konsequenz, einen Tunnelblick einzunehmen und alles zu ignorieren, was außerhalb unserer Begegnungen mit Menschen liegt? Alles andere komplett auszublenden und für unwichtig zu erklären?

Dieser Ansatz scheint weder möglich noch ratsam. Unmöglich wäre es, weil wir nicht nur Menschen, sondern dieser Welt insgesamt begegnen. Damit müssen wir umgehen, ob wir wollen oder nicht. Aber selbst wenn es uns theoretisch gelänge, wäre ein Tunnelblick nicht ratsam. Denn unsere Welt wird gerade dann reicher, wenn wir uns ihrer Vielgestaltigkeit gegenüber öffnen: Unter dem nächtlichen Sternenhimmel kann sich auch unser Horizont weiten.

Mit der Welt treten wir in Beziehung, wir spüren sie, deuten sie, verändern sie. Welt wirkt auf uns ein und wir auf Welt. Immer sind wir eingebunden in diesen Zusammenhang. Weder leben wir als Astronautin im All noch als Gehirn im Tank. Wir leben mitten auf diesem Planeten. Hier passieren uns Dinge, hier geschieht unser Leben. Ja, vieles daran ist unerfreulich; das Universum interessiert sich nicht dafür, was wir uns wünschen. Trotzdem müssen wir dem Ganzen zumindest halbwegs einen Sinn abgewinnen, um uns darin aufgehoben zu fühlen. Welche Haltungen können uns mit der Welt versöhnen?

Die Frage nach dem Sinn des Lebens ist auch eine Frage nach dem Sinn unserer Welt.

Trotz aller zwischenmenschlichen Verbindungen ist und bleibt die Gleichgültigkeit der Welt eine Herausforderung. Wäre der ganze Kosmos unser Freund, würde er uns zuhören und lieben, dann könnten wir uns darin sicher und geborgen fühlen. Doch diese Weltbeziehung bleibt uns verwehrt. Wie können wir damit umgehen? Welche anderen Weltbeziehungen sind möglich?

Es ist ein seltsamer Wunsch, nicht nur anderen Menschen, sondern dem Schicksal, dem Lauf der Dinge, den Unwettern und Winden etwas zu bedeuten. Dieser Wunsch, in Ereignissen eine Antwort zu sehen – woher kommt er? Einerseits wirkt diese Sehnsucht verständlich; andererseits fast schon narzisstisch, wie ein maßloser Drang nach Wichtigkeit. Steht dahinter ein unersättliches Ego? Oder am Ende nur zwischenmenschliche Enttäuschungen?

Auf jeden Fall wollen wir diese Wünsche und Krisen ernst nehmen. Indem wir ihre Strukturen erforschen, werden wir neue Einsichten über die Suche nach Sinn gewinnen.

Im Moment des Absurden wird die Schweigsamkeit der Welt totalitär. Mag es auch ein paar Menschen geben, denen wir wichtig sind, dahinter klafft eine tiefere Ebene hervor, eine Ebene unüberwindbarer Leblosigkeit und Kälte. Gleichgültigkeit nehmen wir dann als umfassendes Prinzip wahr. Inseln von Bedeutsamkeit werden verschluckt. Weshalb kann diese Erfahrung so schmerzhaft sein? Wie können wir damit umgehen?

Tiefer müssen wir hinab, um dies zu verstehen.

Welt berühren

Welt berührt uns. Ihre Berührung kann ein Schlag ins Gesicht sein, wenn wir den Job verlieren, eine schlimme Krankheitsdiagnose bekommen oder auf dem Weg zu einem wichtigen Termin die Bahn verpassen. Zärtlich und warm kann uns *Welt* berühren, wenn wir in der Sonne einen Kaffee trinken, einem alten Freund zufällig in den Straßen begegnen, eine glückliche Entdeckung machen. Welt drückt uns nieder, Welt hebt uns empor.

Äußerlich berührt uns Welt als das, was uns passiert, was wir erfahren, was auf uns einwirkt. Sie wirkt auf uns ein und berührt uns dadurch innerlich, löst etwas aus, macht etwas mit uns. So ist jede äußere Berührung auch eine innere Berührung. Nein, sogar das ist zu kurz gegriffen. In der Berührung werden die Grenzen zwischen Innen und Außen überschritten.

Wir kennen dieses Phänomen von körperlichen Berührungen: Wenn unsere Finger eine Oberfläche ertasten, dann spüren wir gleichzeitig unsere Fingerspitzen wie auch die Oberfläche. Tatsächlich handelt es sich um ein und dieselbe Erfahrung. Und genau diese tiefe Verschlungenheit zwischen Welterfahrung und Selbsterfahrung gilt auch in Bezug auf unser ganzes Leben. Spüren wir die Außenwelt, empfinden wir uns selbst als lebendige Person. In der Berührung sind Äußerlichkeit und Innerlichkeit also verschränkt. Niemals erfahren wir nur *Welt* und niemals nur uns selbst, sondern immer nur: unser In-der-Welt-Sein.

In dem Maße, wie Welt uns innerlich berührt, stehen wir ihr nicht gleichgültig gegenüber. Gleichgültig sind wir nur in der Depression, wenn die Umwelt nicht mehr an uns herandringt. In der Depression wird die Berührung rein äußerlich, eine innere Berührtheit findet nicht mehr statt. Dann hat sich eine Wand um uns geschlungen. Hinter ihr ziehen wir uns zurück, beginnen, um uns selbst zu kreisen, um unsere eigene Leere. Dabei liegt die Lösung nicht in uns, sondern außerhalb. Sinn entsteht im Dazwischen. Erst wenn wir Welt erfahren, erfahren wir uns selbst – wenn Welt uns berührt und *in* dieser Berührung zu unserer Welt wird.

Berühren kann uns *Welt* als harte Ohrfeige, berühren kann sie uns als zärtlicher Kuss. Umgekehrt jedoch vermögen wir Welt oftmals nicht zu berühren. Eine schwere Krankheit ist wie ein Faustschlag, doch wir sind ihr egal. Wichtig ist uns das trockene Wetter am Tag einer großen Feierlichkeit. Doch unser Feiern und Hoffen bedeuten dem Wetter nichts. In diesen und vielen anderen Situationen erfahren wir Welt als gleichgültig. Wir schreien sie an, umschmeicheln sie, prügeln sie, streicheln sie. Doch unsere Welt zeigt sich unberührt. Wir lösen nichts aus in ihr. Dieses tiefe Ungleichgewicht kann dazu führen, dass wir uns klein und fremd fühlen, als empfindsame Wesen in einer unempfindsamen Welt. Dieser Graben geht viel tiefer als in unseren Beziehungen zu anderen Menschen. Sie fühlen zwar nicht das Gleiche wie wir, aber immerhin denken, lieben, leiden auch sie und führen ihr Dasein auf diesem Planeten genauso wie wir. Ein Virus aber führt kein Dasein. Er ist einfach da. Er belastet uns, geht uns etwas an, wir aber interessieren ihn nicht. Wenn unsere Welt uns auf diese Weise schlägt, spüren wir darin auch unsere Hilflosigkeit.

Welt beherrschen

Auch dort, wo wir unsere Welt nicht berühren, können wir versuchen, anderweitig auf sie einzuwirken. Denn dies ist Berührung: eine Form von Wirksamkeit. Wenn wir einen Menschen berühren, dann machen wir etwas mit ihm, wir verändern seine Innenwelt, zumindest zeitweise. Die Sehnsucht danach, *Welt* zu berühren ist also auch eine Sehnsucht danach, auf sie einzuwirken – nicht indem wir gewaltige Pyramiden aus Stein errichten, sondern indem wir Gedanken, Gefühle und Wünsche auslösen.

Neben der *Berührung* gibt es eine weitere Form von Wirksamkeit: die *Beherrschung.*[12] Eine solche Beherrschung im philosophischen Sinne ist eine rein äußerliche Berührung. Sie verändert einen Gegenstand und bringt ihn in die gewünschte Form. Auf Gegenstände können wir ausschließlich durch Beherrschung einwirken. Eine Porzellantasse kann ich nur äußerlich berühren, wenn ich sie verrücke oder auf den Boden werfe. Der Tasse ist das egal, innerlich bleibt sie unberührt.

Die Welt der Dinge können wir höchstens beherrschen. Berühren können wir sie nicht. Wenn uns zum Beispiel eine Kaffeemaschine das gewünschte Getränk brüht, ist dies ein bloß mechanischer Vorgang und hat nichts damit zu tun, dass uns die Maschine freundlich gesonnen ist. Wir kontrollieren sie, aber sind ihr gleichgültig. Eine Freundin hingegen, die wir um einen Kaffee bitten, kann die Bitte abschlagen oder ihr nachkommen. Hat unsere Bitte die gewünschte Wirkung, dann nicht weil wir Welt beherrschen, sondern weil sie uns in Person der Freundin antwortet. Ihre Antwort ist Ausdruck ihrer Berührtheit. Wir berühren sie äußerlich mit unserer Bitte und berühren sie innerlich, wenn wir Wohlwollen auslösen. Die Bitte nach einem Kaffee trifft auf ihren Wunsch, es möge uns gut gehen. Und diesem Wunsch entspringt ihr antwortendes Handeln.

Zwischen dieser Gegenüberstellung von Kaffeemaschine und Freundin liegt eine breite Grauzone. Wenn mir ein Kellner einen Kaffee bringt, dann ist er möglicherweise ein berührtes und antwortendes Subjekt, möglicherweise aber reagiert er ebenso mechanisch auf meinen Auftrag wie eine Kaffeemaschine. Immerhin kann ich jedoch darauf *hoffen*, dass er mir antwortet.

Weil wir selbst empfindsame Subjekte sind, werden wir beständig berührt von Welt. Umgekehrt können wir nicht die ganze Welt berühren, sondern ebenfalls: nur empfindsame Subjekte.

Zuhause zwischen Dingen?

Unser Leben, das haben wir im Verlauf unserer gemeinsamen Reise bereits festgestellt, ist mehr als unser aktives Tun. Leben ist auch das, was uns widerfährt, womit wir konfrontiert werden, das, was uns berührt. Nicht immer ist eine solche Berührung angenehm. Wir sind in eine Natur geworfen, die unerbittlich sein kann. Es regnet auf uns herab, wir frieren, Moskitos beißen uns, Bakterien töten unsere Kinder. Der Weg durch den Wald ist mühsam und manchmal gefährlich.

Auf diese Situation reagieren wir Menschen häufig, indem wir versuchen, unsere Welt beherrschbar zu machen. Beherrschen wollen wir den Regen, indem wir Dächer bauen, beherrschen wollen wir Krankheiten, indem wir Medizin betreiben, beherrschen wollen wir Distanzen, indem wir über sie hinwegfliegen. Wenn eine wechselseitige Berührung zwischen uns und der Welt nicht möglich ist, dann wollen wir sie wenigstens kontrollieren.

Das war nicht immer so. Ich stelle mir einen Menschen vor: Es war eine Zeit, da lebte er nicht nur von, sondern auch in der Natur. Um dort zu überleben, musste er sich vor allem seiner Umgebung anpassen. Er aß, was er gerade fand, und nicht bloß, worauf er gerade Lust hatte. Er ging dorthin, wo es wenige Feinde gab und doch ausreichend Wasser, verzehrbare Pflanzen und Tiere. Er ging dorthin, statt sich die Nahrung liefern zu lassen. Dieser Mensch lebte in einer natürlichen Umwelt, und das bedeutete auch, dass seine Umwelt nicht an seinen Bedürfnissen ausgerichtet war, sondern er umgekehrt seine Bedürfnisse und sein Verhalten an der Umwelt ausrichten musste.

Da begann dieser Mensch, Hütten zu bauen und sich auf mikroskopischem Raum eine neue Umwelt zu schaffen. Die künstlich errichteten Wände trennten ihn von Tieren, das Dach trennte ihn vom Regen. Außerhalb der Hütte lag zwar jede Grundlage seines Lebens – aber eben auch manche Ursache für Schmerz und frühzeitigen Tod. Innerhalb der Hütte hingegen bewegte sich der Mensch durch eine Umgebung, die im Gegensatz zur Natur auf seine Bedürfnisse abgestimmt war. Hier war es ungefährlich und das Leben leichter. Nachdem dieser Mensch viel früher schon begonnen hatte, technisch Welt zu beeinflussen, durch die Herstellung von Werkzeugen, machte er sich also nun daran, seine Umwelt gänzlich umzugestalten, ja, sich in seiner Hütte eine gänzlich neue Welt zu schaffen.

Heute bewegen wir uns fast ausschließlich durch menschlich geschaffene Umwelten. Schau dich in deinem Zimmer um. Alles, was du siehst, worauf du sitzt, absolut alles um dich herum ist dort hin-gestellt von menschlicher Hand. Und so hat auch alles seinen Zweck, denn her-gestellt wurde es mit Blick auf Zwecke, auf menschliche Zwecke. Diese Umgebung ist also ganz an menschlichen Bedürfnissen orientiert. Und wir dehnen sie immer weiter aus. Um unsere Zimmer und Häuser haben wir ganze Städte errichtet, riesige Gebilde zweckmäßiger Infrastrukturen. Auch ich lebe in einer Großstadt. Und ich esse nicht, was ich finde, sondern worauf ich Lust habe und was ich mir leisten kann. Fünfzig Meter ist der nächste Supermarkt von meiner Haustür entfernt.

Diese menschengemachte Umwelt entspringt dem Drang nach Beherrschung unserer Welt. Mit Schirmen und Dächern halten wir uns den Regen vom Leib, mit Heizungen und Klimaanlagen passen wir die Temperatur unserem Geschmack an. All dies basiert auf einer umfassenden *Verdinglichung* von Umwelt.

Denn gerade weil ein Urwald *lebendig* ist, kann er sich uns entgegenstellen und passt nicht immer zu unseren Bedürfnissen. Er ist unbequem und manchmal gefährlich. Um diese lebendige Umwelt durch eine solche zu ersetzen, die uns gänzlich dienlich ist, schufen wir Dinge. In Städten gingen wir noch weiter und machten unsere gesamte Umwelt zu einem Ding. Vieles haben wir dadurch gewonnen. Doch nun erweist sich der Drang nach Beherrschung plötzlich als Bumerang.

Um Welt zu beherrschen, bedienen sich Menschen der Technik. Sie ist das große Versprechen, die Willkür der Natur zu überwinden. Mit Werkzeugen werden Steine behauen und gebrochene Beine in Gips gelegt, Zähne gerichtet, Wälder gefällt, Weizen gesät, Wege geebnet, Wege zurückgelegt. Durch den technischen Blick wird die gesamte Welt zu einem riesigen Ding, das bearbeitet und in die gewünschte Form gebracht werden kann. Wir sind weit damit gekommen, sehr weit. Nun aber scheint jeder weitere Hammerschlag an der Welt abzuprallen und uns selbst zu treffen.

Mit Wänden, Dächern, Heizungen und Klimaanlagen haben wir ein immergleiches, angenehmes Mikrowetter in unseren Häusern geschaffen. Doch der menschenbedingte Klimawandel wird zu einer weitreichenden Bedrohung der Menschheit.

Die Regale im globalen Norden sind zwar bis zum Bersten gefüllt, aber unsere Lebensmittel sind belastet mit Schadstoffen, Antibiotika und Mikroplastik. Und ausgerechnet Großstädte, diese weitläufigen menschengemachten Umwelten, werden mit ihrem Verkehr, Lärm, Dreck und schädlicher Luft zunehmend zu Umgebungen, die noch überlebensfeindlicher sind, als es Urwälder je waren.

»Den Menschen«, von dem ich sprach, gibt es nicht – die Menschheit ist plural. Aber es geht mir auch weniger um einen historischen Abriss als vielmehr darum, einen grundlegenden Zusammenhang zu verdeutlichen: In den Geowissenschaften setzt sich zunehmend der Vorschlag des Nobelpreisträgers Paul Crutzen durch, das gegenwärtige Erdzeitalter als *Anthropozän* zu definieren, als *Erdzeitalter des Menschen.*[13] Nach über elftausend Jahren löst es das Holozän ab. Grund für diese Neudefinition ist der umfassende, weltweit taktgebende Einfluss des Homo sapiens auf Ökosysteme, Landschaften und Klima. Die Ironie dabei ist indessen, dass dieses geologische Zeitalter des Menschen für die menschliche Gattung viel überlebensfeindlicher ist als das Holozän. So liegt die Vermutung nahe, dass Versuche von Weltbeherrschung dann scheitern, wenn sie zu weit getrieben werden. Wir können die physische Welt weder berühren noch sie vollständig beherrschen.

Möglicherweise schwingt auch diese Ahnung, diese subtile, kollektive Sinnkrise des beherrschen wollenden Homo sapiens im Hintergrund, wenn wir auf eine menschengemachte Umwelt schauen, darin aber eine gewisse Lebensfeindlichkeit entdecken und es uns erschwert wird, diesen Planeten als schützendes *Zuhause* anzusehen.

Wir müssen nicht nur erleben, wie sich unsere Welt, anstatt sich von uns beherrschen zu lassen, teilweise gegen uns wendet. In der Verdinglichung von Umwelt wird auch ihre Gleichgültigkeit sichtbarer als je zuvor. Ausgerechnet die menschlich geschaffene Welt wirkt unmenschlich. Und ausgerechnet die zweckmäßige Welt wirkt sinnlos.[14]

Zwar antwortet uns auch ein Wald nicht. Er reagiert lediglich kausal auf uns, lässt sich nur äußerlich berühren. Aber seine Taubheit und Stummheit schreit uns nicht so demonstrativ entgegen wie diejenige eines Gebäudekomplexes aus Beton.

Menschen waren ihrer Umwelt immer schon egal. Aber durch die Errichtung gewaltiger dinglicher Umwelten haben sie diese unüberwindbare Gleichgültigkeit unmittelbar *sichtbar* gemacht und an die Oberfläche geholt. Eine Pflanze ist nicht dankbar, wenn ich sie gieße. Aber sie ist, wenngleich kein Subjekt, so doch ein Lebewesen und reagiert weit komplexer und geheimnisvoller auf mein Handeln als ein dreckiger Teller, den ich in die Spülmaschine stelle. Es *scheint*, als würde sich die Pflanze meinen Wünschen entgegenstellen, wenn sie trotz sorgsamer Pflege stirbt. Der Teller schweigt dagegen sehr viel lauter, wenn ich ihn restverschmutzt aus der Maschine hole.

So wird uns die verdinglichte Umwelt – die wir ja selbst geschaffen haben – fremder, als es die »Natur« je sein konnte. Wir bleiben Lebewesen, aber halten alles Lebendige vor uns fern. Es ist ja zu unberechenbar! So vertiefen wir den ontologischen Graben zwischen *Ich* und *Welt*. Wir sind empfindsame Wesen, aber bewegen uns durch eine zunehmend mechanische Welt. Es ist kein Wunder, wenn wir uns darin nicht mehr geborgen fühlen. In der Natur erfahren wir uns wenigstens als Teil eines lebendigen Zusammenhangs.

Auch diese »Natur«, nach der wir uns manchmal romantisch sehnen, als ehemalige Heimat, von der wir uns berühren lassen wollen, auf Wanderungen, eingepackt in Funktionskleidung, auch diese Natur ist oft unbequem, unbarmherzig und grausam. Für ein Wochenende mag sie erholsam sein, auf Dauer wäre sie ein sehr hartes Feldbett. So scheint es durchaus klug, natürliche Gegebenheiten durch Technologien stärker an unsere Bedürfnisse anzupassen –, aber es muss eine Balance geben. Denn das schizophrene Verhältnis aus emotionaler Verkitschung und praktischer Ausbeutung erweist sich als doppelter Rückschlag. Die Natur wird uns gegenüber emotional fremder und praktisch überlebensfeindlicher.

Ein *Zurück zur Natur!* wäre also weder möglich noch wünschenswert. Die Sehnsüchte, welche in solchen Vorstellungen mitschwingen, treffen jedoch einen entscheidenden Punkt: Sowohl für das Überleben unserer Spezies wie auch für die persönliche Erfahrung von Weltverbundenheit müssen wir gemeinsam eine Haltung entwickeln, die offener und weniger beherrschend gegenüber der Welt ist.

Wenn sich Töne zu Melodien fügen

Wird die Gleichgültigkeit unserer Welt zur schmerzhaften Erfahrung, drohen wir, uns zu verschließen und selbst zu Stein zu werden. Wie in zwischenmenschlichen Beziehungen, in denen wir nach einer Weile *dichtmachen*, wenn die Gleichgültigkeit einer Person uns verletzt, können wir uns auch gegenüber unserer gesamten Welt abkapseln. Wenn dies geschieht und wir unsere Welt nicht mehr an uns herandringen lassen, uns nicht mehr berühren lassen, dann wird unser Weltverhältnis depressiv. Die äußerliche Berührung löst keine innerliche Berührtheit mehr aus.

Diese *Welt*, von der ich so gern spreche, ist nichts Objektives. Sie ist nur ein allgemeines Wort für alles, was wir wahrnehmen. Und daher verlieren wir immer mehr *Welt*, je weniger wir uns berühren lassen. Wir spüren uns selbst weniger, verlieren das Gefühl für die eigene Lebendigkeit. Wir nähern uns den Dingen an. Als Ding aber können wir keinen Sinn erfahren.

Daher ist Berührtheit, ist Empfindsamkeit kein Beiwerk, sondern eine Grundlage für alle Formen des Sinns und Dialogs. Spielerische oder fürsorgende Haltungen, Philia und Selbsterfahrung, sie alle bedürfen der Empfindsamkeit und Emotionalität.

In der Empfindsamkeit öffnen wir uns gegenüber unserer Welt. Dies ist eine Bewegung *hin* zur Welt. Wir versuchen nicht, sie uns beherrschend anzueignen – an uns *heranzubringen*. Sondern wir selbst begeben uns auf die Reise, wenden uns der Welt zu, gehen auf sie zu. Wir sind bereit, etwas mit uns geschehen zu lassen. Das lässt sich nicht erzwingen. Ein Stück weit bleibt uns unsere eigene Berührtheit *unverfügbar,* weil sie nicht beherrschbar ist.[15] Wir können uns Karten für die Philharmonie aneignen, aber nicht unsere Empfindsamkeit erzwingen. Wir können nur offen sein, uns bewegen zu lassen und uns auf unsere Welt zuzubewegen.

Nicht jedes Gefühl trägt diese Bewegung in sich. Wenn die Aufmerksamkeit bei unseren eigenen Gefühlen bleibt, bei unserer Trauer oder Wut, dann kapseln wir uns ab von dem, was uns umgibt. Wir werden zu unserem eigenen Gravitationszentrum. Welt dringt nicht mehr an uns heran, wir lassen uns nicht berühren, sind ganz erfüllt von uns selbst. Dann wirken unsere Emotionen wie eine trennende Wand.

Das muss nicht so sein. In der aufmerksamen Empfindsamkeit schotten wir uns nicht ab, sondern spüren in unserer Berührtheit die Welt. Wir weiten uns, weiten unser Ich, machen uns durchlässig. Diese Gefühle verbinden uns mit Welt. Selbst wenn wir Trauer oder Wut empfinden, kann unsere Verbundenheit spürbar werden. Weil Welt uns etwas bedeutet. Dann sind unsere Gefühle eine Antwort.

Nicht immer ist es gut, Welt an uns heranzulassen. Wenn Gefahren drohen, müssen wir sie auf Distanz bringen und versuchen, wieder beherrschbar zu machen. Machen wir dieses technische Prinzip aber zu einer Grundhaltung, verlieren wir etwas. Denn der technische Weltbezug ist *mittelbar*. Er basiert darauf, sich die Welt wie ein Mittel anzueignen, um den eigenen Wünschen gerecht zu werden, und er basiert darauf, Mittel zu benutzen, um dabei erfolgreich zu sein. Um Welt beherrschen zu können, müssen wir immer etwas *zwischen* uns und die Welt schieben. Und sei es nur unseren berechnenden Verstand.

Zeitweise mag es verlockend oder sogar notwendig sein, Welt auf Distanz zu bringen. Aber als Lebensprinzip führt dieser Weg in die Leere. Nur wenn es uns gelingt *offen* zu bleiben gegenüber dem Sternenhimmel, dem wir nichts bedeuten, uns innerlich berühren zu lassen von jener Lichtreise, die wir umgekehrt nicht berühren können, leben wir in einer reichen Welt. Nur wenn wir nicht taub werden gegenüber dem Rauschen der uns gegenüber tauben Bäume, fügen sich Töne zu einer Melodie. Zu einer Melodie, die in uns entsteht und dadurch wirklich ist.

Segeln

Nicht jede Beherrschung scheitert oder ist grundsätzlich falsch. Aber unsere Versuche, unsere Welt zu beherrschen und an uns anzupassen, sollten nicht totalitär werden – und sämtliche andere Bezüge verdrängen. Machen wir die ganze Welt zum Ding, dann wird auch unsere eigene Welt dumpfer und wir selbst werden darin dinglich.

Eine tatsächlich dialogische Beziehung zu den Meeren und Himmeln bleibt uns zwar verwehrt. Wir können das Konzept des Dialogs aber fruchtbar machen, um die Linien eines Weltverhältnisses zu skizzieren, das zwischen Berührung und Beherrschung angesiedelt ist – eines Verhältnisses, das weder einseitig darauf ausgelegt ist, uns vollständig an Umwelten anzupassen noch umgekehrt: alles unseren eigenen Bedürfnissen unterzuordnen. Wir können dies ein *segelndes* Weltverhältnis nennen.

Auf dem Segelboot verschränken wir Technologie und *technē*. Wir bedienen uns eines technologischen Dings, bleiben aber umfassend in unserem Geschick gefordert. Anstatt uns am Ufer stehend mit den Grenzen zu begnügen, welche uns die Welt und unsere eigenen Körper setzen, oder anstatt betend zu versuchen, Welt gnädig zu stimmen und uns eine Brücke zu senden, legen wir selbst Hand an. Wir bauen ein Schiff, um die Weite des Meeres beherrschbar zu machen. Dann segeln wir los, das Ziel fest im Blick. Doch unser Weg, er ist nicht gerade. Wir arbeiten mit dem Wind, nehmen, was die Umwelt uns gibt, und formen daraus unsere Reise. Wir sind weder rein aktiv noch rein reaktiv. Wir verändern nicht das Meer und den Wind, sondern orientieren uns daran.

Dies ist kein echter Dialog. Dies ist kein Verhältnis wechselseitiger Berührung. Aber ähnlich wie der Dialog ein gemeinsamer Tanz ist, so ist auch das Segeln ein Prozess, der in zwei Richtungen geht. Die Route, die wir zurücklegen, wird durch unsere eigenen Wünsche und Entscheidungen bestimmt, aber wir respektieren dabei – nicht im moralischen, sondern im pragmatischen Sinne – das Spiel der Winde. Zwar verschieben wir natürliche Grenzen, ja, wir versuchen zu beherrschen, aber nicht radikal wie in einem Flugzeug, das sich mit seinen Turbinen den Weg durch noch so widriges Wetter bahnt. Wir passen unsere Route an, arbeiten gemeinsam mit der Welt.

Das Segeln ist eine Metapher, die nicht für Technologien vergangener Tage stehen soll, sondern für ein Weltverhältnis wechselseitiger Anpassung. Ein solcher Ansatz wird immer dringlicher.

In der Geschichte des biologischen Lebens war die Anpassung an Umwelten eine Kernbedingung, um zu überleben. Gemäß Darwins *survival of the fittest* überleben nicht unbedingt die Stärksten, sondern die am besten angepassten. Wir als Homo sapiens jedoch versuchen kaum noch, uns an Umwelten anzupassen. Im Gegenteil, wir wollen die Umwelt gefügig machen und an unsere eigenen Wünsche angleichen.

Segeln heißt, die Winde zu nehmen, wie sie kommen, im Großen wie im Kleinen. Wir können nicht alles im Leben kontrollieren, sogar im Gegenteil: Wir können nur das allerwenigste kontrollieren. Segeln heißt, offen gegenüber dem zu sein, was unsere Welt uns gibt, auch dann, wenn es nicht perfekt in die Planung passt. Segeln heißt, offen für Reibung zu sein. Denn nicht alles gelingt, und manchmal sind die Winde rau und böig.

Reibung

Reibung entsteht durch Widerstand. Manchmal stellt sich die Welt unseren Plänen und Wünschen entgegen. Sie steht uns im Weg, wir stoßen uns an ihr, werden von unserem eingeschlagenen Kurs abgelenkt, werden aus unserer Rolle als Gestaltende des Lebens herausgerissen, wir werden *konfrontiert* vom Leben und müssen reagieren.

Eine Reibung in diesem Sinne ist keine sanfte Berührung. Sie ist aber auch kein Schlag ins Gesicht. Reibung entsteht durch eine Widerständigkeit unserer Welt, mit der wir noch umgehen können –, wenn wir dazu bereit sind und über die inneren Ressourcen verfügen. Wir werden herausgefordert, aber nicht fertiggemacht. Wir geraten aus der Komfortzone, aber nicht in den Panikbereich.

Heute versuchen wir, Welt einzuebnen und Widerstände zu verringern. Alles soll genau so sein, wie wir es uns vorstellen: Urlaubsreisen, Unternehmensprozesse, Lebensläufe, Partys, Freundschaften, Sexualität, unser Alltag – in immer mehr Bereichen wird Reibungslosigkeit zum Leitbild.

Reibungslos ist ein Weltausschnitt, wenn wir ihn ganz beherrschen, er also ganz der von uns gewollten Form entspricht. Um dies umzusetzen, versuchen wir, vorausschauend zu planen, Störfaktoren auszuschalten, das Fremde, Bremsende, Ablenkende, Eckige abzuschleifen. Dazu werden wir in unserem Alltag auch gedrängt. Denn Reibung verlangsamt das Rad der Zeit, reduziert Effizienz, Berechenbarkeit und Kontrollierbarkeit.

Im Zusammenspiel der Reibungslosigkeiten wird unsere Welt *glatter* und dadurch weniger greifbar. Sie beginnt, sich uns zu entziehen. Wir suchen Kontakt, doch gleiten an ihr ab, in die Leere hinein, und spüren im Rausch der reibungslosen Funktionalität weder uns selbst noch das, was außerhalb von uns liegt. Es ist, als würden wir einen Teflon-Film zwischen uns und die Welt legen. Doch erst im Kontakt mit Welt wird das Leben zum Erlebnis. Erst im Kontakt können wir uns als Menschen entfalten, werden herausgefordert und fühlen, dass wir sind.

Die gute Nachricht ist – so könnte man denken –, dass unser Leben ohnehin niemals vollständig reibungslos verlaufen wird, mögen wir auch noch so sehr danach streben und darauf hinarbeiten. Doch dies ist nur dann eine gute Nachricht, wenn wir lernen, mit Reibung umzugehen. Und dafür müssen wir sie annehmen und bejahen.

Im Paradigma der Reibungslosigkeit erfahren wir auftretende Reibungen nicht als herausfordernde Textur unseres Daseins in der Welt, an der wir wachsen und uns selbst erfahren können. Stattdessen wird jeder Widerstand als Schlag wahrgenommen. Überhaupt alles, was nicht glatt ist, stellt einen Schlag dar. Es gibt nur noch Gut und Böse.

So können wir uns selbst in die Verzweiflung treiben. Statt *mit* dem Chaos der Welt umzugehen, versuchen wir, ihr unsere Ordnung aufzuzwingen, sie ganz an uns anpassen. Doch dieses Unternehmen wird nie vollständig gelingen. Zu wesentlich ist unser aller Leben durch den Zufall bestimmt.

»Was man *hat*, kennt man; man fühlt sich darin sicher, man kann sich daran festhalten«, schreibt Erich Fromm.[16] Am Ende bleibt auch das nur eine Illusion. Nichts ist uns vollständig verfügbar. Ein Teil der Welt wird sich uns immer entziehen. An dieser Reibung können wir uns am Ende selbst zerreiben – oder wir nehmen sie an und beginnen zu segeln.

Damit will ich nicht jedes schmerzhafte Ereignis romantisieren. Eine plötzliche Krebserkrankung als »Reibung« zu deuten wäre absurd und falsch. Und in prekären Situationen ist ein Jobverlust weniger Chance für einen Neuanfang als vielmehr eine existenzielle Gefahr. Manche Ereignisse fahren wie ein Blitz durch unser Leben. Doch zwischen Zärtlichkeit und Faustschlag gibt es ein ganzes Spektrum des uns zustoßenden Lebens. Segeln heißt, offen gegenüber unserer Welt zu bleiben. Auch offen für Reibung.

Stürme

Offen zu sein, Berührung zu erlauben, statt sich zu verschließen, das macht auch verletzlicher gegenüber den Kanten und Fallstricken dieser Welt. Wir kennen das aus Erfahrungen mit anderen Menschen: Wenn wir uns öffnen, dann können uns Gleichgültigkeit oder Zurückweisung viel stärker treffen, als wenn wir selbst gleichgültig und verschlossen sind.

Sich dauerhaft auf *Welt* einzulassen ist daher nur möglich, wenn wir einen offenen Umgang auch mit ihren unangenehmen, teils grausamen Seiten finden. Das heißt nicht, alles auf der Welt stumm zu akzeptieren. Segeln kann auch bedeuten, sich gegen den Wind zu lehnen! Aber je stärker wir uns berühren lassen, desto mehr bedürfen wir auch der Fähigkeit, mit unserer eigenen Berührtheit umzugehen. Sonst wird Sensibilität zu Überforderung. Es beginnt ein Tanz auf dem Drahtseil zwischen Wut und verschlossenem Rückzug.[17] Ein sinnerfülltes, berührtes Leben jedoch ist immer auch ein *involviertes* Leben, involviert in eine Welt, die nicht nur Quelle von Freude ist. Während Hedonisten versuchen, sich einen eigenen Garten aus Annehmlichkeiten zu bauen, in dem sie sich vor der Welt zurückziehen, führt der Weg von Segelnden auch durch den Sturm.[18]

Ein segelndes Weltverhältnis zu entwickeln heißt deshalb auch, grundlegend anzuerkennen, dass diese Welt nicht nur angenehm sein kann. Schon in der Natur sind Leben und Tod im wahrsten Sinne des Wortes verzahnt – viele Tiere überleben nur, weil sie andere töten. Vielleicht ist dies der Unterschied zwischen *Glück* und *Glückseligkeit*: das Leben in seiner Gesamtheit zu bejahen, in seinem verstrickten Zusammenhang aus Anfang und Ende, aus Zärtlichkeit und Schwierigkeit.

Die Suche nach Sinn ist eine Suche nach Versöhnung. Die

Welt aber steht oft in Spannung zu unseren Wünschen und Empfindungen. Wir werden diese Spannung nicht ganz auflösen können. Weder können wir die Welt vollständig an unsere Bedürfnisse anpassen, noch all unsere enttäuschten Bedürfnisse abstreifen. Beides kann nicht gelingen. Und in beiden Fällen würde unsere Welt farblos. Denn dazu müssten wir die Welt zum Ding machen oder uns selbst.

Unser »Leben« ist auch das, was uns widerfährt, ein Gebräu voller Mehrdeutigkeiten und Mehrwertigkeiten. Das wenigste ist klar bestimmbar, fast nichts ist lediglich gut oder schlecht. Leben, das ist auch die Kunst, solche Widersprüche und Spannungen auszuhalten. Gelingen kann dies nur, wenn wir sie bejahen und erkennen, dass zwischen ihnen Freiräume für neue Anfänge entstehen. Das Schmerzhafte dieser Welt lässt sich auf Dauer nur zu einem hohen Preis verdrängen oder in etwas Positives umdichten.

Frieden zu schließen mit dem manchmal unbarmherzigen Lauf der Dinge bleibt eine fortwährende Herausforderung. Es gibt dafür kein theoretisches Rezept. Und es kommt kein Punkt im Leben, an dem wir uns ein für alle Mal mit dem Schicksal versöhnen. Wie der Frieden zwischen Nationen, so muss auch unser Frieden mit der Welt immer wieder neu errungen und beschützt werden.

Lebendige Welt

Wir suchen Antwort, suchen einen Widerhall in der Welt, der uns versöhnen könnte mit unserem Schicksal. Wenn das, was uns geschieht, Ausdruck eines Antwortverhältnisses wäre, dann könnten wir Frieden schließen, so hoffen wir insgeheim. Ähnlich wie auch Bestrafungen in unserer Kindheit weniger schlimm waren, wenn wir sie für verständlich und gerechtfertigt hielten –, wenn wir darin eine Antwort auf unser Verhalten sahen und nicht bloß eine willkürliche Laune –, so könnte auch ein verborgener Sinn hinter dem, was uns widerfährt, unsere Bedeutsamkeit retten.

Daher ist die Versuchung zuweilen groß, sich in eine tröstende Metaphysik zu flüchten, der Welt eine versteckte Beseeltheit zuzusprechen: Zornig wirft Zeus seine Blitze auf uns hinab und lässt Poseidon die Meere aufpeitschen. In der Hoffnung, sie gnädig zu stimmen, opfern wir Demeter, der Göttin des Ackerbaus. Mögen uns die Antworten dieser Götter auch nicht gefallen, immerhin *können* wir sie berühren, immerhin *können* sie uns anders als gleichgültig begegnen. Wenn die Welt uns bestraft, können wir hoffen, dass es einen Grund dafür gibt.

Was aber ist die Alternative zu einem solchen metaphysischen Glauben? Sich tief im eigenen Herzen zu vergraben, die eigene Berührtheit fest zu verschließen in einem Kokon der Enttäuschung? Oder zu versuchen, diese Welt zu unterwerfen, der wir unterworfen sind?

Beides wäre bedauerlich. Leben entsteht im Dazwischen, in unserem In-der-Welt-Sein. Wir können die Segel hissen. Und wir können Dialog suchen mit denen, die zum Dialog fähig sind. Wir können sprechen zu Wesen, die Ohren haben, können uns denen zeigen, die Augen haben, können berühren, wer uns mit offenem Herzen begegnet. Dafür müssen wir uns Zeit nehmen. Denn verschanzt hinter den Mauern atemloser Geschäftigkeit lebt es sich zwar bequem, aber auch sehr einsam.

Im Dialog mit anderen wird unsere Welt zu einer geteilten Welt, einer größeren, reicheren Welt. Manchmal ist das mit Reibungen verbunden, aber daran können wir beide wachsen, du und ich. Es ist nicht immer leicht, offen zu bleiben. Aber es lohnt sich. In Begegnungen mit anderen und mit der Welt insgesamt, in unserer eigenen Empfindsamkeit, können wir selbst zu einem Resonanzraum werden. Wenn wir berührt bleiben und Melodien in uns entstehen lassen, dann ändert sich unsere Welt wahrhaftig. Denn *Welt*, das kann nichts Objektives sein. Welt entsteht erst in unserer Bezugnahme.

In einer lebendigen Bezugnahme wird unsere Welt eine lebendige Welt.

V

WO BIN ICH ZU HAUSE?

Wenn der Dialog verstummt, wenn die Welt uns nicht berührt und wir nicht sie, wenn der Fluss der Zeit erstarrt und unseren Weltbezug zerreißt, dann erleben wir in aller Deutlichkeit: Wir sind nicht Teil dieser Welt. Sie ist dort, und wir sind hier. Dazwischen ein Graben, eine Wand, eine Leere. Unsere Welt entgleitet uns.

Es ist die Erfahrung einer Selbstverständlichkeit: Wir führen unser Leben *in* unserer Welt, doch wir *sind* nicht unsere Welt. Wir sind von ihr verschieden, sind von ihr *getrennt*. Der Himmel über unseren Köpfen, die Geräusche der Stadt, all das ist dort drüben, nicht hier in uns drin.

Da ist Welt, und hier bin ich.

In der Sinnkrise kann dieser Unterschied zwischen *Ich* und *Welt* zu einer existenziellen Erfahrung werden. Wir fühlen uns unverbunden. Die Welt rückt auf Distanz, wird uns fremd, und in ihr werden wir zu Fremden. Wo bin ich zu Hause?

Ich stehe dort, spüre, wie sich Nieselregen klamm in meiner Kleidung einnistet, starre auf grauen Asphalt, vorbeirasende Autos, mechanisch umherspringende Ampeln und ebenso mechanisch auf ihren Handys herumwischende Menschen. Mögen ihre Geräte auch miteinander verbunden sein, sie wirken nun einsam wie Treibholz im Ozean. Mir ist un-heimlich. Jede Straße hier mag ich schon einmal gesehen haben, doch jede Straße bleibt mir fremd. An der Fassade eines neben mir stehenden Menschen prallt mein Blick ab. Nicht näher ist er mir als ein sich kantig bewegender Roboter, als eine Schere, die gleichgültig durch Papier schneidet.

Zwischen der Welt und mir stoße ich auf eine unsichtbare Glasscheibe. Wassertropfen rinnen über mein Gesicht, doch dringen nicht an mich heran. Die Welt bleibt mir äußerlich.

DIE GETRENNTHEIT VON UNSERER WELT

Auch wenn du solche Momente anders erlebst als in dieser kurzen Szene beschrieben, weißt du vermutlich, was gemeint ist. Manchmal fehlen die Brücken, um sich mit einer Welt zu verbinden, von der man verschieden ist.

Diese Erfahrung existenzieller Getrenntheit ist tief in der Grundstruktur unseres Menschseins angelegt: Weil wir ein Bewusstsein haben, unterscheiden wir automatisch zwischen *Ich* und allem anderen, was nicht Teil dieses *Ichs* ist.

In vielen Situationen ist das kein Problem und völlig selbstverständlich: Logisch, die Tasse in meiner Hand, das bin nicht ich – na und?

Manchmal aber wird diese Kluft allzu spürbar. Wenn die Trennung zwischen *Ich* und *Welt* zu deutlich wird, zu tief geht, dann ist das Ich nicht nur verschieden, sondern abgeschottet von seiner Welt. Es ist isoliert, und das kann weh tun.

»Das tiefste Bedürfnis des Menschen ist demnach, seine Abgetrenntheit zu überwinden und aus dem Gefängnis seiner Einsamkeit herauszukommen«, schreibt der Psychoanalytiker und Philosoph Erich Fromm über dieses Phänomen. Und weiter: »Der Mensch sieht sich – zu allen Zeiten und in allen Kulturen – vor das Problem der Lösung der einen und immer gleichen Frage gestellt: wie er sein Abgetrenntsein überwinden, wie er zur Vereinigung gelangen, wie er sein eigenes einzelnes Leben transzendieren und das Einswerden erreichen kann«.[1]

Mit etwas anderen Worten beschreibt auch der renommierte Psychologe Irvin D. Yalom unsere *existenzielle Isolation* als fundamentale Herausforderung: Niemals können wir mit anderen ganz verschmelzen, immer bleiben wir ein Stück weit auf uns selbst zurückgeworfen. Kein Mensch kann uns hundertprozentig verstehen, und wie wir unser Leben führen, müssen wir letztlich selbst entscheiden. Auf einer basalen Ebene sind wir von anderen Menschen isoliert, selbst wenn wir mit Freundinnen und Freunden in einer Bar sitzen. Im Regelfall nehmen wir diese grundlegende Isolation gar nicht wahr, aber manchmal wird sie erfahrbar und problematisch: Andere Personen wirken fremd, selbst Gegenstände verlieren plötzlich ihre Bedeutung und Vertrautheit. Dann fühlen wir uns so abgetrennt von allem, dass wir die Welt nicht mehr als Zuhause empfinden können.[2]

Genau dieses Gefühl entsteht auch in Sinnkrisen, manchmal subtil wie ein Windhauch, manchmal eindeutig wie eine Sturmböe: kein *Teil* zu sein von dieser Welt.

Nach den bisherigen Erfahrungen von Ziel- und Zwecklosigkeit, von Vergänglichkeit und von Gleichgültigkeit untersuchen wir nun die Erfahrung des Getrenntseins als vierten und letzten Auslöser für Sinnkrisen.

Diese Getrenntheit und Entfremdung steht nicht auf der gleichen Ebene, sondern quer zu den bisherigen Überlegungen.

Denn sie schwingt immer mit. Haben wir zum Beispiel das Gefühl, nichts sei wirklich wichtig, ist es auch schwer, die Welt als Heimat zu erfahren. Insofern kann existenzielle Isolation eine *Begleiterscheinung* anderer Sinnprobleme sein. Das macht sie auch so schwer greifbar. Gleichzeitig ist die Unterscheidung zwischen Ich und Welt eine *Voraussetzung* für sämtliche Sinnfragen: Am eigenen Sinn in der Welt können wir nur zweifeln, wenn wir von dieser »Welt« verschieden sind. Die Erfahrung von Getrenntheit ist also eng verknüpft mit allen bisher besprochenen Phänomenen. Trotzdem handelt es sich um eine eigenständige Facette des Sinnverlusts. Sie werden wir nun in den Blick nehmen; wir werden den Sehnsüchten und Versuchen nachgehen, die Mauern des eigenen Ichs einzureißen und eins zu werden mit Welt.

Sinn durch Verbundenheit

Stell dir ein kleines Zimmer vor, sechseckig, wie die Zelle einer Bienenwabe. Es hat weder ein Fenster noch eine Lampe – und doch ist es von einem sanften Leuchten erfüllt.[3] In der Mitte steht ein Sessel, darin eine Frau, etwa anderthalb Meter groß, mit einem Gesicht weiß wie Pilz. Ihr gehört das kleine Zimmer.[4]

Eine elektrische Klingel läutet.[5] »Wer ist da?«, ruft sie gereizt. Sie hat Abertausende Bekannte.[6]

Den Hörer am Ohr, breitet sich in ihrem Gesicht ein Lächeln aus.[7] Es ist Kuno, ihr Sohn. Sie antwortet: »Nun gut, unterhalten wir uns, ich isoliere mich jetzt. Ganze fünf Minuten bekommst du von mir.«[8]

So beginnt E. M. Forsters Novelle *Die Maschine steht still.* Es ist kaum zu glauben, wie viele Entwicklungen in diesem über

100 Jahre alten Buch vorweggenommen werden. Lange vor der Erfindung des Computers beschreibt Forster eine Welt, in der sich Menschen ausschließlich per Videotelefonie unterhalten. Alle leben in ihrer eigenen privaten Kapsel. Die *Maschine* sorgt für alles, Essen und Trinken, das tägliche Bad. Es gibt keinen Grund mehr rauszugehen. Über kleine Geräte diskutieren die Einsiedlerinnen und Einsiedler von morgens bis abends und entwickeln permanent »Ideen«. Wozu sie das alles tun und was damit überhaupt gemeint ist, wird im Laufe des Buches nicht erklärt. Möglicherweise gibt es keinen Sinn. Trotzdem sind ihre Ideen-Konferenzen extrem eng getaktet. In diesem Zustand der Dauerkommunikation leiden alle unter Zeitmangel. So verbringen sie ihr ganzes Leben vor den Geräten, mit verkümmerten Körpern, haar- und zahnlos. Aber das macht nichts. Körperliche Anstrengungen gibt es ohnehin nicht mehr, und Berührungen finden ebenfalls nicht statt. Diese einst übliche Praxis ist dank der *Maschine* obsolet.[9] Jeder bleibt für sich.

»Ich möchte, dass wir uns sehen«[10], verkündet Kuno seiner Mutter. Sie erbleicht. Das widerspricht dem Zeitgeist. Vashti spürt Panik in sich aufkommen.

Diese Geschichte erzählt nicht bloß von futuristischen Technologien, sie beschreibt auch ein Lebensgefühl. Viele Menschen haben das während der Coronapandemie besonders intensiv erfahren: von einer Videokonferenz zur nächsten, die ganze Zeit im Gespräch und doch abgeschnitten vor dem Bildschirm. Jeder für sich in seinem Kämmerchen, dem kleinen Turm der Sicherheit. Niemanden zu nah dranlassen. Vernetzt und doch allein. Vor der Pandemie hätte man diese Situation zu einem interessanten Theaterstück verarbeiten können; als eine Metapher für unsere Gesellschaft, ähnlich wie Forsters Novelle. Doch während der Pandemie schien sein Gedankenexperiment für einen ganzen Teil der Bevölkerung Realität geworden zu sein. Vermutlich war das ein zentraler Grund für die grassierenden Depressionen;[11] immerhin wurden Rückzug und Abschottung zum Leitprinzip. Gerade so verhalten sich Menschen normalerweise, wenn sie depressiv sind.

Dabei braucht es nicht unbedingt eine Pandemie, um sich entfremdet zu fühlen. In seinem Buch *Existentielle Psychotherapie* erzählt Irvin D. Yalom von einer Patientin. Sie beschreibt ihre innere Getrenntheit mit einem Vergleich: »Erinnerst du dich an den Film *West Side Story*? Es gibt darin eine Szene, in der sich zwei Liebende treffen. Sie schauen sich an, und plötzlich verschwindet alles um sie herum. Genauso fühle ich mich manchmal. Nur dass da niemand anderes ist als ich.«[12] Hier hängt das *Ich* im luftleeren Raum, unverbunden und atomisiert, einsam und isoliert. Die Welt draußen rückt in den Hintergrund, erscheint unwirklich, wie eine verblassende Erinnerung.

Und dann gibt es genau gegenteilige Momente: Wenn wir eine tiefe Verbundenheit spüren, geradezu durchströmt sind von unserer Welt. Wenn wir intensiv berührt werden oder uns still und friedlich in der Welt aufgehoben fühlen. Wie können wir diesen Sinn besser verstehen und im Leben finden?

In den letzten Kapiteln haben wir verschiedene Arten von Sinn besprochen. Es gibt einen *Sinn durch wichtige Ziele*, an denen wir unser Handeln orientieren können. Es gibt einen *Sinn durch Hoffnung* auf bessere Zeiten. Es gibt einen *Sinn durch spielerische Haltungen*, die uns in der Gegenwart verorten. Und es gibt einen *Sinn durch Antwort*, der im Dialog entsteht –, wenn wir erfahren, dass wir anderen wichtig sind. Nun geht es um einen weiteren Sinn, einen *Sinn durch Verbundenheit und Einheit*. Dieser Sinn lässt sich besonders schwer in Worte fassen. Er hat viel zu tun mit Zugehörigkeit und Geborgenheit, sich in der

Welt aufgehoben zu fühlen, sie als Heimat zu erfahren. Zerreißt dieser Sinn, dann fühlen wir uns abgetrennt, isoliert, entfremdet, vereinzelt. Wie an diesen Aufzählungen deutlich wird, gibt es verschiedene Begriffe, um zu versuchen, solche Erfahrungen zu beschreiben.

Der Wunsch danach, Erfahrungen von Getrenntheit zu überwinden, kann sich unterschiedlich äußern. Ganz wesentlich ist er dadurch geprägt, nicht mehr der Welt *gegenübergestellt* zu sein, sondern *Teil* von ihr zu sein. In dieser Hinsicht empfinden wir unser Leben als sinnvoll, wenn wir uns mit der Welt verbunden fühlen oder sogar noch stärker: Einheit empfinden.

Auch auf diese Art von Sinn-Sehnsucht bieten Religionen eine umfassende Antwort. Denn wenn man annimmt, dass im gesamten Seienden der gleiche göttliche Wille zum Ausdruck kommt, ist auch nichts mehr wirklich fremd. Hinter allem atmet derselbe Geist; er stiftet Einheit in der Vielfalt des Lebens. Seine Liebe verbindet die Menschen mit ihrer Welt. Man ist dann niemals wirklich allein, ist zutiefst eingebettet in einen göttlichen Zusammenhang. Durch gemeinsame Riten wird diese Verbundenheit für Gläubige erlebbar.

Aber auch ohne Religion stehen uns zahlreiche Wege offen, Verbundenheit und Einheit zu erfahren. Diese Wege werden wir nun erforschen. Einer davon ist offensichtlich: Mit anderen Menschen können wir Gemeinschaften bilden, ein Teil von etwas sein, uns aufgehoben fühlen. Das kann ein wichtiger Baustein sein, um sich auch auf der schwer greifbaren, existenziellen Ebene in der Welt zu Hause zu fühlen. Schließlich sind soziale Verbindungen enorm wichtig für das gesamte Lebensgefühl – das zeigt auch ein Blick in die Psychologie.

Menschen haben ein starkes Grundbedürfnis, soziale Beziehungen einzugehen und sich darin geborgen zu fühlen. Bei allem Individualismus wollen wir doch nicht allein existieren. Wir sind eben Herdentiere, sind eher Elefanten als Tiger, erst im Verbund werden wir stark. Insofern widerspricht soziale Isolation tiefsitzenden Instinkten; ohne das Gefühl von Verbundenheit leidet unsere seelische und sogar körperliche Gesundheit.

In der empirischen Forschung sind das recht neue Erkenntnisse. Erst in den 1940er Jahren zeigte der Entwicklungspsychologe René A. Spitz in Vergleichsstudien, dass die Sterblichkeit von Kleinkindern drastisch in die Höhe schnellt, wenn sie keine emotionale Fürsorge erfahren. Bis dahin dachte man, nur Nahrung und Sauberkeit seien wirklich entscheidend. Tatsächlich aber ist Nähe wichtiger für die Gesundheit als hygienische Bedingungen.[13] Es reicht Babys nicht, gefüttert zu werden, sie brauchen auch körperliche Berührungen, eine spürbare Verbundenheit zu den Eltern.[14] Ohne diese Erfahrungen steigen Cortisolspiegel und Stresslevel – das Immunsystem wird geschwächt.[15] Gleiches gilt für Erwachsene. Wie andere soziale Säugetiere braucht der Mensch physische Berührungen. Umarmungen setzen Oxytocin frei, sie beruhigen und stärken die Abwehrkräfte[16] – Kuscheln lässt uns länger leben! Und schon ein einfacher Handschlag stärkt den Zusammenhalt.

Das Gefühl sozialer Verbundenheit wird natürlich nicht bloß durch Körperkontakt hergestellt, sondern indem wir insgesamt gelingende Beziehungen eingehen. Deren immense Bedeutung wird ebenfalls durch die gesundheitlichen Folgen deutlich. Zwar fühlt sich jeder Mensch manchmal einsam. Wenn diese Empfindung aber chronisch wird, hat dies dramatische Auswirkungen auf das Immunsystem. Herzinfarkte, Schlaganfälle und Alzheimer werden wahrscheinlicher;[17] die Lebenserwartung sinkt ähnlich stark wie bei regelmäßigem Zigarettenkonsum.[18] Ausschlaggebend für die mentale und körperliche

Gesundheit ist dabei nicht die *Anzahl* der sozialen Kontakte, sondern deren Qualität – die Erfahrungen von Dialog und Fürsorge, von Bedeutsamkeit und Verbundenheit. In Umfragen werden enge Beziehungen daher als wichtigste Sinnquellen angegeben. Umgekehrt empfinden einsame Menschen ihr Leben als weniger sinnvoll.[19] Wenn diese Erfahrung dauerhaft wird, kann erheblicher Schaden entstehen.

Klar, das sind statistische Zusammenhänge, und es gibt Ausnahmen. Zwar haben fast alle Menschen dieser Welt ein Bedürfnis nach sozialer Verbundenheit, allerdings ist es unterschiedlich stark ausgeprägt. Manche Personen sind gern allein, – aber sie sind dann nicht einsam! Zwischen diesen Kategorien besteht ein wichtiger Unterschied. Natürlich kann es wunderschön und erholsam sein, allein durch einen Wald zu wandern oder zu Hause aufzuräumen und dabei Musik zu hören. Erst wenn wir Gemeinschaft vermissen, wenn uns also etwas fehlt, werden wir einsam. Das kann auch passieren, wenn wir nicht wirklich allein sind, zum Beispiel an belebten Orten oder sogar in nahen Beziehungen. Immerhin acht Prozent aller Personen in fester Partnerschaft leiden in Deutschland unter chronischer Einsamkeit. Dieser Wert ist kaum geringer als bei den Singles.[20]

Weil soziale Isolation und Entfremdung derart problematisch sein können, ist das Thema auch politisch brisant geworden. Die britische Regierung bezeichnet Einsamkeit als eine der größten gesundheitlichen Herausforderungen für gegenwärtige Gesellschaften.[21] Als Reaktion darauf wurde 2018 in Großbritannien die erste Ministerin für Einsamkeit ernannt.

Warum aber wirkt sich soziale Isolation so dramatisch auf das Wohlbefinden und die Gesundheit aus?

Der Neurowissenschaftler John Cacioppo gehört zu den renommiertesten Einsamkeitsforschern. Ihm zufolge lässt sich das Bedürfnis, nicht nur von Menschen *umgeben* zu sein, sondern sich ihnen auch *zugehörig* zu fühlen, evolutionär erklären.[22] Immerhin ist das Verhältnis zu unseren Mitmenschen eine ambivalente Angelegenheit. Einerseits brauchen wir sie, um in der Wildnis zu überleben. Andererseits können sie uns hochgefährlich werden. Gerade wenn man verwundbar ist, etwa als Kind, im Schlaf oder während einer Krankheit, muss man sich darauf verlassen können, in der Gruppe aufgehoben zu sein und nicht zurückgelassen zu werden. So gesehen ist der emotionale Schmerz von Einsamkeit und Entfremdung ein Warnmechanismus: Deine sozialen Bande sind zu schwach! Du musst sie stärken oder dir andere Gefährtinnen und Gefährten suchen!

Es ist also kein Wunder, dass Menschen ein ausgeprägtes Bedürfnis nach sozialer Nähe haben. Wie bei vielen anderen Tieren ist Isolation ein kritischer Zustand; eine Bedrohung. In *allen* jemals untersuchten Gesellschaften, bei Menschen wie bei Affen, wird der Ausschluss aus Gruppen als Bestrafung eingesetzt. Bis heute ist Isolationshaft in den meisten Ländern das härteste Urteil.

Diese Überlegungen geben uns Anhaltspunkte, um die Suche nach Sinn besser zu verstehen. Denn wenn wir uns nach Verbundenheit sehnen, spielen Beziehungen eine ganz wesentliche Rolle. Trotzdem sollten wir *soziale* und *existenzielle* Isolation nicht gleichsetzen. Auch wenn sie sich gegenseitig beeinflussen: Die existenzielle Ebene geht noch tiefer. In Sinnkrisen fühlen wir uns nicht nur von anderen Menschen, sondern von der Welt insgesamt abgetrennt. Als hätten wir nicht nur keinen Platz in sozialen Gruppen, sondern keinen Platz auf diesem Planeten. Als würden wir hier nicht hingehören. Wie ein Clown auf einer Beerdigung. Wie ein Pinguin in der Wüste. Absurd.

Und tatsächlich stimmt es ja. In gewisser Hinsicht können

wir niemals vollständig Teil dieser Welt werden. Auch die letzte Kluft zu unseren Mitmenschen ist unüberwindbar. Wir sind von ihnen verschieden; da ist eine Grenze zwischen uns, die das *Ich* vom *Du* trennt. »Hier haben wir das Paradoxon, das potenziell tragische Paradoxon, dass unser In-Beziehung-Sein zu anderen ein so wesentlicher Aspekt unseres Daseins ist wie unser Getrenntsein«, schreibt der Psychiater Ronald D. Laing.[23]

Dabei handelt es sich einerseits um eine existenzielle Tatsache, die immer leise mitschwingt. Andererseits können wir solchen Erfahrungen natürlich entgegenwirken oder sie fördern. In Zeiten wie der Coronapandemie kann der *soziale* Rückzug auch die *existenzielle* Isolation spürbarer machen: In Videokonferenzen wird die Begegnung mit anderen technisch vermittelt, wir sehen uns ins Gesicht und tun es doch nicht, starren in einen Bildschirm. Im wahrsten Sinne des Wortes wird unser Gegenüber zweidimensional. Wir sind weniger involviert ins Geschehen, unsere Teilhabe beschränkt sich darauf, in eine Webcam zu sprechen oder auf einer Tastatur herumzutippen.

Ohnehin haben im 21. Jahrhundert viele Jobs einen abkapselnden Charakter. So ist etwa die Beziehung einer Hebamme zu ihrer Klientin viel direkter und ganzheitlicher als diejenige einer Kundenberaterin im Callcenter. Letzteres ist aber das weit häufigere Berufsbild.

Diese Beispiele haben deutliche Parallelen zu den letzten Kapiteln. Das liegt daran, dass die bisher besprochenen Formen von Sinn auch Verbundenheit stiften: Agape verbindet uns mit Menschen und der Welt; im Spiel sind wir ganz im Moment verwoben; im Dialog schaffen wir eine gemeinsame, geteilte Welt.

Es liegt an uns, solche Sinnbeziehungen einzugehen. Und selbst in abwegigen Situationen haben wir dafür mehr Möglichkeiten als auf den ersten Blick erkennbar. Aber, wie wir schon mehrfach festgestellt haben: äußere Umstände können es uns erleichtern oder erschweren.

Mit diesen Vorüberlegungen haben wir uns den Erfahrungen von Getrenntheit und den Sehnsüchten nach Verbundenheit etwas angenähert. Ganz verstanden haben wir das Phänomen aber noch nicht. Denn etwas daran ist seltsam. Betrachten wir das Gefühl von Getrenntheit mit etwas Abstand, widerspricht es ganz wesentlichen Tatsachen: Natürlich sind wir Teil dieser Welt! Allein schon physikalisch sind wir zutiefst eingebettet. Mit jedem Atemzug haben wir Teil am Kreislauf aus Sauerstoff und Kohlenstoff. In unserem linken Zeigefinger ist ein Atom, das vielleicht einmal Teil eines Käses war, den wir gegessen haben. Und eines Tages wird es vielleicht Teil einer Made sein. Mit jedem Wort, das wir sprechen, beteiligen wir uns an Gesellschaft. Und ob wir wollen oder nicht, allein schon unsere pure Gegenwart ändert die Atmosphäre eines Raums, wenn wir ihn betreten. So lange wir leben, ist es unmöglich, *kein* Teil dieser Welt zu sein. Was möglicherweise abstrakt klingt, können wir ganz deutlich spüren, in Momenten tiefer Einheit, in der Natur oder der Liebe, auf Konzerten oder, ganz plötzlich und unvermittelt, auf einer Radfahrt durch die Innenstadt. Das sind Momente stillen Glücks, wenn wir diese Verwurzelung empfinden, die immer schon da ist, immer schon da war.

Bis es zum Bruch kommt. Schleichend oder schlagartig entsteht wieder dieser Eindruck kompletter Unverbundenheit, ein fast sichtbarer Graben zwischen dem Ich und seiner Welt. Beide Gefühle möchte ich ernst nehmen. Vielleicht haben beide ihre eigene Wahrheit. Vielleicht ist genau dies das »potenziell tragische Paradoxon«, von dem R. D. Laing spricht. Für unsere Suche nach Sinn ist es vor allem wichtig, diesen Bruch besser zu verstehen. Wodurch wird er ausgelöst? Wie können wir ihn vermeiden? Was sind das für Sehnsüchte nach Einheit, die Menschen zu allen Zeiten bewegt zu haben scheinen? Worauf beziehen sie sich? Wann verschärfen sie sich? Und in welchem Momenten lösen sie sich auf?

Ein Blick in einige Motive der Kulturgeschichte könnte uns weitere Anhaltspunkte geben, diese Fragen zu beantworten.

Die Suche nach dem verlorenen Sinn

Die Suche nach Verbundenheit und Einheit prägt auch die großen Mythen der Menschheit. Interessanterweise haben viele davon eine ähnliche Struktur und stellen einen Verlust in den Mittelpunkt. Die älteste der beiden Schöpfungsgeschichten von Judentum, Christentum und Islam beispielsweise erzählt von einer ursprünglichen Einheit von Mensch und Welt: Am Anfang war das Paradies. Am Anfang war die vollkommene Harmonie von Mensch, Gott, Himmel und Erde. Dann verlor der Mensch seine Heimat und wurde in eine feindliche und beschwerliche Welt hineingeworfen. Nur durch ein sittsames Leben kann er versuchen, diese verlorene Einheit nach seinem Tod wiederherzustellen.

Ähnliche Motive finden wir auch in naturromantischen Darstellungen. Besonders Jean-Jacques Rousseau prägte diese Vorstellung entscheidend. Er ging im 18. Jahrhundert von Folgendem aus: Früher einmal lebten Menschen als umherziehende Wildbeuter in Einklang und Harmonie mit der Natur. Geschützt und geborgen durch ihre Herde vollzog sich ihr Leben in einer natürlichen Umgebung und aus dieser Umwelt heraus. Diese Existenzweise brachte sie auch ihrer inneren Natur näher, half ihnen, eine selbstlose und aufrichtige Persönlichkeit zu entfalten. So förderte Rousseau die Idee des »edlen Wilden« und legte den Grundstein für eine lange Tradition von Gesellschaftskritik.[24] Bis heute wird diese Sichtweise immer wieder neu verpackt, zum Beispiel im teuersten Film aller Zeiten: Avatar.

Die Kritik von Rousseau ist besonders tiefgehend. In seiner Darstellung begann der Niedergang des Homo sapiens sehr früh: Mit Beginn der Sesshaftigkeit vor über 10000 Jahren wurde das Konzept von Privateigentum erst ermöglicht, und das war für ihn die Wurzel allen Übels: »Der erste, der ein Stück Land mit einem Zaun umgab und auf den Gedanken kam zu sagen *Dies gehört mir* und der Leute fand, die einfältig genug waren, ihm zu glauben, war der eigentliche Begründer der bürgerlichen Gesellschaft.«[25]

Heutzutage wird in der Soziologie vor allem die jüngere Vergangenheit in den Blick genommen. Der entscheidende Wendepunkt wird nicht in der Sesshaftwerdung, sondern in der gesellschaftlichen Moderne gesehen. Eine häufige Analyse lautet: Vor circa 200 Jahren begann ein Verfall menschlicher und natürlicher Bindungen. Durch die industrielle Revolution und die Ökonomisierung von immer mehr Lebensbereichen wurden traditionelle Wertesysteme und Gemeinschaften aufgelöst. In einer »großen Transformation« wurde Ethik durch eine kapitalistische Zwecklogik ersetzt. Die Entfernung von der Natur durch Industrialisierung und Großstädte, Arbeitsteilung, Bürojobs und Medienkonsum beschleunigte diese Entwicklung. Auch das damit verbundene Paradigma individueller Selbstverwirklichung ging zu Lasten von Familienzusammenhalt, Gemeinschaft und Solidarität.

In immer neuen Varianten wurde diese soziologische Theorie formuliert. Ganze Bibliotheken ließen sich mittlerweile damit füllen, und auch in meinem Buch sind viele dieser Grundgedanken wiederzufinden. Tatsächlich lassen sich zentrale Behauptungen auch empirisch bestätigen, etwa wenn man sich die zunehmende Einsamkeit anschaut oder den Sinnverlust in Ländern, die in dieser Entwicklung besonders weit fortgeschritten sind.[26]

In abgewandelter Form wird diese kritische Zeitdiagnose auch in nationalistischen Narrativen aufgegriffen. Allerdings wird der Verlust von Gemeinschaft hier völkisch gedeutet, als Niedergang einer *Volksgemeinschaft*, die ehemals Zusammenhalt, Einheit und Zugehörigkeit ermöglichte. Fast immer geht es Nationalisten darum, eine solche vergangene Größe und Einheit wiederherzustellen. Der Slogan »Make America Great Again!«, ist ein gutes Beispiel für diese verquere Nostalgie. Verlockend wirken solche Erzählungen aus verschiedenen Gründen. Neben der narzisstischen Überhöhung – »Du kannst Teil des größten, schönsten, stärksten Volks der Welt sein!« – besticht die nationalistische Erzählung auch durch ihre Einfachheit. Sie ist schneller zu verstehen als etwa Polanyis Theorie der großen Transformation. Und sie verlagert die Schuld angenehmerweise nach außen, während soziologische Analysen der Moderne meist aufzeigen, wie wir selbst durch unsere Lebensweise problematische Strukturen reproduzieren – und davon teilweise auch profitieren. Da ist es bequemer, böse »Ausländer« zu beschuldigen, als die eigene Lebensform in Frage zu stellen.

Auch wenn es viele Unterschiede gibt zwischen diesen Perspektiven, so lässt sich doch eine wichtige Gemeinsamkeit festmachen: Ob in der Bibel, der Naturromantik, den Sozialwissenschaften oder im Nationalismus – Erfahrungen von Getrenntheit, Fremdheit und Vereinzelung werden häufig als *Verlust* gedeutet. Es bestand einmal eine Einheit, diese wurde zerbrochen und muss nun mühsam wiederhergestellt werden.

Vielleicht ist diese Verlusterzählung auch deshalb so verbreitet, weil sie persönlichen Lebenserfahrungen eine Form gibt.

Immerhin empfinden sich nur wenige Menschen permanent von der Welt getrennt und entfremdet. Meistens sind wir handelnd und fühlend in unserer Welt verwurzelt, die Dinge scheinen vertraut und selbstverständlich. Diese Einbettung ist oft kaum wahrnehmbar. Umso deutlicher kann deshalb der Verlust zutage treten, in Momenten zwischendurch, wenn der Zusammenhang zerreißt und wir unserer Umgebung plötzlich fremd gegenüberstehen.

Teilweise können wir psychoanalytische Ansätze heranziehen, um zu erklären, weshalb so unglaublich viele kulturelle Erzählungen von einer ehemaligen Harmonie berichten, die angeblich verlorengegangen ist. Denn in der Tat stand am Anfang unseres Lebens ja eine basale Einheit: In einer magischen Paradoxie waren wir eins und doch zwei mit unserer Mutter. Wir entstanden mitten in einem lebendigen, warmen Organismus, mit dem wir über die Nabelschnur so eng verwoben waren, dass seine Nährstoffe auch die unsrigen waren. Damals waren wir alles andere als getrennt. Mit unserer Geburt zerriss dieser Zusammenhang schlagartig. Das war der erste große Bruch.

Ein zweiter folgte kurze Zeit später: Wir entwickelten ein Ich-Bewusstsein. Denn zunächst gab es das ja noch gar nicht, dieses *Ich*, das später einmal nach seinem Sinn fragen sollte. In der Wahrnehmung war alles eins: Die Wärme der Eltern, das war Wohlbefinden, eine pure Empfindung, das war nichts Äußeres. Wir und die anderen – das war das Gleiche, beziehungsweise diese Kategorien existierten überhaupt nicht. Bis wir begriffen, dass es sehr wohl Unterschiede gibt: dass da ein *Ich* ist, das von seiner Welt verschieden ist.

Die Tragweite dieses Bruchs wurde auch vom Entwicklungspsychologen Donald Winnicott (1896–1971) betont. Seiner Theorie zufolge geht die Entwicklung eines Ich-Bewusstseins damit einher, sich von der Welt zu unterscheiden und sie auf

Distanz zu bringen. Er beschreibt das als traumatischen Einschnitt. Für Winnicott kommt sogenannten Übergangsobjekten eine wichtige Rolle zu, um mit diesem Bruch umzugehen. Wenn Kleinkinder mit Kuscheltieren und Gegenständen spielen und diese zum Leben erwecken, dann ist das ein Versuch, sich wieder mit der Welt in Verbindung zu bringen. Das ganze Leben lang dauert dieses Ringen an, um die schmerzhaft erlebte Kluft zwischen innerer und äußerer Realität zu überbrücken.[27] Insgeheim wünschten wir uns, dass da keine Trennung bestünde zwischen unserer Innenwelt und unserer Außenwelt: dass *Welt* traurig ist, wenn wir traurig sind; dass *Welt* lacht, wenn wir lachen; dass alles eins ist. So wie damals, als die Welt Hunger war, wenn wir hungrig waren; als es keine Welt gab und kein *Ich*. Doch es gibt kein Zurück. Da ist Welt und hier bin Ich.

Möglicherweise wirkt dieser Verlust von Einheit aus den Tiefen unseres Unterbewusstseins heraus auch auf unsere kulturellen Erzählungen. Eine besonders schöne Geschichte finden wir in Platons *Symposion*. Sie kann uns als weiteres Puzzleteil auf unserer Reise dienen.

Vor zweieinhalb Jahrtausenden beschrieb der Philosoph ein erfundenes Abendmahl einiger Freunde in Athen: Es ist Spätsommer, die warme Sonne Griechenlands steht schon tief am Himmel, als in einer der Villen das Leben erwacht. Im Wohnzimmer ist das Essen angerichtet, die Gäste strömen in den Raum. Freudig begrüßen sich die anwesenden Männer (was auch sonst …) und setzen sich an den Tisch. Anstatt draufloszureden, wird ein Gesprächsthema für den Abend bestimmt. Die Wahl fällt auf: die erotische Liebe. Der Reihe nach tragen sie ihre Ansichten vor, preisen die Vorzüge von Erotik, warnen vor ihren Gefahren, spekulieren über ihre Ursprünge. Schließlich ist der Dichter Aristophanes an der Reihe. Er erzählt seinen gebannten Zuhörern einen Mythos:

Als die ersten Menschen erschaffen wurden, hatten sie eine gänzlich andere Form als heute. Es waren vierbeinige Kugelwesen, mit zwei Gesichtern zu beiden Seiten des Kopfes. Um sich fortzubewegen, setzten sie nicht einen Fuß vor den anderen, sondern kugelten mit hoher Geschwindigkeit über die Erde. Diese runden Frühmenschen mögen lustig ausgesehen haben, doch der äußere Eindruck vermittelte ein trügerisches Bild. Tatsächlich waren sie viel stärker und mächtiger, als wir Nachkommen es je sein werden. Allerdings führt Kraft nur allzu häufig zu Übermut, und so war es auch in diesem Fall: Eines Tages beschlossen die Kugelmenschen, sich einen Weg zum Himmel zu bahnen und die Götter anzugreifen. Erzürnt über dieses Vorhaben schlug Zeus unsere Vorfahren entzwei, um sie auf diese Weise zu schwächen. Aus den entstandenen Hälften gingen die heutigen zweibeinigen Menschen hervor. Zeus war erfolgreich – wir sind tatsächlich schwächer als unsere kugelförmigen Vorgänger. Allerdings hatte sein Eingriff ungeahnte Nebenwirkungen: »Nachdem nun ihre Form auseinandergeschnitten war, sehnte sich eine jede Hälfte nach der ihr zugehörigen anderen Hälfte und versuchte, mit ihr zusammenzukommen«, erklärt Aristophanes. »Seit so langer Zeit also ist das Liebesverlangen zueinander den Menschen eingepflanzt, führt die ursprüngliche Natur zusammen und versucht, eins aus zweien zu machen und die menschliche Natur zu heilen.«[28]

Auch diese Geschichte erklärt die menschliche Sehnsucht nach Verbundenheit durch eine traumatische Verlusterfahrung. Seit ein Gott uns mit einem Schlag zersplittert hat, sind wir Menschen *unvollständig*. Für Aristophanes ist das erotische Begehren der Wunsch, diesen Mangel zu beheben, sich mit seiner anderen Hälfte zu vereinigen, endlich wieder Einheit zu erlangen – zurückzukehren in den ursprünglichen Zustand inniger Verschmelzung.

Eros

Gerade im Zwischenmenschlichen kann der Wunsch brennend sein, sich zu *entgrenzen* und die unsichtbare Wand zu zerschmettern, die das Ich von seinem Außen trennt. Wenn wir einen anderen Menschen ganz zu unserer Welt machen, wenn alles andere in den Hintergrund tritt, wenn wir in der Böschung seines Daseins Erfüllung suchen, wird die Sehnsucht nach Einheit und Verschmelzung am deutlichsten. Sie findet ihren Höhepunkt in der romantischen Liebe, einem rauschhaften Drang nach seelischer und körperlicher Verschmelzung.

Und so sind wir nach unseren Überlegungen zu *Agape* und *Philia* ein weiteres Mal bei der Liebe angelangt: bei einer von den Griechen als *Eros* bezeichneten Liebe – derjenigen Liebe, die auch der Mythos von den Kugelmenschen zu erklären versucht.

Im Gegensatz zur freundschaftlichen Liebe verstehe ich die romantisch-leidenschaftliche Liebe nicht als eine dialogische Beziehung. Eros will die andere Person nicht *als anderen* beziehungsweise *als andere* bestehen und erblühen lassen. Im Gegenteil, Eros will alle Grenzen zwischen mir und dir einreißen, will dich *als anderen* verzehren und einverleiben. Oder umgekehrt: dass ich von dir verzehrt werde, als *Ich* verschwinde und in dir aufgehe. In beiden Varianten will Eros kein dialogisches Wir schaffen, das im Tanz zwischen mir und dir entsteht, sondern will, dass *Ich* und *Du* sich vollständig ineinander auflösen. Dies jedoch wäre kein gemeinschaftliches Wir, sondern ein kannibalisierendes Wir; ein Wir, das nichts neben sich duldet und uns als Individuen vernichtet.

Daher empfinden wir in der romantischen Liebe häufig eine innere Spannung, wenn Eros seinen Platz teilt mit Philia. In Spannung stehen wir dann zwischen dem Wunsch, den anderen *als anderen* zu stärken, und dem Wunsch, ihn *als anderen* zu verzehren. Diese Zerrissenheit muss nicht fatal sein, sondern kann konstruktiv wirken, wenn sich beide Arten von Liebe ergänzen und wechselseitig den Vortritt lassen. Wenn wir durch den anderen hindurch das Seiende bejahen, wenn dies uns neue Horizonte eröffnet, statt sie zu schließen, wenn wir den anderen nicht zu unserer ganzen Welt machen, sondern in seiner Schönheit auch die Schönheit anderer Menschen erblicken, dann vermag Eros unsere Welt in ein glühendes Leuchten zu tauchen.

So kann Eros im Verbund mit Philia zum süßesten Lebenselixier werden. Zum bittersten Gift hingegen, wenn Eros auf sich allein gestellt all seine kannibalistische Kraft entfaltet. Denn verlieren wir die Fähigkeit zur dialogischen Liebe, dann machen wir den anderen nicht stark, sondern fressen ihn auf.

Eros ist ein Drang nach Einheit, eine Sehnsucht, die Getrenntheit gegenüber der Partnerin oder dem Partner zu überwinden. Doch diese Sehnsucht kann niemals ganz erfüllt werden. Mögen wir uns beim Sex ineinander verlieren – auch diese Momente müssen enden. Während Agape, die Nächstenliebe, eine Antwort auf die Suche nach Zielen unseres Handelns darstellt und Philia, die freundschaftliche Liebe, eine Antwort auf die Gleichgültigkeit der Welt, kann Eros trotz all seiner leiblichen Wucht die existenzielle Getrenntheit nicht dauerhaft überwinden. Wir können niemals wahrhaftig mit anderen verschmelzen.

Um daran nicht zugrunde zu gehen, braucht Eros die Philia. Ihr Dialog ist eine Annäherung – aber keine Verschmelzung. Zwischen mir und dir bleibt Platz, bleibt Platz für das Unbekannte, bleibt Platz für *dich*.

So berühren sich zwischen Eros und Philia die beiden Pole

des Lebens, gehen Sein und Nichts einen Pakt ein. Vielleicht besteht hierin die häufige Widersprüchlichkeit romantischer Liebe.

Insofern brauchen wir den Wunsch nach Auflösung der Grenzen zwischen *Ich* und *Du* nicht vollständig zu überwinden. Aber er darf die Bestrebung, den anderen *als anderen* zu stärken, nicht dauerhaft dominieren. Erst wenn Eros und Philia einander die Hand reichen, wird Leidenschaft zu einer Antwort, und Dialog wird zu Magie.

Entgrenzung

In leidenschaftlichen Beziehungen tritt die Sehnsucht, die Grenzen des eigenen Ichs aufzulösen, besonders klar zutage. Sie existiert aber auch in vielen anderen Bereichen.

In sämtlichen Kulturen lassen sich Ansätze und Versuche beobachten, Erfahrungen von Getrenntheit zumindest abzumildern. Erstens wird Verbundenheit geschaffen durch gemeinsame Rituale, Erzählungen und Identitäten. Zweitens werden besonders intensive Momente orgiastischer Verschmelzung heraufbeschworen. Das können gemeinsame Gebete sein, Tänze ums Lagerfeuer oder ekstatische Gesänge im Fußballstadion. Immer geht es auch darum, die Umrisse des Ichs verschwimmen zu lassen und eins zu werden mit etwas Größerem.

Dies ist eine Sinnerfahrung, die nur schwer in Worte gefasst werden kann. Und das liegt in der Natur der Sache. Denn bei diesen Erlebnissen spielen Verstand und Sprache nur eine Nebenrolle. Im Gegenteil, erst wenn das rationale Bewusstsein in den Hintergrund rückt und wir uns intuitiv, spürend, emotional auf die Welt einlassen, entstehen solche Momente tiefer Verbundenheit und Einheit.

Wie bei allen Facetten des Sinns sollten wir auch hier nicht in Extremen denken. Wir fühlen uns meist weder komplett isoliert noch komplett verbunden, sondern beides nur mehr oder weniger. Für die Erfahrung eines sinnvollen Lebens müssen wir uns nicht permanent in Ekstase verlieren. Aber wenn wir zum anderen Ende des Spektrums gelangen, wenn wir gar keine Verbundenheit mehr empfinden, dann kann dies problematisch werden. Dann können Sinnkrisen entstehen, in denen wir uns abgetrennt fühlen von anderen Menschen und der Welt insgesamt. Dann sind wir in unserer eigenen Welt nicht mehr zu Hause.

Das ist ein sehr diffuser Zustand. Und so kann sich die zunächst vage, nebulöse Sehnsucht, unserer Welt nicht mehr gegenüberzustehen, sondern Teil von ihr zu sein, ganz unterschiedlich äußern.

Im letzten Kapitel sind wir bereits dem Wunsch nachgegangen, von *Welt* berührt zu werden und, andersherum, *Welt* zu berühren. Hier schwingt sie bereits mit, die Sehnsucht nach Verschmelzung. Denn berührend überschreiten wir die Grenze zwischen Innen und Außen. Wer *Welt* ganz in sich hineinlässt, wird *Welt*. Es gibt viele Wege, diesen Zustand zu erreichen, das eigene Ich zu entgrenzen, sich nicht als getrennt, sondern als eins mit Welt zu empfinden.

Hören wir Musik und lassen uns berühren, sie in unserem Herzen wirken, uns von ihr durchdringen, dann zerfasert unser sonst so klar umrissenes Ich und geht auf in der Musik. Wir *sind* dann Musik. Passiert das auf einem Konzert, kann diese wohlige Erfahrung noch intensiviert werden. Unser Ich verschwimmt in der tanzenden Gruppe, und wir empfinden eine Einheit, die gestiftet wird durch die Musik, von der wir uns bewegen lassen, dem gemeinsamen Blick in Richtung Bühne und durch die im Rhythmus wogende Menschenmenge, der wir angehören.

Andere Menschen versuchen, durch religiöse Rituale in Gottes Liebe aufzugehen. Wieder andere umarmen Bäume und suchen Naturverbundenheit. Oder sie gehen beim Sport ganz in der Bewegung ihres pulsierenden Leibes auf. Und auch im Rausch können wir uns entgrenzen, wenn mit jedem Glas Wein die Grenzen zwischen dem Selbst, dem Gegenüber und der im Hintergrund schallenden Musik verschwimmen.

Von Mihály Csíkszentmihályi und anderen in der Positiven Psychologie Forschenden wird für solche Erfahrungen von Verbundenheit und Selbstauflösung der Begriff *Flow* verwendet. Mehrere Tausend Menschen aus zahlreichen Ländern wurden befragt, wann sie sich besonders glücklich fühlen. Bei aller Vielfalt der Antworten ließen sich erstaunliche Gemeinsamkeiten feststellen. Alle beschrieben Erfahrungen, in denen sie mit einer Tätigkeit oder Umgebung verschmelzen, ihr Zeitgefühl verlieren und ganz in etwas aufgehen. »*Was* Menschen tun, um Freude zu erleben, unterscheidet sich gewaltig – ältere Koreaner meditieren gern, japanische Teenager schwärmen gern auf Motorrädern aus – aber sie beschreiben in nahezu identischen Begriffen, *wie* sie sich fühlen, wenn sie Freude erleben. Auch die *Gründe*, warum die jeweilige Aktivität genossen wird, weist mehr Ähnlichkeiten als Unterschiede auf«, erklärt Csíkszentmihályi.[29] Zentral ist ein »seltenes Gefühl von Einheit«, das entsteht, wenn man ganz von einer Tätigkeit oder Erfahrung absorbiert wird.[30] »Der Verlust des Gefühls, das Selbst sei *getrennt* von der Umwelt, wird manchmal von einem Gefühl des Einsseins mit der Umgebung ersetzt.« Diese Erfahrung beschreibt ein Mitglied einer japanischen Motorradgang folgendermaßen: »Am Anfang befinden wir uns nicht in völliger Harmonie, aber wenn es gut läuft, fühlt sich jeder wie der andere. Wie soll ich das ausdrücken? … Unsere Seelen werden zu einer … ganz plötzlich merke ich: ›Oh, wir sind eins‹, und denke: ›Wenn wir so schnell wie möglich fahren, wird das ein echter Run …‹ Dann werden wir vom Tempo high. Dann ist es wirklich super.«[31] In überraschend ähnlichen Worten beschreiben Matrosen ihre Gefühle bei einer langen Nachtwache, berichten Chirurginnen über das Zusammenspiel des Teams während einer schwierigen Operation, sprechen Menschen über das Schachspielen, Tanzen, Klettern oder Schreiben. Immer steht ein tranceähnlicher Zustand im Zentrum, ein Hyperfokus, bei dem man sich intensiv auf etwas konzentriert und damit verschmilzt.

All das erinnert an den spielerischen Sinn, mit dem wir uns im zweiten Kapitel beschäftigt haben. Hier verstummt der Tourist, hier sind Menschen voll und ganz präsent.

Sind solche Überschneidungen zwischen den Arten von Sinn ein Zufall? Sicher nicht. In den verschiedenen Kapiteln betrachten wir die Sehnsucht nach Sinn von verschiedenen Seiten – auch wenn diese lebenspraktisch eng miteinander verwoben sind. Indem wir unterschiedliche Perspektiven auf ähnliche Zusammenhänge einnehmen, werden wir sie besser verstehen.

Einheit des Selbst

Das menschliche Bedürfnis nach Verbundenheit und Einheit richtet sich nicht nur darauf, die Welt an sich heranzulassen. In Momenten des Verschmelzens empfinden viele Menschen auch eine *innere* Einheit; das Gefühl, bei sich selbst angekommen zu sein und ihr »wahres Selbst« zu erfahren.

Dafür stehen uns viele Wege offen. Auf Trekkingtouren durch natürliche Landschaften können wir unsere innere Natur spüren. In der musikalischen Ekstase können wir die Melodie unseres eigenen Herzens hören. So ist die Suche nach Welt-Verbundenheit immer auch eine Suche nach Ich-Verbundenheit. Die *Auflösung des Ichs* und die *Rückkehr zum Ich* sind zwei Seiten der gleichen Medaille. Was gegensätzlich klingt, hängt am gleichen Faden.

Auch dieser Zusammenhang wird in der Positiven Psychologie beleuchtet: »Die Beschäftigung mit dem Selbst verbraucht psychische Energie«, schreibt Csíkszentmihályi. Beim Flow jedoch taucht die Vorstellung vom Selbst unter die Wahrnehmungsschwelle. Das *Ich*, das in modernen Gesellschaften zum Kult erhoben wird, rückt in den Hintergrund. Ausgerechnet dadurch kann die Selbsterfahrung gestärkt werden. Und es ist befreiend. »Wenn man nicht mit sich selbst befasst ist, hat man in der Tat die Möglichkeit, die Vorstellung dessen, was man ist, auszuweiten. Der Verlust des Selbstgefühls kann zur Selbsttranszendenz führen, einem Gefühl, dass die Grenzen des Seins ausgedehnt werden.«[32]

Sich im Moment zu verlieren heißt, bei sich anzukommen, die Einbettung in die Welt führt auch zu innerer Harmonie. In seinem Buch *Das geteilte Selbst* vertritt der Psychiater Robert D. Laing eine ähnliche Theorie: Wer sich von der Welt abgetrennt fühlt, kann eine innere Trennung entwickeln – im Extremfall Schizophrenie. Das eigene Selbst bildet keine Einheit mehr, es zersplittert an den gescheiterten Versuchen, sich eins zu fühlen mit der Welt. Dann fühlt man sich weder in der Welt zu Hause noch in der eigenen Haut. So gesehen haben Sinnkrisen schizophrene Züge: Es kommt zu einer inneren Aufspaltung, man ist sich selbst fremd. Nie erfahren wir uns so radikal als *Ich*, doch gleichzeitig ist dieses Ich unverbunden und in seiner Isolation leblos. Wir spüren uns selbst nicht mehr.

Indirekt finden wir diesen Gedanken auch schon bei Karl Marx. Er stellte den Begriff der *Entfremdung* ins Zentrum seiner Gesellschaftskritik. Ihm zufolge entfremden sich Arbeitende im Kapitalismus von den Produkten ihrer Arbeit. Denn die Schuhe, die sie produzieren, gehören nicht ihnen, sondern dem Unternehmer. Außerdem können sie meist keine eigenen Ideen einbringen und wenn doch, dann gehören auch diese der Firma und sind nicht mehr »ihre« Ideen. In der Folge entfremden sich Menschen von ihrer eigenen Arbeit, von den Mitmenschen und schließlich von sich selbst. Neben der *Ungerechtigkeit* kapitalistischer Produktionsverhältnisse beklagte Marx also auch – so lässt er sich zumindest deuten – einen *inneren Sinnverlust.*[33]

Diesen Gedanken greift auch die Philosophin Rahel Jaeggi in ihrer vielbeachteten Studie *Entfremdung* auf.[34] Sie erklärt: »Eine entfremdete Welt präsentiert sich dem Individuum als sinn- und bedeutungslos, erstarrt oder verarmt, als eine Welt, die nicht ›die seine‹ ist, in der es nicht ›zu Hause‹ ist oder auf die es keinen Einfluss nehmen kann. Das entfremdete Subjekt wird sich selbst zum Fremden, es erfährt sich nicht mehr als ›aktiv wirksames Subjekt‹, sondern als ›passives Objekt‹.«[35] Hier ist die Selbstbeziehung also automatisch mitbetroffen.[36] Die eigene Rolle beginnt, ihren Sinn zu verlieren. Für solche Erfahrungen gibt es auch gesellschaftliche Gründe, die wir teilweise im letzten Kapitel sichtbar machen werden. Zunächst werden wir der hier beschriebenen Verschränkung nachgehen: Ein gewisses Maß an Weltverbundenheit ist wichtig für das Selbstverhältnis.

Wer sich in einer pulsierenden Masse oder in einer konzentrierten Tätigkeit selbst verliert, kann das Gefühl haben, bei sich selbst anzukommen. Im Flow findet das Fragen ein Ende. Wir spüren nicht nur eine Einheit mit der Welt, sondern auch eine innere Einheit. Wir spüren unser »wahres Selbst«.

Was dieses »wahre Selbst« ist, lässt sich philosophisch nicht bestimmen. Am Ende ist diese Formulierung nur ein Versuch,

Erfahrungen in Worte zu kleiden. Wollten wir das »wahre Selbst« definieren, müssten wir es von anderen Schichten des Ichs abtrennen, die angeblich nicht zu diesem wahren Selbst gehören. Wir würden also unterscheiden und analysieren. Das hieße, das *Ich* in seine Bestandteile zu zerlegen. In der Erfahrung, bei sich selbst anzukommen, wird jedoch genau dasjenige zur Einheit, was wir, um es beschreiben zu können, zerteilen müssten. So entzieht sich das sogenannte wahre Selbst der Analyse. Es ist eine Metapher für eine Erfahrung.[37]

Hier wird wieder deutlich, wie schwierig sich ein *Sinn durch Verbundenheit und Einheit* in Worte fassen lässt. Denn er gründet auf einem zutiefst intuitiven Erleben. Hat das auch Schattenseiten?

Auf der Flucht

Der Wunsch nach einer Auflösung der Grenzen zwischen *Ich* und *Welt* ist ein zwiespältiger Wunsch. Weltzugewandt ist er, insofern wir uns mit Welt verbinden wollen, so eng, dass wir uns in ihr auflösen wie ein Stück Zucker im heißen Teewasser. Aber er hat auch eine weltabgewandte Seite. Denn wir verbinden uns nicht mit *allem* Seienden, sondern nur mit einem Ausschnitt von Welt. Im Flow konzentrieren wir uns meist auf einzelne Aspekte, die wir zu unserer alleinigen Welt werden lassen. Ein Hochseesegler beschreibt genau diese Erfahrung: »Man vergisst sich selbst, man vergisst alles, sieht nur noch das Spiel des Bootes auf den Wellen und lässt alles andere hinter sich, das für dieses Spiel nicht besonders wichtig ist.«[38]

Noch deutlicher wird dieser Weltverlust im Rausch. Wer tagelang beseelt von Amphetaminen auf einem Festival tanzt, geht auf in den Wogen geborgter Gemeinsamkeit. In der tiefen

Zugewandtheit gegenüber Musik und Mitmenschen kommt eine Bejahung von Welt zum Ausdruck. Doch gleichzeitig kapselt sich die chemisch verwobene Menge vom Rest der Welt ab. So ist das Eintauchen ins Festivalgeschehen – und in diesem Sinne: das Eintauchen in Welt – eben auch eine Flucht vor Welt, Flucht vor Alltag, Flucht vor den täglich mit uns aufwachenden Geistern.

Im Rausch des Sports, in der tiefen Konzentration auf ein Schachspiel oder im Zeitverlust beim stundenlangen Schauen von Fernsehserien – die Lust daran, in *Welt* aufzugehen, speist sich auch aus der Sehnsucht, *Welt* zu entfliehen. Manchmal steht diese Sehnsucht sogar im Vordergrund. Dann ist das Abtauchen keine Antwort mehr auf Sinnfragen, sondern der Versuch, allen Fragen zu entkommen. Diese Flucht vor der Welt ist auch eine Flucht vor dem eigenen Ich. Wir vergessen die Leere um uns herum und in uns selbst.

Welche Triebfeder maßgebend ist – die weltzugewandte oder die abgewandte –, merken wir spätestens, wenn wir auftauchen. Fühlen wir uns bereichert und beseelt nach dem Flow? Oder ist die Rückkehr in die alltägliche Welt ein harter, kalter Aufprall?

Beides kann der Fall sein. Musik kann ein Tunnel sein, durch den wir zur Welt schreiten. Musik kann aber auch ein Raum sein, in dem wir uns vor der Welt zurückziehen. So oder so gilt: Auf jede Abkehr folgt eine Rückkehr. Jeder Flow findet irgendwann ein Ende. Zu wesentlich ist unsere Verhaftung in der Welt, als dass wir sie dauerhaft überwinden könnten. Unweigerlich müssen wir uns mit der Welt befassen. Und zu wesentlich bedeutet Mensch-sein auch Ich-sein, als dass wir uns dauerhaft auflösen könnten. Eine Entgrenzungserfahrung, die nicht aus einer Lust an Welt und einem Wunsch nach Verbundenheit entspringt, muss daher enttäuschen.

Sinn entsteht nicht durch Abkapselung, sondern durch unsere Beziehung zur Welt. Wenn wir nicht einsam sind, sondern in Beziehungen und Gemeinschaft verbunden, wenn wir erfasst werden von Eros oder wenn wir Einheit erfahren im Flow, dann spüren wir diese Wahrheit auch im Herzen.

ICH BIN LEIB

Fast alle Wege, sich zu entgrenzen, haben etwas gemeinsam: Ob wir in Musik aufgehen, uns von der Natur berühren lassen, beim Sport jedes Zeitbewusstsein verlieren oder beim Sex das Gefühl haben, in den Augen einer geliebten Person zu versinken –, all das sind in erster Linie leibliche Erfahrungen. Solche Verbundenheiten erleben wir nicht, weil wir sie gedanklich *erkennen*, sondern weil sie intuitiv *empfinden*. Dieses Erleben ist *sinnlich*, man könnte auch sagen: *leiblich*.

Und deshalb sollten wir uns die Sache mit dem *Leib* genauer ansehen. Er nimmt eine Schlüsselrolle dabei ein, Erfahrungen von Getrenntheit zu überwinden und sich mit der Welt verbunden zu fühlen. Der fühlende Leib ist unser erstes Tor zur Welt, noch bevor der Verstand ins Spiel kommt. Wie funktioniert das genau und wie können wir einen solchen leiblichen Sinn stärken?

Diesen Fragen werden wir uns nun widmen. Auf diese Weise nehmen wir einen weiteren zentralen Aspekt unseres Lebens in den Blick. Denn unser Leben, um dessen Sinn es geht, besteht nicht nur darin, geboren zu sein (Kapitel I), zeitlich und endlich zu sein (Kapitel II), sich selbst Ziele zu setzen und diese zu verfolgen (Kapitel III), ein empfindsames und individuelles Innenleben zu haben (Kapitel IV) und ein Bewusstsein unserer Selbst zu besitzen (das haben wir in diesem Kapitel bereits angeschnitten). Nein, das Leben, nach dessen Sinn wir fragen, ist auch ein leibliches Leben. Weder sind wir ein umherschwebender Geist im Reich der Ideen noch eine künstliche Intelligenz in der Cloud. Ebenso wenig bestehen wir aus zwei verschiedenen Teilen und leben als immaterieller Geist in einem materiellen Körper. Denn ein solcher Körper, das wäre nur ein Ding, ein Organismus, ein System. Wir aber sind wahrnehmender, spürender, empfindender Leib.[39]

Der Ruf des Kuckucks

An einem Sommerabend im Park bist du umgeben vom Gezwitscher der Singvögel. Etwas abseits ruft ein Kuckuck. Du spürst den leichten Windhauch über deine Arme wandern, siehst das satte Grün der Wiese. Über dir spannt sich der warm verblassende Himmel auf und kündigt bereits die Nacht an. Ein schöner Moment.

Vielleicht schließt du kurz die Augen und stellst dir diese Situation vor. Diese Situation, die ich hier sprachlich beschreibe. Es ist die Rede von einem Kuckuck und von dir, von einem Park und einer Wiese. Mit all diesen Begriffen kannst du vermutlich etwas anfangen, kannst dir entsprechende Bilder vor dein geistiges Auge holen. Doch ächzt und kracht meine Beschreibung an allen Ecken und Enden, ist völlig unzureichend, presst eine sinnliche Erfahrung in starre Wörter, unterscheidet den Kuckuck von anderen Vögeln und dich als Person von deinen Sinneseindrücken. Würdest du nun tatsächlich im Park sitzen, das Lesen und Denken sein lassen, dann wäre für diese Trennungen gar kein Platz. In deiner Wahrnehmung würden diese Eindrücke ineinanderfließen zu einer gemeinsamen Erfahrung. Und deswegen ist meine Beschreibung unzureichend.

Unsere Sprache ist so aufgebaut, dass sie trennt und unterscheidet, definiert und spezifiziert. Da bist du, und dort ist der Park. Zu sagen, »du *bist* der Park«, klingt seltsam und unpassend. Es ist nicht mehr als der metaphorische Versuch, mit einer auf Trennung ausgelegten Sprache eine Erfahrung von Einheit zu beschreiben. Das geht nicht befriedigend. Dafür bräuchte ich ein anderes Ausdrucksmittel – Musik wäre vielleicht ein geeigneter Weg.

Im Modus der Sprache bleibt uns die Welt immer zu einem gewissen Teil fremd. Denn durch Worte zerschneiden wir Erfahrungen in Einzelteile. Falls dich meine Beschreibung von der abendlichen Wiese trotzdem berühren kann, dann nur, weil du Begriffe wieder in Empfindungen übersetzt – weil die Sätze in dir in ein Erleben hervorrufen, das selbst wiederum nicht sprachlich ist, sondern sinnlich.

Solange wir versuchen zu verstehen, trennen wir uns von der Welt: Der verstehende Mensch muss sich selbst vom Vogel unterscheiden, um ihn anhand seines Rufes als Kuckuck einzuordnen. Er muss den Vogel zum Ding machen, das in Begriffskästen abgelegt werden kann. Etwas verstehen zu wollen heißt immer und zwangsläufig, von diesem Etwas verschieden zu sein, es auf Distanz zu bringen.[40]

So gesehen können wir nur zur Welt durchdringen, indem wir aufhören zu denken. In dem Moment hört aber auch jede Form vernunftbasierten Verstehens auf. Wer sich lachend und, ohne groß nachzudenken, mit jeder Faser seines Ichs gegen die brandenden Wellen des Meeres wirft, sich durcheinanderwirbeln lässt, prustend wiederauftaucht, ist in diesem Moment Teil der Welt. Alle Verstehensversuche finden ein Ende. Wir philosophieren nicht darüber, ob das Meer aus einem einzigen großen Wassertropfen besteht oder aus Trilliarden kleiner Tropfen. Wir sind das Meer – soweit sich das eben in Worte fassen lässt.

Was geschieht da? Ist diese Einheit echt oder nur eine Illusion?

Wenn wir die Situation von außen betrachten und analysieren, dann ist eine Person im Meer natürlich nicht identisch mit dem Meer. Aber auch aus einer nüchternen, philosophischen Perspektive hat diese Empfindung von Einheit einen erstaunlich schlüssigen Kern. Denn jede Erfahrung der Außenwelt erfolgt mitten in uns. Im leiblichen Erleben sind Außen und Innen, sind Welt und Selbst zutiefst miteinander verwoben.

Wenn du von diesem Buch aufschaust und dich umblickst, dann siehst du vermutlich verschiedene Gegenstände, etwa einen Tisch oder eine Kaffeetasse. Es scheint, als läge all das direkt *vor* dir. Doch diese Wahrnehmung der Außenwelt existiert tatsächlich *in dir* – in deinem Gehirn oder in deinem Geist, je nachdem mit welcher Beschreibung du mehr anfangen kannst. Das Bild jedenfalls, welches du siehst, wenn du den Tisch betrachtest, entsteht in deinem Leib, es ist nicht »da draußen«. Und wenn du dieses Buch unter deinen Fingern spürst, dann vollzieht sich auch diese Empfindung in dir selbst. Es klingt drastisch, aber ja, sogar jeder Mensch, den du siehst, ist bereits in dir. Auf deine Netzhaut fallen Lichtstrahlen, und in dir entsteht dieser Mensch – zumindest in der Form, wie du ihn wahrnimmst.

Vielleicht lässt du dich für einen Moment darauf ein und lässt deinen Blick schweifen. Versuche, Dinge nicht beim Namen zu nennen; wahrzunehmen, statt zu denken. Alles, was du siehst, in der Form wie du es siehst, alles, was dir erscheint, erscheint und ist in dir.

Diese Beschreibung der »inneren Wahrnehmung des Äußeren« ist wiederum nur eine sprachliche Krücke, die unzureichend ist, weil ich nicht die Sprache habe, solche Zusammenhänge in Worte zu fassen. Immer noch rede ich von einem »Innen« und einem »Außen«. In der sinnlichen Erfahrung aber nimmst du *gleichsam* eine raue Oberfläche unter deinen Fingern wahr wie auch deine Finger. Dieser Gedanke tauchte bereits an früherer Stelle auf. Es lohnt sich, ihn noch einmal bewusst zu machen: Schließ die Augen und streich über diese Buchseite. Was spürst du? Das Papier oder deine eigene Haut? – Beides! Natürlich kannst du deine Aufmerksamkeit auf das eine oder auf das andere lenken, aber in der ursprünglichen Wahrnehmung sind diese Empfindungen identisch. Das Papier zu spüren oder die eigenen Fingerkuppen – *Welt* zu spüren oder sich selbst – beides fällt zusammen.

So entsteht im leiblichen Dasein immer schon Verbundenheit. Der Leib unterteilt nicht in Innen und Außen, er ist ein Tor zur Welt, und seine Welterfahrung ist gleichzeitig auch Selbsterfahrung.

Vor sehr langer Zeit war mein und dein Weltzugang gänzlich sinnlich und ohne Trennung von *Ich* und *Welt*. Denn wir waren Babys ohne ein Bewusstsein unserer selbst. Wenn wir – von mir nun sprachlich und daher mangelhaft ausgedrückt – die Wärme unserer Mutter spürten, dann war unsere Mutter nicht warm, sondern sie war Wärme und die Wärme waren wir. Wir konnten nicht differenzieren zwischen *Ich*, *Mama* und *Wärme*. Das war alles eins.

Kurze Zeit später folgte der Bruch, von dem bereits die Rede war: Wir entwickelten ein Ich-Bewusstsein. Dabei war es nicht allein unser Erlernen von Sprache, was zu einer Unterscheidung zwischen *Ich* und *Welt* führte. Denn schon bevor unser erstes Wort über die Lippen kam, begannen wir, zu krabbeln und uns durch den Raum zu bewegen. In dieser leiblichen Begegnung mit unserer Umwelt lernten wir, dass Mama und Papa nicht wir selbst sind. Es folgten dramatisches Geschrei und die große Angst, sie könnten für immer verschwinden, wenn sie aus dem Blickfeld gerieten.

So war es zunächst die leibliche Interaktion mit unserer Umwelt, die einen Prozess der *Individuation* auslöste, einen Prozess der Bewusstwerdung unserer selbst. Daher können wir die Erfahrung von Getrenntheit nicht ausschließlich auf unsere Sprachbegabung zurückführen. Dennoch: Erst unser versprachlichendes Weltverhältnis macht diese Getrenntheit unausweichlich. Das Ich, das sagt: »Ich denke, also bin ich«, zementiert durch sein Denken auch die Grenzen seines Ichs. Da bist du, und über dich denke ich nach. Da ist ein Vogel, und ihn höre ich.

Vor diesem Hintergrund verstehe ich auch Camus, wenn er schreibt: »Wenn ich Baum unter Bäumen wäre, Katze unter Tieren, dann hätte dieses Leben einen Sinn oder vielmehr: dieses Problem bestünde überhaupt nicht, denn dann wäre ich ein Teil dieser Welt. Ich wäre diese Welt, zu der ich mich jetzt mit meinem ganzen Bewusstsein und mit meinem ganzen Anspruch auf Vertrautheit im Gegensatz befinde […] Und worauf beruht denn dieser Konflikt, dieser Bruch zwischen der Welt und meinem Geist, wenn nicht auf dem Bewusstsein, das ich von ihm habe?«[41]

Jedes Bewusstsein des eigenen In-der-Welt-Seins ist ein Heraustreten aus dem In-der-Welt-Sein. In dem Moment, wo der Mensch sich seiner selbst gewahr wird, nimmt er sich als ein Wesen wahr, das *durch* die Welt läuft, nicht aber selbst diese Welt *ist*.

Tarzans Schicksal

An dieser Stelle drängt sich der Gedanke auf, wir sollten das Denken sein lassen und uns stattdessen auf unser leibliches Erleben konzentrieren, um die Erfahrung von Getrenntheit zu überwinden. Vielleicht sollten wir den Tag mit Yoga beginnen, anschließend singen, tanzen, miteinander schlafen, den Grashalmen unter unseren Füßen nachspüren und dem Geschmack leckeren Essens auf unserer Zunge. Dabei würde es weniger darum gehen, im Sinne des Hedonismus, *angenehme* Erfahrungen zu machen als vielmehr darum, möglichst viel Zeit mit *leiblichen* Erfahrungen zu verbringen: unsere Welt wahrzunehmen, anstatt über sie nachzudenken. Und auf diese Weise *Welt* in uns hineinzulassen, anstatt uns als denkendes *Ich* von ihr zu unterscheiden und zu distanzieren.

Doch so einfach ist die Sache nicht. Denn auch wenn es uns zeitweise gelingt, die Grenzen unseres Ichs im leiblichen Erleben aufzulösen, so bleiben wir doch versprachlichende Wesen. Wir können situativ in einen Flow-Zustand eintauchen, doch wir müssen anschließend auftauchen. Und wir werden nie *gänzlich* in der leiblichen Erfahrung aufgehen. Zu stark strukturiert unser sprachlicher Weltzugang auch unsere Wahrnehmungen und Emotionen. Ein kurzes Beispiel: Spinnen mögen wir intuitiv als eklig empfinden und aus dieser Empfindung heraus den sprachlichen Begriff des »Ekels« entwickeln. Es gilt aber auch umgekehrt: Erst durch den Begriff der Spinne *sehen* wir Spinnen und nicht bloß Formen, die sich eklig bewegen. Das Verhältnis von Sinnlichkeit und Sprachlichkeit ist also wechselseitig.

Wir können nicht rein leiblich leben. Ist er einmal vollzogen, der Bruch zwischen *Ich* und *Welt*, und wurde er gefestigt durch ein sprachliches Bewusstsein, dann gibt es kein Zurück.

Diese Ahnung schwingt mit in zahlreichen Geschichten, die einen Verlust ursprünglicher Einheit beklagen. Wir haben bereits verschiedene Beispiele kennengelernt; eines davon war der Rauswurf von Adam und Eva aus dem Garten Eden: In dem Moment, als sie vom Baum der Erkenntnis aßen, als sie sich als

Ich und *Du* erkannten, endete ihr intuitives Dasein, und sie wurden ins Diesseits geworfen.

Eine besonders schöne Erzählung ist diejenige von Tarzan in der Verfilmung *Tarzan – Lord of Greystoke* von Hugh Hudson. In Harmonie mit der Natur lebt Tarzan unter Affen im dichten Dschungel Kongos. Er beherrscht die Regeln des sozialen Zusammenlebens in der Gruppe, kommuniziert durch Laute, aber auf vorsprachliche Weise: ohne Begriffe. In diesem Zusammenhang ist sich Tarzan seiner Andersartigkeit überhaupt nicht bewusst. Erst als ein belgischer Forscher im Dschungel verloren geht und von Tarzan unter die Fittiche genommen wird, beginnt Tarzans sprachlicher Bewusstwerdungsprozess. In einer Szene am Fluss wird er von diesem Belgier rasiert. Dabei lernt er seine ersten beiden Wörter: *Spiegel* und *Rasierer*. So wird Tarzan ungefragt aus seiner vorsprachlichen Einheit herausgerissen. Im Spiegel erkennt er sich selbst und versteht, dass er ein Mensch ist. Durch seine erste Rasur wird er zwangs-»zivilisiert«. Sein Weg in die menschliche Gesellschaft hat begonnen.

Zusammen mit dem Forscher reist Tarzan nach England, wo er als *Lord von Greystoke* einen beträchtlichen Wohlstand genießt. Weil er in der Natur geübt hat, Tierlaute perfekt zu imitieren, kann er auch die menschliche Sprache schnell erlernen, kommt allerdings nie auf ein fließendes Niveau. Während des gesamten Films kann sich Tarzan nicht in die »Zivilisation« eingliedern und erfährt dort viel mehr Grausamkeit als im Dschungel. Er bleibt ein Fremder in seiner neuen, gesellschaftlichen Umgebung. Der Film endet damit, dass Tarzan nervlich zusammenbricht, zurück in den Kongo reist und im Urwald verschwindet.

Dieses Schlussbild wirkt zunächst versöhnlich. Endlich ist er wieder da, wo er hingehört. Doch wenn wir seine Geschichte weiterdenken, kann es kein Happy End geben. Für Tarzan ist eine wirkliche Rückkehr ausgeschlossen. Er kann versuchen, sein altes Leben dem Anschein nach wieder aufzunehmen und mit den anderen Tieren herumzutollen, aber er kann nicht hinter sein Erkennen, sein Bewusstsein, seine Versprachlichung zurücktreten. Er weiß nun, dass er kein Affe ist. Er benennt Dinge, belegt sie mit Begriffen, unterscheidet sie voneinander und sich von ihnen. Er kann durch den Dschungel laufen, aber nicht mehr Dschungel sein. Die Einsicht, dass er als Mensch unter Affen nur ein Schausteller ist, wird ihn wieder und wieder einholen. Tief in seinem Herzen muss er diesen unwiederbringlichen Verlust von Einheit bereits in England gespürt haben.

Nicht jede Lösung ist eine Antwort

Der Weg zurück in einen vorsprachlichen Zustand ist uns versperrt. Zwar können wir in einzelnen Momenten unsere innere Stimme zum Schweigen bringen und im Flow aufgehen – aber nicht dauerhaft. Nur für kurze Zeit können wir so intuitiv und selbstverständlich leben wie ein Reh im Wald. Irgendwann beginnen wir wieder zu denken.

Leiblichkeit allein kann das Sinnproblem daher nicht lösen. Trotzdem kann sie ein wichtiger Baustein sein, um das Leben als sinnhaft zu erfahren. Denn wenn wir unseren leiblichen Zugang zur Welt fördern, fühlen wir uns insgesamt stärker verbunden und eingebettet in dieser Welt. Yuval Noah Harari bringt das sehr schön auf den Punkt: »Wer sich in seinem Körper nicht mehr zu Hause fühlt, wird sich auch in der Welt nirgends zu Hause fühlen.«[42]

Indem wir die Welt leiblich erspüren, uns einlassen auf singende Vögel und die Berührung auf unserer Haut, indem wir bewusst atmen und riechen, treten wir aus unserer Isolation heraus. In diesen Momenten ist da keine Glasscheibe, keine Getrenntheit. Der langsam fallende Regen rinnt über unsere Haut, berührt uns innerlich, durchdringt die Membran unseres Ichs. Ebenso wie uns vor allem leibliche Erfahrungen mit anderen Menschen verbinden, wenn wir kuscheln und tanzen, singen, lachen oder weinen, so können auch die Grenzen zwischen *Ich* und *Welt* verschwimmen.

Auf diese Weise werden keine Sinnfragen beantwortet, aber sie verlieren an Dramatik oder kommen gar nicht erst auf. Denn alle Sinnfragen setzen ein bewusstes und abgegrenztes Ich voraus. Wenn wir einer Überwindung des Ichs zeitweise nahekommen, etwa in der musikalischen Ekstase oder in Naturerfahrungen, stellen wir keine Sinnfragen – und zwar nicht, weil wir zu beschäftigt wären, sondern weil sich solche Fragen gemeinsam mit unseren individuellen Grenzen auflösen. Wo kein Ich ist, lässt sich auch nicht nach dessen Sinn fragen.

Ekstase ist natürlich ein Extremfall und kein dauerhafter Weg. Aber das Gegenteil von Getrenntheit muss nicht unbedingt vollkommene Einheit, sondern kann auch Verbundenheit sein. Schließlich sind wir nicht *ganz oder gar nicht*, sondern *mehr oder weniger* leiblich auf unsere Welt bezogen. Und so ist dies vielleicht der entscheidende Punkt: Indem wir unseren leiblichen Weltzugang stärken, beantworten wir zwar keine Sinnfragen – aber wir können die existenzielle Wucht solcher Fragen reduzieren.

Sinn und Sinnlichkeit

In der Philosophie wurde sinnlichen, leiblichen, emotionalen Weltbezügen traditionell eine untergeordnete Rolle zugesprochen. Natürlich gibt es Ausnahmen, insbesondere in phänomenologischen Strömungen und asiatischen Philosophien. Im Regelfall aber wurde Körperlichkeit historisch als Verwandtschaft zur niederen Tierwelt angesehen – und Vernunft als Verwandtschaft zur höheren Götterwelt.[43] Aus dieser Perspektive heraus ist der Körper ein tückisches, mangelhaftes, kränkliches Ding, triebhaft und primitiv. Der Geist hingegen kann Vollkommenheit erlangen, Wahrheit erkennen. Der Körper ist sterblich, der Geist ist unendlich. Kurzum: Unser Körper ist eine ärgerliche Sache und unser Verstand ein Segen.

Sogar Sigmund Freud blieb letztlich in dieser Logik gefangen. Er wies zwar das angeblich so vernünftige *Ich* radikal in die Schranken, indem er die Macht des Unterbewussten über unser Denken herausstellte. Das war ein ungeheurer Paradigmenwechsel. Aber auch für Freud waren Gefühle nur eine Fortsetzung tierischer Triebe. Und die Aufgabe der Vernunft bestand darin, die Herrschaft dieser Triebe einzuhegen. So erkannte Freud zwar den gewaltigen Einfluss unserer Biologie, wertete diese aber im gleichen Atemzug als gefährlich ab.

Bis heute ist die Verehrung von Vernunft ein Herzstück der »westlichen Moderne«. Dieses Primat diente gleichzeitig der Festigung patriarchaler Strukturen: Nüchterne Vernunft wurde zur Männersache erklärt, während Frauen auf die emotionale Achterbahn ihres Zyklus verwiesen wurden. Eine solche Gegenüberstellung ist erstens *in sich* falsch, wenn wir bedenken, wie impulsiv sich viele Männer gegenseitig die Köpfe einschlagen. Sie basiert aber auch *grundsätzlich* auf dem falschen Dualismus zwischen Vernunft und Gefühl. In unseren Gedanken und Urteilen sind diese Ebenen zutiefst verwoben.

Weder ist der Verstand ein bloßes Anhängsel der Gefühle noch andersherum. Beides gehört zusammen. Und auch der Leib ist immer beteiligt. Wenn wir uns ärgern, schnellt der Puls in die Höhe, uns wird heiß, wir spüren ein Ziehen im Bauch, vielleicht beginnen sogar die Hände zu zittern. Diese körperlichen Empfindungen gehen einher mit bestimmten Gedanken.[44] Wir ärgern uns über eine Person, verurteilen ihr Verhalten, denken möglicherweise sogar an Rache. Das alles bedingt sich gegenseitig.

Es ergibt also gar keinen Sinn, unseren Leib, unsere Gefühle und unsere Gedanken getrennt zu sehen. Und noch viel weniger Sinn ergibt es, leibliche und emotionale Erfahrungen abzuwerten.

Vielleicht klingt das für dich völlig selbstverständlich. In der Philosophie aber wurden leibliche und emotionale Weltbezüge dramatisch vernachlässigt. Vermutlich hängt das damit zusammen, dass Philosophie selbst eine so verkopfte Angelegenheit ist. Auch wenn sinnliche Empfindungen in den Blick genommen werden, geschieht dies auf rationale Art. Das erklärte Ziel ist es, subjektive Erfahrungen objektiv zu betrachten. So werden Gefühle gewissermaßen aus dem Herzen in den Kopf geholt und verändern auf diesem Weg ihre Gestalt.

Diese Herangehensweise stellt allerdings ein Problem für die gesamte Disziplin dar; es herrscht ein irrationaler Hype um rationales Denken. Anhand eines berühmten Zitats von Ludwig Wittgenstein wird das deutlich: »Die Grenzen meiner Sprache sind die Grenzen meiner Welt.« Gemeint ist damit, dass nur dasjenige Teil unserer bewussten Realität wird, wofür wir Begriffe haben. Sprich: Wenn du keinen Begriff von *Freiheit* hast, gibt es in deiner Welt auch keine Freiheit oder Unfreiheit.

Darin steckt ein wahrer Kern. Welche Begriffe wir verwenden, prägt tatsächlich unser Denken und unsere Realität. Das ist auch ein wichtiger Punkt in der Debatte um diskriminierungsfreie Sprache. Aber philosophisch sollte man diese Logik von Wittgenstein nicht übertreiben: Wer keine Sprache hat, hat keine Welt? Das wäre Quatsch. Auch Tiere haben eine Innenwelt, leben in ihrer eigenen Realität.

Unser erster und ursprünglicher Zugang zur Welt ist leiblich. Wir sehen und schmecken, riechen und hören, wir fühlen Welt. Denken ist nicht alles. Auf einer viel basaleren Ebene könnten wir formulieren: Die Grenzen meiner Sinne und Gefühle sind die Grenzen meiner Welt. Denn erst durch unsere Sinnlichkeit spüren wir überhaupt, dass da etwas ist und dass wir leben.

Vor diesem Hintergrund ist es durchaus problematisch, dass unser Leib im 21. Jahrhundert immer weniger gefordert wird. In der Steinzeit, aber auch noch viel später in Agrargesellschaften, war die aufmerksame, sinnliche Erfahrung der Umwelt eine Frage des Überlebens. Wildbeuter lauschten nach dem leisen Rascheln von Schlangen im Gebüsch, schmeckten vorsichtig die Ecke eines möglicherweise giftigen Pilzes und spähten im Unterholz nach versteckter Beute. Heute müssen wir lediglich bei der Überquerung einer Straße kurz vom Smartphone aufschauen, um nicht überfahren zu werden; Nahrungsmittel werden von Gesundheitsbehörden kontrolliert und statt den Luftdruck zu erspüren, schauen wir einfach auf die Wetter-App.[45]

Durch die Verbreitung von Technologien verlieren wir leibliche Kompetenzen; sie sind einfach weniger gefragt. Auch die Arbeitswelt ist davon betroffen, immer mehr Berufe erfordern keine leiblichen Fähigkeiten, sondern geistige. Die Hälfte aller deutschen Angestellten arbeitet vor allem am Computer.[46] In Büros sitzen wir auf unseren Hintern und schirmen uns vor den Witterungen ab – die meiste Zeit ist es keine Metapher, dass da eine Glasscheibe ist zwischen uns und unserer Umwelt.

Man kann versuchen, in leiblichen Erfahrungen einen Ausgleich zu finden, in Musik, Tanz, Sport, Spaziergängen, Wanderungen, Malerei, Kochen, Gartenpflege oder Basteln. Wie gut ein solcher Ausgleich gelingt, ist sicher individuell unterschiedlich. Es ist aber naheliegend, dass er schwieriger wird, je mehr Zeit im Büro verbracht wird. Auch das ist ein Grund, gesellschaftlich intensiver über Teilzeitarbeitsmodelle nachzudenken. Computer werden wir jedenfalls nicht mehr abschaffen.

Die unseren Alltag immer stärker durchdringenden digitalen Technologien sind insgesamt ein zweischneidiges Schwert. Eines der Hauptversprechen digitaler Vernetzung ist zwischenmenschliche Verbundenheit. Niemals mehr bist du wirklich allein! Auch im Wald gibt es mobiles Internet, und du kannst während deiner Wanderung Fotos verschicken. All deine Freundinnen und Freunde sind nur einen Klick entfernt. Niemals konnten wir mit so vielen Menschen kommunizieren. Und sind wir mal eine Woche von unseren Liebsten getrennt, so bleiben wir doch täglich in Kontakt. Früher hat man in solchen Situationen tatsächlich nichts voneinander gehört – kaum noch vorstellbar.

Andererseits können digitale Technologien das Gefühl von Isolation verstärken; Gründe dafür gibt es viele. Innere Einsamkeit wird im Kontrast zur permanenten Vernetzung noch spürbarer. So zeigen psychologische Studien, dass sich Jugendliche einsamer fühlen, wenn sie mehr Zeit auf Social Media verbringen.[47] Und genau das ist die Grundtendenz: In der Summe sind junge Menschen heute einsamer als früher, obwohl sie mehr kommunizieren denn je. Antwortet eine Person mehrere Stunden nicht, kann das schon als Zurückweisung empfunden werden.

Zudem sind digitale Begegnungen weniger sinnlich als persönliche Gespräche im Café.[48] In Zeiten der Coronapandemie wurden sowohl die technischen Möglichkeiten wie auch deren Grenzen erfahrbar. Überall wurden digitale Konferenzen oder Konzerte angeboten, aber es ist einfach nicht das gleiche. Die leibliche Gegenwart fehlt. Man sitzt doch wieder nur vor dem Bildschirm.

Diese Unmöglichkeit, das Analoge ganz zu ersetzen, lässt sich auch bei Computerspielen beobachten. Tatsächlich gibt es solche Spiele erst seit ein paar Jahrzehnten, ein Wimpernschlag. Noch meine Eltern sind ohne Computer aufgewachsen. Heute zocken Kinder und Jugendliche in Deutschland rund zwei Stunden pro Tag – ein nennenswerter Anteil ihrer Freizeit.[49] Obendrauf kommen Social Media, Fernsehen und so weiter.

Beim Bauen eines Baumhauses werden körperliche, motorische Fähigkeiten viel stärker gefördert als vor dem PC. Aber nicht nur das. Auch das leibliche Erspüren der Umwelt ist zentral. Das Holz, morsch und weich oder hart und solide, glatt oder rau, wird in die Hand genommen. Welt wird nicht nur spielerisch bearbeitet, sondern auch ertastet. Seit der Entstehung des Homo sapiens vor 300 000 Jahren war das eine völlig selbstverständliche Angelegenheit.[50]

Heute starren wir auf den Monitor oder schirmen uns in Autos von der Umwelt ab, rasen in kleinen Kapseln isoliert zum Ziel. Die Welt rauscht an uns vorbei. Wieder einmal trennen wir uns von ihr durch eine Glasscheibe, weht kein Wind durch unsere Haare, fällt kein Nieselregen auf unsere Haut.

All diese Phänomene mögen für sich genommen unproblematisch sein. Wetter-App statt Luftdruck spüren, am Computer zocken statt Baumhäuser bauen, Home-Office statt Kartoffeln ernten, Auto fahren statt ausreiten, Mindesthaltbarkeitsdatum statt auf die eigenen Sinne vertrauen – das alles zu verteufeln wäre sinnlose Nostalgie. Vieles ist heute besser und angenehmer als vor fünfhundert Jahren. Aber im Zusammenspiel dieser Entwicklungen treten leibliche Weltbezüge in den Hintergrund. Und dessen sollten wir uns bewusst sein, um Sinnkrisen besser zu verstehen und ihnen begegnen zu können.

Auf vielen Ebenen werden unsere Weltbezüge *mittelbarer*,

das Grundverhältnis ist nicht mehr Ich-Welt, sondern Ich-Technik-Welt. Etwas wird dazwischengeschoben, der eigene Beitrag wird abstrakter.

Dieser leiblichen Entfremdung kann allerdings nicht durch einen Körperkult entgegengewirkt werden. Denn *Körper* und *Leib* sind nicht das gleiche. Der Körper ist ein Gefäß, das unseren Geist spazieren trägt. Der Körper kann verschönert und optimiert werden, gesundgehalten oder krank werden. Er versucht, Welt zu beherrschen, indem er sie mit Händen bearbeitet und schließlich Maschinen herstellt, um seine Macht zu potenzieren. Der Körper ist Produktionskraft in der Fabrik oder Schönheitskapital auf Instagram. Der Körper wird gepflegt und gebräunt. Er ist Produzent und Konsument.

Dieses Verhältnis zur Körperlichkeit basiert auf einem philosophischen Paradigma, das auf René Descartes zurückgeht; einem der einflussreichsten Denker des »westlichen« Kulturraums. Ihm zufolge ist der Körper – in heutigen Begriffen gesprochen – die materielle Hardware, und unser Geist ist die Software. Seit Descartes wird der Mensch verstanden als ein denkendes Wesen, das einen Körper hat – als zweigeteiltes Wesen. Diese Perspektive führt zu einer inneren Entzweiung und Entfremdung, Geist und Körper bilden keine Einheit mehr. Der eigene Körper wird dem Geist zum Fremdkörper. Diese innere Trennung können wir durch leibliche Erfahrungen überwinden: Beim Töpfern oder Reiten sind unser *Spüren* und unser *Handeln* unmittelbar verwoben, so fördern wir Selbst-Verbundenheit und Welt-Verbundenheit. Aber während der produktive Körper so willkommen ist, stört der spürende Leib häufig den Ablauf. Er hat seine Eigenzeit, lässt sich nicht so gut beschleunigen und funktionalisieren. Und er verliert in der gesellschaftlichen Moderne schlicht und ergreifend an Notwendigkeit. So wird Descartes' Dualismus zwischen Körper und Geist zum tragenden Paradigma unserer Zeit. Philosophisch gesehen ist seine Theorie unhaltbar. Als Gegenwartsdiagnose könnte sie hingegen zutreffender nicht sein: Während man PowerPoint-Präsentationen erstellt, ist der Körper tatsächlich nur ausführendes Organ des Geistes.

Jeder Trend erzeugt Gegentrends. Und so werden Yoga, Atem- und Achtsamkeitsübungen immer populärer, von links-ökologischen Festivals bis in die Manageretagen großer Konzerne. Solche explizit leiblichen Praktiken können Bausteine sein, den eigenen Selbstbezug und Weltbezug zu stärken. In der Gesamtschau aber wird die Erfahrung eines sinnvollen Lebens auch davon abhängen, ob es uns jenseits kleiner Achtsamkeitsinseln gelingt, dem Leib in unseren Lebensweisen mehr Raum zu geben. Was heißt das?

Diese Frage ist nicht einfach zu beantworten. Im Anbetracht zunehmender Bürojobs könnte die Einführung von vernünftig bezahlten Teilzeitarbeitsmodellen, wie bereits erwähnt, ein möglicher Ansatz sein. Das ist eine Frage unternehmerischen Wollens und politischer Gestaltung. Auf persönlicher Ebene kann es ein Schritt sein, sich die Zusammenhänge überhaupt erst mal bewusst zu machen und dem Leib mehr Bedeutung beizumessen. Wenn wir uns Zeit nehmen zu kuscheln und unser Essen in Ruhe zu genießen, mit dem Fahrrad statt mit dem Auto zu fahren, heiß zu baden statt fernzusehen – dann können das Elemente sein, um das leibliche Erleben zu stärken. Solche Tätigkeiten allein lösen zwar keine Sinnkrisen – das Problem ist grundlegender und subtiler –, aber sie können ein Übungsfeld sein, um insgesamt leiblicher durchs Leben zu gehen.

Neben einzelnen, besonders intensiven Momenten können wir Leiblichkeit auch allgemein in unseren Weltzugang integrieren. Eine leibliche Grundhaltung kann uns dazu bewegen, beim Anblick einer Blume kurz stehen zu bleiben, dem Lächeln einer vorbeieilenden Person Beachtung zu schenken oder beim Fahrradfahren unseren Beinen nachzuspüren. Es gibt viel zu gewinnen: Leib zu sein, berührt zu sein, sich nicht verkopft der zu verstehenden Welt gegenüberzustellen, sondern der Eingebundenheit in Welt nachzuspüren – das öffnet neue Türen. Wir *haben* dann keinen Körper, den es zu optimieren gilt, sondern wir *sind* Leib. Dieses Selbstverhältnis wird auch unser Weltverhältnis beeinflussen: Wir lauschen, statt zu messen, schaffen Verbindung, statt zu differenzieren.

Das ist keine Zauberei. Es geht einfach darum, bewusster wahrzunehmen, was ohnehin der Fall ist: Unsere Sinne sind unser basaler Zugang und damit auch Bezug zur Welt. Diesen Sinnen nachzuspüren, sie zu schärfen, sinnlich zu leben, das ist damit auch eine Ebene, um das eigene Leben als sinnvoll zu erfahren. Auf diese Weise erleben wir eine Verbundenheit mit der Welt. Wir lassen die Welt an uns heran, überschreiten die Grenze zwischen Außen und Innen. Am eigenen Leibe erfahren wir, dass wir zutiefst eingebunden sind.

Eine leibliche Grundhaltung lässt sich nicht durch das Lesen eines Buchs entwickeln, sie muss eingeübt werden. Zu begreifen, wie fundamental der Leib unser Erleben prägt, kann ein erster Schritt sein, die Wahrnehmung dafür zu schärfen.

Für den Leib sind Welterfahrung und Selbsterfahrung nur zwei Facetten derselben Empfindung. Unser sprachlicher Verstand hingegen unterscheidet zwischen Welt und Selbst. Er trennt. Gar nicht zu denken, wäre allerdings weder möglich noch würde es das Problem lösen. Verstand und Sprachlichkeit zu verteufeln bringt uns nicht weiter. Stattdessen müssen wir Wege erkunden, um eine neue Harmonie mit der Welt herzustellen; eine Harmonie durch gleichermaßen leibliche und sprachliche Weltbezüge.

DER WELT EINEN SINN ABGEWINNEN

Sinnlichkeit und Sinn – das klingt nicht nur ähnlich, sondern hat tatsächlich viel miteinander zu tun. Unsere Sinne sind ein Zugang zur Welt. Indem wir wachsam hören und fühlen, schmecken und hinsehen, können wir eine Verbundenheit empfinden, die in Momenten der Krise fehlt.

Trotzdem lässt sich das Sinnproblem auf diese Weise nicht komplett auflösen. Wir können nicht ausschließlich leiblich leben. Denn wir sind auch sprachliche Wesen. Diese Seite können wir nicht einfach abschütteln, und das ist auch gut so.

Ohne Sprache hätte unsere Spezies kaum überlebt, geschweige denn den ganzen Planeten bevölkert. Sprache ist ein Mittel der Kooperation. Mit unseren Mitmenschen treten wir sprachlich in Dialog, erzählen uns Geschichten, machen unsere Welt verständlich. Unsere eigene Identität basiert auf Sprache. Unser Ich – das ist nicht nur Leib, sondern auch Sprache. Es ist ein sprachliches Ich.

Daher sollten wir Spüren und Denken nicht in Konkurrenz sehen. Beides ist unüberwindbar: unsere Leiblichkeit und unser sprachlicher Verstand. Die Aufgabe besteht darin, beide Weltzugänge zu integrieren.

Dafür ist es wichtig zu verstehen: Auch unsere Sprache kann Verbundenheit stiften. Einerseits können wir mit anderen in Dialog treten. Andererseits hat Sprache bereits in ihrer Grundstruktur immer auch einen verbindenden Charakter, denn sie verknüpft verschiedene Wörter und bringt sie in eine sinnvolle Beziehung zueinander. Auf diese Weise wird auch unser Bild der Welt zusammenhängender.

Unser Verstand zerstört zwar eine ursprüngliche Einheit, indem er die Welt in viele begriffliche Einzelteile zerlegt. Mit ihm können wir die entstandenen Teile aber auch wieder zusammennähen, können Verbindungen schaffen, Gräben überbrücken.

Wie das funktioniert, sollten wir etwas näher beleuchten. Denn Sprache ist für unsere Suche ganz wesentlich. Mit ihr versuchen wir, der Welt einen Sinn abzugewinnen. Durch sie orientieren wir uns im Leben. Indem wir die Welt um uns herum deuten, setzen wir uns zu ihr in Beziehung – machen sie zu *unserer* Welt.

Eine wichtige Frage wird es daher sein, wie wir Sprache nutzen können, um Sinn zu ermöglichen anstatt Getrenntheit. Vorher müssen wir uns aber kurz die Grundlagen anschauen, wie sprachliches Verstehen überhaupt funktioniert. Inwiefern wird unsere Welt zerschnitten – und wieder zusammengenäht?

Ich stehe in einem Raum, um mich herum sind bunte Formen. Noch existiert keine Bedeutung. Die Welt ist, was sie ist. Dann beginne ich zu verstehen.

»Dies ist eine Kerze, und das ist ein Tisch«, spricht der unterscheidende Verstand.

Farbige Flecken in meinem Blickfeld bekommen eine Bedeutung, werden zurechtgeschnitten in verständliche Puzzleteile: Kerze. Tisch. Und vieles andere ist da um mich herum. So könnte ich ein Inventar der Welt erstellen. Aber das wäre nur eine nichtssagende Aufzählung.

»Die Kerze steht auf dem Tisch«, spricht der beziehende Verstand. Plötzlich entsteht eine Aussage über die Welt, unsichtbare Fäden verknüpfen die Begriffsbrocken. Meine Wahrnehmungen beginnen, Sinn zu ergeben.

Bereits an diesem simplen Beispiel wird die Grundstruktur kognitiven Verstehens deutlich: Erst differenzieren wir – schaffen

Differenz, unterscheiden also die Kerze vom Tisch –, dann setzen wir die Teile in einen Zusammenhang.

Wir kennen das von Kindern: Ihr sprachliches Verstehen beginnt, wenn sie auf Dinge zeigen und sagen: *Mama. Auto. Ball.* So wird der bunte Strom von Wahrnehmungen in verstehbare Teile zergliedert. Etwas später beginnen dann die Warum-Fragen. Und diese zielen genau darauf ab, all die entstandenen Puzzleteile zu einem Bild zusammenzusetzen.

Zerschneiden und zusammennähen, diese Grundstruktur des Verstehens gilt in allen Bereichen, in einfachen oder komplizierten Sätzen, bei religiösen oder wissenschaftlichen Erklärungen ebenso wie beim Gespräch in der Kneipe.[51]

Sprache zerlegt unsere Erfahrungen durch Begriffe in Einzelteile: Kuckuck. Geräusch. Ich. Wiese.

Und Sprache setzt diese Einzelteile in Beziehung zueinander: Während ich auf der Wiese sitze, höre ich das Rufen eines Kuckucks.

In diesem zweistufigen Prozess machen wir uns Welt verständlich und unsere Rolle in ihr – in den alltäglichen wie in den großen Fragen des Lebens.

Narrativer Sinn

Sprache hat also zwei Seiten: Sie kann Welt auf Distanz bringen, in kleine Begriffsboxen zersplittern und insofern unsere leibliche Verbundenheit stören. Aber Sprache ist nicht per se schlecht. Sie kann die Splitter auch wieder zusammensetzen – zu einem sinnvollen Ganzen.

Hier geht es um eine Form von Sinn, die in den letzten Kapiteln nur indirekt auftauchte. Wir können sie als *narrativen Sinn* bezeichnen.

Narrationen, das sind Geschichten, durch die wir unser Leben deuten. Dabei kann es sich um »Geschichten« im klassischen Sinne handeln, etwa um Schöpfungsmythen oder Fabeln. Aber auch Geschichten, mit denen Paare rückblickend ihr erstes Kennenlernen beschreiben, fallen darunter. Und ebenso gesellschaftliche Narrative, zum Beispiel die Überlegenheit der eigenen Nation oder umgekehrt die Gleichheit aller Menschen. Narrativer Sinn basiert auf Begriffen, die wir in Sätzen und Geschichten verknüpfen. Jede Frage und jede Antwort enthalten einen solchen narrativen Sinn. Bei dieser Art von Sinn bedeutet *sinnvoll* also so viel wie *verständlich, aussagekräftig, inhaltsvoll.*

Weil wir sprachliche Wesen sind, ist ein solcher Sinn entscheidend. Wir brauchen Narrative, um die Welt um uns herum zu verstehen. Nur so können wir uns in ihr zu Hause fühlen und orientieren. Geschichten helfen sowohl, sich *emotional* mit der Welt zu versöhnen, wie auch *praktisch* mit ihr umzugehen.

Manchmal gelingt das besser, manchmal schlechter. Das gilt für die großen genauso wie für ganz alltägliche Fragen. Wenn wir keine Antwort finden, bekommt auch unser narrativer Sinn erste Lücken.

Warum schauen mich die Menschen in diesem Raum so grimmig an? Warum haben manche Personen mehr Geld als andere? Warum schlafe ich immer seltener mit meinem Partner? Was heißt es, dass die Firma, in der ich arbeite, eine neue Corporate Identity aufsetzt? Was genau machen Jugendliche die ganze Zeit auf ihrem Smartphone und was sind diese Memes, die sie dauernd verschicken?

Das mögen sehr plakative Beispiele sein. Und Menschen stürzen nicht in Sinnkrisen, nur weil sie ein paar dieser Dinge nicht verstehen. Aber wenn sich immer mehr solcher Fragen aufdrängen, beginnt die Welt irgendwann, an Konturen zu verlieren. Wir erfahren unsere Welt nicht mehr als »lesbar«, wie Hans Blumenberg es ausdrückte.[52] Sie wird uns fremd.

Können wir der Welt keinen Sinn abgewinnen, ist es auch schwierig, das eigene Leben darin als sinnvoll zu erfahren. Unverständlich und fremdartig erscheint dieses ganze Treiben; unsere Vertrautheit gerät ins Wanken.

Natürlich kann niemand alles wissen und alles erklären. Aber das ist auch nicht notwendig. Wie bei den anderen Arten von Sinn gilt auch hier: Menschen brauchen kein Maximum, sondern ein Mindestmaß an narrativem Sinn.

Um unser Leben als sinnvoll zu erfahren, müssen wir die Welt um uns herum zumindest halbwegs verstehen. Wenn uns hingegen völlig unbegreiflich ist, was da geschieht, können wir uns in diesem Chaos auch nicht gelingend verorten. Unsere eigene Rolle wird unklar, wir wissen nicht, wer wir in diesem Kontext sind und was das alles soll.

In solchen Momenten ist unser narrativer Sinn bedroht. Wir haben zwar nicht vergessen, dass Metallkisten auf Rädern »Autos« genannt werden. Aber in gewisser Hinsicht haben wir unsere Sprache verloren, weil die einzelnen Dinge kein sinnvolles Ganzes mehr ergeben.[53]

Um diesen Zustand zu vermeiden, deuten wir permanent die Welt um uns herum. Meist passiert das automatisch und ist uns nicht bewusst. Erst wenn Störungen auftreten, gerät der Deutungsprozess ins Stocken und gelangt in unser Bewusstsein. Dann müssen wir aktiv überlegen, wie wir gewisse Dinge verstehen können und was wir damit anfangen. Wir entwickeln Theorien, warum unser Sexleben eingeschlafen ist oder weshalb sich der Nachbar einen neuen Mercedes leisten kann: Es ist halt sehr stressig auf der Arbeit, ein absoluter Lustkiller, kein Grund zur Sorge. Und der Nachbar hat schon immer über seinen Verhältnissen gelebt, der schmeißt das Geld zum Fenster raus, völlig unvernünftig.

Mit solchen Erklärungen versuchen wir, unser Sicherheitsempfinden wiederherzustellen. Dabei geht es nicht bloß darum, sich zu überzeugen, dass keine gravierenden Probleme bestehen. Viel grundlegender ist das Ringen um Vertrautheit; das Gefühl, sich in dieser Welt auszukennen – darin zu Hause zu sein.

Dieses Anliegen vereint Religion und Wissenschaft. Beide Ansätze sehen in einem verhängnisvollen Sturm kein isoliertes Ereignis, sondern den Teil einer Geschichte. Das funktioniert nur, weil sie der Welt eine gewisse Gesetzmäßigkeit unterstellen. In einem Fall straft uns beispielsweise ein zu Recht erzürnter Gott, im anderen Fall führen spezifische meteorologische Zusammenhänge notwendigerweise zum Sturm. Mögen diese Geschichten auch noch so unterschiedlich sein, erfüllen sie doch ähnliche Funktionen. Sie versuchen, die Welt so zu deuten, dass sie für uns Sinn ergibt.

Auch Aberglaube und Verschwörungsglaube suchen überall in der Welt nach Sinn und Struktur. Eine schwarze Katze – das hat etwas zu bedeuten! Bill Gates, ein IT-Mogul, fördert die Verteilung von Impfstoffen? Der will Mikrochips in unsere Blutbahnen schleusen![54]

Auf solch gefährliche Erzählungen werden wir noch zu sprechen kommen, vor allem auf nationalistisch gefärbte. An dieser Stelle ist es zunächst entscheidend, grundsätzlich festzustellen: Egal an welche Erklärungen wir glauben, die existenzielle Getrenntheit wird dadurch nicht vollständig aufgelöst. Auch mit den besten Geschichten bleibt das Ich noch von seiner Welt verschieden. Aber durch narrativen Sinn kann diese Kluft an Problematik verlieren. Idealerweise können wir Welt verstehen – auf eine Weise, die es uns ermöglicht, sich in ihr aufgehoben zu fühlen und zu orientieren.

Um das zu schaffen, gibt es so viele Ansätze, wie es Menschen gibt. Jeder von uns bastelt sein eigenes Weltbild. Allerdings basteln wir nicht allein, sondern greifen auf Bausteine zurück, die uns von anderen Menschen und der Gesellschaft zur Verfügung gestellt werden. Hier ist die Auswahl groß. Es kursieren zahlreiche Sinngebäude, mit teils deutlichen Unterschieden. Die Geschichten des Liberalismus unterscheiden sich ganz wesentlich von denen des Nationalismus. Und der Mythos von den Kugelmenschen schafft eine andere Sicht auf stürmische Liebe als die Erklärungen der Neurowissenschaften.

Welche Geschichten sind besser geeignet, um sich mit der Welt zu versöhnen, um Erfahrungen von Getrenntheit zu überwinden und sich auf diesem Planeten zu Hause zu fühlen? Welcher narrative Sinn schafft auch persönlichen Sinn?

Die Macht des Positivismus

Es wäre unmöglich, sämtliche Weltbilder zu untersuchen und gegeneinander abzuwägen. Aber das ist für unsere Zwecke auch gar nicht notwendig. Vielleicht genügt es, wenn wir uns auf eine ganz spezielle Weltsicht konzentrieren, eine Weltsicht, die immer stärker wird und dabei teilweise Sinn zerstört: den Positivismus.

Vom Positivismus war bereits im ersten Kapitel die Rede. Erinnerst du dich an die »große Revolution«, die insbesondere von Galileo Galilei in Europa eingeleitet wurde und von dort ausgehend die ganze Welt eroberte? Der Positivismus ist das, was man als »wissenschaftliches Weltbild« bezeichnen könnte. Dieses Weltbild ist so mächtig, dass sogar in der Islamischen Republik Irans mit seiner Hilfe Atomkraftwerke gebaut werden und eingefleischte christliche Gläubige auf physikalische Berechnungen vertrauen. Auch Kommunistinnen in israelischen Kibbuzen und Nationalisten in Polen stellen wissenschaftliche Experimente an, messen und analysieren.

Die Kämpfe zwischen den großen Sinngebäuden – Liberalismus, Nationalismus, Kommunismus und Religionen – finden vor allem auf politischen Feldern statt. Wenn es jedoch darum geht, konkrete Phänomene in der Welt zu verstehen, vertrauen fast alle auf die Wissenschaft. So hat sich der Positivismus zur wirkmächtigsten Weltsicht unserer Zeit aufgeschwungen. Was macht diese Weltsicht aus?

Die Wissenschaft erzählt keine Geschichten, sie stellt Tatsachen fest. Das wird zumindest oft behauptet.[55] Neutralität und Objektivität heißen die großen Ziele. Und genau das macht wissenschaftliche Analysen so überzeugend. Jedoch hat die Neutralität auch tückische Seiten. Denn es ist eine geradezu kalte Perspektive auf die Welt.

Der positivistische Blick bringt die Welt auf Distanz. Alles wird als Ding begriffen, als System – sogar Menschen selbst. In der Psychologie wird menschliches Verhalten häufig wie ein komplexes Ursache-Wirkungs-System verstanden, ein System aus Trieben und Traumata, Gehirnstrukturen und genetischen Dispositionen, Neuronen und Botenstoffen. Der Geist als Algorithmus. Der Mensch als komplexe Apparatur.

Durch den positivistischen Blick wird die ganze Welt zur Apparatur. Diese technische Sicht ermöglicht es, weitere Technologien zu entwickeln: Wer die inneren Gesetzmäßigkeiten der großen Welt-Apparatur versteht, kann dieses Wissen nutzen, um eigene Apparate zu erschaffen. Ohne Physik hätten wir heute kein Internet und ohne Biologie keine Gentechnik. Demgegenüber bringen Gebete nicht mal Glühbirnen zum Leuchten. Diese technische Überlegenheit macht das wissenschaftliche Weltbild so mächtig. Jedes Smartphone ist ein Beweis, dass all die wissenschaftlichen Berechnungen zutreffend sind.

All das prägt auf subtile Weise unseren Alltag und die Suche nach Sinn. Denn der Positivismus strukturiert unsere Gesellschaften wesentlich – und beeinflusst so unsere Art, durchs Leben zu gehen. Schließlich endet Wissenschaft nicht an Campusgrenzen von Universitäten. Zum Beispiel prägt die Ökonomik unsere Märkte und damit unsere täglichen Erfahrungen am Arbeitsplatz. Die Psychologie wiederum sickert über Lebensratgeber in unsere Menschenbilder ein. Hirnforschende geben Interviews im Fernsehen – viele Zuschauende sehen sich anschließend in anderem Licht. Der Positivismus prägt auch Bildungssysteme, prägt, was und wie Kinder lernen und ihre Welt begreifen. Ein prägnantes Beispiel sind Gedichtanalysen im Deutschunterricht. Hier wird ein Ausdruck des Herzens unter das analytische Mikroskop gelegt, wird zerlegt in Jamben, Alliterationen und Reimschemata, wird maximal auf Distanz gebracht. Auch die Kunstszene insgesamt wird verkopfter: Über moderne Theaterstücke kann man oftmals besser eine Doktorarbeit schreiben, als sich von ihnen berühren zu lassen. Und im täglichen Umgang mit Computern begreifen sich viele Menschen selbst zunehmend als Software, die auf einer Hardware läuft. In all diesen Beispielen kommt ein technischer, positivistischer Blick zum Vorschein.

Überall um uns herum wird analysiert. Dahinter steht das große Projekt, die Welt *transparent* zu machen, ihr die Geheimnisse zu entreißen, sie mit der Vernunft zu durchdringen.[56] Dabei wird vorausgesetzt, dass sie einer sinnhaften Ordnung folgt, die erkannt und genauestens erklärt werden kann. So wird etwa in der Ökonomik versucht, die sogenannten Gesetze des Marktes zu entschlüsseln und in mathematischen Modellen zu beschreiben. In der Psychoanalytik wiederum wird von unterdrückten Trieben und emotionalem Druck gesprochen, als wären wir Wasserkocher, eine komplizierte thermodynamische Apparatur.[57]

Egal, was analysiert wird – Beziehungen, Gedichte, Arbeitsmärkte, Ökosysteme oder Lichtwellen –, immer wird dabei die Welt auf Distanz gebracht. Gerade das Ziel, möglichst objektiv zu sein, bedeutet ja, die Welt als Objekt zu betrachten, sich von ihr zu trennen und auf einen neutralen Standpunkt zu flüchten. An diesem neutralen Ort aber bleibt wenig Raum, um sich berühren zu lassen und darin einen Zauber zu erkennen.

In dieser Hinsicht hat der positivistische Blick viele Merkmale, die auch Sinnkrisen kennzeichnen. Die Welt als unbeseelte Apparatur – genau diesen Eindruck haben wir, wenn wir uns entfremdet fühlen. In diesen Momenten wird der distanzierte Blick des Positivismus zu einer existenziellen Erfahrung. Es ist dann keine intellektuelle Spielerei mehr, die Welt als ein komplexes Uhrwerk zu verstehen. Das *sehen* wir plötzlich. Ampeln springen von Rot auf Gelb auf Grün. Autos fahren los. Hochdruck trifft Tiefdruck, es regnet, wir werden nass, uns wird kalt. Das Brot in unserer Hand, eine Ansammlung von Molekülen, hält unseren Organismus am Leben.

Die Mitmenschen als Roboter, das Universum als gleichgültiges Mobile, der Alltag als Marionettentheater – fast ist es, als würden wir erst im Moment der Krise wirklich begreifen, was die moderne Weltsicht ausmacht. Und würden daran erkranken.

Sinnkrisen gibt es zwar seit Jahrtausenden, aber die Art und Weise, wie sie erlebt werden, und das Klima, in dem sie gedeihen, scheinen sich verändert zu haben. Erst mit Beginn der gesellschaftlichen Moderne wurde die Suche nach Sinn zum Massenphänomen. Und der positivistische Blick ist ein Kernstück eben dieser Epoche.

Dieses Kapitel hat mit der Feststellung begonnen, dass Sinnkrisen häufig dadurch gekennzeichnet sind, sich von der Welt abgetrennt zu fühlen – *existenziell isoliert*, wie Irvin Yalom es ausdrückt. Es ist das Gefühl, nicht mehr zu den Dingen durchzudringen, als stünde eine Glasscheibe zwischen dem Ich und seiner Welt. Auf der Suche nach möglichen Auslösern für solche Erfahrungen sind wir nun auf den Positivismus gestoßen. Er ist die mächtigste Weltsicht unserer Zeit und zeichnet sich dadurch aus, unsere Welt auf Distanz zu bringen. Diese Distanz, diese Getrenntheit ist auch ein zentrales Merkmal von Sinnkrisen. Daher steht die gesellschaftliche Wirkmächtigkeit des Positivismus im Verdacht, zur Verbreitung von Sinnkrisen beizutragen.

Jedoch – und dies sind nun die entscheidenden Fragen – sind wissenschaftliche Beschreibungen denn nicht *wahr* und in dieser Hinsicht alternativlos; egal, ob uns das gefällt oder nicht? Also, gibt es überhaupt vernünftige Alternativen, die Welt zu deuten und ihr einen narrativen Sinn abzugewinnen, der uns stärker mit der Welt verbindet?

GRENZEN DER ERKENNTNIS

Immer häufiger wird die wissenschaftliche Weltsicht als Weg zur einzigen, absoluten Wahrheit gesehen: zu *der* Wahrheit.

Natürlich, in jeder guten wissenschaftlichen Untersuchung wird auf Unsicherheiten hingewiesen und auf mögliche Fehlerquellen. Aber das sind dann Detailfragen. Der Versuchsaufbau lässt gewisse Schlüsse nicht zu, es gibt Imperfektionen. Doch prinzipiell – wäre der Versuchsaufbau perfekt gewesen – hätte man die eine wahre Wahrheit finden können: Tatsachen eben.

Daher lassen sich wissenschaftliche Erkenntnisse auch nicht abstreiten, ohne sich der Lüge verdächtig zu machen. Während früher der Verweis, eine Überzeugung sei »unchristlich«, das ultimative Totschlagargument war, ist heute das Urteil »unwissenschaftlich« geradezu vernichtend.

Dafür gibt es gute Gründe. Mit einer fundamentalen Wissenschaftskritik begibt man sich auf dünnes Eis – und in zweifelhafte Gesellschaft. Überall sprießen derzeit »alternative Fakten« aus vergiftetem Untergrund. Ein Rundumschlag gegen die Wissenschaft wäre insofern nicht nur unsinnig, sondern auch gefährlich. Natürlich gibt es einen menschengemachten Klimawandel. Natürlich gibt es biologische Viren. Natürlich ergibt 2+2=4.

Dennoch: Es bleibt ein vages Unbehagen, dass Wissenschaft nicht alles im Leben einfangen kann; dass es Facetten gibt, die sich nicht in Formeln pressen lassen; und dass ein positivistischer Fokus unsere Perspektiven verengen kann. Denn eine rein wissenschaftliche Sichtweise macht zwar vieles verständlich und bringt wie ein Scheinwerfer verborgene Strukturen ans Licht –, aber sie wirft dabei aber auch Schatten und lässt manches im Dunkeln.

Im Dunkeln stand er, durchflutet von Aufregung. Gleich war es so weit. Angestrengt lauschte er in die vollkommene Schwärze. Ein leises Knacken von rechts verriet einen weiteren Auserwählten. Es beruhigte ihn ein wenig, nicht allein zu sein. Vorsichtig hob er die Hand, hielt sie direkt vor seine Augen. Doch die Dunkelheit hatte jede Form verschluckt und in einem unendlichen Nichts verschwinden lassen.

Dann zerriss ein Geräusch die Stille. Ein schweres Atmen, rasselnd wie aus den Tiefen einer gewaltigen Höhle. Das Tier war ganz nah. Er spürte die Anwesenheit am ganzen Körper. Ganz wohl war ihm nicht dabei. Aber sie hatten versichert, das Tier sei friedlich, und seine Neugier brannte in ihm wie ein loderndes Feuer. Zögernd setzten sich seine Beine in Bewegung. Überall raschelte es nun – auch die anderen waren nähergekommen.

Die Arme weit vor sich ausgestreckt ging er Schritt um Schritt durch die Dunkelheit, weiter auf den Atem zu. Dann fühlte er das Tier.

»Wie ist es?«, die Stimme drang von fern an ihn heran. Er tastete sich vor. Unter seinen Händen nahm ein Wesen Gestalt an; ein Tier, wie er noch nie eines gesehen hatte. Es war wie … ein Baumstamm. Vermutlich war sein Kopf weiter oben. Der eigentliche Körper des Tieres aber stand vor ihm wie eine feste Säule.

»Sprecht!«, befahl der König. Es war Zeit zu antworten.

»Das Tier hat die Form eines Baumstammes!«, rief der Auserwählte zurück, so fest und sicher, wie es ihm gelang.

»Nein, er spricht nicht die Wahrheit! Wahrscheinlich hat er nicht gewagt, das Tier zu berühren, und rettet sich in Lügen! Er will Euch täuschen! Es hat die Form eines Fächers!«, rief es aufgeregt von rechts.

»Nein, beide lügen sie! Das Tier ist wie ein Seil!«, rief es nun von links.

»Eine Wand ist es, eine Wand! Kein Baumstamm, kein Fächer und kein Seil! Sie alle wollen nur die Belohnung. Sie alle sprechen falsch! Das Tier hat die Form einer Wand!«, schrie ein anderer.

Da sprang er zurück, tastete sich zum Ausgang, die Luft erfüllt vom Stampfen des Tieres und den Rufen der Männer, die in der Dunkelheit aufeinander losgegangen waren.

So erzählt es eine uralte Geschichte – wenngleich in anderen Worten. Schon vor über zweitausend Jahren wurde sie im Buddhistischen Text *Udana* niedergeschrieben. Auch im Jainismus, Hinduismus und bei sufistischen Mystikern sind Variationen zu finden.[58] Das Tier, um das sich die blinden Männer so aufgeregt streiten, ist ein Elefant. Und natürlich lügt keiner von ihnen. Alle begreifen einen Teil der Wahrheit: Wie ein Baumstamm ist das Bein, wie ein Fächer das Ohr, wie ein Seil der Schwanz, wie eine Wand der mächtige Körper. Jeder bekommt nur einen kleinen Ausschnitt zu fassen, aber hält ihn für das ganze Tier. Diese alte Parabel lehrt uns: Wann immer wir versuchen, die Welt zu verstehen, tun wir das von unserem Standpunkt aus. Vielleicht entdecken wir tatsächlich Wahrheit. Aber niemals die ganze.

Ebenso wie sich die Männer dem Elefanten von verschiedenen Seiten nähern, ist auch der wissenschaftliche Blick nur eine Art, der Welt einen Sinn abzugewinnen. Was heißt das genau? Das werden wir uns auf den nächsten Seiten näher anschauen.

Wir haben festgehalten, dass narrativer Sinn entsteht, wenn wir das Gefühl haben, die Welt zu verstehen; wenn sie uns vertraut ist und wir uns darin orientieren können. Das scheint ein menschliches Grundbedürfnis zu sein. Mir ist keine Kultur bekannt, die ohne Weltbilder auskommt. Dabei macht schon die Vielfalt der möglichen Deutungen skeptisch, ob es überhaupt *die eine wahre* Beschreibung geben kann. Aber genau diesen Anspruch erheben viele Weltbilder, wenn sie zur Ideologie werden. Sie behaupten, die Wahrheit gepachtet zu haben. Auch der Positivismus schlägt manchmal in diese Richtung. Um hier besser durchzublicken, müssen wir uns mit der großen philosophischen Frage befassen: Was ist das denn – Wahrheit? Gibt es so etwas überhaupt?

Was ist wahr?

Ich nehme an, dass sich vor mir ein realer Computer befindet, auf dem ich diese Sätze schreibe. Aber den Computer *an sich* kann ich niemals erfahren; ich nehme ihn immer nur mit meinen menschlichen Sinnen wahr, sehe ihn mit meinen kurzsichtigen Augen, spüre die Tastatur unter meinen Händen, höre das Klicken der Tasten, wenn ich auf ihnen tippe. Wäre ich farbenblind, würde er mir anders erscheinen.[59]

Vielleicht nimmst du dir einen Moment Zeit, um das Buch zwischen deinen Händen zu betrachten. Was du siehst, ist nicht *das Buch an sich*, sondern ein Bild in deinem Kopf. Hättest du andere Sinne, würde dir auch das Buch anders erscheinen.

Wenn wir beginnen, die Welt um uns herum zu beschreiben, sie in Begriffe und Geschichten zu fassen – ihr einen Sinn abzugewinnen –, dann können wir uns nur auf die Welt beziehen, wie sie uns sinnlich erscheint. Und *wie* sie uns erscheint, hängt mindestens genauso sehr von uns selbst ab wie von »der Welt«. Ein weiteres Beispiel: Dass uns ein Gegenstand rot erscheint, hat etwas mit diesem Gegenstand zu tun, aber auch mit unseren eigenen Sinnen. Beschreiben können wir indessen nur den Gegenstand, wie wir ihn wahrnehmen.

Wir könnten natürlich versuchen, diese subjektive Sicht zu vermeiden, indem wir wissenschaftliche Messapparate benutzen. Aber so etwas wie neutrale Messapparate gibt es nicht. Denn in diesem Fall gilt genau das Gleiche: Die Messungen hängen ebenso von der Bauweise unserer Instrumente ab wie von »der Welt«. Ein Fieberthermometer zum Beispiel misst einen elektrischen Widerstand, nicht aber die Temperatur an sich.

Egal ob wir unseren Sinnen vertrauen oder Messinstrumenten –, wir haben Zugang nur zu einer *vermittelten* Welt, niemals zu einer puren, unverfälschten, *unmittelbaren* Welt an sich.

Diese ohnehin *vermittelte* Welt beschreiben wir anschließend mit Wörtern, die wir selbst erfinden. Das klingt insgesamt nicht sehr neutral … Das klingt, als wäre Wahrheit eher ein kreatives Bastelwerk als etwas, was sich »finden« ließe. Sind wir alle Pippi Langstrumpf und singen im Chor: Ich mach mir die Welt, widdewidde wie sie mir gefällt?

So krass ist es auch wieder nicht. Weder ist Wahrheit eine bloße Ansichtssache, noch ist sie absolut objektiv. Zwar sortieren wir die Welt in viele kleine von uns erdachte Begriffsboxen – aber nicht nach reinem Zufallsprinzip. Wenn wir zum Beispiel von »Wolken am Himmel« sprechen, passt das sehr gut zu unseren Eindrücken weißer Flecken, die über einen blauen Horizont wandern. Völlig willkürlich sind unsere Deutungen der Welt also nicht. Narrativer Sinn kommt zwar immer von uns Menschen, er entsteht aber, so formuliert es der Literaturwissenschaftler Terry Eagleton, im engen »Dialog mit einer Welt, deren Gesetze nicht der Mensch erfunden hat. Und wenn Bedeutungen Geltung haben sollen, müssen sie die Körnung und Textur dieser Welt beachten.«[60] Um das zuzuspitzen: Die Kategorie von »Kuscheltieren« ist zwar eine menschliche Erfindung. Aber wer versucht, Tiger als Kuscheltiere zu begreifen, wird nicht allzu lang überleben.[61]

So ist es auch in anderen Bereichen. Nehmen wir als Menschheit den Klimawandel nicht ernst, werden wir nicht allzu lang überleben – Fakt. Aber überhaupt von einem »Klima« zu sprechen und nicht bloß die tägliche Wetterlage zu beobachten, das ist eine subjektive Perspektive auf die Dinge.

Es gibt also Wahrheit und Unwahrheit. Trotzdem ist Wahrheit relativ. Wie das eine mit dem anderen zusammengeht, können wir nun besser verstehen. Dazu müssen wir zwei Ebenen unterscheiden: Sprachen und Sätze. Sprachen sind menschengemacht, sie basieren auf erfundenen Kategorien. Auf dieser

Ebene gibt es kein wahr oder falsch. Aber mit Sprachen können wir Sätze formulieren –, und auf dieser zweiten Ebene gibt es durchaus wahre oder falsche Aussagen. An diese Perspektivabhängigkeit von Wahrheit können wir uns durch zwei unterschiedliche Beispiele herantasten.

Stell dir vor, es ist ein absolut windstiller Tag, du stehst auf einem Parkplatz und hältst einen Stein vor dich. Dann lässt du ihn los. In welche Richtung fällt der Stein, bis er aufschlägt? Na, ist doch klar, in einer geraden Linie nach unten. Das lässt sich eindeutig sehen oder auch präzise messen. Unter Vernachlässigung des Luftwiderstands müsste der Stein mit einer Endgeschwindigkeit von 20 km/h aufkommen.[62] Aber ist diese Tatsache auch objektiv wahr? Mal ganz abgesehen von allem bereits Festgestellten, müssen wir bedenken: Während der Stein fällt, dreht er sich gemeinsam mit der Erde bei einer Geschwindigkeit von circa 1500 km/h um ihre Achse.[63] Betrachten wir die Situation von außerhalb der Erde, fällt der Stein also nicht gerade, sondern in Form einer langgezogenen Parabel. Fakt? Nun ja, gleichzeitig fliegen wir mit 108 000 km/h um die Sonne und mit der Sonne zusammen wiederum mit 792 000 km/h um das Zentrum der Milchstraße –, die sogar in noch schnellerer Bewegung ist. Wenn man das alles berücksichtigt, rast der losgelassene Stein mit einer unfassbaren Geschwindigkeit von über einer Millionen km/h alles andere als gerade nach unten. Und deshalb kann selbst diese überaus simple Frage, in welche Richtung und mit welcher Geschwindigkeit ein fallen gelassener Stein fällt, nicht neutral beantwortet werden. Es kommt halt darauf an, aus welchem Bezugssystem man das Geschehen betrachtet.

Diese Perspektivabhängigkeit geht noch viel tiefer und betrifft unsere gesamte Art, die Welt zu verstehen. Ich möchte das an einem letzten Beispiel verdeutlichen: Stell dir einen mittelalterlichen Kerker vor. Einsam und verlassen sitzt darin ein Gefangener. Sein Urteil lautet lebenslänglich. Ist dieser Mensch frei?

Das hängt davon ab, was man unter »Freiheit« versteht. Man könnte behaupten, ein Mensch sei genau dann »frei«, wenn er sein Zimmer verlassen kann. Oder man könnte behaupten, ein Mensch sei »frei«, wenn er sich innerlich befreit fühlt. Es macht keinen Sinn, zwischen diesen beiden Perspektiven zu streiten, das wäre bloß ein Streit um Worte. Was Freiheit ist, das ist Ansichtssache, eine Frage der Sprachregelung. Hier gibt es kein Richtig oder Falsch, höchstens kann man davon sprechen, eine der Definitionen sei nützlicher als die andere. Aber, Achtung, falls wir uns nun auf die erste Variante einlassen und sagen, ein Mensch sei »frei«, wenn er sein Zimmer verlassen kann –, dann wäre es *falsch* zu behaupten, der Häftling im Kerker sei frei. Denn das ist er gemäß dieser Definition nicht. Seine Unfreiheit ist also eine Tatsache, aber sie ist abhängig vom Bezugssystem – in diesem Falle von dem zugrundeliegenden Freiheitsverständnis.

Ich weiß, das sind abstrakte Überlegungen, und wir laufen nun Gefahr, uns in den Abzweigungen der Philosophie zu verirren. Unbedingt sollten wir bald zur Sinnfrage zurückkehren. Aber ich glaube, es wäre hilfreich, wenn wir uns noch kurz Zeit nehmen, um diese Sache mit der Wahrheit besser zu verstehen. Denn das ist ja ein ganz wesentlicher Punkt: Wenn wir eine Alternative zur wissenschaftlichen Weltsicht finden wollen – eine *vernünftige* Alternative und keine wirre Verschwörungstheorie; eine Perspektive, die uns stärker mit der Welt verbinden kann –, dann müssen wir den Positivismus in seinem Neutralitätsanspruch zuerst vom Thron stoßen.

Auf der Suche nach Einheit

Durch Sprache können wir im alltäglichen Chaos etwas Ordnung schaffen. So wird uns unsere Welt vertrauter, und wir können uns besser in ihr orientieren. Das fängt schon bei einzelnen Objekten an: Wir sehen eine Holzplatte, die hüfthoch auf vier Stäben ruht. Um dieser Betrachtung einen Sinn abzugewinnen, ordnen wir sie einem Konzept zu: Das muss ein »Tisch« sein. Auch wenn wir diesen konkreten Gegenstand noch nie zuvor gesehen haben – »Tische« kennen wir und können damit umgehen.

Auf ähnliche Weise suchen wir auch hinter Ereignissen nach verborgenen Strukturen. Wir werfen eintausend Steine von einem schiefen Turm und beobachten, dass sie alle zur Erde fallen. Mehr sehen wir nicht, und mehr *können* wir auch nicht sehen. Doch mit einer bloßen Auflistung dieser Beobachtungen würden wir uns nicht zufriedengeben – nach dem Motto: Dieser Stein fällt zur Erde, dieser auch, jener auch, dieser hier ebenfalls.

Solch eine Liste würde uns nicht weiterbringen. Es kann doch kein Zufall sein, dass alle Steine hinabfallen, denken wir. Wir vermuten, dass es systematische Muster gibt, suchen nach Erklärungen. So kommen wir auf die Idee, von einer kosmischen Kraft zu sprechen, die einheitlich hinter all diesen Beobachtungen steht. Wir nennen sie Gravitation. Weil wir an diese Kraft glauben, erscheint die Welt nicht mehr so zerstückelt und chaotisch. Ganz unterschiedliche Erfahrungen erhalten nun eine gewisse Einheit, denn hinter ihnen vermuten wir ein zunächst ewiges und allgemeingültiges Prinzip.

Das ist auch plausibel. Doch ganz egal, wie viele Steine wir vom Turm werfen, niemals werden wir die Gravitationskraft *selbst* wahrnehmen können –, sondern immer nur ihre Auswirkungen. Es ist, als sähen wir einen tanzenden Schatten auf dem Asphalt und schlössen darauf, dieser müsse durch irgendein Objekt hervorgerufen werden. Das ist glaubwürdig. Dennoch, es handelt sich lediglich um eine überzeugende *Annahme.*

Darüber denken wir normalerweise nicht weiter nach. Es ist für uns völlig selbstverständlich, dass physische Körper zur Erde fallen. Schon als Baby erfahren wir Schwerkraft am eigenen Leib und im Umgang mit unserer Umwelt. Lösen wir uns aber für einen Moment aus dieser erlernten Selbstverständlichkeit und betrachten die Dinge mit frischen Augen, dann kann das Hinunterfallen von losgelassenen Gegenständen überaus faszinierend sein. Es wäre schließlich denkbar, dass sie einfach in der Luft stehen blieben. Aber das tun sie nicht. Stattdessen sehen wir eine Wirkung, beobachten eine Beschleunigung – völlig ohne sichtbare Ursache!

Nimm ruhig einen Gegenstand, zum Beispiel dieses Buch, halte ihn vor dich und lass los. Ist das nicht verrückt? Normalerweise kommen Dinge in Bewegung, wenn wir sie werfen, anschieben, ziehen oder stoßen. In diesen Fällen erfahren wir mit unseren eigenen Sinnen sowohl Ursache als auch Wirkung. Das sind unmittelbar spürbare Kausalitäten.[64] Dass sich Körper aber einfach so bewegen, obwohl keine erkennbare Kraft auf sie einwirkt, das ist eine völlig andere Sache.

Um dies zu erklären, wird in der Physik angenommen, dass es eine Ursache gibt, die wir nicht sehen können: eine unsichtbare, kosmische Kraft. Diese Kraft wird in ihren Auswirkungen gemessen und in Formeln gegossen. So lassen sich Flugbahnen vorhersagen, und zwar sehr präzise. Trotzdem bleibt es unbefriedigend, einfach nur von einer kosmischen Kraft zu sprechen und deren Stärke zu messen. Daher wird eine Theorie hinter die Theorie konstruiert, die von vierdimensionalen, gekrümmten Raumzeiten erzählt. Solche Erklärungen und die damit verbundenen Formeln sind unglaublich leistungsstark. Aber auch sie stoßen an Grenzen, etwa bei der Erklärung ferner Sternenbewegungen; hier passen die Einstein'schen Formeln plötzlich nicht mehr. Daher werden weitere Kräfte in die Berechnungen eingeführt, sogenannte dunkle Materie und dunkle Energie. Eines Tages werden wahrscheinlich auch diese Beschreibungen über Bord geworfen und von neuen Paradigmen abgelöst.[65] Die Steine jedoch, sie fallen unbeirrt weiter zur Erde. Und die Ursache dafür, sie bleibt unsichtbar.

Grund zur Demut

Auch die moderne Wissenschaft muss sich also auf das unsichere Terrain der Interpretation zu begeben. Denn erst dort entsteht Erkenntnis. Und auch die Wissenschaft muss *unsichtbare* Kräfte annehmen, um die *sichtbare* Welt verständlich zu machen. Denn erst durch solche Annahmen bekommen die vielen Einzelteile unserer Welt eine gewisse Einheit.

Durch Messungen allein könnten Physikerinnen und Physiker höchstens feststellen, dass alle Steine ihrer Testreihe zur Erde gefallen sind und daraus praktische Faustregeln ableiten. *Warum* sich aber sämtliche Steine in die gleiche Richtung bewegen, das kann Beobachtung allein nicht verraten. Welt zu verstehen erfordert, sie zu deuten.

Versuchen wir, der Welt einen Sinn abzugewinnen, können wir dabei unmöglich objektiv sein. Immer werden wir Aussagen in Begriffen ausdrücken, die darauf basieren, wie wir selbst die Welt eingeteilt haben. Wir können die Welt immer nur mit *unseren* Worten und Modellen beschreiben. »Der Mensch besitzt keinen außermenschlichen Boden, auf dem er stehen könnte«, schreibt Leszek Kołakowski.[66]

Wenn sogar Physik – die Leitdisziplin der positivistischen Moderne schlechthin – nicht die Welt *an sich* beschreiben kann, sondern sie nur durch eine menschliche Brille interpretieren kann, dann ist dies ein Grund zur Demut.

Demut heißt nicht, alles für relativ zu erklären. Ja, die menschliche Erkenntnis ist begrenzt. Und alles Wissen fußt auf Annahmen. Trotzdem gibt es Deutungen, die überzeugender sind als andere. Sie helfen uns besser dabei, unseren Erfahrungen einen Sinn abzugewinnen, sie einzuordnen und sich zu ihnen zu verhalten. Gerade die Physik ist hier ein gutes Beispiel. Sie interpretiert zwar Phänomene, aber tut dies auf Grundlage sorgsamer Beobachtungen. Das hat einen großen Vorteil. Zum Beispiel hilft uns die Annahme berechenbarer Gravitationskräfte viel besser, mit der Welt umzugehen als die Annahme, durch einen göttlichen Willen dränge alles zum Mittelpunkt der Erde. Mit der erstgenannten Theorie können wir Satelliten im Orbit platzieren, mit der zweiten nicht. Das beweist zwar streng genommen nicht die *Wahrheit* der Theorie, aber immerhin ihre *technische Anwendbarkeit*.

Es geht also nicht darum, das Projekt der Aufklärung über Bord zu werfen und Verschwörungstheorien hinterherzurennen. Aber indem wir auch wissenschaftliche Aussagen als Deutungen verstehen, eröffnen wir Raum für konstruktive Kritik. Außerdem ist nur so echter Fortschritt möglich. Einstein musste auch erst die vorherrschende Physik von Newton in Frage stellen, um über ihn hinauszuwachsen.

Wie wir festgestellt haben, ist unsere Erkenntnis auf mindestens drei zentralen Ebenen begrenzt: Erstens haben wir keinen direkten Zugang zur »Welt an sich«, sondern nur zu einer sinnlich oder technisch vermittelten Welt. Zweitens basiert jede Beschreibung dieser vermittelten Welt auf menschengemachten Begriffen. Drittens hat jede Deutung der Zusammenhänge und Kräfte hinter der uns erscheinenden Welt ein spekulatives Moment.

Diese Subjektivität sollte uns nicht grundsätzlich an allem zweifeln lassen. Unsere Perspektive auf Welt ist zwar immer eine menschliche –, aber nur auf diese Perspektive kommt es an. Indem wir Welt interpretieren, können wir ihr einen Sinn abgewinnen.

Der positivistische Blick auf die Welt ist in dieser Hinsicht unglaublich produktiv und erklärungsstark. Einen besseren Blick, um Phänomene zu erklären, haben wir nicht. Und er ist gewiss nicht *falsch*. Problematisch wird es allerdings, wenn wir glauben, die Welt auf diese Weise vollständig beschreiben zu können. Wie die Männer, die den Elefanten im Dunkeln ertasten, betrachten wir die Welt dann nur von einer bestimmten Seite und halten diese Seite für die alleinige Wahrheit. Vor dieser Verengung warnt auch der Philosoph Martin Seel mit einem oft zitierten Satz: »Die messbare Seite der Welt ist nicht die Welt; sie ist die messbare Seite der Welt.«[67]

Vergessen wir das, dann wird unsere Welt kleiner, beschränkt sich auf das Messbare, auf das Erklärbare – und verliert ihren Zauber.

Mut zur Verzauberung

Schon 1917 beobachtete der Soziologe Max Weber eine »Entzauberung der Welt«.[68] Für ihn war diese Entwicklung eine unmittelbare Folge der gesellschaftlichen Moderne – insbesondere des Positivismus.[69] Die Welt wurde nicht mehr als mystischer, magischer Ort begriffen, sondern als eine überdimensionale Maschine, die man berechnen und beherrschen konnte. Ging es früher darum, geheimnisvolle Mächte gnädig zu stimmen, waren die Ziele nun: Rationalität und Rationalisierung, Säkularisierung, Technisierung, Messbarkeit und Berechenbarkeit. Dieser Wandel hatte viele gute Seiten. Bis heute ermöglicht der technische Fortschritt vielen Menschen ein angenehmes Leben. Vor allem aber ist die Abkehr von höheren Werten, verborgenen Schicksalen oder rettenden Engeln eine Voraussetzung, um sich wirklich dem Diesseits zu widmen – und es nicht für irgendwelche Ideen zu verraten. Menschen aus Fleisch und Blut sind, was zählt. Und der Lauf der Dinge hängt nicht von Gottes Gnade ab, sondern ist prinzipiell gestaltbar. Auf dieser Grundlage wurden auch die Menschenrechte erstritten.

Die Entzauberung brachte also viel Positives. Doch vielleicht haben wir die Welt zu umfassend entzaubert. Denn im Rahmen dieser großen »Aufklärung« wurde nicht nur die übernatürliche Seite der Welt dekonstruiert. Auch viele Erfahrungen im Diesseits wurden wegerklärt.

Vom Thron gestoßen wurden nicht nur Engel, Schicksale, das ewige Wesen der Dinge, der Atem des Universums, Trolle und Elfen, die Beseeltheit der Bäume oder das kosmische Ringen zwischen guten und bösen Mächten –, sondern auch: die Magie der Liebe, die Mystik verschmelzender Leiber, die Erhabenheit der Natur, der Zauber des Zufalls und das Geheimnis der Musik. Gleich zweifach wurde unsere Welt entzaubert; zweifach haben wir Welt verloren – als *übersinnliche* und als *sinnliche* Welt.

So hat beispielsweise Sigmund Freud nicht nur den Glauben an Gott als menschliches Wunschdenken analysiert. Im gleichen Atemzug reduzierte er den Rausch des Verliebtseins auf biologische Triebe und erklärte damit die Magie solcher Erfahrungen zur Illusion.

Der Glaube an Gott und der Glaube an die Magie der romantischen Liebe sind aber komplett unterschiedliche Dinge. Und beide »Entzauberungen« folgen nur scheinbar dem gleichen Muster. Vordergründig geht es in beiden Fällen darum, subjektive Erfahrungen zu rationalisieren und ihnen einen nüchternen Blick »von außen« entgegenzusetzen. Doch im ersten Fall wird der Glaube an eine überweltliche Existenz zerlegt, welche unsere sinnlich erfahrbare Realität übersteigt. Im zweiten Fall werden konkrete Erfahrungen der diesseitigen Welt dekonstruiert. Unser eigenes Erleben, und damit wir selbst, werden rational und berechenbar gemacht. Diese zweite Entzauberung – *die Entzauberung des Diesseitigen* – ist kein heilsames Aufräumen mit illusorischen Mythen, sondern eine Vereinseitigung unseres Weltbezugs. Hier wird der Positivismus zu einer Ideologie, die keine nützliche Perspektive mehr darstellt, sondern mit absolutem Wahrheitsanspruch auftritt, unsere persönliche Erfahrung von Welt abwertet und letztlich zersetzt.

Dabei ist die Behauptung von einzig wahrer, neutraler, objektiver Erkenntnis selbst nur ein Mythos, wie wir festgestellt haben. Auch die Wissenschaft ist subjektiv, basiert auf menschlichen Perspektiven, Glaubenssätzen und Geschichten. Sie beschreibt nicht die Welt *an sich*.

Deshalb können wir vom Zauber der Liebe mit dem gleichen Selbstbewusstsein sprechen wie von der Gravitationskraft. Beides sind Deutungen unserer sinnlichen Erfahrungen. Beides kann man nicht sehen oder anfassen, sondern nur in seinen Auswirkungen erleben. Es ist weder widersprüchlich noch naiv-romantisch, herabfallende Steine physikalisch zu beschreiben und gleichzeitig Sex als magisches Ereignis zu deuten.

Die Magie von Liebe, Sex, Musik und Natur anzuerkennen hat nichts damit zu tun, hier göttliche Kräfte im Hintergrund zu vermuten, sondern diese Erfahrungen selbst als magisch zu begreifen. Sie verweisen nicht auf eine verborgene Magie *jenseits* der sinnlich wahrnehmbaren Welt, sondern *sind* magisch.

Natürlich können wir solche Erfahrungen psychologisch oder neurobiologisch erklären, wir können Gehirnströme und die Ausschüttung bestimmter Botenstoffe messen. Wir können das aber auch sein lassen. Denn alle Empfindungen zu rationalisieren ist ebenso unklug, wie vernünftige Argumente auf Grundlage von Bauchgefühlen zu verwerfen. Weder ist der äußere Blick dem inneren Blick überlegen noch umgekehrt. Es ist möglich, beide Perspektiven nebeneinander bestehen zu lassen.

Das Leben ist voller Zauber. Wir können dies wahrnehmen, wenn wir offen sind, uns berühren zu lassen. Berühren nicht von angeblich höheren Mächten, sondern vom Wald und von der Weite des Ozeans, von der Musik und Schönheit. Und von den kleinen, liebevollen Gesten, die durch den Alltag blitzen. Der Zauber des Lebens ist nicht transzendent, sondern immanent. Dieser Zauber liegt nicht hinter der sichtbaren Welt, er ist in der sichtbaren Welt. Er zeigt sich nicht in den Dingen, er ist in den Dingen. Diesen Zauber können wir analytisch nicht beschreiben. Er offenbart sich nicht im positivistischen, sondern im poetischen Blick.

Der poetische Blick

Nicht jenseits der Welt, nein, in dieser Welt liegt das Mystische. Eine leise Melodie durchzieht das Seiende, schwingt mit in jedem Lächeln, ist selbst ein Lächeln, ein Windhauch, der über unsere Arme wandert, uns berührt und atmen lässt.

Diese Erfahrung macht auch Siddharta in Herman Hesses gleichnamigem Roman. Nachdem er lange versucht hatte, das Seiende zu überschreiten, um zum Atman und zum Brahman durchzustoßen, zum ewigen Urgrund seiner selbst und dieser Welt, erkannte er: Seine Suche war in die falsche Richtung gegangen. Bei Lehrern und Religionen hatte er auf Erleuchtung gehofft, hatte sich an Traumgebilde hingegeben und Verhaltensregeln unterworfen, hatte der Welt seinen Rücken zugekehrt, seine ganze Konzentration auf das Überweltliche gerichtet. Derart abgelenkt hatte er den Zauber übersehen, der direkt vor ihm lag. Da brach die Erkenntnis über ihn herein wie eine schon lange aufgetürmte Welle:

> »Siddharta schlug die Augen auf und sah um sich, ein Lächeln erfüllte sein Gesicht, und ein tiefes Gefühl von Erwachen aus langen Träumen durchströmte ihn bis in die Zehen.
> Er blickte um sich, als sähe er zum ersten Male die Welt. Schön war die Welt, bunt war die Welt, seltsam und rätselhaft war die Welt! Hier war Blau, hier war Gelb, hier war Grün, Himmel floss und Fluss, Wald starrte und Gebirg, alles schön, alles rätselvoll und magisch, und inmitten er, Siddharta, der Erwachende, auf dem Wege zu sich selbst.
> All dieses, all dies Gelb und Blau, Fluss und Wald, ging zum ersten Mal durchs Auge in Siddharta ein, war nicht mehr Zauber Maras, war nicht mehr der Schleier der Maja, war nicht mehr sinnlose und zufällige Vielfalt der Erscheinungswelt, verächtlich dem tiefdenkenden Brahmanen, der die Vielfalt verschmäht, der die Einheit sucht. Nein, Blau war Blau, und Fluss war Fluss.
> Sinn und Wesen waren nicht irgendwo hinter den Dingen, sie waren in ihnen, in allem.«[70]

Dieser Sinn, dieser Zauber wird im poetischen Blick offenbar. Wir können ihn nicht festhalten und erst recht nicht erklären. Denn wenn wir versuchen, solche Erfahrungen in eine Theorie zu überführen, wenn wir beginnen, von irgendwelchen Kräften und Mächten zu sprechen, die angeblich solche Erlebnisse auslösen, dann verlieren wir den poetischen Blick. Dann wollen wir mit dem Verstand etwas durchdringen, was sich nur dem Herzen zeigt. Dann flüchten wir aus der sinnlichen Erfahrung in ein übersinnliches Gedankengebäude. Dann werden wir dem Zauber dieser Welt eben nicht gerecht, sondern verabschieden uns ins Überweltliche. Das Geheimnis des poetischen Blicks aber lässt sich nicht in Worte fassen. Es entzieht sich, wenn man es zu greifen versucht.

Manchmal werden esoterische Theorien als Alternative zur wissenschaftlichen Perspektive gesehen. Aber auch diese Theorien mit ihren Engeln, Seelenwanderungen, Energiefeldern und Tarotkarten versuchen, zu erklären, zu analysieren und dadurch Kontrolle über das Seiende zu gewinnen; etwa durch Rituale oder Glücksbringer. Jedoch: Wenn es das Ziel ist, Welt zu deuten und beherrschbar zu machen, ist das wissenschaftliche Weltbild viel überzeugender. Der Positivismus ist nicht ohne Grund so mächtig. In den Wissenschaften werden wesentlich stichhaltigere Theorien entwickelt als im esoterischen Bereich.

Blicken wir hingegen poetisch auf die Welt, suchen wir nicht nach Theorien oder kosmischen Kräften. Subjektive Empfindungen werden nicht auf Distanz gebracht, erklärt und in ein System überführt. Der poetische Blick will die Dinge nicht mit seinem Verstand in Boxen einsortieren. Die Magie des Lebens, diese Magie, die nicht hinter dem Sichtbaren liegt, sondern im Sichtbaren, diese Magie kann nicht erklärt werden. Weder durch Esoterik noch durch Neurowissenschaften. Diese Magie kann nur gespürt werden. Sie liegt nicht in angeblich heiligen Büchern, Gotteshäusern oder Riten, sondern im Alltag, in unseren Begegnungen und unserer Sinnlichkeit.

Uns dafür zu öffnen, das braucht Zeit und Ruhe. So wird der poetische Blick im beschleunigten Alltag meist verdrängt. Wenn wir uns Zeit nehmen, nachts in die Sterne zu schauen (wie oft tun wir das?), wenn wir wandern und sich plötzlich ein Panorama aus Bergen und Tälern vor uns eröffnet, wenn wir einer Spinne dabei zuschauen, wie sie ihr komplexes Netz webt, höchste Ingenieurskunst in einem so kleinen Lebewesen, dann können dies Momente sein, in denen uns ein Schaudern durchfährt: Wow!

Wow, das ist der wortlose Ausruf des poetischen Herzens. Immanuel Kant nannte das *Erhabenheit*,[71] in mystischen Kontexten werden solche Erfahrungen auch *Epiphanien* genannt.[72] Ein plötzliches Zucken geht durch den Körper, ein Zauber durchbricht die alltägliche Selbstverständlichkeit. Solche Erfahrungen scheinen Menschen auf der ganzen Welt gemacht zu haben, durch alle Zeiten und Kulturen hinweg. Und sie sind sicher einer der Gründe, weshalb überall auf diesem Planeten Religionen entstanden. Doch wir können diese Erfahrungen auch für sich stehen lassen und eine tiefere Wahrheit darin erkennen, ohne sie religiös oder wissenschaftlich zu erklären.

Diese intuitive Art, »eine Wahrheit zu erkennen«, erleben wir zum Beispiel in der Musik. Wenn wir uns auf ein Musikstück einlassen, darin versinken, dann können wir das Stück verstehen –, ohne in Worte zu fassen, was dieses Verstehen eigentlich ausmacht. Deshalb liest man manchmal in Musikkritiken, ein Violinist hätte »Mozart nicht verstanden«, wenn er die Melodie technisch perfekt, aber gefühllos herunterschrabbelt. Hier ist ein »Verstehen« gemeint, das ganz anders ist als das positivistische Verstehen. In dieser Hinsicht ist es auch möglich, ein Gedicht intelligent und fehlerfrei zu analysieren, ohne es im Geringsten verstanden zu haben.

Den Zauber der Welt zu erkennen ist wie ein Musikstück

oder ein Gedicht »zu verstehen«. Das hat mehr mit Spüren als mit Denken zu tun. Hier erlangen wir keine Erkenntnis *über* die Welt, sondern wir *erkennen* Welt. Diese Erfahrung lässt sich nicht klar beschreiben. Deshalb werden in Gedichten auch so häufig Metaphern verwendet, deren Bedeutung sich nicht eindeutig auf den Punkt bringen lässt. Auch meine Rede von einem »Zauber« in der Welt ist eine solche Metapher, denn analytisch lässt sich nicht ausdrücken, was hier gemeint ist. Der Sinn poetischer Beschreibungen liegt zwischen den Zeilen, nicht in den Zeilen. Zumindest in einer klaren Sprache ist dieser Zauber *unaussprechlich*.

Auch wenn diese Perspektive nicht präzise bestimmt werden kann, möchte ich zumindest festhalten: Der poetische Blick gilt dem Besonderen und Einzigartigen. Darin unterscheidet er sich vom positivistischen Blick. Denn etwas rational zu verstehen, heißt immer, das Konkrete in etwas Allgemeines zu verwandeln. Stell dir zum Beispiel ein paar Herbstblätter vor, zwischen Gelb und Rot changieren ihre Farben, sie liegen da, vor dir auf dem Tisch. Jedes Blatt ist unterschiedlich, es gibt keine zwei Blätter, die exakt identisch sind. Trotzdem bezeichnen wir sie alle mit dem gleichen Begriff: Blatt.

Sprache und sprachliches Verstehen basieren immer auf einem »Gleichsetzen des Nicht-Gleichen«, wie Nietzsche es ausdrückte.[73] Alle einzigartigen Blätter dieser Welt werden in die gleiche Begriffsbox gelegt, alle werden auf fünf Buchstaben reduziert. Nur so kann Sprache überhaupt funktionieren – und das hat seinen Sinn. Vielleicht erinnerst du dich an das Beispiel der Holzplatte, die hüfthoch auf vier Stäben ruht. Indem wir dieses *konkrete* Objekt in eine *allgemeine* Kategorie einordnen, können wir damit umgehen. Das ist ein Tisch! Und daher wissen wir, was damit anzufangen ist.

So ist es auch mit dem positivistischen Blick. Er will die Welt verstehen, indem er ihre Mannigfaltigkeit auf allgemeine Prinzipien reduziert. Es gibt keine biologische Studie, die sich diesem einen Blatt widmet, keine psychologische Forschung, die diesem einen Menschen gilt, kein physikalisches Experiment, das diese eine Lichtwelle untersucht. Immer geht es darum, allgemeine Prinzipien zu entdecken, allgemeine Aussagen zu machen. Sämtliche zur Erde fallenden Steine werden durch ein gemeinsames Naturgesetz erklärt. Tausend Phänomene, immer die gleiche Erklärung: Gravitation. Der poetische Blick hingegen betrachtet einen Stein als *diesen einen* Stein, sieht in einem Baumblatt *dieses eine* Blatt, in seiner Einzigartigkeit, seiner inneren Komplexität. Der poetische Blick schaut auf das Konkrete – und ist daher eine wichtige Ergänzung zum Positivismus, der sich für das Allgemeine interessiert.

Viel zu umfassend ist der moderne, positivistische Blick in unsere Weltsicht eingedrungen. Ein Indiz dafür ist der sogenannte Flynn-Effekt. Er beschreibt, dass Menschen heute viel besser bei IQ-Tests abschneiden als noch eine Generation zuvor. Der Unterschied ist massiv: Wer heute als durchschnittlich clever eingestuft wird, hätte vor hundert Jahren als hochbegabt gegolten.[74] Wir werden also immer intelligenter – zumindest in gewisser Hinsicht. Denn wir werden besser darin, abstrakte Aufgaben zu lösen, und genau diese Fähigkeit wird bei IQ-Tests abgefragt. In den letzten Jahrzehnten hat der Positivismus unsere Denkstrukturen und Gehirne also bereits deutlich verändert. Darunter können andere Perspektiven leiden.

Vor allem droht unsere Welt lebloser zu werden. Denn etwas Konkretes in eine allgemeine Kategorie einzuordnen – die Beziehung »X ist ein P« –, hat etwas Starres. Blätter sind in steter Veränderung. Als kleiner zaghafter Spross entstehen sie; wachsen, werden stark, in sattem Grün, bis sie sich gelb färben, zur Erde fallen und schließlich selbst zu Erde werden. Betrachten wir die Welt poetisch, sehen wir in jedem Sein ein Werden. Feste Begriffsboxen eignen sich nicht, um dies auszudrücken. Im poetischen Blick weigern wir uns geradezu: Nein, dieses Blatt ist nicht einfach nur ein »Blatt«! Dieses Blatt ist wunderschön, einzigartig, trägt einen Zauber in sich!

Damit kein Missverständnis aufkommt: Poetisch auf die Welt zu schauen heißt nicht, die ganze Zeit in Reimform zu sprechen. Im Gegenteil, viele Gedichte sind überhaupt nicht poetisch im hier gemeinten Sinne. Gerade moderne Gedichte sind häufig sehr konzeptuell und verkopft verfasst – und dem positivistischen Blick daher näher als dem poetischen. Im Kern geht es also nicht unbedingt um Dichtkunst, sondern um eine Perspektive, die die sinnliche Welt nicht entzaubert, sondern bei diesem Zauber verweilt. Um eine solche Perspektive zu schulen, können poetische Gedichte allerdings helfen.

Im Endeffekt ist es wie bei der spielerischen Haltung: Spielerisch durchs Leben zu gehen heißt auch nicht, die ganze Zeit zu spielen. Trotzdem können Spieleabende durchaus Lernfelder sein, um eine solche Grundhaltung einzuüben. So ist es auch mit der Poesie. Sie kann uns lehren, generell poetischer durch das Leben zu gehen. Sie kann uns helfen, innezuhalten, um einem Windhauch nachzuspüren, uns berühren zu lassen, in leiser Erhabenheit: Wow!

DIE GESCHICHTE VOM ENDE DER GESCHICHTEN

Begonnen hat dieses Kapitel mit einer existenziellen Erfahrung: einer inneren Getrenntheit und Fremdheit gegenüber allem. Die Welt wird plötzlich un-heimlich, kalt, flach, und wir fühlen uns darin nicht mehr zu Hause. Es ist sehr wahrscheinlich, dass auch du solche Erfahrungen gemacht hast. Sie scheinen zum Grundrepertoire des Menschen zu gehören. Warum? Auch darüber haben wir gesprochen.

Bei Menschen ist die Vorstellung eines *Ichs* besonders ausgeprägt. Und das bedeutet gleichzeitig, dass alles andere nicht zu diesem *Ich* gehört. Zwar haben auch einige Tiere ein basales Ich-Bewusstsein – zumindest können Schimpansen, Delfine und Elstern ihr eigenes Spiegelbild erkennen.[75] Und sowieso verwechseln Tiere sich nicht mit ihrer Beute; für sie ist also nicht »alles eins«. Trotzdem ist dieses Bewusstsein bei Menschen wesentlich stärker ausgeprägt. Das liegt vor allem an unserer Sprache: Wir haben ein *Konzept* unseres Ichs und kategorisieren Erfahrungen in Begriffsboxen.

In dieser Hinsicht war die Entwicklung unseres menschlichen Ich-Bewusstseins in der frühen Kindheit vermutlich eine tiefgreifende Erfahrung: Die Wärme unserer Eltern, das sind nicht wir. Plötzlich trat ein Bruch auf, ein Graben. Es bleibt uns wenig anderes übrig, als diesen Graben zu akzeptieren. Er wird immer dableiben. Allerdings: Er kann mehr oder weniger tief sein, mehr oder weniger breit und schmerzhaft.

Verbundenheit können wir mit anderen Menschen empfinden. Das ist basal. Denn wir sind Herdentiere, den Elefanten näher als den Tigern. Wie stark dieses Bedürfnis ist, hängt von der jeweiligen Person ab, aber ein gewisses Maß an Nähe brauchen wir alle. Selbst wer sich radikal von anderen zurückzieht und überhaupt keine Nähe mehr zulässt, tut dies meist aus einem Trauma heraus – auch hier schlummert im Hintergrund also ein verletzter Wunsch nach Verbundenheit.

Die bloße Anwesenheit anderer Menschen reicht jedoch nicht, um sich ihnen verbunden zu fühlen. Dafür braucht es mehr. Im Laufe dieses Buchs wurden einige Linien gelingender

Sinnbeziehungen aufgezeigt: Spielerisch begegnen wir uns nicht in Konkurrenz, sondern als Mitspielende auf der Reise des Lebens. Durch die Augen Agapes nehmen wir einander ernst, betrachten uns als wertvolle Wesen und sorgen umeinander. Im Dialog begegnen wir uns in unseren individuellen Persönlichkeiten, kümmern uns nicht nur um die Bedürfnisse anderer Menschen, sondern gehen noch weiter und schaffen ein gemeinsames Wir.

Das alles kann die Getrenntheit gegenüber unserer Welt mildern; es löst sie aber nicht auf. Immer noch *sind* wir nicht unsere Mitmenschen, haben unsere eigenen Gedanken und Gefühle. Immerhin können wir einer Einheit überraschend nahekommen, wenn Eros uns in einen wilden Taumel versetzt und wir in den Augen einer geliebten Person versinken. Solche Erfahrungen sind wunderschön, gleichzeitig aber keine dauerhafte Lösung. Denn Liebe bedarf des Dialogs: den anderen *als anderen* zu sehen und ihm zu helfen, sich als autonomes Wesen zu entfalten. Und auch jenseits des Rauschs der romantischen Liebe gilt: Verschmelzung gelingt nur in einzelnen Momenten. Tiefe Flow-Erfahrungen – zum Beispiel durch Musik – sind zeitlich begrenzt; das macht sie natürlich nicht weniger wertvoll.

Sei es in der Liebe oder auf Konzerten: ekstatische Erlebnisse sind immer leiblich. Und auch außerhalb dieser Extreme spielt unser Leib eine Schlüsselrolle, um Getrenntheit zu überbrücken und sich verbunden zu fühlen. Das fühlende Ich ist der Welt gegenüber weniger distanziert als das denkende Ich. Indem wir unseren leiblichen Weltzugang stärken, können wir die eigene Isoliertheit abschwächen. Dauerhaft auflösen können wir sie indessen nicht; die totale Einheit bleibt uns verwehrt. Wir können nicht zurück in den Mutterleib. Sobald wir einmal gelernt haben, die Welt sprachlich zu begreifen, gibt es kein Zurück.

Das ist nicht so fatal, wie es klingt. Zwar zementiert Sprache die Gegenüberstellung zwischen *Ich* und *Welt*. Aber Sprache kann uns auch helfen, die Welt als Heimat zu erfahren. Im Endeffekt liegt das bereits im Wesen der Sprache. Denn sie ermöglicht uns nicht nur einen Austausch miteinander, durch sie machen wir uns auch das Leben verständlich: in Geschichten, die das alltägliche Chaos in einen gemeinsamen Zusammenhang setzen. So wird die Welt für uns lesbar – sie wird uns emotional vertrauter und wir können uns praktisch in ihr orientieren. Das schafft Geborgenheit.

Es gibt verschiedene Arten, der Welt einen Sinn abzugewinnen und insofern auch die eigene Rolle darin zu begreifen. Besonders verbreitet ist heutzutage der sogenannte Positivismus. Damit ist eine Weltsicht gemeint, die auch als wissenschaftlich oder rational bezeichnet werden kann. Selbst Menschen, die sich nicht aktiv mit Wissenschaft beschäftigen, sind dadurch beeinflusst, denn unser ganzer Zeitgeist ist durch diese Perspektive geprägt. Das hat seine Vorteile: Eine positivistische Weltsicht hilft uns, die Welt zu verstehen und sie als weniger fremd und seltsam wahrzunehmen. Sie hilft uns auch, mit der Welt technisch umzugehen und sie nach unseren Bedürfnissen zu gestalten. Ohne den Positivismus könnte unsere Spezies nicht mit beinahe acht Milliarden Personen den gesamten Planeten bevölkern. Aber der Positivismus hat auch Schattenseiten. Erstens wird der technische Blick zu einer Gefahr, wenn wir noch weiter in die Natur eingreifen. Zweitens gefährdet der Positivismus unsere emotionale Beheimatung auf diesem Planeten, weil er den Zauber des Diesseits bedroht. Diesen Zauber zu betonen und wiederzubeleben hat nichts mit Esoterik zu tun. Vielmehr geht es darum, eine Perspektive zu finden, die unsere Welt nicht auf Distanz bringt, sondern, im Gegenteil, die eigene Berührung ins Zentrum stellt. Dies ist der poetische

Blick. Indem wir ihn stärken, können wir die Kluft gegenüber unserer Welt verkleinern und Verbundenheit schaffen.

Der poetische Blick ist keine pubertäre, selbstzentrierte Gefühlsduselei, sondern eine Perspektive, die der Welt aufmerksam zugewandt ist. Wie eine Wissenschaftlerin, die konzentriert ihre Messungen durchführt, widmen wir uns im poetischen Blick den Details dieser Welt – nur von einem anderen Standpunkt aus. Wir betrachten eine unterschiedliche Seite, interessieren uns weniger für das klar Beschreibbare, Berechenbare und Kontrollierbare, sondern vielmehr für das, was sich gerade nicht eindeutig einfangen lässt. Dieser Blick sucht keine Versöhnung mit der chaotischen Welt, indem er sie handhabbar macht, sondern indem er der inneren Verbundenheit nachspürt.

Weder Positivismus noch Poesie sind neutral. Beide eröffnen neue Horizonte und haben gleichzeitig ihre Grenzen. Einige Kräfte, etwa die Gravitationskraft, lassen sich besonders gut in einem positivistischen, mathematischen Vokabular beschreiben. Andere Kräfte, etwa die Kraft der Liebe, können wir besser poetisch beschreiben. Damit ein wirklich gleichberechtigtes, konstruktives Nebeneinander dieser beiden Perspektiven möglich ist, müssen wir verstehen, dass Wissenschaft kein überlegender Weg zur Wahrheit ist. Alles Wissen entsteht aus einem menschlichen und insofern subjektiven Bezugssystem heraus. Es mag zum Beispiel eine Tatsache sein, dass mein Ruhepuls 70 Schläge pro Minute beträgt. Aber überhaupt auf die Idee zu kommen, den Herzschlag zu messen, basiert auf einer Weltsicht, die selbst wiederum nicht neutral ist. Oder um ein anderes Beispiel zu nennen: Es ist weder neutral noch objektiv noch *die Wahrheit*, ein Lächeln als »Kontraktionen von Mundschließmuskeln« zu beschreiben.[76] Das ist nur eine Sichtweise. Genauso gut könnte man darin einen Ausdruck des Herzens sehen.

Es gibt Wahrheit und Unwahrheit – aber nur innerhalb von Bezugssystemen, die selbst wiederum nicht wahr oder falsch sind. Heißt: Es gibt Wahrheit, aber keine neutral formulierte Wahrheit. »Die Welt verstehen heißt für einen Menschen: sie auf das Menschliche zurückführen, ihr ein menschliches Siegel aufdrücken«, schreibt Camus daher.[77]

Erst auf diese Weise kann die Welt für uns Sinn ergeben. Diese Art von Sinn haben wir *narrativen Sinn* genannt.

Narrativer Sinn entsteht, indem wir Begriffe erschaffen und sie in Zusammenhang setzen. Das gilt für positivistische ebenso wie für poetische Beschreibungen. Erkenntnis ist nur möglich, wenn wir die Welt aus unserer Sicht interpretieren. Das braucht Mut. Denn jede Interpretation ist mit Unsicherheiten behaftet, und immer sind auch andere Beschreibungen der gleichen Situation möglich. So stark unser Bedürfnis auch sein mag, die Welt in den Griff zu bekommen, brauchen wir doch, was in der Psychologie als *Ambiguitätstoleranz* bezeichnet wird: die Fähigkeit, Mehrdeutigkeiten auszuhalten.

Gerade dies widerspricht aber dem modernen Streben nach *eindeutiger*, objektiver Erkenntnis. So werden etwa Zahlen geradezu vergöttert, weil sie Klarheit verheißen. Vielleicht lohnt es sich, diese Entwicklung nach vorne zu denken.

Das Informationszeitalter

Bereits heute wird nichts für so »wahr« gehalten wie Ziffern und Statistiken. Dahinter steht der Versuch, *Erzählungen* durch *Zählungen* zu ersetzen.[78] Auf diese Weise verengen wir jedoch unseren Blick auf die zählbare Seite der Welt. Das ist ein sehr begrenzter Ansatz. Allein durch Zahlen können wir der Welt keinen Sinn abgewinnen, sondern erst wenn sie narrativ gedeutet werden. Wenn wir genau darauf verzichten, dann drohen wir, narrativen Sinn zu verlieren und die Welt immer weniger zu verstehen.

Möglicherweise klingt das derzeit übertrieben. Aber wir müssen bedenken, dass der Positivismus noch längst nicht seine volle Kraft entfaltet hat. Wir befinden uns mitten in der digitalen Transformation – stehen am Beginn des Informationszeitalters. Die explosionsartig wachsenden Datenmengen sind der wahr gewordene Traum des Positivismus. Überall wird gemessen: Verkehrsströme, Herzschläge, Likes und Klicks. Solche Informationen sind allerdings noch keine Erkenntnisse. Erkenntnis entsteht erst, wenn wir Informationen *deuten*; und das passiert immer weniger.

Die Auswertung von Informationen erfolgt zunehmend durch Künstliche »Intelligenzen«. In Science-Fiction-Filmen werden diese mit einem eigenen Bewusstsein dargestellt. Doch das hat nichts mit der Realität zu tun. Künstliche »Intelligenzen« sind lediglich hochkomplexe Statistikprogramme. Sie suchen nach Mustern in gewaltigen Datensätzen, aber entwickeln keine *Theorien*, welche diese Muster erklären könnten. Diese angeblichen »Intelligenzen« können nur zählen, wie viele Steine zur Erde fallen, und zum Schluss kommen: »Steine fallen mit extrem hoher Wahrscheinlichkeit zur Erde.« Doch *warum* Steine runterfallen – warum die Welt ist, wie sie ist –, können solche Programme nicht erklären. Sie stellen nur Tatsachen fest, aber interpretieren diese nicht. Nur echte Intelligenz, menschliche Intelligenz, kann auf die Idee einer Gravitationskraft kommen.

Im beginnenden Zeitalter der Daten sollten wir daher nicht vergessen, dass aller Sinn von uns Menschen kommt. Daten können die Grundlage unserer Interpretation sein, aber Interpretationen nicht sinnvoll ersetzen. Und je mehr Daten wir haben, desto mehr Zeit müssen wir uns auch für ihre Einordnung nehmen. Erst durch Theorien oder andere Geschichten können wir die Welt verstehen und uns darin verorten. Das gilt auch im privaten Bereich: Wir sind heute einer immer größeren Informationsflut ausgesetzt, teilweise sind die Massen so gewaltig, dass wir all die Puzzleteile kaum noch in einen narrativen Zusammenhang bringen können. Wir verfügen über mehr Informationen, aber verstehen weniger. So erscheint unsere Welt zunehmend überfordernd, unlesbar, fremd.

Das ist natürlich etwas zugespitzt, und wir sollten diese Zusammenhänge auch nicht überdramatisieren. Aber Wachsamkeit ist durchaus angebracht. Wenn wir diese Entwicklung weiter nach vorne treiben, wird unser Weltbezug einseitiger. Zahlen, Daten, Formeln, Berechnungen und Statistiken bringen unser persönliches Erleben auf Distanz. In digital geprägten Gesellschaften wird dieser Trend fortgesetzt und zu einer Grundstruktur, die sich durch immer mehr Lebensbereiche zieht. Unterschwellig könnten dadurch Sinnkrisen begünstigt werden.

Im Schwebezustand

Aller narrativer Sinn kommt von Menschen – aus unserer Beziehung zur Welt. Er entsteht durch die Geschichten, mit denen wir unser Leben verständlich machen.

Möglicherweise ist es gegenwärtig schwieriger denn je, einen solchen Sinn zu finden. Der Zukunftsforscher Harry Gatterer spricht von einem »Zeitalter der Antigravitation«, in dem unsere Welt auseinanderzufliegen scheint.[79] Die großen Erzählungen stecken in einer Krise. Unseren Weltdeutungen fehlt das Gravitationszentrum, um das herum sich die zahlreichen Informationen sortieren könnten. Bewertungsmuster und Einordnungen beginnen zu verschwimmen. So ist etwa die Gegenüberstellung von linkspolitisch und rechtspolitisch kaum noch geeignet, um gegenwärtige Konfliktlinien zu beschreiben. Und auch sonst sind die Zeiten turbulent. Plötzlich bricht ein Virus über uns herein und führt zu einem fast weltweiten Lockdown, Geschäfte und sogar Grenzen werden geschlossen, in europäischen Ländern werden Ausgangssperren verhängt. Kurz zuvor galt das als völlig undenkbar. Nie schien Nietzsches Mann mit der Laterne richtiger gelegen zu haben: »Gibt es noch ein Oben und Unten?«

Im Schwebezustand wird es schwieriger, sich zu orientieren. Wie eine Astronautin im All hängen wir kopfüber, ohne Gravitation, die uns auf dem Boden halten würde. Das Universum dehnt sich aus, sagt die Physik. Man könnte auch sagen, es fliegt auseinander. Eine Umwälzung folgt auf die nächste. Während sich die einen gerade erst an Homeoffice gewöhnen, entwickeln die anderen bereits Quantenprozessoren. Und auch der gesellschaftliche Wandel nimmt an Fahrt auf, wie der Soziologe Hartmut Rosa in seinem vielbeachteten Buch *Beschleunigung und Entfremdung* feststellt. In der Folge werden wir von Entwicklungen überrumpelt, die wir kaum noch in bestehende Sinnzusammenhänge integrieren können. Sogar die Sprache wird dynamischer; in Hochgeschwindigkeit entstehen neue Wörter: Sexting, Lockdown, Babo, napflixen, tldr. Viele dieser Neuschöpfungen mögen verspielt sein. Aber auch sie bezeugen die Notwendigkeit, permanent neue Begriffe einzuführen, um die sich rasant verändernde Welt in den Griff zu bekommen. Neue Phänomene brauchen neue Wörter – doch das ist nur ein erster Schritt. Um Sinn zu ergeben, müssen sie zu stimmigen Geschichten zusammengefügt werden. Und das wird immer schwieriger.

Seit einiger Zeit verdienen Unternehmensberatungen viel Geld mit dem Akronym *VUKA*. Die Welt sei heute besonders volatil, unsicher, komplex und ambig (mehrdeutig), sagen sie. Vielleicht stimmt das. Auf jeden Fall halten sehr viele Menschen diese Diagnose für plausibel –, sie trifft ein Grundgefühl. Es scheint schwieriger geworden zu sein, die Welt zu deuten, sie narrativ sinnhaft zu machen. Das bedroht unsere emotionale Beheimatung und Orientierung im Leben.

Um aktuellen Entwicklungen einen Sinn abzugewinnen, müssen wir uns Zeit nehmen und intensiver miteinander ins Gespräch kommen. Denn wie die Blinden vor dem Elefanten sieht jeder und jede von uns nur einen kleinen Ausschnitt dieser Welt. Um diese Teile zusammenzusetzen, ist eine Fähigkeit entscheidend, die auch in den vergangenen Kapiteln immer wieder auftauchte: die Fähigkeit zum Dialog.

Dialog, das bedeutet, einander zuhören, aufrichtig sein, die Bereitschaft mitbringen, den eigenen Standpunkt zu verlassen und sich in andere Personen hineinzuversetzen. Nur gemeinsam können wir narrativen Sinn schaffen.

Das liegt im Wesen dieses Sinns. Denn es ist ein sprachlicher Sinn; und Sprache ist sozial. Jedes Wort, das ich schreibe, ist dir nur verständlich, weil wir die gleiche Sprache teilen. Sprache ist Gemeinschaft. Und noch das einsamste Denken bedarf einer Sprache und zehrt von den Ressourcen dieser Sozialität.

Kein Mensch interpretiert seine Welt ganz allein. Das beginnt bei der simplen Tatsache, dass Sprache erst erlernt werden muss. Zudem sind wir in unseren Deutungen hochgradig von anderen geprägt. Auch in diesem Buch, in dem ich ja versuche, eine eigene Theorie des sinnvollen Lebens zu entwickeln, denke ich nicht allein. Durch einen Zeitgeist, durch andere Bücher und Menschen, durch einen ganzen Verstehenshorizont bin ich beeinflusst. Gut so. Allein sind wir allzu beschränkt.

Allerdings hat diese Beeinflussung auch tückische Seiten und ist oft schwer zu durchschauen. Denn bereits die erlernten Begriffe, die wir verwenden, strukturieren unsere Gedanken und sogar Wahrnehmungen. So haben die Kognitionswissenschaftlerin Lera Boroditsky und der Psycholinguist Webb Phillips die Wahrnehmung von Brücken untersucht. Das Ergebnis: Deutschsprachige Personen assoziieren Brücken eher mit Begriffen wie *schön*, *elegant*, *fragil*, *friedlich*, *hübsch* und *schlank*. Spanischsprachige Personen nehmen sie vor allem als *groß*, *gefährlich*, *lang*, *stark*, *robust* und *emporragend* wahr. Wie lässt sich dieser merkwürdige Unterschied erklären? Vor allem dadurch, dass »die Brücke« im Deutschen weiblich ist und »el puente« im Spanischen männlich ist.[80]

Die genannte Studie ist nicht repräsentativ und die Effekte des grammatischen Geschlechts auf die Wahrnehmung insgesamt noch wenig erforscht.[81] Aber selbst wenn der Effekt nur gering ist, sollte uns das nachdenklich machen. Schon ein kleines Wörtchen wie »der« oder »die« vor einem Begriff beeinflusst unsere Perspektiven auf die Welt? Wie frei ist unser Denken?

Unsere gesellschaftliche Prägung ist nicht per se problematisch. Die Vorstellung des völlig autonomen Menschen, der aus sich heraus eine neue Welt schöpft, ist ein moderner Mythos. Homo sapiens sind zutiefst soziales Lebewesen.

Narrativer Sinn ist also immer ein soziales Unterfangen. Wenn wir dies akzeptieren und miteinander in Dialog treten, kann sich dieser Sinn wahrhaftig entfalten.

Trotzdem wäre es naiv anzunehmen, dass wir nur miteinander zu reden brauchen, um tragfähige Weltbilder zu entwickeln. Welche Deutungen sich durchsetzen, ist wesentlich durch Machtverhältnisse beeinflusst. Ebenso wie bei der konkreten Frage, was wertvoll und wichtig ist, so herrscht auch beim narrativen Sinn generell ein Kampf um die Deutungshoheit.

In der Arena des Ringens um Wahrheit tummeln sich viele

Hetzer und Verdreher. Ihnen müssen wir klare Kante zeigen. Die Gleichheit von Frauen und Männern oder von Weißen und Nicht-Weißen wird nicht allein durch verständnisvollen Dialog und einen locker-interessierten Austausch durchgesetzt werden können. Denn in manchen Fällen bedeutet ein Paradigmenwechsel auch eine Umstrukturierung von Machtverhältnissen; und das kann natürlich kompliziert werden.

Leider bevorzugen immer noch manche Menschen Weltbilder, die andere abwerten, um sich selbst zu überhöhen. Ja, auch das stiftet narrativen Sinn. Aber es ist ein schwacher Sinn. In seiner Grundstruktur bleibt er anti-dialogisch, schließt Menschen aus der gemeinsamen Sinnbildung aus. Seine Bilder bleiben zutiefst unvollständig, weil sie darauf basieren, andere Erfahrungen zu ignorieren. Wer beispielsweise glaubt, die Sicht von diskriminierten Menschengruppen nicht berücksichtigen zu müssen, bleibt genauso blind wie die Männer vor dem Elefanten.

Solche Weltbilder können die Komplexität unserer Lebensrealität nicht einfangen. So geben beispielsweise nationalistische Erzählungen keine tragfähige Orientierung, wie mit den großen Herausforderungen unserer Zeit umzugehen ist, mit Digitalisierung, Klimawandel, Gentechnologie oder Pandemien. All das sind globale Phänomene, die globale Ansätze verlangen. Auch wenn es während der Coronakrise zwischenzeitlich so schien, als wären nationale Abschottung und nationale Impfstoffbeschaffung der sicherste Weg –, nur durch internationale Zusammenarbeit ließen sich überhaupt Erkenntnisse und Medikamente entwickeln. Und nur wenn der Virus weltweit eingedämmt wird, sinkt die Gefahr von Mutationen, die irgendwo »da drüben« entstehen, um dann »hier« zum Problem zu werden.

Die Kraft des Homo sapiens liegt in seiner Kooperationsfähigkeit. Und während es vor Jahrhunderten möglicherweise eine Option war, nur innerhalb der »eigenen« Gruppe zu kooperieren und dadurch stark zu werden, ist es das heute nicht mehr. Mit einem veralteten Denken kommen wir nicht erfolgreich durch das 21. Jahrhundert.

Auch emotional ist der Sinn ausschließender Weltbilder schwach. Während Rechtspopulisten so gern von »Heimat« reden, verhindern sie doch eine existenzielle Beheimatung in der Welt. Wer Hass und Spaltung im Herzen trägt, wird sich nirgendwo ganz zu Hause fühlen.

Anstatt zurückzublicken und eine verloren gegangene, angebliche Größe der eigenen Nation zu betrauern, können wir nach vorne blicken und Zukunft gestalten; durch einen narrativen Sinn, der uns global orientiert, der die Vielfalt von Menschen und Pluralität von Gesellschaften als Chancen begreift.

Ich selbst bin davon überzeugt, dass der Gesprächsfaden auch zu denjenigen nicht ganz abreißen sollte, die antidialogischen Weltbildern anhängen. Vermutlich fällt es leichter, diese Position zu vertreten, wenn man selbst nicht von Diskriminierung betroffen ist. Aber ich meine auch nicht, gleich auf verständnisvollen Kuschelkurs zu gehen. Dialog ist keine Ja-Nein-Frage. Ein Verhältnis kann mehr oder weniger dialogisch sein.

Was wir meines Erachtens insgesamt brauchen, ist mehr Dialog – und zwar in doppelter Hinsicht: Wir brauchen einerseits dialogische statt ausschließender Weltbilder sowie andererseits Dialog *zwischen* Menschen mit unterschiedlichen Weltbildern. Denn wenn das Ringen um Deutungshoheit seine dialogische Ebene komplett verliert, mündet das in einen erbitterten Kampf. Dann schreien wir uns nur noch an, getrennt von immer tieferen Gräben. Niemand hört einander noch zu. Wie im Turm zu Babel sitzen wir im gleichen Haus und sprechen doch nicht die gleiche Sprache. Alle wähnen sich im Besitz der einen wahren Wahrheit, und die Radikalität der Gegner befeuert nur die eigene. Hier wirkt das Bedürfnis nach Sinn und Halt destruktiv: Um den eigenen Sinn zu verteidigen, wird der Dialog abgebrochen. Sinn aber entsteht im Dialog, in Verbundenheit; wenn wir Welt teilen und sie zu unserer gemeinsamen Heimat machen.

VI

WER BIN ICH?

Sinnkrisen sind auch Identitätskrisen. Mal schwingt die Identitätsfrage nur subtil mit, mal steht sie im Vordergrund, anwesend ist sie immer. Wer sich überflüssig fühlt, wird zwangsläufig im eigenen Selbstverständnis verunsichert. Und wer die Welt als fremd und sinnlos wahrnimmt, hat auch weniger Gespür dafür, wer er selbst ist.

Herausgerissen bin ich aus der Situation. Alles wirkt flach, kein Zauber ist zu entdecken. Häuser, Ampeln, meine Mitmenschen, sie alle sind lediglich Kulisse für ein Theater, in dem ich keine Bedeutung habe. Verloren sucht mein Blick nach Halt. All dieses geschäftige Herumirren erscheint mir plötzlich so wahnsinnig fremd, all dieses So-tun-als-ob-irgendetwas-wichtig-wäre, diese leeren Botschaften auf den Werbeplakaten, dieses stumpfsinnige Abarbeiten des Tagesablaufs, diese Wiederholung des Immergleichen. Nutzlos stehe ich herum. Was soll ich hier?

Erst in der Beziehung zur Welt spüren wir uns selbst. Wenn diese Beziehung bröckelt, wird auch unser Ich weniger erfahrbar. Es entweicht uns, ist nicht greifbar. Wie ein Schauspieler, der nicht weiß, in welchem Stück er gerade spielt und was seine Rolle darin ist. Unbeholfen improvisiert er, in der Hoffnung, noch irgendwie in die Geschichte reinzufinden, bevor der Vorhang fällt.

Im letzten Kapitel sind wir der Entfremdung zwischen *Ich* und *Welt* nachgegangen. Da ist *Welt,* und hier bin ich. Bisher haben wir uns auf den zweiten Pol dieser Gegenüberstellung konzentriert: die »Welt«. Nun widmen wir uns dem ersten Pol: wer bin »Ich« in dieser Welt?

Die Sinnfrage ist auch ein Bestimmungsversuch des eigenen Daseins. Das liegt in der Natur der Sache. Wenn es um *meinen* Lebenssinn geht, stellt sich unmittelbar die Frage, wer ich überhaupt bin.

Diesen Sinn zu finden gestaltet sich heute schwieriger denn je. Es gibt weniger eindeutige Anker, an denen wir uns verorten können. Traditionell boten Religionen zahlreiche Ansätze, die eigene Stellung im kosmischen und sozialen Geschehen zu deuten. Insgesamt war Gesellschaft eng strukturiert durch Rollen, die man einzunehmen hatte. Teilweise gilt das weiterhin – aber immer weniger. Der Umbruch hat längst begonnen.

Feste Orientierungspunkte brechen weg, ehemals vorgezeichnete Lebenswege werden abgelöst durch Ozeane von Alternativen. Treibend auf dem Wasser verlieren wir schnell die Richtung. Für einige Menschen wird der Versuch, ihre Identität zu bestimmen, daher zur Lebensaufgabe: Ich will mich selbst verwirklichen – aber was macht dieses Selbst aus?

Starre Schablonen helfen bei der Suche nicht weiter. Das Bewusstsein setzt sich durch, dass jeder Mensch einzigartig und komplex ist. Ein Angebot von drei, vier festen Rollenmustern kann dem nicht mehr gerecht werden. Im Endeffekt muss jede Person ihre eigenen, einzigartigen Rollen finden oder zumindest vorhandene Schablonen individuell anpassen. Aber das ist nicht immer leicht, selbst wenn man die Möglichkeiten dazu hat. Im Gegenteil, gerade mit zunehmender Freiheit wird die Suche nach einer authentischen Identität zur Herausforderung.

So kann das Gefühl bedroht werden, in der Welt aufgehoben zu sein, sich im eigenen Dasein zu Hause zu fühlen. Selbstfindung ist ein wichtiger Teil der eigenen Sinnfindung. Insofern werden wir in diesem letzten Abschnitt des Buches keine komplett neue Reise antreten, sondern die Suche nach Sinn von einem anderen Blickwinkel aus betrachten: der Frage nach Identität.

Die Geschichte meines Lebens

Wer bin ich?

Um mich an eine Antwort heranzutasten, stelle ich mich kurz vor: Ich bin Christian Uhle, Philosoph, 33 Jahre alt und lebe in Berlin.

In dieser Kurzvorstellung verknüpfe ich das einleitende »Ich« mit verschiedenen Attributen. Dabei wirkt das Wörtchen »bin« wie ein Gleichheitszeichen. Ein Mensch zeigt auf eine Pflanze und spricht: »Das ist eine Hortensie.« Ein anderer Mensch zeigt auf mich und spricht: »Das ist Christian Uhle.«

Dies allein sagt nicht sehr viel aus. Doch im Kopf der Zuhörenden entsteht bereits ein erstes Bild. Mein Name, Alter, mein Beruf und Wohnort, all das weckt vermutlich Assoziationen, positive wie negative. Vielleicht hattest du direkt einen Nerd vor Augen, als der Begriff »Philosoph« fiel, vielleicht denkst du an Nachtclubs als du »Berlin« gehört hast. Jedenfalls sind es weniger meine vier Attribute als deine eigenen Vorstellungen, die meine Beschreibung zum Leben erwecken. Bin *ich* das?

Um deinen Eindruck zu präzisieren, könnte ich die Liste fortsetzen – immer weiter, seitenlang. Doch kann meine Identität jemals durch eine solche Aufzählung eingefangen werden, und sei sie noch so ausführlich?

Letztlich ist nicht einmal der Begriff »Philosoph« sehr aussagekräftig. Und das, obwohl er noch der vielsagendste Punkt war. Immerhin habe ich mir mein Alter nicht ausgesucht, meinen Beruf schon. Das lässt tief blicken. Aber was heißt es schon, »Philosoph« zu sein? Mal abgesehen davon, dass fast jeder Mensch manchmal philosophiert, herrscht auch in der Philosophie keine Einigkeit, was unter dieser Bezeichnung zu verstehen ist. So bekomme ich Zweifel daran, ob meine Aufzählung überhaupt etwas Gehaltvolles über mich aussagen kann.

Wer bin ich?

Mein erster Antwortversuch bestand darin, eine Liste zu formulieren. Doch eine solche Aufzählung ist stumm, statisch, unzulänglich. Sie basiert auf Einordnungen, ähnlich wie auch die Bestimmung eines Dings als »Blumentopf« eine Einordnung in eine festgelegte Kategorie ist. Ich aber bin kein Gegenstand.

Ich, das ist mehr als eine Liste, das ist auch mein individueller Charakter, meine Hoffnungen und Ängste, meine Kämpfe und Erfolge, mein Lieben, Handeln und schließlich auch mein Konjunktiv. Ich, das ist paradoxerweise auch das, was ich nicht bin, das, was ich hätte werden können, meine ungelebten Träume, meine gescheiterten Versuche.

Wer bin ich?

Um diese Frage zu beantworten, muss ich eine Geschichte erzählen: Warum bezeichne ich mich als Philosophen, wie ist es dazu gekommen? Was bedeutet das für mich, wie lebe ich das? Wann bin ich zum ersten Mal damit in Berührung gekommen?

Wenn ich beginne, all das zu erklären, überschreite ich die Liste. Ich verbinde Wörter zu Sätzen – und Sätze zu Geschichten. So erhalten die verschiedenen Attribute mehr Tiefe, beginnen zu leben, stehen nicht mehr unverbunden in einer Aufzählung, sondern werden in Zusammenhang gesetzt. Erst im größeren Bild, in der Geschichte meines Lebens, bekommen einzelne Bausteine Bedeutung. Damals, diese zufällige Begegnung im Park, das war ein Wendepunkt, schicksalshaft. Dann die Ablehnung einer Bewerbung, in die ich so viel Hoffnung gelegt hatte, ein Tiefpunkt. Doch ich konnte mich auf meine Freundinnen und Freunde verlassen und würde heute nicht stehen, wo ich es tue. Rückblickend bin ich dankbar, dass es nicht geklappt hat.

Mit jedem Satz entfaltet sich eine Heldenreise, mit Höhen und Tiefen, Herausforderungen, dummen Fehlern, kleinen Triumphen. Gerade durch meine Schwächen bekommt die Geschichte ihren besonderen Charakter. Mein Ich kommt zum Vorschein.

Wer bin ich?

Verstehen wir diese Frage als eine Definitionsfrage, ähnlich der Frage, was ein Blumentopf ist, werden wir scheitern. Erst durch die häufige Erwähnung des nebulösen »Ichs« in einer Geschichte gewinnt das *Ich* Satz für Satz an Bedeutung. Das erinnert an den Taoismus und die Aussage von Laotse: »Das Tao, das man beim Namen nennen kann, ist nicht das wirkliche Tao.«[1] Denn das Tao lässt sich nicht definieren. Erst im Studium des Taoismus, seinen Texten und Praktiken lässt sich seine Bedeutung schrittweise erschließen.[2] So verhält es sich auch mit dem Ich. Es lässt sich nicht auf den Punkt bringen, sondern nur im Zusammenhang verständlich machen.

Identität als Erzählung

Bei der Suche nach dem eigenen Ich geht es erneut darum, *narrativen Sinn* zu finden – sich selbst begreifen zu können. Diese Parallele zu den letzten Kapiteln ist nicht verwunderlich, denn Weltbild und Selbstbild gehen miteinander einher. Wer zum Beispiel an Verschwörungserzählungen glaubt, sieht auch seine eigene Rolle in anderem Licht. Beide Aspekte gehören also zusammen: Unsere Identität hängt auch davon ab, wie wir die Geschehnisse um uns herum verstehen.

Diese Feststellung steht auch im Einklang mit der psychologischen Forschung, in der das Konzept der »narrativen Identität« an Einfluss gewonnen hat.[3] Wer wir sind, lässt sich nicht durch ein paar Charaktereigenschaften beschreiben. Zwar lässt sich die Frage: »Wer bin ich?«, auf unzählige Weisen beantworten, zum Beispiel über die biologische Artzugehörigkeit, das Geschlecht oder die sogenannten Großen Fünf Charaktermerkmale.[4] Aber das ist alles unbefriedigend. Das sind Beschreibungen, die darauf abzielen, komplexe Persönlichkeiten auf ein paar Eigenschaften herunterzubrechen. Ich bin sehr viel mehr als das. Und wenn jemand die gleichen Merkmale wie ich hat, sind wir doch unterschiedliche Personen und haben nicht die gleiche Identität. Wir sind ebenso einzigartig wie unsere Lebensgeschichten.

Nicht jede Geschichte ist optimistisch und positiv. Erfahrungen des Scheiterns, der Ablehnung oder des Verlusts können in Betroffenen so stark nachwirken, dass sie ihre gesamte Erzählung prägen. Wie in einem deprimierenden Film lautet die Kernaussage dann: Das Leben ist schlecht. In der narrativen Psychologie wird daher versucht, gemeinsam neue Geschichten zu finden. Dabei geht es nicht darum, Fehlschläge zu leugnen oder herunterzuspielen, sondern ihre Bedeutung anders zu interpretieren, um sich mit dem Geschehenen zu versöhnen. Manchmal bedarf es nicht viel dazu. Wir kennen das von Romanen: Kleine Verschiebungen in der Darstellung können der ganzen Geschichte eine andere Färbung geben. So ist es auch bei narrativen Identitäten: Indem bisherige Lebensstationen neu erzählt werden, kann das Sinngefühl wiederhergestellt werden.

Narrative Psychotherapie basiert darauf, die eigene Lebensgeschichte explizit zu machen: sich hinzusetzen und sie zur Sprache zu bringen. Im Alltag tun wir das nur selten. Wer hat schon mal seine komplette Geschichte ausgebreitet? Kaum jemand, aber darum geht es nicht unbedingt bei der narrativen Identität.

Wenn wir beim Abendbrot von unserem Tag berichten oder in der Kneipe über unsere Beziehungen sprechen, erzählen wir Geschichten. Beim Telefonieren, Kennenlernen, Tagebuchschreiben, in Vorstellungsgesprächen oder auf der Anklagebank – damit das, was wir sagen, Sinn ergibt, müssen wir Zusammenhänge erläutern, die Dinge einordnen: in Geschichten. Nicht jedes Detail nennen wir, konzentrieren uns auf das, was wichtig erscheint, amüsant oder aus anderen Gründen bemerkenswert. So basieren unsere narrativen Identitäten immer auf einer subjektiven Auswahl. 99 Prozent dessen, was wir erleben, wird nie Teil der Erzählung vom Ich.[5] Zum Beispiel verbringen Menschen im Laufe des Lebens zwei Monate damit, ihre Zähne zu putzen.[6] Aber beeinflusst das die Geschichte ihres Ichs? Solange keine schmerzhafte Operation durchgestanden werden muss, wohl kaum. Auch die unzähligen Träume, in denen wir so viel erleben, finden keinen Eingang in unsere narrative Identität. Es sei denn, sie beeinflussen uns im Alltag und wirken sich auf unsere Entscheidungen aus.

Unsere Lebensgeschichten sind also immer selektiv. Besondere Ereignisse oder wiederkehrende Strukturen werden herausgehoben und in ein gemeinsames Bild gesetzt; auf diese Weise bekommt die wechselhafte Vielfalt unseres Daseins eine gewisse Kontinuität.

Manchmal ist es gar nicht so leicht, diese Verbindungen herzustellen. Deshalb kann es für die eigene Sinnerfahrung hilfreich sein, langfristige Ziele zu verfolgen. In verschiedenen Studien wurde das herausgestellt: Sich jenseits des regelmäßigen Tagesablaufs an übergeordneten Aufgaben zu orientieren, kann auch die narrative Identität stärken.[7] Denn langfristige Ziele schaffen einen Rahmen, welcher einzelnen Anstrengungen eine gemeinsame Form gibt. Die eigene Rolle wird greifbarer.

Solche Ziele müssen nicht zwingend groß angelegte Projekte sein. Auch stabile Freundschaften, die man in Zukunft weiterhin pflegen möchte, können eine solche Beständigkeit vermitteln – und narrativen Sinn stiften.

Ebenso können Rituale eine Kontinuität herstellen, aus der heraus wir uns in der Welt aufgehoben fühlen und ein Gespür für uns selbst bekommen. »Zähne putzen nicht vergessen, und immer drei Minuten« – noch heute erinnere ich mich an diesen Spruch aus der Grundschule. Vom Frühstücksritual über jährliche Feste bis hin zum Applaus am Ende einer Theatervorstellung: Wiederkehrende Abläufe bringen Ordnung in unser Leben. Diese Bedeutung für das persönliche und gesellschaftliche Leben, diese »kulturelle Grammatik« – wie es der Philosoph Li Chenyang ausdrückt –, steht auch im Zentrum der konfuzianischen Lehre.[8] Rituale sind performative Metaphern, die Gemeinschaft, Orientierung und Geborgenheit vermitteln. Sie wirken wie wiederkehrende Motive in der Geschichte unseres Lebens – wie ein Refrain in Liedern.

Heute können wir feststellen, dass viele tradierte Rituale einengend und diskriminierend sind –, man denke an das »Brautstehlen« am Hochzeitstag[9] oder an die Bremer Eiswette. Daran brauchen wir nicht nostalgisch festzuhalten. Es gibt genügend Alternativen. Zudem entstehen Ankerpunkte bereits im Kleinen, etwa in der Art, wie wir unseren täglichen Kaffee trinken, immer die gleiche Menge Milch und Zucker. Diesen kleinen Ritualen entspringt ein Stück weit auch das Gefühl, wer wir sind.

Narrative Identitäten wirken wie ein Klebstoff, der verhindert, dass die verschiedenen Facetten unserer Persönlichkeit in einem wilden Chaos auseinanderfliegen. Er fügt die Puzzleteile zusammen: Früher war ich schüchtern, heute bin ich aufgeschlossen. Wie kam es dazu? Welches Erlebnis markierte den Wendepunkt? – Wir brauchen Geschichten, um uns zu verstehen. Persönliche Erfahrungen zu schildern ist daher eine wichtige Kulturtechnik, die wir nicht verlernen sollten. WhatsApp-Nachrichten aus dem Urlaub können keinen Reisebericht ersetzen.

Identität, das heißt wörtlich »mit sich identisch sein«. Doch wir verändern uns fortlaufend. Sowohl die Frage: »Wer *bin* ich?« wie auch »Was *ist* der Sinn des Lebens?«, suggerieren durch ihre grammatikalische Struktur, dass es feste Antworten geben könnte. Als würde Sinn unverrückbar existieren wie ein Berg. Aber was verleitet uns zu der Annahme, für ein Kind würde ein sinnvolles Leben aus den gleichen Aspekten bestehen wie für einen Erwachsenen oder einen alten Menschen? Eine lebensferne Vorstellung. Sinn und Ich sind beständig in Veränderung.

Durch Geschichten weben wir rote Fäden in diesen Wandel. Um diese Fäden herum entfaltet sich unsere Identität. Sie besteht also nicht in einem stabilen Wesenskern, der uns vom Baby bis zum Greis ausmacht, sondern in dem Weg vom einen zum anderen. Unser Leben, unser Ich, wird nur in seiner zeitlichen Dimension verständlich. Wer ich bin, ist keine Momentaufnahme, sondern hängt davon ab, woher ich komme und wohin ich will.

Jede Gegenwart steht im Kontext von Vergangenheit und Zukunft. Durch narrative Identitäten verbinden wir diese Zeitdimensionen und bekommen ein Gespür dafür, was uns und unser Leben ausmacht. Dafür brauchen wir unsere Psyche nicht vollständig zu verstehen. Und wir müssen auch keine perfekt schlüssige, durchgängige Story erzählen können, um eine Identität zu entwickeln. Es genügt, dass wir über verschiedene Sinnfäden verfügen, die einzelne Situationen, Konflikte oder Lebensphasen verständlich machen. Diese Sinnfäden weben wir meist automatisch, ohne groß darüber nachzudenken. Erst wenn wir verunsichert werden, tritt dieser Prozess an die Oberfläche, und wir suchen aktiv nach Deutungen, um unsere Vertrautheit wiederherzustellen. Wieso habe ich das getan? So bin ich doch eigentlich gar nicht, was ist nur los mit mir?

Auch hier gibt es wieder Parallelen zu den Weltbildern aus dem letzten Kapitel: Fast niemand *hat* oder *braucht* eine umfassende und völlig widerspruchsfreie Deutung, um sich im eigenen Dasein zu orientieren. Es genügt, die Welt um sich herum und das eigene Ich hinreichend zu verstehen. Wie viel Sinn ist genug? Das ist individuell unterschiedlich.

Handeln und Sein

Sinn erfüllt zwei wesentliche Funktionen in unserem Leben: Erstens versöhnt er uns emotional mit unserem Dasein, zweitens dient er uns zur praktischen Orientierung in unserer Welt. Auf beiden Ebenen spielt narrative Identität eine wichtige Rolle. Eine gelingende Geschichte hilft, auch mit schmerzhaften Momenten inneren Frieden zu schließen. Gleichzeitig gibt uns unsere Ich-Erzählung eine Richtschnur im Alltag: Aus unserem Selbstverständnis heraus verfolgen wir Ziele, setzen wir uns für etwas ein, kümmern uns um andere, fühlen uns verletzt, regen uns auf oder vermitteln.

Wir erzählen die Geschichte unseres Ichs nicht bloß, wir leben sie. Mit jedem Tag schreiben wir an ihrer Fortsetzung, geben ihr durch unsere Begegnungen und Entscheidungen neue Richtungen oder führen das Vertraute in die nächste Episode. Dabei schreiben wir nicht allein an diesem Drehbuch: Viele Dinge passieren uns ungefragt, nicht alles können wir kontrollieren. Aber auch dann liegt es an uns, wie wir damit umgehen und welche Geschichte wir daraus machen.

Narrative Identität ist also nicht allein eine sprachliche Angelegenheit; sie ist eine mentale Infrastruktur, die sich nur teilweise in Sätze fassen lässt. Trotzdem spielt Sprache eine entscheidende Rolle, auch wenn wir aktiv zur Tat schreiten. Denn wir leben nicht instinktiv wie ein Reh; bewusst oder unbewusst interpretieren wir die Situationen, in denen wir uns befinden, und entscheiden auf dieser Grundlage, was wir tun. Möglicherweise erleben wir, wie zwei Menschen einen lautstarken Wortwechsel haben –, falls wir dieses Gespräch als Konflikt deuten, können wir versuchen, zu vermitteln oder uns auf eine Seite schlagen; oder wir schauen weg und erklären, dies sei nicht unser Problem. All das hängt davon ab, wie wir unsere eigene Rolle in dieser Auseinandersetzung interpretieren.

Weder entwickeln wir die Geschichte unseres Lebens also nur durch unser *Tun* noch allein durch unsere *Deutungen*. Beides ist miteinander verknüpft.

Wenn diese Verknüpfung aufbricht, zerbröckelt auch unsere narrative Identität. Handeln und Sprechen passen nicht zusammen. Die erzählte Geschichte wirkt nicht mehr authentisch, erscheint vielleicht sogar wie eine Lüge. Möglicherweise sind wir zunächst versucht, diesen Graben auszublenden, aber mit der Zeit wird das immer schwieriger: Wir behaupten, aus einer Erfahrung gelernt zu haben, doch fallen immer wieder in alte Verhaltensmuster zurück. Irgendwas stimmt hier nicht. In solchen Momenten kann sie wie ein unlösbares Problem erscheinen, die große Frage: Wer bin ich?

Heute leben wir in Zeiten, die solche Arten von Identitätskrisen begünstigen. Dazu später mehr. Schauen wir uns zuerst näher an, wie genau narrative Identitäten entstehen.

Wer erzählt mich?

Ich bin Christian Uhle, Philosoph, 33 Jahre alt und lebe in Berlin.

Wenn ich beginne, diese stummen Attribute in einer Geschichte zum Leben zu erwecken, wenn ich erzähle, wie ich mit fünfzehn Jahren oft auf einen Hügel ging, um nachzudenken und dabei meine Leidenschaft für Philosophie entwickelte, werde ich Wörter verwenden, die nicht von mir stammen. Das Konzept der Philosophie habe nicht ich erfunden, seine Bedeutung hat sich kulturell herausgebildet. Mein sogenanntes Alter anhand der von mir überlebten Sonnenumrundungen zu bestimmen, habe nicht ich mir ausgedacht, sondern ist eine reine Konvention. Christian Uhle heiße ich. Nicht einmal diesen Namen habe ich gewählt; er stand fest, noch bevor ich das erste Mal schrie. Die Geschichte meines Lebens setze ich zusammen aus Bausteinen, die ich vorfinde.

Wer bin ich?

Ich bin auf andere Menschen angewiesen, um diese Frage zu beantworten. Sie geben mir die Wörter, die ich zu Sätzen verbinden kann. Mit ihnen teile ich einen gemeinsamen Sinnhorizont, der meine Lebensgeschichte überhaupt erst verständlich macht. Von *Rückschlägen* zu sprechen oder von *Hoffnung*, all das ergibt auch für mich persönlich nur Sinn, weil ich diese Begriffe zu kulturellen Erzählungen in Bezug setzen kann. Mein Ich ist immer ein Ich im Wir.

Und so ist – wie der narrative Sinn generell – auch narrative Identität eine zutiefst soziale Angelegenheit. Erst im kulturellen Kontext finde ich die sprachlichen Ressourcen, um meine Geschichte zu erzählen. Diese Abhängigkeit geht sogar noch viel tiefer: Nicht nur ich deute mich, auch andere Menschen entwickeln eine Vorstellung davon, was mich ausmacht. Leider passen die Perspektiven nicht immer zusammen. Wir kennen dieses Phänomen aus Konflikten in Liebesbeziehungen oder aus der Politik: Ein und dasselbe Ereignis lässt sich ganz unterschiedlich beschreiben und somit sinnhaft machen. Ja, es gibt eindeutige Lügen, aber häufig sind durchaus verschiedene Deutungen möglich. Ebenso ist auch die Geschichte unseres Lebens nicht objektiv und verschiedene Beschreibungen sind möglich. Unsere Identität existiert nicht als feststehendes Objekt in der Welt und wartet darauf, von uns »gefunden« zu werden, sondern entwickelt sich erst durch unsere Interpretationen. Wer aber erzählt meine Geschichte – ich oder die anderen?

Auf diese Frage gibt es keine eindeutige Antwort. Sowohl ich wie auch die Menschen um mich herum erzählen Geschichten meiner selbst. Diese Geschichten beeinflussen sich gegenseitig: Indem andere Personen mich auf Konferenzen als Philosophen ankündigen, festigt sich diese Identität auch für mich, diese Identität, welche ich wiederum nach außen hin behaupte, die von meinen Mitmenschen aufgegriffen und weitererzählt wird. Gelingt ein solcher Prozess, dann entsteht meine narrative Identität *dialogisch*, entsteht weder im einen noch im anderen, sondern im Dazwischen, in einem konstruktiven Wechselspiel. Scheitert ein solcher Prozess jedoch, erfahre ich mich nicht als Mitautor der Geschichte meines Lebens. Ich werde erzählt.

Für viele Menschen ist das eine tägliche, schmerzhafte Erfahrung. Sie werden von außen festgelegt, in eine bestimmte Ecke gedrängt: Eine Frau mit Kopftuch spricht in einer Talkshow über Astrophysik. Sie will als Physikerin auftreten, aber wird vor allem als Muslimin gesehen. Andere haben es einfacher. Wenn ein weißer Mann über Planetenbahnen spricht, dann ist er in dem Moment bloß ein Wissenschaftler, sonst nichts.

So müssen viele Personen ihre Identität mühsamer erkämpfen als andere, Beispiele gibt es unzählige. Einige identifizieren sich als »Deutsche«, werden von anderen aber dauernd als »Ausländer« bezeichnet. Einige können oder wollen sich weder als »Mann« noch als »Frau« identifizieren, werden aber beständig in eine der beiden Schubladen gesteckt. In solchen Fällen wird die Kluft zwischen Selbstzuschreibung und Fremdzuschreibung besonders greifbar. Immer wieder wird der Versuch, eine eigene Geschichte zu erzählen, in der das Ich authentisch zum Tragen kommt, von außen untergraben. Das ist mit weiteren sozialen Ungerechtigkeiten verbunden: Wenn eine kopftuchtragende Physikerin weitestgehend auf ihre religiöse Zugehörigkeit reduziert wird, wird ihre professionelle Autorität davon überschattet, und das führt zu Nachteilen auf ihrem Karriereweg.

In solchen Fällen sind Identitätsfragen zentrale gesellschaftspolitische Fragen. In ihrem wunderbaren Buch *Sprache und Sein* verdeutlicht die Autorin, Rednerin und studierte Politologin Kübra Gümüşay diese Problematik durch eine Metapher:

»Lassen Sie uns Sprache als einen Ort denken. Als ein ungeheuer großes Museum, in dem uns die Welt da draußen erklärt wird.«[10] – Auf langen Fluren, in unendlich vielen Räumen werden Gegenstände und Tiere, aber auch theoretische Ideen ausgestellt, kategorisiert und mit Begriffen bezeichnet.

In diesem Museum befinden sich zwei Arten von Menschen: »Die *Benannten* und die *Unbenannten*. Die *Unbenannten* sind Menschen, deren Existenz nicht hinterfragt wird. Sie sind der Standard. Die Norm. Der Maßstab.«

Diese Unbenannten flanieren entspannt durch die Regalreihen und kuratieren die Ausstellungen des Museums. Denn sie sind gleichzeitig auch »*Benennende*«: Sie benennen all die Dinge im Museum, benennen die Welt und benennen sich selbst; zum Beispiel als Entdeckerin, Deutscher oder Familienvater. Aber sie benennen auch andere Menschen – welche dadurch zu *Benannten* werden. Diese Benannten sind »zuerst einfach nur Menschen, die auf irgendeine Weise von der Norm der Unbenannten abweichen. Anomalien im Weltbild der Unbenannten. Nicht vorhergesehen. Fremd. Anders. Manchmal auch einfach nur ungewohnt. Unvertraut. Sie erzeugen Irritationen. Sie sind nicht *selbstverständlich*.

Die Unbenannten wollen die Benannten verstehen – nicht als Einzelne, sondern im Kollektiv. Sie analysieren sie. Inspizieren sie. Kategorisieren sie. Katalogisieren sie. Versehen sie schließlich mit einem Kollektivnamen und einer Definition, die sie auf die Merkmale und Eigenschaften reduziert, die den Unbenannten an ihnen bemerkenswert erscheinen. Das ist der Moment, in dem aus Menschen Benannte werden. In dem Menschen entmenschlicht werden.«

Sie werden entmenschlicht, weil sie von den Unbenannten eben nicht mehr als Individuen betrachtet werden, als einzigartige Subjekte. Stattdessen werden sie auf Kategorien reduziert, werden als austauschbare Bestandteile eines Kollektivs betrachtet.

»Den Unbenannten, die sie betrachten, erscheint das als normal, obwohl für sie selbst Individualität die Grundlage ihres Seins ist.«

Manche Menschen haben weniger Möglichkeiten, sich selbst zu benennen und zu erzählen – ihre Identitäten entstehen nicht dialogisch. Sie werden von anderen nicht als *Du* angesprochen, sondern als *Es,* als Exemplar einer Kategorie, stellvertretend für eine Gruppe. »Wenn *ich*, eine sichtbare Muslimin, bei Rot über die Straße gehe, gehen mit mir 1,9 Milliarden Muslim*innen bei Rot über die Straße. Eine ganze Weltreligion missachtet gemeinsam mit mir die Verkehrsregeln«, beschreibt Gümüşay diese Erfahrung.[11] Andere Menschen hingegen werden als Individuum betrachtet, und wenn sie sich im Verkehr unsozial verhalten, fällt das auf niemand anderen zurück als auf sie selbst.

Die Suche nach Identität kann nicht losgelöst von diesem Ungleichgewicht gedacht werden. Gleichzeitig stehen gruppenbezogene Diskriminierung und Menschenfeindlichkeit in historischen, gesellschaftlichen und ökonomischen Zusammenhängen, die den Fokus meines Buchs weit übersteigen. Um dieses Thema nicht flach und verfälscht zu behandeln, möchte ich insbesondere als nicht von Diskriminierung betroffene Person auf andere Bücher verweisen, die dieser Komplexität besser gerecht werden. Mich persönlich zum Beispiel hat *Sprache und Sein* von Kübra Gümüşay bewegt, und ich konnte hier viel lernen. Vielleicht kann es auch dich bereichern.

Es gibt kein Ich an sich

Wir sind also auf andere Menschen angewiesen, um ein Ich zu entwickeln. Das macht verletzlich und beginnt schon im ganz Kleinen: Erst im Lachen meines Gegenübers erlebe ich mich als humorvoll und kann diese Eigenschaft in meine Identität integrieren. Und ohne jemals Liebe erfahren zu haben, werde ich mich nicht als liebenswert empfinden können.

Selbst ein völlig einsamer Eremit im Wald schöpft seine Identität noch aus Zwischenmenschlichkeit. Denn seine Sprache ist erlernt und in seiner außergewöhnlichen Lebensgeschichte haben andere Personen sicher eine zentrale Rolle gespielt – vermutlich eine traumatische. So bleiben sie unauflösbarer Teil seiner Entscheidungen und seines Selbstverständnisses. Ohne sie würde sein isoliertes Dasein überhaupt keinen Sinn ergeben. Sogar für den Eremiten gilt noch: »Es gibt kein Ich an sich.«[12]

Mit diesem einflussreichen Satz trug der Philosoph und Theologe Martin Buber zu einer tiefgehenden Wende in der Psychologie bei. Die zentrale Einsicht lautet: Jede Subjektivität ist intersubjektiv vermittelt, unsere Psyche ist mit der sozialen Umwelt aufs engste vernetzt.[13]

Daher können Reibungen zwischen den Perspektiven so problematisch sein. Wenn ich mich als humorvoll und aufgeweckt wahrnehme, andere mich hingegen als langweilig, gerät mein Selbstbild ins Wanken. Ich kann die widerstreitenden Bilder nicht integrieren, nicht in eine plausible Geschichte fassen. Das erschwert die Erfahrung eines sinnvollen Lebens, von Geborgenheit in der Welt. Es entsteht ein Graben zwischen mir und meiner Mitwelt. Meine eigene Geschichte ist nicht mitteilbar, sie wird nicht gehört. Ich ziehe mich zurück. Erst wenn eine neue Erzählung entsteht, in der ich mich selbst wiederfinden kann und die von anderen halbwegs akzeptiert wird, kann soziale Verbundenheit wiederhergestellt werden.

Narrative Identität gelingt also, wenn Selbstbeschreibung und Fremdbeschreibung ausreichend deckungsgleich sind – aber nicht zufällig deckungsgleich, sondern weil sie sich wechselseitig herausbilden; dialogisch herausbilden. Dieser Prozess ist niemals abgeschlossen. Unsere Geschichte ist in steter Veränderung. Wir sind lebendig. Unser Sein ist immer ein Werden.

Sinn durch Teilhabe

Unsere Autonomie besteht also nicht darin, komplett unabhängig von anderen Menschen zu sein, sondern entscheidend dabei mitzureden, wie die Geschichte unseres Ichs erzählt wird. Erst wenn wir nicht nur die Freiheit haben, dieses oder jenes zu tun, sondern auch die Freiheit haben, uns selbst zu deuten, können wir uns ganz als Subjekt erfahren: als Mensch, der eigene Anfänge macht.

Diese Sicht widerspricht dem klassischen Liberalismus. Dort wird Autonomie als Unabhängigkeit von anderen Menschen und äußeren Hürden verstanden. Dabei wären wir ohne andere niemand. Erst in sozialen Kontexten finden wir die Ressourcen, um uns zu entwerfen; erst hier werden wir ein *Jemand* mit einer eigenen und einzigartigen Geschichte. Vielleicht bist du mutig, ganz aus eigener Kraft, doch findest das Konzept des Muts bereits vor und kannst nur mutig sein innerhalb von Kontexten, die Mut verlangen oder zumindest zulassen. Auch wenn eine Ärztin jemandem das Leben rettet, eine Künstlerin ihre Bilder ausstellt, ein Kassierer die Ware übers Band zieht oder sich ein Umweltaktivist an Schienen kettet, um einen Castortransport zu blockieren – dann hat all das nur Sinn, ja, ist überhaupt nur denkbar, weil diese Personen nicht allein auf der Welt leben.

Möglicherweise klingen diese Überlegungen trivial. Wie sollte es auch anders sein? Allerdings wird uns gesellschaftlich häufig das Gegenteil vermittelt; nach dem Motto: Du musst dich finden, ich muss mich finden, jeder für sich. Als wären wir unverbundene Atome, die auf sich gestellt durch das All irren. Dieser Ansatz kann nur scheitern, denn er versperrt die Sicht darauf, dass wir nur gemeinsam Jemand sein können.

Und so zeichnet sich ab, dass es bei dieser Facette des Sinns um weit mehr geht als nur darum, das eigene Dasein zu verstehen: Identität entsteht erst durch Teilhabe an sozialen Kontexten. Diese besondere Art der Teilhabe ist schwierig zu definieren, denn sie hängt nicht unbedingt davon ab, sich demokratisch an Entscheidungen zu beteiligen oder durch das eigene Tun einen positiven Beitrag zu leisten. Vielmehr entsteht sie auf noch basalerer Ebene: durch *Zugehörigkeit* und *Einbettung*.

Zugehörigkeit – zumindest im deutschen Sprachraum ist dieser Begriff oftmals negativ belegt. Und auch wir werden gleich auf die Schattenseiten zu sprechen kommen. Doch vorher sollten wir uns vergegenwärtigen, dass wir Herdentiere sind, soziale Wesen. Gerade deshalb kann die Erfahrung von Isolation und Entfremdung ja so schmerzhaft sein. Wir brauchen – in individuell unterschiedlichem Maße – ein gewisses Maß an Verbundenheit, das Gefühl, in unseren Beziehungen aufgehoben und zugehörig zu sein. Das wird auch durch zahlreiche empirische Studien bestätigt, wie die Psychologin Emily Esfahani Smith betont. Sie identifiziert Zugehörigkeit als zentralen Baustein, um das eigene Leben als sinnvoll zu erfahren: »Sich als Teil einer Gruppe zu fühlen kann die banalsten Aufgaben wertvoll und lohnenswert erscheinen lassen.«[14]

Doch wie alle anderen Sinnbedürfnisse kann auch dieses

äußerst hässliche Züge annehmen und missbraucht werden. Aus der Sehnsucht nach Zugehörigkeit schließen sich manche Menschen rechtsradikalen Bewegungen an, tätowieren sich Hakenkreuze auf die Brust. Andere folgen selbsternannten Gurus, brechen den Kontakt zu ihrer Familie ab und merken kaum, dass sie letztlich nur ausgebeutet werden. Das tiefe Grundbedürfnis nach Sinn, das so wunderschöne Seiten hat – etwas Wertvolles zu tun, Gemeinschaft zu erfahren –, hat leider zu sehr viel Leid geführt. Im Namen ihrer Zugehörigkeit, für das große heilige Wir, sind viele freiwillig in den Tod gegangen und wurden unendlich viele Morde begangen. Die Sehnsucht nach Sinn ist ein Motor, der uns antreibt, eine tiefe Kraft, die das Beste im Menschen hervorbringen kann – wie auch seine dunkelsten Seiten.

Im Fackelzug zu marschieren und das sogenannte Vaterland zu besingen, gemeinsam zu einer Masse zu verschmelzen, das erzeugt vermutlich ein starkes Sinngefühl. Alle im Gleichschritt, links, rechts, links, rechts, das Echo schallt von den Häuserfassaden wider und lässt die Erde erzittern. In dieser Menge gibt es keine vereinzelten Menschen mehr, die ihr Dasein als vergängliche Regentropfen fristen, nein, da verbinden sie sich zu einem Ozean, zu einer Welle, zu einem Tsunami.[15]

Aber was passiert hier genau? Was ist das für ein fauler Sinnzauber?

Hier verschwindet das Individuum im Kollektiv, löst sich auf. Hier gibt es kein *Ich* und *Du* mehr, keine dialogische Beziehung zwischen uns. Hier ist nur noch Wir. »Es ist eine Vereinigung, in der das individuelle Selbst weitgehend aufgeht und bei der man sich zum Ziel setzt, der Herde anzugehören«, beschreibt Erich Fromm dieses Phänomen.[16] »Wenn ich so bin wie alle anderen, wenn ich keine Gefühle oder Gedanken habe, die mich von ihren unterscheiden, wenn ich mich der Gruppe in meinen Gewohnheiten, meiner Kleidung und meinen Ideen anpasse, dann bin ich gerettet – gerettet vor der angsterregenden Erfahrung des Alleinseins.«

Doch es ist eine trügerische Rettung, diese Flucht vor dem eigenen Ich. Wie in der Drogensucht werden Sinnfragen zwar zwischenzeitlich zum Schweigen gebracht, aber nicht nachhaltig gelöst. Wer spricht: »Ich bin das Kollektiv, dem ich angehöre«, hat aufgegeben, ein Subjekt zu sein und ist nur noch Zahnrad in einem übergeordneten Ganzen. Und deshalb können solche Bewegungen keine philosophisch tragfähige Antwort auf die Sinnfrage liefern – auch jenseits ethischer Überlegungen. Möglicherweise werden Sinngefühle vermittelt, aber nicht weil das Ich eine sinnhafte Beziehung eingeht, sondern weil es im Wir verschwindet. Im Kollektivismus wird die Sehnsucht nach Zugehörigkeit pervertiert, und der Drang zur Verschmelzung, den wir in romantischen Beziehungen Eros nennen, wird in fataler Weise auf soziale Kontexte projiziert.

Aus *Ich und Du* wird *Wir und die Anderen*.

Zwischen Individualismus und Kollektivismus

Es kann wunderschön und sinnstiftend sein, Gemeinschaften zu bilden, Verbindungen einzugehen, sich gegenseitig zu unterstützen oder auch zusammen zu spielen. Und auch für einen positiven gesellschaftlichen Wandel kann es überaus wichtig sein, sich in Gruppen zusammenzuschließen und gemeinsam für etwas einzusetzen. Problematisch wird es erst, wenn all das in einen Kollektivismus kippt, in eine ausgeprägte Wir-Identität, die die Individuen darin verschluckt. So berauschend sich das anfühlen mag –, in diesem Moment versiegen die Quellen jeden Sinns. Denn Sinn erfordert Subjekte. Wenn Menschen jedoch zu austauschbaren Teilen eines Super-Kollektivs werden und kein individueller Selbstentwurf mehr stattfindet, wird das Wir zu einer mächtigen, stampfenden Maschine, die das atmende Zusammenspiel eigenständiger, verschiedener Wesen erstickt.

Das sind also alles sehr feine Linien: Wir brauchen gesellschaftliche Konzepte, um eine Geschichte unseres Ichs zu erzählen. Wenn wir uns aber vollständig über Konzepte definieren und sie zu unserer Kernidentität machen, dann machen wir uns selbst zum Ding. Nach dem Motto: Das ist ein Granitstein, dieses ist ein Tisch, ich bin ein Deutscher. Hier entfaltet unsere begriffliche Sprache einen giftigen Charakter, denn jeder Begriff basiert auf Abgrenzung: Nur weil es Dinge gibt, die *keine* Tische sind, ergibt es Sinn, von Tischen zu reden. Wer seine eigene Identität wesentlich aus einem Wir-Konzept zieht, wird daher immer ausschließen – und dadurch Dialog und Sinnbeziehungen verhindern.

Eine Aufgabe besteht darin, Mittelwege zwischen Kollektivismus und radikalem Individualismus zu finden; Gemeinschaftsformen, in denen wir weder in einem übermächtigen Wir verschwinden noch vereinzelt durch die Gegend irren. Wie kann das gelingen?

Jeglichen Individualismus unter Generalverdacht zu stellen, wäre falsch. Denn er hat tatsächlich eine große emanzipatorische Kraft und bietet Möglichkeiten, sich als Subjekt zu entfalten – mit einer eigenen Geschichte und Identität. Individualismus wird allerdings dann problematisch, wenn er zum *Atomismus* führt, zur Struktur: jeder für sich.

Dann wird das Ich isoliert betrachtet –, obwohl Sinn und Identität erst durch Beziehungen entstehen. So wird es uns schwerer gemacht, das Leben als sinnvoll zu erfahren. Stattdessen rückt unsere Getrenntheit in den Vordergrund. *Individualismus ohne Atomismus* lautet daher der abstrakte Slogan eines sinntheoretischen Gesellschaftsentwurfs.

Einbettung

Unser Leben, nach dessen Sinn wir fragen, besteht ganz wesentlich darin, mit anderen Menschen in Beziehung zu treten. Ob in der Familie, am Arbeitsplatz oder beim Einkauf im Supermarkt – wir sind immer Teil sozialer Verhältnisse. Diese grundlegende *Einbettung* ermöglicht es, ganz unterschiedliche Formen von Sinn zu erfahren: Wir können einen wertvollen Beitrag leisten, Bedeutsamkeit erleben oder uns gemeinsam spielerisch auf die Welt einlassen. Diese Sinndimensionen sind in der Lebensrealität eng miteinander verknüpft – und gerade deshalb ist der Begriff der Einbettung so entscheidend, um diesen Verknüpfungen einen Namen zu geben.

Wie in einer Musikband, wo eine Gitarristin Gitarre spielt – wo Rolle und Aufgabe also miteinander einhergehen –, können zweckhafter und narrativer Sinn auch in anderen Bereichen verzahnt sein. Wenn wir Jugendliche fragen: »Was willst du später mal werden?«, dann geht es dabei nicht nur darum, wie man seinen Lebensunterhalt verdienen möchte, sondern auch, welchen Platz man einnehmen möchte, welche Geschichte man aus der eigenen Freiheit heraus erzählen will – kurzum: wie man in die Welt eingebettet sein möchte.

»Die Menschen bestimmen sich selbst – aber nur auf der Basis einer tieferen Abhängigkeit von der Natur, der Welt und anderen Menschen«, schreibt Terry Eagleton in seinem Aufsatz über die Sinnfrage. »Und jeder Sinn, den ich selbst meinem Leben geben mag, ist gleichsam von innen her durch diese Abhängigkeit beschränkt. Wir können nicht bei null anfangen […] Denn wo wir auch sein mögen, wir sind immer schon tief in Sinn und Bedeutung getaucht. Wir sind durchwebt von den Sinnvorstellungen und Bedeutungen anderer Menschen.«[17]

Manche dieser Abhängigkeiten können uns Steine in den

Weg legen. Wenn unsere eigene Geschichte nicht gehört wird und der Kontext schlicht ungerecht ist, wird es schwieriger, eine gelingende Identität zu entwickeln. Daher hängt jeder Selbstentwurf auch von der Welt ab, in der wir leben – aber eben auch von uns. Wir können uns unterschiedlich verhalten, unterschiedlich positionieren und Kontexte mitgestalten. Die Erfahrung eines sinnvollen Lebens ist weder nur von unserer Welt abhängig noch nur von uns selbst: weil Sinn im Dazwischen entsteht.

Wie ein Wort seine volle Bedeutung erst im Kontext von Sätzen entfaltet, so entstehen auch unsere narrativen Identitäten erst im Kontext anderer Menschen. Diese Kontexte konstruktiv zu gestalten – das ist auch unsere Aufgabe und Verantwortung. Unweigerlich formen wir sie mit, sobald wir sie betreten. Fast immer beginnt Wandel bei uns selbst.

Indem wir zu einer konstruktiven Einbettung beitragen, können wir vielleicht tatsächlich so etwas wie Heimat ermöglichen. So oft dieser Begriff auch missbraucht wurde, kann er dennoch ein grundlegendes Lebensgefühl beschreiben: sich aufgehoben zu fühlen in der Welt. Rituale und stabile Ankerpunkte mögen zu diesem Gefühl beitragen, aber am Ende hängt es nicht davon ab, ob an der Ecke Currywurst verkauft wird oder eine asiatische Nudelpfanne. Zu Hause sind wir im eigenen Dasein, wenn es gelingt, gemeinsam Räume zu schaffen, in denen wir uns gegenseitig ernst nehmen und anerkennen. Heimat ist weder ein Ort, den man anfassen kann, noch ein bloßes Gefühl. Heimat ist eine Beziehung, eine Einbettung in einen gemeinsamen Zusammenhang, zu der wir etwas beitragen können, jeden Tag.

Biologie und Sozialität

Unser Ich ist also immer ein Ich im Wir. Sogar für völlig isolierte Menschen gilt das. Denn jede Geschichte des Ichs bildet sich heraus in erlernter Sprache, nahm ihren Anfang in Beziehungen, die selbst einen Eremiten bis ans Lebensende prägen. Heißt das, wer wir sind, ist allein das Ergebnis sozialer Einbettung? Treffen wir nicht täglich ganz persönliche Entscheidungen, die unser Ich ausmachen? Und sind wir nicht auch durch unsere Biologie bestimmt, durch unsere Genetik? Ja, sind nicht genau diese Veranlagungen der ursprüngliche, originale Kern unseres Ichs, der anschließend bloß sozial überformt wird?

All diese Fragen basieren auf falschen Gegenüberstellungen. Natürlich haben wir einen freien Willen und treffen eigene Entscheidungen. Aber dieser Wille kommt nicht von ungefähr und wird durch unsere soziale Prägung genauso beeinflusst wie durch unsere Biologie, etwa unseren Sexualtrieb. Solche Einflüsse auf unser Handeln widersprechen nicht unserer Willensfreiheit, sondern ermöglichen erst einen Willen. Ohne sie wäre unser Wille leer, wir würden überhaupt nichts wollen, es gäbe überhaupt nichts zu entscheiden. Deshalb ist das Konzept des freien Willens so schwierig. Frei sind wir, dieses oder jenes zu tun; daher sind wir für unsere Entscheidungen verantwortlich. Aber unser Wille braucht Quellen, aus denen er überhaupt entstehen kann. Und diese Quellen sind sicherlich zu einem großen Teil unsere zwischenmenschlichen Erfahrungen sowie unsere Biologie.

Doch auch diese Darstellung ist zu vereinfachend: Immer noch werden Biologie und Sozialität einander gegenübergestellt. Als gäbe es einen gewissen Einfluss unserer Gene und einen davon unabhängigen Einfluss unserer Prägung. Diese dualistische Perspektive (im Englischen: nature versus nurture) ist wenig aufschlussreich.

Alle *Gesellschaften* werden in hohem Maße durch unsere *biologische* Beschaffenheit strukturiert: Stell dir vor, Homo sapiens könnten durch ein spezielles Organ alle erforderlichen Nährstoffe aus der Luft gewinnen, wir hätten keine Mägen und würden nichts essen. Eine kleine Verschiebung in der Biologie –, und unsere Gesellschaften sähen komplett anders aus. In allen mir bekannten Kulturen spielt Essen eine große Rolle: der Anbau und die Beschaffung von Nahrung, die Zubereitung, religiöse Verbote, was nicht gegessen werden darf, besondere Mahlzeiten bei Festen, die Versammlung beim gemeinsamen Abendessen, Geschäftsessen … stell dir vor, das alles gäbe es nicht. Sämtliche Kulturen wären anders – vergangene und gegenwärtige, in allen Winkeln dieses Planeten.

Stell dir vor, unsere Zungen, Lippen und Stimmbänder wären nicht so flexibel beschaffen, und wir könnten nur grobe Laute von uns geben. Nirgendwo auf der Welt hätten sich dann so ausgefeilte Sprachen entwickeln können. Es gäbe keine Formulare, es gäbe keine politischen Debatten, es gäbe keine Bücher und kein Internet.[18]

Stell dir vor, es gäbe keine Sexualität. Um die Spezies zu erhalten, könnten sich Menschen einfach ab und an selbst befruchten und ein Kind zur Welt bringen. Auch dann wäre alles anders. Es gäbe keine Familien im bekannten Sinne, keine gesellschaftlichen Regeln, welche Art von Sexualität angemessen ist, es gäbe keine Partnerschaftsbörsen, keine Flirts und keine Liebesromane, zumindest nicht in der Form, wie wir sie kennen. Menschen würden ganz anders ticken und dementsprechend hätten sich auch ganz andere Kulturen herausgebildet.

Stell dir vor, Menschen würden ein Durchschnittsalter von 300 Jahren erreichen, stell dir vor, wir würden nicht als Babys, sondern als vollständig ausgewachsene Wesen auf die Welt kommen …

Unsere biologische Beschaffenheit hat also einen massiven Einfluss darauf, welche Gesellschaften überhaupt entstehen. Aber es gilt auch umgekehrt: Unsere DNA, Gehirnstrukturen und Hormonhaushalte werden von gesellschaftlichen Faktoren geprägt und sind nicht in Stein gemeißelt. Menschliche Gehirne etwa sind hochgradig plastisch, sie werden geformt durch Ernährung und frühe Erfahrungen. Wer beispielsweise als Kind viel Zeit vor dem Fernseher verbringt, entwickelt dadurch andere Synapsenverknüpfungen –, was sich wiederum auf das spätere Sozialverhalten auswirkt.[19] Das ist ja das Besondere am Homo sapiens: Wir sind so formbar wie kein anderes Lebewesen.

Noch ein Beispiel für die Wechselwirkung zwischen Biologie und Sozialität: Es hat gesellschaftliche Gründe, dass es so viele übergewichtige Menschen gibt.[20] Dadurch werden allerdings auch andere biologische Parameter verschoben: Die Pubertät setzt bei Übergewichtigen früher ein.[21] Das wiederum beeinflusst die sozialen Strukturen in Klassenräumen und somit unsere Gesellschaft. Hier wird also eine biologische Notwendigkeit (Nahrungsaufnahme) gesellschaftlich vermittelt (Essenskultur), was einen biologischen Wandel auslöst (frühere Pubertät), der wiederum Gesellschaft verändert (Sozialverhalten).

All das zeigt uns: Biologische und gesellschaftliche Faktoren wirken nicht getrennt voneinander auf unser Ich, sondern stehen zwangsläufig in einem Zusammenhang. Unser Leben wird zwar sehr wesentlich durch angeborene Grundbedürfnisse und Grundemotionen geprägt – wie sich diese jedoch auswirken, ist abhängig von gesellschaftlichen Strukturen. So gibt es starke Hinweise, dass beispielsweise Angst, Wut, Freude, Ekel, Trauer und sexuelles Begehren veranlagt sind.[22] Aber wovor wir Angst haben, worüber wir uns freuen und wie wir unser Begehren erleben – als perverse Neigung oder als mystische Erfahrung –, all das ist sozial strukturiert. Insofern besteht »Gesellschaft« wesentlich darin, biologische Faktoren zu organisieren und sinnhaft zu machen; etwa Geburt, Versorgung von Kindern, Pubertät, Sex und Fortpflanzung, Nahrungsaufnahme, Altern und Tod.

Diese Wechselwirkung ist unauflösbar. Wann immer in den Sozialwissenschaften behauptet wird, man könne die Biologie ignorieren, weil ja alles nur Konstruktion sei und eine Frage von Machtverhältnissen, entstehen daher Sackgassen. Und wann immer Hirnforscherinnen und Hirnforscher meinen, unser Verhalten könne hinreichend durch naturwissenschaftliche Experimente erklärt werden, kommen wir genauso wenig weiter. Die Unterscheidung zwischen biologischen und sozialen Faktoren wirkt wie Brillen, durch die wir etwas sichtbar machen können, aber immer nur einen Ausschnitt sehen.

Wenn wir uns fragen, was uns antreibt, was unser Leben ausmacht, dann müssen wir also komplexe Zusammenhänge voraussetzen. Glücklicherweise ist es für die Suche nach Sinn und Identität nicht entscheidend, diese ganzen Faktoren im Detail zu verstehen. Jede noch so genaue Analyse würde uns doch nicht beschreiben können und wäre nur ein Blick von außen. Wir aber sind Subjekte mit einer eigenen Subjektivität. Täglich sind wir mit unterschiedlichen Situationen konfrontiert und haben verschiedene Eigenschaften, die darin zum Tragen kommen. Wir versuchen, unserem Leben einen Sinn abzugewinnen, ein Selbstverständnis zu entwickeln, uns zu verorten, eine Rolle einzunehmen, zugehörig zu sein, das eigene Dasein auf diesem Planeten besser zu greifen. Was all das ausmacht –, darauf gibt es keine neutralen, objektiven Antworten, ebenso wenig in diesem Bereich wie in allen anderen. Denn erst durch Deutungen, durch Geschichten, machen wir uns die Welt verständlich und unser Leben in ihr.

Weil wir dies aber nicht isoliert tun, kann es hilfreich sein, einen Blick auf unsere gegenwärtigen Gesellschaften zu werfen. In ihnen suchen wir nach Sinn und werden auf dem Weg mit zahlreichen Erwartungen konfrontiert. Wie kann unsere Suche gelingen?

DIE SUCHE NACH IDENTITÄT IN DER SPÄTMODERNE

Mehr denn je ist Identität zu einer Aufgabe geworden – zu einer Aufgabe, die immer mehr Opfer fordert. In seiner Studie *Das erschöpfte Selbst* zeigt der Soziologe Alain Ehrenberg, wie die Suche nach dem eigenen Ich seit einigen Jahrzehnten zunehmend in Depressionen mündet.[23] Eine wachsende Zahl von Selbstfindungsratgebern will dabei Abhilfe schaffen. Doch Klarheit will sich einfach nicht einstellen. Im Gegenteil, je intensiver wir uns mit dem Selbst auseinandersetzen, desto mehr scheint der Grund, auf dem wir stehen, ins Wanken zu geraten. Der bekannte Buchtitel *Wer bin ich und wenn ja, wie viele?* von Richard David Precht bringt diese Unsicherheit zum Ausdruck.

Nie zuvor stand der Begriff »Identität« so sehr im Fokus wie heute. Warum ist die Beschäftigung mit dem Selbst gerade jetzt so ein Thema? Welche Hintergründe hat das? Noch nie hatten so viele Menschen so viele Möglichkeiten, sich individuell zu verwirklichen –, warum sind Sinnkrisen gerade heute so verbreitet?

Das werden wir uns nun genauer anschauen. Gerade weil die

Geschichte unseres Ichs immer im sozialen, gesellschaftlichen Zusammenhang erzählt wird, sollten wir diesen Kontext unter die Lupe nehmen. Persönliche Identitätsfragen werden dadurch zwar nicht direkt beantwortet. Aber vielleicht können wir unsere Suche besser verstehen und selbstbestimmter gestalten.

Es ist eine spezielle Zeit, in der wir nach Identität suchen, eine Zeit, in der genau diese Suche zum Zeitgeist geworden ist. Das war nicht immer so.

Schöne Alte Welt

»Sechsundneunzig identische Zwillinge bemannen sechsundneunzig identische Maschinen!« Die Stimme des Direktors bebte förmlich vor Begeisterung. »Da weiß man doch wirklich, was man hat.«[24]

Eifrig kritzelten die anwesenden Studierenden in ihre Notizbücher und unterstrichen die wichtige Zahl. Sechsundneunzig. Natürlich wären Millionen von Zwillingen noch besser gewesen. Aber immerhin.

Es war das Prinzip der Massenproduktion, übertragen auf den Menschen. Endlich schien der planetare Wahlspruch erfolgreich umgesetzt: »Kollektivität, Identität, Stabilität.«

Die Begeisterung des Direktors war ansteckend. Was für eine Glanzleistung der Zivilisation! Biologische Elternschaft war abgeschafft, stattdessen wurden Embryonen in riesigen Zentren herangezüchtet, selektiert und optimiert für ihre spätere Position im Weltgeschehen. Die Menschheit bestand nunmehr aus fünf eindeutig definierten Gruppen: Alphas, Betas, Gammas, Deltas und Epsilons. Um den vielfältigen Anforderungen einer modernen Gesellschaft gerecht zu werden, hatte man zusätzlich noch Minus- und Plus-Abstufungen eingeführt. So war wirklich jeder Bereich abgedeckt. Der Herr Direktor war selbstverständlich ein Alpha-Plus. Einfache Aufgaben in Fabriken wurden hingegen von Deltas übernommen.

Diese wohlgeordnete Gesellschaft beschreibt Aldous Huxley in seinem berühmten Roman *Schöne Neue Welt*.[25] Die heutzutage schwierige Frage: »Wer bin ich?«, kann hier wirklich jede und jeder beantworten, klar und eindeutig. Ist das furchtbar? Leiden die vorgefertigten Individuen, eingesperrt im Korsett ihrer Kastenzugehörigkeit?

Keineswegs! Es geht ihnen prächtig!

»Denken Sie an Ihr eigenes Leben«, sagte ein noch höherer Vorgesetzter zu den Studierenden. »Haben Sie je vor einem unüberwindlichen Hindernis gestanden?«

Die Antwort war ein schweigendes Nein.[26]

»Sie Glücklichen!«, rief der Vorgesetzte. »Keine Mühen hat man gescheut, Ihnen das Leben emotional leichtzumachen.«[27]

Denn von klein auf wird jede Person durch nächtliche Einflüsterungen auf ihre spätere Rolle konditioniert. Tief in die frühkindlichen Gehirnstrukturen wird das Bewusstsein eingebrannt: Mein Platz ist genau der richtige für mich. Keinen anderen würde ich haben wollen. Ich bin genau da, wo ich hingehöre.

Gerade das macht Huxleys Geschichte so spannend. Eine beängstigende Dystopie ist sie zweifelsohne. Und doch leiden die Menschen in dieser durchgeplanten Welt viel weniger als wir. Würde man hier die Befragungen aus dem *World Happiness Report* durchführen: Die Ergebnisse würden jede heutige Gesellschaft in den Schatten stellen. Unzufriedenheit existiert praktisch nicht. Zugegeben, dazu trägt auch die wundersame Droge *Soma* bei, ein wohliger Rausch ohne Nebenwirkungen. Vor allem aber sind die Menschen mit denen ihnen zugewiesenen Rollen vollkommen verschmolzen. Und das ist psychisch entlastend.

Huxley zeichnet nicht das Bild einer schönen neuen, sondern mittlerweile veralteten Welt – einer Welt, in der Identitäten hochgradig *starr* sind. Es ist auffällig, wie sehr sein damaliger Blick in die Zukunft rückblickend an 1950er-Jahre-Gesellschaften erinnert. Sowohl im industriell geprägten Kapitalismus wie auch im industriell geprägten Sozialismus waren Rollen recht klar festgelegt. Der Soziologe Andreas Reckwitz erkennt in dieser Struktur eine *Logik des Allgemeinen*. Massenproduktion, Massenkonsum, Massenidentitäten – das alles gehörte zusammen.[28] In den Fabriken und Verwaltungen waren Arbeitsabläufe stark standardisiert, heraus kamen standardisierte Produkte. Für diesen Prozess brauchte man große Mengen standardisierter Menschen. Natürlich gab es auch damals schon Personen, die auf der Suche nach individuellen Identitäten waren, aber lange nicht so viele wie heute. Diese vorherrschende *Logik des Allgemeinen* wurde von Huxley ins Absurde gezogen. Bis heute können wir ihren Nachhall spüren. Doch er wird leiser.

Wir befinden uns mitten in einer gewaltigen Umbruchphase. Die Vielfalt möglicher Rollen explodiert. In der Soziologie wird dieser Prozess meist *Ausdifferenzierung* genannt. Während es in Huxleys alter Welt noch fünf Identitätskategorien gab, sind es heute fünfhundert. Der einflussreiche Soziologe Niklas Luhmann sieht darin eine Grundstruktur unserer komplexer werdenden Gesellschaften.[29] Ein Blick auf die angebotenen Studiengänge macht diese allgegenwärtige Ausdifferenzierung schnell sichtbar. Wo früher lediglich »Physik« zur Auswahl stand, sind es heute zusätzlich: Angewandte Physik, Astrophysik, Bauphysik, Biophysik, Experimentalphysik, Geophysik, Materialphysik, Mathematische Physik, Medizinische Physik, Technische Physik, Technophysik, Theoretische Physik, Umweltphysik, Wirtschaftsphysik … und das ist erst ein Ausschnitt. Wer das entsprechende Abitur hat, kann in Deutschland zwischen mittlerweile 20705 Studiengängen wählen.[30] *Das* ist unsere schöne neue Welt.

Wie das Studienangebot zergliedern sich unsere Gesellschaften insgesamt in immer mehr Teilbereiche. Zwischen diesen Bereichen bewegen sich Menschen zunehmend flexibler. Insbesondere Personen in sozial privilegierten Situationen verfügen über ganze Rollenportfolios, sind gleichzeitig Teil unterschiedlicher Kontexte und Gemeinschaften. Mehrere Freundeskreise bestehen parallel, hinzu kommen Tanzverein, Kochgruppe oder politische Initiativen. Im Laufe eines einzigen Tages wird eine ganze Palette an Rollen eingenommen. Auch Orts- und Berufswechsel nehmen zu, auf diese Weise entstehen fortlaufend neue Selbsterfahrungen. Im Ergebnis sind einfache Rollen heute eher Ausnahme als Regelfall. Der Trend geht zur Patchworkidentität. Über dieses Phänomen wurden so viele Bücher geschrieben, dass man damit ganze Bibliotheken füllen könnte. Eine zentrale Erkenntnis dabei ist, dass Identitäten mehrdimensionaler werden. Das klingt erst mal positiv. Schließlich haben wir mehr Möglichkeiten, unsere innere Komplexität zu entfalten, wenn wir nicht lediglich eine Sales-Managerin sind, sondern gleichzeitig auch Mutter, Yogi und Weltenbummlerin. Aber schon Luhmann erkannte darin auch Schwierigkeiten: Wenn man in verschiedenen Kontexten unterwegs ist, ist man überall nur teilweise verortet, nirgendwo richtig zu Hause.[31] Zwischen den Stühlen stehend kann es schwerer fallen, sich selbst zu bestimmen und all die Puzzleteile zu einem Bild zusammenzufügen – zu einer stringenten narrativen Identität.

Nicht nur die schiere Anzahl gesellschaftlicher Rollen steigt, auch die Grenzen zwischen ihnen beginnen zu verschwimmen. Das Angebot von Bausteinen, um sein eigenes Ich zusammenzubasteln, wird sowohl *größer* als auch *formbarer*.

Immer stärker muss jede und jeder für sich selbst entscheiden, wie die eigenen Rollen ausgefüllt und in den Lebensweg integriert werden; wie man sein Dasein als Mutter oder als Christ für sich ausbuchstabiert. Und selbst wenn man tradierte Antworten übernimmt, erfordert das zunehmend eine bewusste Entscheidung, weil Alternativen existieren und die Freiheit immer sichtbarer wird.

Das ist eine wunderbare Entwicklung. Nie waren die Möglichkeiten größer, Rollen einzunehmen und dabei doch ein Subjekt zu bleiben. Denn in allzu starren Rollen werden wir ein Stück weit verdinglicht, zu einem Material gemacht, um vorgegebene Formen auszufüllen. Der Weg in die spätmoderne Gesellschaft hingegen verspricht Authentizität und Selbstbestimmung.

Der Weg in die Spätmoderne

Schauen wir uns kurz an, wie es zu diesem Umbruch kam. Dahinter steht natürlich ein komplexes Zusammenspiel unzähliger Faktoren. Aber ein Schlüsselelement war sicherlich die 68er-Revolution. In weiten Teilen der »westlichen« Nachkriegswelt entstanden soziale Bewegungen, die Anklage erhoben gegen starre Strukturen der 1950er-Jahre-Gesellschaft. Feminismus, Bürgerrechtsbewegung, Lesben- und Schwulenbewegung, Umweltbewegung, Hippies, Arbeiterbewegung, Studentenbewegung – dahinter standen zwei wesentliche Anliegen: Inklusion und Selbstverwirklichung.

Gleiche Rechte für alle: die vollständige und gleichwertige Inklusion bisher diskriminierter Gruppen in die Gesellschaft, das war ein Kern.[32] Und Individualität, die Möglichkeit, das Drehbuch des Lebens selbst zu schreiben, anders zu sein als die anderen und trotzdem akzeptiert.

Bis heute sind dies zentrale gesellschaftliche Themen. Und während der Kampf gegen Sexismus, Rassismus und Umweltzerstörung fraglos noch lange nicht gewonnen ist, hat sich im Vergleich zu den 50ern unglaublich viel getan. Die Kritiklinien entstanden in Nischen außerhalb des gesellschaftlichen Mainstreams. Zwei Generationen später schreiben sich Unternehmen *Diversity* und *Sustainability* auf die Fahnen, haben Inklusionsbeauftragte und veröffentlichen Nachhaltigkeitsberichte.

Bei der Umsetzung dieser Ideen hapert es zwar noch. So ist nur jeder siebte DAX-Vorstand weiblich besetzt.[33] Und männliche Bewerber mit türkisch klingenden Namen werden 14 Prozent seltener zu Vorstellungsgesprächen eingeladen als Bewerber mit deutsch klingenden Namen – bei absolut identischen Lebensläufen.[34] Es gibt also viel zu tun, und die Ziele der 68er sind noch nicht erreicht. Insgesamt aber haben ihre Themen eine gewaltige Diskursmacht entfaltet und prägen das heutige Verständnis von Gerechtigkeit und Selbstentfaltung.

Dieser Hintergrund scheint mir wichtig, um die Gegenwart besser zu verstehen. Eine ganze Kaskade von Identitätsrevolutionen wurde hier losgebrochen und bewegt uns bis heute. Neben der Forderung nach Gleichberechtigung geht auch die Suche nach Individualität wesentlich auf diese Zeit zurück. Überall können wir Spuren entdecken: Zeitschriften wie *Men's Health* oder *Cosmopolitan* bieten einen nie endenden Nachschub an Tipps, wie das Sexleben aufregender gestaltet werden kann. – Lerne dich selbst kennen, lerne deinen Partner kennen, probier' mal was Neues, vielleicht gefällt es dir ja, und wenn nicht, bist du immerhin um eine Erfahrung reicher, hast dich besser kennengelernt.

In spätmodernen Gesellschaften steckt in fast jeder Person ein kleiner Hippie. Auch wenn wir uns keine Blumen in die Haare stecken, haben wir viele ihrer Werte übernommen: sich ausprobieren und ausleben, in intensiven Erfahrungen der eigenen Komplexität nachspüren, einen persönlichen Selbstausdruck finden – all das waren Anliegen der Hippies, aufbauend auf Vorstellungen aus dem Sturm und Drang und der Romantik. Heute werden diese Versprechen stärker kommerzialisiert: ungewöhnliche Urlaubsreisen, abwechslungsreiche Restaurantbesuche, eine individuelle Wohnungseinrichtung – vieles davon ist kostspielig und klingt gar nicht nach Woodstock. Aber der Kern ist doch überraschend ähnlich: Weg mit dem starren Einheitsbrei! Weg mit dem Korsett der drögen Mittelmäßigkeit! Jede und jeder von uns ist ein einzigartiges, komplexes Wesen. Lasst uns nicht in vorgefertigte Schablonen zwängen, sondern diese Individualität gedeihen lassen, sie kennenlernen, ihr eigene Formen geben!

All diese Botschaften würde es ohne Hippies heute nicht geben. Ihre ehemalige Kritik »gegen das System« ist zu einer Grundstruktur »des Systems« geworden.

In dieser weitreichenden Transformation wurden – und werden – Rollen stückweise aufgebrochen. Sie widersprechen beiden Kernanliegen der 68er. Feste Rollen der einen gehen meist auf Kosten der anderen. In Huxleys Roman etwa müssen die Deltas und Epsilons besonders harte Arbeit verrichten und sind gleichzeitig weniger am Wohlstand beteiligt. Ähnlich dazu geht in der Realität die »klassische« Rollenverteilung zwischen Männern und Frauen vor allem zu Lasten von Frauen, die in viel größerer Abhängigkeit gehalten werden als umgekehrt. Ein kurzer Blick in die 50er Jahre macht das allzu deutlich. In diesem stark strukturierten Geschlechterverhältnis durften Ehefrauen ohne Erlaubnis ihrer Ehemänner nicht mal Auto fahren.[35]

Festgelegte Rollen gehen erstens mit Ungerechtigkeiten einher und verhindern zweitens eine freie Selbstverwirklichung. Wer nicht reinpasst, wird reingezwängt. Und immer gibt es auch Personen, für die kein Platz ist im aktuellen Rollenkatalog. Sie fallen aus dem Raster, haben keine Möglichkeit, ihre Rolle zu finden und darin anerkannt zu werden. Je kleiner und strenger definiert die Auswahl an Rollen ist, desto höher ist diese Gefahr.

Glücklicherweise wächst das Rollensortiment mit jedem Tag. Zwei wichtige Gründe haben wir beleuchtet: Die Ausdifferenzierung von Produktpaletten, Berufsfeldern, Hobbies und so weiter bedeutet auch eine Ausdifferenzierung von Identitäten: Es gibt mehr Bausteine, um sein Ich zusammenzusetzen. Zweitens haben die 68er einen Wertewandel angestoßen, der sich direkt gegen starre Rollen richtet.

Vielleicht ist es lohnenswert, noch einen dritten Aspekt zu betrachten: Es werden immer weniger Menschen in der fertigenden Industrie gebraucht. Sechsundneunzig identische Zwillinge bedienen sechsundneunzig identische Maschinen auf identische Weise – dieses Konzept ist in wohlhabenden Ländern nur noch selten anzutreffen. Viele Produktionsstätten wurden ins Ausland verlagert. Vor allem aber markierte das Jahr 1961 einen Wendepunkt: In einem Werk des Automobilkonzerns General Motors wurde der weltweit erste Industrieroboter installiert. Fast zeitgleich mit den 68er-Bewegungen begann hier ein technologischer Wandel mit massiven Auswirkungen.

Heutzutage sind Roboter aus der Industrie nicht mehr wegzudenken. Sie ersetzen einfache Handgriffe, sind niemals müde, wollen kein Gehalt und machen weniger Fehler. Durch »Künstliche Intelligenz« erhält diese Entwicklung einen weiteren Schub. Bei allem überzogenen Hype um KI hat der Übergang zur »Industrie 4.0« tatsächlich große Auswirkungen. Klar definierte Aufgaben in Fabriken und sogar in Büros werden zunehmend von Robotern und Algorithmen übernommen. Ein Grundprinzip dabei lautet: Je *standardisierter* ein Prozess ist, desto besser kann man ihn *automatisieren*. So sinkt der Bedarf an standardisierten Menschen, die standardisierte Aufgaben erfüllen, noch weiter – das erledigen jetzt Maschinen. Huxleys Welt rückt in die Vergangenheit.

Stattdessen sind Teamfähigkeit, Kreativität, Empathie und vernetztes Denken gefragt. Natürlich, das betrifft nicht alle Berufsfelder. Aber die Grundtendenz, die Grundlogik ändert sich: hin zu einer *Logik des Besonderen*.

Mit diesem Begriff beschreibt Andreas Reckwitz das neue Paradigma. In der Arbeitswelt werden Standardlebensläufe zunehmend unattraktiv. »Interessante, besondere Profile« sind mittlerweile bevorzugt. Was das genau bedeutet, ist häufig keinem der Beteiligten klar. Eine seltene Sprache, ein längerer Auslandsaufenthalt in Kuwait, ungewöhnliche Hobbys, ein exotischer Studiengang, das alles kann eine Bewerberin interessanter machen. So diffus dies erst mal klingen mag, gibt es doch handfeste Gründe für dieses Umdenken: Innovative, außergewöhnliche Ideen entstehen vor allem in diversen Teams ungewöhnlicher Menschen, die nicht in ausgetretenen Pfaden denken. Und solche Ideen werden immer wichtiger im spätmodernen Wettbewerb. Die Ideale der 68er – Gleichheit, Vielfalt, Individualität – können sich auch deshalb so gut durchsetzen, weil sie ein wirtschaftlicher Erfolgsfaktor sind.

Besonders sichtbar ist dieser Zeitgeist in den vielen Start-ups, die aufgrund eines neuen Versprechens aus dem Boden sprießen: Das große Geld lässt sich heute nicht mehr mit Fabriken verdienen, sondern mit einer visionären Idee, viel Kaffee und ein paar Laptops. Dieser Wandel von Geschäftsmodellen verändert auch die Firmenkultur. Das Letzte, was solche Unternehmen brauchen, sind sechsundneunzig identische Zwillinge. Gebraucht werden teamfähige Menschen, die sich auf unterschiedliche Perspektiven einlassen, gemeinsam neue Ideen entwickeln und diese selbständig umsetzen können. Sogar die elitären Alpha-Plus-Arbeiter aus Huxleys alter Welt würden in solchen Kontexten untergehen, weil sie nur in rigiden Strukturen funktionieren.

Start-ups mögen eine gesellschaftliche Blase sein –, aber sie wächst rasant und strahlt auf immer mehr Bereiche aus. Sogar eingesessene, mittelständige Unternehmen orientieren sich daran und beginnen einen Kulturwandel. Unter dem Label *New Work* wird Selbstentfaltung versprochen. Schluss mit Diskriminierung und engen Vorgaben! Jeder Mensch ist einzigartig, darin gleich, und gerade in dieser Einzigartigkeit gefragt! Aus diesem Bewusstsein heraus wird in flachen Hierarchien mehr Raum geschaffen für individuelle Fähigkeiten und Selbstbestimmung.

Das Konzept von New Work wurde in den 80er Jahren vom Philosophen Frithjof Bergmann entwickelt.[36] Heute ist es populär vor allem aufgrund seines indirekten Versprechens: Du musst nicht als Hippie am Rande der Gesellschaft leben, um dich zu entfalten. Im Gegenteil, die Gesellschaft selbst bietet dir beste Möglichkeiten dafür.

Hier ändert sich das Verständnis von Arbeit grundlegend – mit großem Potenzial, den Zielkonflikt zwischen beruflicher Sicherheit und persönlicher Verwirklichung zu reduzieren. Es ist bemerkenswert, in wie vielen Branchen und Bereichen diese Vorstellung zu einem Leitbild für gute Arbeit wird.

»Was ich tue, macht mich kreativ«, sagt der Bäcker Marcus Ostendorf auf einem Werbeplakat für *Das Handwerk*.

»Was ich tue, macht mich erfinderisch«, erklärt die Elektronikerin Carina Harders.

»Was ich tue, macht mich komplett«, meint der Land- und Baumaschinenmechatroniker Hauke Hubert.

Auch hier, weit jenseits der Kreativwirtschaft, besteht das

Ideal nicht mehr darin, einen »soliden Beruf« zu ergreifen und klare Vorgaben zuverlässig zu erfüllen, sondern sich selbst einzubringen, als individuelle Person mit eigenen Vorstellungen und einem eigenen Stil. Es steht auf einem anderen Blatt, inwieweit diese Versprechen stets eingelöst werden. Fakt ist, dass sich die *Vorstellung* davon, was gute Arbeit ausmacht und welche Bedeutung ihr zukommt, in den letzten Jahrzehnten stark verändert hat. Dieser Wandel befeuert die Suche nach authentischer Verwirklichung noch weiter.

Kulturelle, ökonomische und technologische Entwicklungen bedingen und verstärken sich hier also wechselseitig. Im Ergebnis geht es weniger darum, feste Rollen einzunehmen und die eigene Persönlichkeit dahinter zu verstecken, sondern im Gegenteil: diese aktiv zum Ausdruck zu bringen.

Das ist fraglos eine positive, befreiende Entwicklung. Statt wie Schauspielende nur vorgeschriebene Rollen auszufüllen, bekommen wir mehr Spielräume, um die Geschichte des eigenen Ichs selbstbestimmt zu erzählen. Gerade wenn wir an die Analysen von Kübra Gümüşay denken – daran, wie feste Rollen und Identitätszuschreibungen immer auch diskriminierend sind, kann die Stoßrichtung nur lauten: Diesen Weg müssen wir noch viel weiter gehen!

Neue Herausforderungen

Nie hatten so viele Menschen so viele Möglichkeiten, sich authentisch zu verwirklichen. Doch trotz aller Vorteile führt ausgerechnet diese Befreiung des Ichs immer häufiger zu Erschöpfung. Die Sache mit der Identität ist nicht unbedingt einfacher geworden. Das hat mehrere Gründe, die wir uns nun anschauen werden.

Wer bin ich?

Mutter, Tochter, Ehemann, Veganer, Physikerin, Feministin …

Auch eine noch so lange Liste könnte uns nicht hinreichend beschreiben. Wir sind mehr als die Summe der Rollen, die wir einnehmen. Dennoch kommt diesen Rollen ein zentraler Stellenwert in unseren Identitäten zu: Sie sind Leitmotive und Ankerpunkte in den Geschichten unseres Lebens. Ich bin »Philosoph«. Um diesen Begriff formiert sich ein ganzes Netz aus kleinen Geschichten darüber, was mich ausmacht, wie es dazu kam, mit welchen Konflikten ich konfrontiert war, was meine Hoffnungen sind und so weiter.

Narrative Identitäten werden durch Rollen mitstrukturiert. Deshalb hat es auch für unsere persönliche Sinnsuche viele gute Seiten, wenn wir unsere Rollen zunehmend selbstbestimmt und authentisch ausfüllen können. Aber man kann sich ganz schön verzetteln auf der Suche. Dann lässt sich einfach kein roter Faden finden. Wir gelangen zum anderen Ende des Spektrums: Erlöst aus seiner Starrheit verflüssigt sich die Geschichte unseres Ichs zu Wasser, das wir nicht mehr greifen können.

Und eben darin liegt die Verlockung von Huxleys alter Welt: genau zu wissen, woran man ist.

Feste Rollen regulieren unseren Erwartungshorizont. Wie du wahrscheinlich selbst in vielen Kontexten erfahren hast, beschreiben Rollenbezeichnungen uns nicht bloß, sie schreiben uns auch vor, wie wir zu sein haben – oder positiver formuliert: Sie geben uns Orientierung. Darin liegt die Macht solcher Bezeichnungen.

Vor allem Michel Foucault legte den Grundstein für derartige Betrachtungen. Für ihn war Macht ein neutraler Begriff. Im Gegensatz zur problematischen *Herrschaft* kann Macht ein produktives Moment haben. Sie gestaltet das moderne Individuum, ermöglicht uns eine Identität und gibt uns Richtlinien – im Positiven wie im Negativen. Denn die Leitvorstellung, wie jemand zu sein hat, lenkt den einzelnen Menschen in feste Bahnen. Je nach Einzelfall kann dadurch entweder emotionale Geborgenheit geschaffen werden oder eine innere Zerrissenheit und das Gefühl, sich nicht selbst bestimmen zu können.

Rollen einzunehmen heißt, ein *Leben als Soundso* zu führen: als Lehrerin, als Vater, als Aktivistin und so weiter. Teilweise können wir diese Rollen selbst wählen, teils werden sie an uns herangetragen oder uns sogar übergestülpt. In jedem Fall handelt es sich dabei nicht um leere Worthülsen – all diese Begriffe sind verknüpft mit Erwartungen, sozialen Praktiken und Institutionen.

Um diese Verknüpfungen besser zu verstehen, kann uns vielleicht die Analogie helfen, die Aristoteles über Messer entwickelte. Erinnern wir uns an das erste Kapitel: Aristoteles meinte, wenn wir wissen, was ein Messer ist, wissen wir auch automatisch, was ein *gutes* Messer ausmacht: Was ist ein Messer? Ein Gegenstand, der schneiden kann. Was ist also ein gutes Messer? Ein Gegenstand, der besonders gut schneiden kann. Klingt erst mal logisch.

So ist es auch mit Rollen. Wenn wir ein Bild davon haben, was eine Ärztin ausmacht, haben wir automatisch eine Vorstellung davon, was eine *gute* Ärztin ausmacht. Die Antwort auf die Frage *Wer bin ich?* bietet hier gleichzeitig auch Orientierung in Bezug auf die Fragen *Was ist meine Aufgabe?* und *Wie soll ich sein?* Ähnlich dazu war auch in den 50ern sonnenklar: Eine Hausfrau soll sich um Haushalt und Kinder kümmern und dabei fleißig sein; ein Soldat wiederum soll furchtlos sein.

Was aber macht heutzutage eine gute Chefin aus, eine gute Bürgerin, einen guten Christen? Was heißt es heute, Vater zu sein, Ehemann, Mutter, Frau, Transfrau? Was sagen solche Bezeichnungen aus über uns? Was bedeutet das für unsere Lebensführung?

Diese Fragen können nicht mehr pauschal beantwortet werden. Rollen verlieren ihre festgelegte *Essenz* und müssen stattdessen individuell gestaltet werden. Das ist natürlich gut so – es hat etwas Befreiendes. Doch während in dieser Aufweichung ein großes Emanzipationspotenzial liegt, kann es eben auch belastend sein, seine Rollenbilder selbst malen zu müssen. In gleichem Maße, wie unsere Freiheit zunimmt, haben wir weniger äußere Orientierungspunkte und sind stärker auf uns selbst zurückgeworfen.

In einer solchen Welt werden ganz andere Fähigkeiten entscheidend als bei Huxley. Insbesondere braucht man Selbstbewusstsein, um seine eigenen Rollen zu basteln. Und hier wird es schwierig. Denn Selbstbewusstsein gewinnen wir vor allem aus der Anerkennung durch andere Personen.[37] Trotz allem Individualismus bleiben wir eben Herdentiere und sind auf die Zustimmung unserer Mitmenschen angewiesen. Das hat nichts mit Narzissmus zu tun. Als soziale Wesen brauchen wir andere, um zu überleben und eine gelingende Identität zu entwickeln. Ganz so frei ist unser Selbstentwurf also nicht: Die Art und Weise, wie wir unsere Rollen ausfüllen, muss weiterhin anschlussfähig sein.

Wäre ich zum Beispiel noch ein »Philosoph«, wenn ich ausschließlich Gedichte schreiben würde? Oder wäre ich dann nicht vielmehr ein Dichter? Diese Fragen lassen sich nicht objektiv beantworten oder durch einen Blick ins Lexikon. Letztlich handelt es sich nur um ein gesellschaftliches Konzept, das sich unterschiedlich definieren ließe. So ist der kritische Punkt weniger, was ein Philosoph *ist*, sondern vielmehr, ob ich noch als Philosoph *anerkannt* werde, wenn ich nur dichte. Auf genau diese Anerkennung bin ich aber angewiesen, um dieses Konzept in meine Ich-Erzählung integrieren zu können –, sonst klaffen Selbstbeschreibung und Fremdbeschreibung auseinander und es entsteht eine Getrenntheit zu meinen Mitmenschen, welche über kurz oder lang in das Gefühl von Entfremdung umschlägt. All das macht diese Rolle zu einem Balanceakt: sie individuell auszufüllen, aber dabei innerhalb eines gewissen Rahmens zu bleiben.

Es ist also ein fragiler Kreislauf. Um selbstbewusst *eigene* Rollen zu kreieren, braucht man Anerkennung. Diese bekommt man aber nur, wenn man sich zumindest teilweise an *vorhandenen* Rollen orientiert.

Gelingt diese Balance nicht, bricht ein Graben auf zwischen uns und unserer Mitwelt. Um ihn zu schließen, können wir entweder versuchen, um Anerkennung zu kämpfen – zum Beispiel könnte ich dafür Werbung machen, dass es viele Arten von Philosophen gibt, auch solche, die nur dichten. Oder ich passe mich selbst an, um äußeren Erwartungen besser gerecht zu werden. Aber anpassen woran genau? Was exakt ist denn dieser Rahmen, innerhalb dessen man noch als Philosophin oder Philosoph gilt?

Wenn Rollen ausfasern, werden auch *Rollenerwartungen* diffuser. So ist etwa das Label »Frau« nicht bloß deskriptiv, sondern mit Erwartungen an die eigene Person verbunden. In den 50ern hätte eine Frau vermutlich, ohne groß zu zögern, auf einer halben DinA4-Seite notieren können, was von ihr »als Frau« erwartet wird. In weniger als zehn Minuten hätte sie den Stift beiseitelegen können. Fertig. Und auf den Zetteln anderer Frauen aus abweichenden Milieus hätte ziemlich genau das Gleiche gestanden. Aber heute? Heute werden starre Rollenverständnisse glücklicherweise immer weiter aufgebrochen, so dass diese Beschreibungen wohl sehr unterschiedlich ausfallen würden. Deshalb bräuchte es vermutlich mehr als eine DinA4-

Seite, und ziemlich viele Blätter würden erstmal im Papierkorb landen, bevor die passenden Formulierungen gefunden sind. Ähnliches gilt auch für die meisten anderen Identitätsbausteine.

Deshalb sind die Erwartungen aber nicht unbedingt weniger geworden – andauernd wird von uns alles Mögliche erwartet! Nur lässt sich das kaum noch auf den Punkt bringen. Viele Erwartungen sind schwammig, mehrdeutig, widersprüchlich. In einzelnen Bereichen mag noch Klarheit bestehen, aber ebenso wie *Rollen* insgesamt vielfältiger und fließender werden, werden auch *Erwartungen* vielfältiger und schwerer greifbar. Zumindest bisher scheinen diese Entwicklungen miteinander Hand in Hand zu gehen.

Das macht Selbstfindung nicht einfacher. Als soziale Lebewesen sind wir weiterhin zwingend auf Anerkennung angewiesen, um ein gelingendes Selbstverhältnis zu entwickeln. Das gilt zwar vor allem für unsere Beziehungen im Freundes- und Familienkreis, aber eben auch in gesellschaftlichen Kontexten. Und hier wird häufig unklarer, wie Anerkennung zu bekommen ist. Gerade solch unklare Erwartungen können besonders verunsichernd sein; sie erzeugen ein ungerichtetes Gefühl, unter Druck zu stehen, aber geben gleichzeitig wenig Orientierung. Mehr denn je wird Identität daher zu einem Balanceakt, bei dem eine Vielzahl eigener und fremder Erwartungen ausbalanciert werden müssen, die teils widersprüchlich sind und häufig diffus. Aus diesem Grund spricht der einflussreiche Identitätssoziologe Lothar Krappmann von *balancierenden Identitäten* – ein sehr passender Ausdruck, der auch ein Lebensgefühl trifft.[38]

Was passiert, wenn dieser Balanceakt nicht gelingt? Nirgendwo wurde das so eindrücklich dargestellt wie in Franz Kafkas Erzählung *Der Prozeß*.

Im Labyrinth

»Jemand musste Josef K. verleumdet haben, denn ohne dass er etwas Böses getan hätte, wurde er eines Morgens verhaftet.«[39] Mit diesem Satz beginnt Kafkas Roman. Fassungslos will der Protagonist wissen, welchen Verbrechens er beschuldigt wird. »Wir sind nicht dazu bestellt, Ihnen das zu sagen«, antwortet der Mann nur, der ihm seine Verhaftung mitteilt. »Das Verfahren ist nun einmal eingeleitet, und Sie werden alles zur richtigen Zeit erfahren«.[40] Doch dieses Versprechen wird niemals eingelöst. Gar nichts erfährt K., trotz intensiver Bemühungen. In einem Labyrinth aus Behörden und unklaren Zuständigkeiten versucht er, seine Verteidigung vorzubereiten, ohne zu wissen gegen welchen Vorwurf.

Es geht um ihn, es geht um alles für ihn. Und doch stochert er nur im Dunkeln. Weder die Abläufe und Regeln des Gerichtsverfahrens noch seine eigene Rolle darin sind ihm verständlich. Mit aller Kraft versucht K., auf einen Prozess einzuwirken, der ihm selbst schleierhaft ist. Das kann nicht funktionieren. Überhaupt keinen Einfluss kann er auf diese Geschichte nehmen, die über ihn erzählt wird und die alles andere als bloßes Gerede ist, sondern tatsächlich passiert – bis hin zur letzten Konsequenz: Eines Tages wird K. abgeholt, das Urteil ist gefallen, Todesstrafe. Noch am gleichen Nachmittag wird er exekutiert von zwei Männern, die ihn an »alte, untergeordnete Schauspieler« erinnern.[41] So findet auch sein Schauspiel ein Ende. Die Geschichte seines Lebens bleibt ihm bis zuletzt unverständlich, und er selbst hatte an dieser Geschichte herzlich wenig mitzureden.

So dramatisch wie Josef K. ergeht es uns im Regelfall nicht. Und doch berührt diese Erzählung einen Kern, den wir alle kennen.

Wie die meisten von Kafkas Geschichten bewegt sich auch *Der Prozeß* auf einer emotionalen, metaphorischen Ebene. Hier wird das Gefühl aufgegriffen, die Welt um uns herum sei zu einem Schauspiel geworden, das uns zwar betrifft, in dem wir aber keine aktive Rolle spielen. Ein Schauspiel, dessen Aussage wir nicht verstehen und dies vermutlich auch deshalb, weil es eine solche Aussage überhaupt nicht gibt.

Im Beratungssprech ausgedrückt: Josef K.s Situation ist hochgradig VUKA. Der Verlauf seiner Geschichte ist volatil, also überaus wechselhaft. Der Ausgang ist unsicher, die Regeln seines Verfahrens sind komplex und ambig, also mehrdeutig. K. weiß nicht, was von ihm erwartet wird, und kann sich daher weder praktisch orientieren noch emotional beheimatet fühlen. Dies ist der Verlust jeglichen narrativen Sinns. Die Welt ist für ihn unlesbar wie auch seine eigene Rolle darin.

Insofern ist Kafkas 1914 verfasster Roman heute vermutlich aktueller denn je. Gesellschaftliche Spielregeln werden schwammiger, schwerer verstehbar, subtiler, sind nicht mehr so klar und eindeutig. Zumindest ist das die Grundtendenz. Einerseits ist damit mehr Freiheit verbunden, andererseits sind wir weiterhin zahlreichen Anforderungen ausgesetzt –, nur dass sich diese kaum noch auf den Punkt bringen lassen.

In dieser Hinsicht veranschaulichen die Romane von Kafka und Huxley zwei gegensätzliche Paradigmen. Während K. jedes Verständnis für seine Rolle verloren hat, wissen die Alphas und Epsilons in Huxleys alter Welt exakt, wer sie sind und was einen guten Alpha oder Epsilon ausmacht. Sie wissen, was von ihnen erwartet wird – und umgekehrt: was sie von anderen zu erwarten haben.

Denn dies ist ein weiterer Vorteil von starren Rollen, den wir bisher noch nicht besprochen haben: Sie geben nicht nur Orientierung, wie man selbst zu sein hat, sie vermitteln auch einen

Erwartungshorizont, wie andere Menschen sich verhalten werden und wie man miteinander umgeht. Das kann praktische und emotionale Sicherheit vermitteln, das Gefühl, in der Welt zu Hause zu sein.

Eine Fete in West-Berlin, es ist Februar 1960: Die Stimmung ist lustig, es geht hoch her. Im Hintergrund spielt die Musiktruhe *Nur ein Küsschen* von den Honey Twins. Da betritt eine junge Frau den Raum. Kaum erhascht Hans einen Blick von ihr, gerät er ganz in Aufregung. »Mensch, wer ist denn das?« – »Kennst du sie nicht? Das ist Erika!«, meint sein Tischnachbar gut gelaunt.

Wie die Geschichte wohl weitergeht?

Nun, der Ausgang ist natürlich offen. Aber zumindest die nächsten Schritte sind ziemlich klar. Hans bittet seinen Freund, der Erika bereits kennt, die beiden bekannt zu machen. In dem Rahmen werden sich die beiden kurz und höflich begrüßen. Dann wird Hans die Initiative ergreifen und Erika in ein unverfängliches Gespräch verwickeln. Sie werden über allgemeine Themen reden, die sich für ein Kennenlernen eignen. Hier werden wichtige Grundinformationen eingeholt: Beziehungsstatus, Konversationsgeschick, Interessen. Beide wissen, dass die Absicht des Gegenübers kein One-Night-Stand sein kann und dass sowieso alle heterosexuell sind. Jedes weitere Treffen wird automatisch Interesse signalisieren, möglicherweise eine verbindliche Beziehung einzugehen, die dann in eine Ehe münden würde.[42]

Wie sieht es heutzutage auf einer Party in Berlin aus?

Nun, zunächst ist unklar, ob die Party pandemiebedingt überhaupt stattfinden kann. Aber abgesehen davon ist so ziemlich jeder Ablauf denkbar. Wer wen anspricht, wer welche sexuelle Orientierung hat, wer welche Absichten verfolgt, worüber man sich unterhält …

Mit fließenden Rollen verlieren auch *soziale Skripte* an Macht. Das sind kleine Drehbücher, an denen man sich entlanghangeln kann. Wie man sich begrüßt, wie ein Smalltalk verläuft oder ein Geschäftsmeeting, das Kuchenessen bei den Schwiegereltern oder das gemeinsame Chillen auf dem Skateplatz – soziale Skripte strukturieren unsere Begegnungen. Sie bieten Orientierung, aber wie an der Flirtszene von 1960 deutlich wird, sind sie häufig auch diskriminierend und beengend.

Wenn es weniger soziale Skripte gibt und Begegnungen damit weniger vorhersehbar werden, sind neue Kompetenzen gefragt: Wer keine Drehbücher hat, muss improvisieren können. Und das bedarf ein gewisses Maßes an Selbstsicherheit. Außerdem muss man stärker in der Lage sein, Situationen zu interpretieren, Signale zu deuten und ein Gespür für andere Personen zu entwickeln.

Der Flirt zwischen Hans und Erika Anfang der 60er Jahre ist furchtbar *kompliziert*. Wie in der Mathematik gibt es Tausende Regeln – und ehe man sich versieht, hat man schon einen Fehler gemacht. Allerdings sind diese Regeln prinzipiell erkennbar, sie könnten sogar aufgeschrieben werden, wie es ja in zahlreichen Knigge-Büchern getan wurde. Heute macht es keinen Sinn mehr, solche Bücher zu schreiben. Heutige Flirts sind eher *komplex* als kompliziert. Immer noch gibt es zahlreiche Regeln, aber sie sind unklar, mehrdeutig, fließend und vor allem gestaltbar. Im Gegensatz zu einer Schachpartie sind diese Regeln nicht bekannt und festgeschrieben, sondern werden ähnlich wie bei einem freien Spiel, das Kinder im Wald spielen, gemeinsam entwickelt. Die Leitfäden hängen also von den Personen ab, die sich begegnen, werden nicht explizit festgelegt, sondern müssen erspürt und zwischen den Zeilen miteinander ausbalanciert werden. Das erfordert wesentlich mehr Feingefühl. Die beiden Flirtenden können sich weniger an vorgegebenen

Skripten orientieren und müssen die Spielregeln ihres Flirts tastend ausloten und aus der Situation heraus zusammen entwickeln. Dadurch ist die Gefahr, sich gegenseitig vor den Kopf zu stoßen, nicht unbedingt kleiner geworden. Wie nie zuvor wird daher die Fähigkeit zum Dialog entscheidend: sich authentisch mitzuteilen, zuzuhören, den anderen ernst zu nehmen, gemeinsam das Drehbuch zu schreiben und gemeinsame Anfänge zu machen.

Dieser Wandel von komplizierten zu komplexen Begegnungen – von *komplizierten* zu *komplexen Identitäten* – betrifft immer mehr gesellschaftliche Bereiche. Zum Beispiel wird das Verhältnis zwischen Mitarbeitenden und Vorgesetzten zunehmend unklarer. Siezen oder Duzen? Harte Chefin oder Coach auf Augenhöhe? Wie weit darf offene Kritik gehen? Wie locker, wie persönlich, wie verbindlich darf die Beziehung sein?

Auch im Arbeitskontext werden Rollenbilder vielfältiger und flüssiger, soziale Skripte sind weniger wirkmächtig. Wie beim Flirten bietet dies große Chancen für alle Beteiligten. Statt sich zu maskieren, werden Möglichkeiten für ein authentisches Miteinander eröffnet. Aber wie beim Flirten geht diese Entwicklung mit neuen Herausforderungen einher und erfordert andere Fähigkeiten: insbesondere mehr Empathie, Interpretationsfähigkeit und Selbstbewusstsein.

In all dem zeichnet sich ab: *die Orientierungsleistung wird zunehmend von der Gesellschaft auf das Individuum verlagert.*[43] Insofern ist es nicht lediglich ein vages Gefühl, sondern eine Tatsache: Identität ist heute mehr denn je eine Aufgabe.

Natürlich sind das nur Grundtendenzen. Vor allem von Diskriminierung betroffene Menschen haben weniger Möglichkeiten, ihre eigenen Rollen und Identitäten zu entwickeln. Sie werden teilweise ausgeschlossen aus dem Selbstverwirklichungsparadigma der Spätmoderne, werden nicht als einzigartige Subjekte verstanden, die sich selbst entwerfen, sondern in Schubladen gesteckt und auf starre Kategorien reduziert.

Und so könnte man vielleicht zu einer ganz besonders düsteren Diagnose kommen: Die einen leiden an einem Mangel an Selbstbestimmung, die anderen an ihrem Übermaß. Möglicherweise ist diese Zuspitzung etwas zu düster, denn natürlich gibt es auch Personen, die sich in der Spätmoderne aufgehoben fühlen. Aber es ist doch ein bemerkenswertes, strukturelles Phänomen: Viele Menschen sind stark belastet durch ihre Möglichkeiten der Selbstverwirklichung – warum?

Das ist nicht so offensichtlich, wie es klingen mag. Ja, okay, Identität ist zur Aufgabe geworden, aber weshalb so ein Stress? Ist das denn keine schöne Aufgabe?

Um das zu verstehen, müssen wir uns die Herausforderungen und Widersprüche der Spätmoderne etwas genauer anschauen. Zuerst aber kehren wir noch einmal kurz zurück in Huxleys Alte Welt.

Die Quadratur des Kreises

Langsam schritt der Direktor die lange Reihe Gitterbetten ab. Rosig und schlafgelockert lagen dort sanft atmend achtzig kleine Jungen und Mädchen.[44] Unter ihren Kopfkissen waren unsichtbare Lautsprecher eingelassen, aus denen ein leises Flüstern drang. Die Studenten blieben stehen, beugten sich über die kleinen Betten und lauschten aufmerksam.[45]

»… tragen alle grün«, begann eine sanfte und doch sehr klare Stimme mitten im Satz, »und Delta-Kinder tragen Khaki. Nein, nein, ich will nicht mit Delta-Kindern spielen. Und Epsilons sind noch schlimmer. Die sind so dumm, dass sie nicht mal lesen und schreiben können. Ich bin ja soo froh, dass ich Beta bin.«[46]

Vorsichtig ging die Gruppe weiter und gelangte in einen weiteren Schlafsaal. Hier wurde die künftige Nachfrage geschaffen, um das Rad am Laufen zu halten: »Ich fliege so gern«, flüsterte die Stimme, »Ich fliege so gern, ich besitze so gern neue Kleider.«[47]

Durch diese nächtlichen Einflüsterungen wird den Kindern die normative Ordnung der alten Welt eingeimpft. »Das kriegen sie noch vierzig, fünfzig Mal zu hören, ehe sie aufwachen; dasselbe am Donnerstag und noch einmal am Samstag, dreißig Monate lang«, erklärte der Direktor.[48] »Die stärkste moralisierende und sozialisierende Kraft aller Zeiten.«[49]

Welche Botschaften würde man heute hören, wenn man sich zu den kleinen Lautsprechern hinunterbeugt?

Sicher, immer noch Vorurteile gegen andere Personengruppen oder Konsumaufforderungen wie in dieser Romanszene. Aber es wären auch völlig neue Verkündungen dabei: »Du bist etwas ganz Besonderes. Du bist anders als alle anderen. Dich kann man in keine Schublade stecken. Lass dir von niemandem sagen, wie du zu sein hast. Du bist einzigartig. Geh deinen eigenen Weg! Du bist etwas Besonderes, sei etwas Besonderes! Sei ganz du selbst! Folge deinem Herzen! Hör nicht auf die anderen, lebe deinen Traum! Das Leben ist ein Geschenk, nutze es!«

Irgendetwas ist hier gekippt. All diese Aussagen klingen erst mal positiv. Jede einzelne würde ich sofort unterschreiben. Vielleicht geht es dir ähnlich. Aber wie hast du dich gefühlt, als du am Ende des Absatzes angekommen bist?

Wenn ich viele dieser Botschaften auf einmal höre, hat das für mich etwas Beklemmendes. Und tatsächlich lassen sich einige sozialphilosophische Linien finden, die dieses Gefühl gut erklären.

Das Ideal der Selbstverwirklichung wurde früher verteidigt, um industrielle Gesellschaften zu kritisieren, die dafür wenig Raum ließen. Diese Kritik hatte eine gewaltige Wirkung – die sogar so groß war, dass Selbstverwirklichung mittlerweile selbst zu einem gesellschaftlichen Ideal geworden ist. In einer einflussreichen Studie analysieren der Soziologe Luc Boltanski und die Wirtschaftswissenschaftlerin Ève Chiapello diesen Wandel, den sie *Inkorporation* nennen: Äußere Kritiklinien wurden einverleibt.[50] Die Krux dabei ist, dass die einst mühsam erkämpften Freiräume zu neuen Imperativen werden. Wie ein Bumerang wenden sich emanzipatorische Anliegen plötzlich gegen uns und treffen uns am Hinterkopf: Erst *durften* Frauen Geld verdienen, heute *sollen* oder *müssen* sie. Erst *durfte* man frech und kreativ sein, heute *soll* man es. Erst *durfte* man einen individuellen Weg einschlagen, heute empfinden viele Menschen genau das als Druck. Wie lässt sich dieses Umschlagen vom Dürfen zum Sollen erklären?

Ein wesentlicher Grund ist, dass auch die neuen, positiven Ideale in einem Rahmen formuliert werden, der von uns Leistung verlangt.

Besonders sichtbar wird das bei Lebensläufen. Wir hatten diesen Punkt kurz angeschnitten: In seiner umfangreichen Untersuchung *Gesellschaft der Singularitäten* stellt Andreas Reckwitz fest, dass »interessante Profile« zunehmend honoriert werden. Bunte Lebensläufe, die vor wenigen Jahrzehnten für verständnisloses Kopfschütteln gesorgt hätten, können heute vorteilhaft sein, weil sie aus der Masse herausstechen. Einzigartigkeit ist hier nicht problematisch, sondern kann zu sozialem Kapital werden. Wie wir gesehen haben, ist das aber ein Balanceakt: *Zu* bunt sollte der Lebenslauf nicht sein. Auch hier haben wir eine Verschiebung von *komplizierten* zu *komplexen*, schwer greifbaren Erwartungen. Nichtsdestotrotz lässt sich erkennen, dass stärker als früher verlangt wird, dass der Lebensweg die eigene Persönlichkeit widerspiegelt. So gilt Individualität nicht mehr als verdächtig, sondern wird zu einem neuen Leitprinzip, teilweise zu einem Vermögenswert.

Das erzeugt auch neue Verlierende: Im gleichen Maße, wie »besondere« Lebensentwürfe aufgewertet werden, wird standardisierten Wegen weniger Anerkennung entgegengebracht. Reckwitz nennt diese Abwertung einen *Paternoster-Effekt* – der Aufstieg der einen bedeutet einen Abstieg der anderen. Dabei haben beide Ansätze ihre Schwierigkeiten und Vorteile: Seine persönlichen Leidenschaften zum Beruf zu machen oder beispielsweise die von den Eltern zugedachten Rollen zuverlässig und fehlerfrei auszufüllen – beides kann glücklich machen oder innerlich auslaugen. Und beides bietet Möglichkeiten, einen gesellschaftlichen Beitrag zu leisten. Vielleicht kann es uns daher in beiden Fällen gelingen, die Menschen dahinter zu sehen.

Am Ende ist das also die Gretchenfrage: *Darf* man heute »besonders« sein oder *soll* man es?

Laut Boltanski, Chiapello und Reckwitz ist das Pendel zum *Sollen* umgeschlagen. Wer nicht »sein Ding« findet, bekommt das Gefühl vermittelt, irgendetwas falsch gemacht zu haben. Das Ideal der Selbstverwirklichung hat im Zuge der *Inkorporation* seine Gestalt verändert: Die erkämpfte Freiheit wurde in eine Marktlogik sozialer und ökonomischer Anerkennung übersetzt – und hat sich dort zu einem neuen Zwang entwickelt. Der Bumerang zieht seine Kreise, immer häufiger bis zum Knockout.

Genau dieser Umschlag ins *Sollen* ist laut dem Soziologen Alain Ehrenberg ein wesentlicher Grund für die Zunahme von Depressionen. Früher wurden Menschen, die das Gefühl hatten, nicht in starre Strukturen zu passen, und denen irgendetwas fehlte, als »melancholisch« bezeichnet: »Wenn die Melancholie eine Eigentümlichkeit des außergewöhnlichen Menschen war, dann ist die Depression Ausdruck einer Popularisierung des Außergewöhnlichen«, schreibt er, sie ist eine »Krankheit der Verantwortlichkeit«.[51] Denn der Imperativ, sich selbst zu verwirklichen, erzeugt einen wachsenden Druck, der *gleichzeitig* keine Orientierung bietet. »Geh deinen eigenen Weg!« wird zu einer inneren und äußeren Erwartungshaltung –, aber niemand sagt uns, was das heißt und woran sich erkennen lässt, wann man diese Aufgabe erfüllt hat. Das kann ein vages Grundgefühl erzeugen, dass man es nie ganz geschafft hat, vielleicht nie ganz schaffen wird. Obwohl doch alle Möglichkeiten bestehen! Dieses schwer greifbare Scheitern an sich selbst kann besonders schmerzhaft sein. Es bleibt wenig Raum, um beispielsweise Wut gegen äußere Umstände zu entwickeln und daraus die persönliche Selbstachtung wiederherzustellen. Zurück bleibt das *erschöpfte Selbst*, das es einfach nicht geschafft hat, tatkräftig eigene Segel zu setzen.

Schlüsselkompetenzen wie Gehorsam, Disziplin und Regelbefolgung weichen also zunehmend einer Kultur der Autonomie, in der Entscheidungsfähigkeit, persönliche Initiative, Tatkraft und Handlungskompetenz gefragt sind.[52] Hier ergeben sich interessante Parallelen zur Säkularisierung und ihren existenziell-psychologischen Auswirkungen: Ein Freund von mir, der früher intensiv im islamischen Glauben verankert war, erzählte mir, wie viel Druck er verspürte, nachdem er nicht mehr an Gott glaubte. Bis dahin hatte er vor den kleinen und großen Aufgaben des Lebens gebetet und wenn etwas schiefging, dann war es Gottes Wille. Nun lag plötzlich alles an ihm, er musste alle Kraft aus sich schöpfen, konnte sich jeden Erfolg selbst auf die Fahne schreiben – aber auch jeden Misserfolg. Da war niemand mehr, der ihm helfen konnte, und niemand mit einem größeren Plan. Auch in diesem Fall wurde die *komplizierte* Aufgabe, gehorsam, nämlich gottgefällig, zu leben, abgelöst durch die *komplexe* Aufgabe, auf sich allein gestellt durch eine nicht kontrollierbare Welt zu navigieren.

Im Zusammenspiel von Säkularisierung und Individualisierung werden wir also ziemlich alleingelassen, müssen allein entscheiden, wo wir hinwollen; und sind allein verantwortlich dorthinzukommen. Alles hängt an uns. Dieses Lebensgefühl gibt einem atomistischen Menschenbild noch weiter Auftrieb: jede und jeder für sich. Dabei erfolgt kein Selbstentwurf so frei, wie etwa der Slogan suggeriert: »Finde dich selbst!«

Erst im Wir können wir *Jemand* sein und erst in sozialen Kontexten finden wir die Ressourcen für unsere persönlichen Lebensentwürfe. So ist das Ideal rein individueller Selbstverwirklichung in sich widersprüchlich angelegt. Manchen Menschen gelingt es gut, einen Weg durch diese Widersprüche zu finden –, es ist nicht unmöglich. Aber wenn viele daran verzweifeln, ist dies weniger auf persönliches Scheitern zurückzuführen als vielmehr auf dysfunktionale Leitbilder.

Paradoxe Botschaften

Insgesamt besteht die Gefahr, dass Selbst- und Sinnfindung zu überzogenen, destruktiven Idealen werden. Um sich von diesem Druck zu emanzipieren, kann es helfen, genau hinzuschauen, wo *Ratschläge* in *Appelle* oder gar in *Befehle* umschlagen. Die Schwierigkeit besteht ja darin, dass die Aufforderung zur Selbstverwirklichung erst mal etwas Gutes ist. »Folge deinem Herzen!« – Wer würde dem widersprechen? Das ist eine positive Message, und vor allem ist sie emanzipatorisch. Sie fordert uns auf, uns zu befreien – von äußeren Erwartungen und innerer

Bequemlichkeit oder Ängstlichkeit. Diese Botschaft in den Wind zu schlagen macht wenig Sinn. Was ist denn die Alternative? Im Hamsterrad versacken? Oder gar zurück in die 50er?

Es ist ein schmaler Grat, auf dem wir uns hier bewegen. Zum Problem werden solche Lebensmaximen erst, wenn sie sich verdichten und im Befehlston daherkommen. Anhand von *Wandtattoos* wird diese Verdichtung gut sichtbar. Du kennst das wahrscheinlich: In manchen Cafés oder Wohnungen werden überall Aufforderungen zur Selbstverwirklichung aufgehängt: als Aufkleber auf der Tapete, eingerahmt neben dem Küchentisch oder als Plakette an der Eingangstür – es wird gemahnt, niemals aufzuhören zu träumen; Limonade aus den Zitronen des Lebens zu machen und auf das eigene Herz zu hören.[53] In dieser Masse werden Anregungen schnell zu Vorschriften. Da heißt es nicht: »Du darfst stolz auf dich sein«, sondern schreit uns förmlich an: »Sei stolz auf dich!«

Lebensweisheit aber kann niemals die Form eines Imperativs haben – sonst wird sie zur Falle. Nicht immer ist es leicht, das zu durchschauen. Gebote sind eigentlich eine Sache der Ethik, wo es zum Beispiel heißt: »Du darfst nicht töten!« Einen individuellen Lebensweg einzuschlagen kann jedoch keine Pflicht sein. Natürlich sollte jeder Mensch die Möglichkeit dazu haben, aber niemand muss es tun. Genau das aber wird uns zunehmend suggeriert: als wäre es unsere heilige Mission, irgendetwas Besonderes zu machen.

Diese gesellschaftlichen Erwartungen erzeugen auf psychologischer Ebene einen *Double Bind-Effekt* – zumindest ließe es sich so interpretieren. Double Binds wurden erstmals in den 50er Jahren von Gregory Bateson beschrieben und sind mittlerweile fester Bestandteil des psychologischen Vokabulars.[54] Ein Beispiel für dieses Phänomen ist die Aufforderung: »Zeig deinem Opa doch mal, wie schön du spielen kannst!« Das klingt erst mal harmlos, aber bei näherem Hinsehen ist diese Aufforderung nicht umsetzbar. Kindliche Spiele zeichnen sich durch spontane Hingabe an die Tätigkeit aus und sind nichts, was sich erzwingen und auf Knopfdruck performen ließe. In dem Moment, wo das Spiel zur Erwartung wird, ist das Kind daher einer paradoxen Anforderung ausgesetzt, die es nur enttäuschen kann. Entweder es verweigert die Aufforderung oder es macht das Spiel zum Schauspiel – und spürt, dass es der Erwartung nicht wahrhaft gerecht wird.[55] Ähnlich dazu ist auch die Anweisung: »Du musst motivierter an die Sache gehen!«, ein Double Bind, weil sie uns dazu anhält, einen äußeren Imperativ zu befolgen und gleichzeitig intrinsisch getrieben zu sein.

Double Binds sind so tückisch, weil sie schwer zu erkennen sind und es gar keine Möglichkeit gibt, ihnen gerecht zu werden. Die inneren Widersprüche werden überdeckt und in eine einzige, paradoxe Botschaft gegossen. Hierin liegt ein wichtiger Unterschied zu klassischen Konfliktsituationen. Wenn zum Beispiel Elternteile unterschiedliche Erwartungen an das Kind haben – sie getrennt leben und beide wünschen, gemeinsam Heiligabend zu feiern –, wird das Kind in die schwierige Lage gebracht, einen von beiden enttäuschen zu müssen. Aber immerhin kann es dabei das andere Elternteil zufriedenstellen. Es mag eine herzzerreißende Wahl sein, eben genau deshalb: weil es eine Wahl gibt.

Double Binds hingegen sind ausweglos: Die widersprüchlichen Anforderungen werden von ein und derselben Person formuliert, so dass es unmöglich wird, sie nicht zu enttäuschen. Kinder, die sehr häufig Double Binds erleben, werden meist in ihrem Selbstwertgefühl gestört und rutschen in ein paradoxes Gefühl von Hilflosigkeit und Verantwortlichkeit –, obwohl sich diese beiden Zustände eigentlich ausschließen müssten. Typischerweise entsteht, zurecht, der Eindruck: Ich kann es meinen Eltern nie recht machen.

Auch als Erwachsene werden wir immer wieder in Kommunikationsfallen gebracht, aus denen es keinen gelungenen Ausgang gibt. Das beginnt schon in banalen Alltagssituationen: »Sag ehrlich, steht mir die neue Frisur?«, kann eine solche Grube sein. Andere Fälle sind weit weniger harmlos, so kann ein Mann seiner Frau erklären: »Ich habe dich aus Liebe geschlagen«, und über die Zeit ein psychologisches Gefängnis bauen, aus dem es kaum noch ein Entkommen gibt.

Deshalb werden Double Binds oft benutzt, um Kontrolle auszuüben. Die erzeugte Verwirrung macht es für das Opfer enorm schwierig, noch selbstbestimmt zu reagieren. Es wird ein Labyrinth aus Paradoxien erzeugt, das in jeder Verzweigung darauf hinausläuft, dass sich die unterlegene Person schuldig fühlt.

In der Spätmoderne sind wir zahlreichen Botschaften ausgesetzt, die eine solche Double Bind-Struktur haben –, vor allem wenn sie als Imperativ formuliert oder wahrgenommen werden. »Folge deinem Herzen! Sei ganz du selbst!«, ist eine paradoxe Anforderung. Hier erleben wir eine Erwartung an uns, die darin besteht, sich von Erwartungen freizumachen. Wenn wir diese Paradoxie internalisieren, ist das Lebensgefühl innerer Widersprüche eine geradezu logische Konsequenz.

Auch das Narrativ unserer unendlichen Freiheit hat solch widersprüchliche Ebenen. Einerseits wird uns Freiheit als wunderbares Geschenk verkauft: »Mach doch mal eine Weltreise, das Leben ist ein Abenteuer, lerne dich selbst besser kennen!« Andererseits werden wir unter ein unsichtbares Damoklesschwert gesetzt: »Triff die optimale Wahl aus deinen ganzen Optionen, du willst doch kein Loser sein, nichts verpassen oder gar hinter deinen Möglichkeiten zurückbleiben! Hier hast du deine Freiheit – also mach was draus!«

Über diese Freiheit zu klagen heißt in der spätmodernen

Logik, sie nicht als Geschenk zu begreifen, heißt, undankbar für die eigenen Privilegien zu sein, all jene zu verhöhnen, denen eben sehr viel weniger Türen offen stehen, heißt, Freiheit überhaupt nicht verstanden zu haben, denn es zwingt einen ja niemand zu irgendwas, das ist ja so wunderbar daran! Sich aber die Freiheit zu nehmen und nichts Besonderes aus dieser Freiheit zu machen wird häufig nicht weniger als Versagen empfunden.

Diese angebliche Pflicht, das Beste aus seiner Freiheit zu machen, widerspricht dem Grundgedanken von Freiheit. Allerdings erzeugt sie auch nicht im eigentlichen Sinne eine Unfreiheit. Und genau das macht es so schwer, sich überhaupt zu ihr zu verhalten: zu dieser paradoxen Freiheit.

Bereits in kleinen, alltäglichen Entscheidungen wird diese Herausforderung deutlich: Schon wenn man auf Amazon eine Schreibtischlampe kaufen will, ist die Erschöpfung nicht weit. Über 2000 Modelle stehen zur Auswahl![56] Insgesamt wird eine völlig unvorstellbare Masse von insgesamt 353 Millionen Artikeln über diese Plattform angeboten.[57] Immerhin hat eine Schreibtischlampe keine großen Auswirkungen auf unser Leben. Wenn wir aber an die Vielfalt der möglichen Studiengänge denken, wird leicht verständlich, weshalb solche Situationen an die Substanz gehen können.

Ein Problem dabei ist der wachsende Anspruch, eine Wahl zu treffen, die »zu mir passt« – zu meinem Geschmack, meinen Wünschen oder Fähigkeiten, kurz: in der ich mein Ich *bestmöglich* zum Ausdruck bringen kann. Dabei kann ich dieses Ich erst kennenlernen, wenn ich irgendetwas ausprobiere. Viel hilfreicher wäre es daher, eine lediglich *gute* Wahl zu treffen, anstatt auf die gesellschaftliche Illusion eines möglichen Optimums hereinzufallen.

Vor allem kann der Versuch, *optimale* Entscheidungen zu

treffen, blockieren – und dazu führen, dass lange gar nichts entschieden wird, bis es zu spät ist, oder aus einer Panik heraus einfach irgendetwas gemacht wird –, was anschließend wiederum bereut wird. Wenn man in diese Spirale rutscht, hat sich die spätmoderne Freiheit selbst untergraben. Denn im Grunde wird Freiheit ja abgeschafft, wenn sie an die Erwartung eines bestmöglichen Gebrauchs gekoppelt wird. Dann wird uns suggeriert, es gäbe bereits eine »richtige« Entscheidung, die wir treffen sollten. Die Aufgabe, mit der eigenen Freiheit umzugehen, wird in ein Erkenntnisproblem umgewandelt: Eigentlich gibt es nämlich nur eine einzige richtige Option, die wir erkennen müssen – und eben keine echte Auswahl. Da dies aber ein Irrtum ist und eine beste Option überhaupt nicht existiert, weil das echte Leben eben keine Matheaufgabe ist, bei der man ein Optimum bestimmen könnte, kann diese Suche nur scheitern.

Eine viel befreiendere Nachricht wäre: »Du kannst was total Verrücktes machen und aus allen Konventionen ausbrechen – oder einfach einem geregelten Job nachgehen und am Wochenende deinen Schrebergarten jäten. Beides ist völlig in Ordnung.«

Freiräume ausweiten

Die gesellschaftlichen Botschaften, mit denen wir sichtbar oder unsichtbar konfrontiert werden, wirken in vielen Fällen also wie Double Binds. Gerade in der Spätmoderne scheinen solch paradoxe Erwartungen an den einzelnen Menschen verbreitet zu sein. In den letzten Abschnitten haben wir bereits eine Reihe solcher Aufforderungen betrachtet. Wenn wir überlegen, was diese Erwartungen gemeinsam haben, entdecken wir dahinter ein grundsätzliches Ideal, welches bereits widersprüchlich angelegt ist. Immer stärker wird es zum Leitbild, *Romantik* mit *Bürgerlichkeit* zu verbinden, wie auch Reckwitz analysiert: Einerseits ist es das romantische Ziel, einen authentischen Selbstausdruck zu finden; andererseits nicht als mittelloser Künstler auf der Straße zu landen, sondern teilzuhaben an Gesellschaft, Sicherheit, Anerkennung, Produktion und Wohlstand. Dieser Spagat kann gelingen, wird aber immer wieder zu Konfliktsituationen führen, in denen man auf einer der beiden Seite Abstriche machen muss. Es ist also ein spannungsreiches Ideal. Exakt diese Spannung wird jedoch häufig vertuscht durch die glitzernden Versprechen persönlicher Verwirklichung auf Instagram und Co. Hier wird die Illusion vermittelt, dass widerstreitende Ziele problemlos miteinander vereinbart werden können.[58]

Das kann fatale Folgeeffekte auf das Selbstverständnis haben: Wer viel arbeitet, hat keine positive Work-Life-Balance. Wer viel chillt, erreicht nichts im Leben. Wer als Tanzlehrer von der Hand in den Mund lebt, hat es nicht geschafft, eine bürgerliche Existenz aufzubauen. Wer einem soliden Bürojob nachgeht, hat es nicht geschafft, seine inneren Träume zu verwirklichen.

So wirkt das spätmoderne Lebensideal wie ein quadratischer Kreis – man kann im Grunde nur scheitern. Und gerade weil die Erwartungen und Spielregeln widersprüchlich sind, wird eine Anpassung fast unmöglich. Eines der Kernprobleme besteht darin, dass die Lebensumstände oft Kompromisse abverlangen, aber suggeriert wird, dies dürfe nicht der Fall sein. Selbst wenn man eine berufliche Balance findet aus finanzieller Sicherheit und halbwegs spannenden Projekten, kann daher das Gefühl entstehen, dies sei kein gelungener, sondern ein halbherziger Kompromiss. Vielleicht ist es das in Einzelfällen auch. Aber zumindest als gesellschaftliches Phänomen hat diese

Unzufriedenheit darüber hinaus strukturelle Gründe. Im Verlauf unserer Reise sind wir bereits auf etliche gestoßen, nun kommt ein weiterer hinzu: Paradoxe Leitbilder erschweren es, sich selbstbestimmt zu entfalten, und erzeugen Erwartungen, denen man kaum gerecht werden kann.

Diese Fallstricke können wir nur auflösen, wenn es uns gelingt, Selbstverwirklichung nicht zu einem Druck zu machen, sondern einen Rahmen zu schaffen, in dem die eigene Entfaltung tatsächlich als wertvolle Möglichkeit wahrgenommen werden kann. Dafür muss Selbstverwirklichung aus einer Leistungslogik herausgelöst werden. Und das wiederum erfordert Experimentierfelder, Freiräume, in denen wir uns spielerisch ausprobieren können.

In der literarischen Romantik und bei den Hippies wurde der einzige Weg darin gesehen, solche Freiräume außerhalb der Gesellschaft zu errichten. Heute lautet das spätmoderne Versprechen, dass ein solcher Ausstieg nicht mehr nötig ist, im Gegenteil, dass wir genau hier das Material an die Hand bekommen, um uns zu entfalten. Das ist ein wunderbarer Gedanke! Vielleicht können wir daran mitwirken, ihn in unserer Lebenswelt noch weiter zu realisieren. Denn bei aller Düsternis der letzten Seiten sind diese Paradoxien und Double Binds ja doch nur Grundtendenzen, und es gibt sie, die Freiräume. In ihnen können wir lernen, was freie Selbstentfaltung bedeutet. Sie können wir ausweiten – und mehr Menschen zugänglich machen. Davon würden wir alle profitieren.

Jede und jeder ist ein Ich im Wir. Und deshalb erleichtert es auch unseren individuellen Selbstentwurf, wenn dieses *Wir* gesund, atmend und gerecht gestaltet ist. Manchmal ist dieser Zusammenhang nicht leicht zu erkennen, weil es oberflächlich nur darum geht, die eigene Position zu optimieren. Aber tatsächlich würde eine dialogischere, inklusivere Welt für *alle* mehr Möglichkeiten bieten, sich zu entfalten und sich nicht in Paradoxien zu verlaufen.

Sei du selbst!

Wenn einst starre Rollen aufbrechen, werden auch die Erwartungen diffuser, denen wir ausgesetzt sind. Auf den letzten Seiten haben wir festgestellt, dass dies nicht die einzige Herausforderung ist –, denn viele der Erwartungen und Ideale enthalten obendrein innere Widersprüche. Sie haben wir sichtbar gemacht. Die Hoffnung dahinter ist, dass die Auseinandersetzung mit solchen Themen auch dabei hilft, persönliche, innere Konflikte besser zu verstehen und die eigene Suche nach Sinn und Identität selbstbestimmter zu gestalten. Vielleicht lohnt es sich, abschließend den Blick noch mal auf ein Kernversprechen der Spätmoderne zu werfen: Authentizität.

Auch dieses Ideal ist spannungsgeladen und wirkt teils paradox. Wir hatten an früherer Stelle gesehen, dass die Erwartung, glücklich zu sein, unglücklich machen kann, weil sie zusätzlichen Druck verursacht. Ähnlich dazu werden auch Momente authentischer Selbsterfahrung verhindert, wenn man versucht, sie zu erzwingen. Für mich ist diese Widerspruchsebene besonders eindrucksvoll, und hier laufen einige der bisherigen Fäden zusammen.

Authentizität ist ein Wert, der unmittelbar mit unserem spätmodernen Individualismus verbunden ist – mit der richtigen Vorstellung, dass jeder Mensch einzigartig ist. Vor diesem Hintergrund wird eine nach außen sichtbare Übernahme starrer Rollen geradezu verdächtig: Da scheint eine Person nicht sie selbst zu sein und lässt sich in Schablonen pressen!

Dass diese Sichtweise immer verbreiteter wird, ist eine neue Entwicklung. Erinnern wir uns: Lange waren Rollen recht klar definiert über die Ständeordnung, Geschlechterrollen und so weiter. Es gab zwar mehrere, in der Summe aber nicht sonderlich viele Leitbilder. Durch die *Ausdifferenzierung* der Gesellschaft in immer mehr Teilbereiche und vor allem durch das emanzipatorische Projekt der 68er hat demgegenüber eine enorme Pluralisierung stattgefunden.

Damit hat sich auch das Verständnis von authentischer Verwirklichung geändert. Aristoteles ging noch von einem festen Wesen des Menschen aus: der Vernunftfähigkeit. Dieses Wesen zu verwirklichen, indem man ein philosophisches Leben führt –, das hieß für ihn, authentisch zu leben. Andernfalls würde man die eigene Natur verleugnen, ähnlich wie ein Messer, das versucht, ein Regenschirm zu sein. In dieser Hinsicht hatte alles seine Ordnung. Das Messer soll schneiden, der Regenschirm trocken halten, der Mensch nachdenken.

Im Grunde war diese essentialistische Sicht lange vorherrschend, wenn auch in abgewandelter Form: Eine Frau soll sich um den Haushalt kümmern, ein Mann soll Geld verdienen. Auch hier wurde ein authentisches Dasein darin gesehen, die innere Natur zu entfalten und seine wahre Rolle einzunehmen. So gesehen wäre es *unauthentisch*, wenn Frauen Karriere machen wollen – sie versuchen, Männer zu sein, jemand anderes zu sein: eben nicht sie selbst.

Glücklicherweise wird dieser giftige Essentialismus zunehmend aufgebrochen. Zwar haben Menschen angeborene Eigenschaften – angefangen bei der Notwendigkeit, etwas zu essen –, aber daraus lässt sich kein Wesen ableiten, das man verwirklichen müsste. Wer nichts isst, stirbt irgendwann, lebt aber nicht unauthentisch.

Statt einer inneren Natur, die man mit anderen Menschen der

gleichen sozialen Kategorie teilt, rückt die innere Einzigartigkeit und Komplexität in den Vordergrund. Während Aristoteles nach einem allen Menschen *gemeinsamen* Selbst suchte, indem er überlegte, was Menschen von Tieren unterscheidet, suchen wir heute eher nach einem *individuellen* Selbst und hoffen, uns von anderen Menschen zu unterscheiden. Das gibt dem Wert Authentizität einen gewaltigen Auftrieb und macht ihn gleichzeitig weniger greifbar.

»Hier kannst du ganz du selbst sein!« – Was nach einem Hippieslogan klingt, ist mittlerweile Kernbotschaft jeder zweiten Werbung, ein Grundansatz in Innovationsmethoden wie dem *Design Thinking* und als positive Leitvorstellung tief in der Gesellschaft verankert. Das ist eine extrem positive Entwicklung. Aber möglicherweise besteht die Gefahr, dass wir weniger authentisch werden, gerade weil Authentizität einen so herausgehobenen Wert darstellt. Lass uns das kurz anschauen.

Um das eigene authentische Ich zum Ausdruck zu bringen – es einerseits erst mal *herzustellen* und für uns spürbar zu machen sowie es andererseits nach außen *sichtbar* zu machen –, können wir uns einen persönlichen Kleidungsstil aneignen, ungewöhnliche Musikgeschmäcker, individuelle Wohnungseinrichtungen, Reisen jenseits des Massentourismus, kreative Berufe, Nischensportarten, ausgefallene Speisen und so weiter.

Dass immer mehr Menschen immer mehr Möglichkeiten haben, dies zu tun, ist wunderbar. All diese Dinge können spannend und bereichernd sein. Es ist ein Geschenk, dass die Räume wachsen, um der eigenen, inneren Komplexität nachzuspüren und sie auszuleben. Und es ist eine gute Idee, viel davon auszuprobieren. Es stimmt ja, wir *sind* alle einzigartig, und die Welt *ist* voll aufregender Geheimnisse, die wir entdecken können.

Der Schuss geht erst dann nach hinten los, wenn wir versuchen, all das zu erzwingen, unsere eigene Einzigartigkeit nach außen zur Schau zu stellen, sie zu einer sozialen Ware zu machen, und wir dadurch eben nicht mehr authentisch sind. Dann beginnen wir zu Hochstaplerinnen und Hochstaplern zu werden. Nicht weil wir lügen würden, sondern weil wir uns selbst vermarkten. Ähnlich wie Personen in den 50ern nach vorne kehrten, wie perfekt sie sich in die Gesellschaft eingliederten, würden wir dann unsere Besonderheit künstlich überhöhen.

Wenn das passiert, wird die eigene Einzigartigkeit, zumindest teilweise, in eine Kapitallogik übersetzt auf Partnermärkten, Arbeitsmärkten oder Anerkennungsmärkten wie etwa den sozialen Medien. Selbst im privaten Bereich drohen wir so zu Unternehmerinnen und Unternehmern unserer selbst zu werden. Allerdings warnte schon Erich Fromm in seinem Buch *Haben oder Sein* vor den Konsequenzen, wenn »wir das Ich als Ding empfinden, das wir besitzen und dieses ›Ding‹ die Basis unserer Identitätserfahrung ist«[59] Begehen wir diesen Fehler, führt gerade die Überhöhung des eigenen Ichs dazu, dass es kaum noch erlebbar wird und eine innere Entfremdung einsetzt. Denn wer *sind* wir, wenn wir unser Ich zu einem Produkt machen, das wir *haben*?

Wenn wir es weniger als inneren Wunsch empfinden: »Ich möchte mich nicht verbiegen«, sondern vielmehr als eine gesellschaftliche Erwartung: »Sei du selbst!«, kann diese paradoxe Aufforderung zum Gegenteil führen. Denn wenn wir einer Erwartung genügen wollen, um Anerkennung zu erfahren, müssen wir nach außen zeigen, dass wir die Erwartung tatsächlich erfüllen. Das aber bedeutet, die eigene Authentizität im sozialen Schaufenster auszustellen.

Wenn wir versuchen zu *demonstrieren*, wie authentisch wir leben, ergeht es uns wie dem Kind, das auf Knopfdruck spielen soll und dem nichts anderes übrig bleibt, als etwas vorzuspielen, wohlwissend, dass es hochstapelt, selbst wenn der Opa es anschließend lobt. Ja, das Kind erhält Anerkennung für dieses Schauspiel, aber eben keine, die tiefergehend auf das Selbstwertgefühl einzahlt. Das belohnende Bonbon wirkt wie ein unverdienter Orden.

Eindrücklich zeigt der Anthropologe David Graeber, dass diese Art von Anerkennung nicht unbedingt die Ich-Erfahrung stärkt, sondern, im Gegenteil, sie auf Dauer untergraben kann. Tatsächlich leiden Menschen in »Bullshit Jobs« teilweise darunter, wenn sie Auszeichnungen erhalten –, eben weil diese als unauthentisch und unaufrichtig empfunden werden. Die Selbstwahrnehmung, nur ein Schausteller zu sein, wird gerade durch den Applaus zementiert.

Was auch immer Authentizität genau meint, eine inszenierte Authentizität ist jedenfalls widersprüchlich. Außerdem wird sie weiterhin äußeren Leitlinien folgen. Schließlich stößt nicht jede authentische »Besonderheit« gleichermaßen auf Anerkennung: Wenn ich aus innerer Leidenschaft heraus Ratten züchten würde, wäre das ziemlich speziell, aber würde meinem Ruf als Philosoph vermutlich eher schaden. Würde ich hingegen dem extravaganten Hobby nachgehen und eine neue Sorte Zierrosen züchten, käme das wahrscheinlich sehr viel besser an. Das mag ein harmloses Beispiel sein, aber viele Menschen sind von solchen Unterschieden handfest betroffen. So erklärt Kübra Gümüşay, wie einige Kinder davon profitieren, bilingual aufzuwachsen und »Prestigesprachen« wie Französisch oder Spanisch mit auf den Weg bekommen, während es andere besser verschweigen, wenn sie Polnisch, Türkisch oder Kurdisch als zweite Muttersprache beherrschen.[60] In allen Fällen ist Bilingualität im Vergleich zum einsprachigen, »normalen« Kind etwas

»Besonderes«, aber manche Besonderheiten sind halt lieber gesehen als andere.

Das Gleiche gilt in vielen anderen Bereichen, wie Reckwitz am Beispiel sogenannter spannender Lebensläufe deutlich macht. Gerade auf dem Berufsnetzwerk LinkedIn lässt sich häufig beobachten, wie eine Hoffnung des Dichters Philip Larkin zum Trend avanciert: »Wenn man besondere Wörter oder Formen für die eigene Besonderheit finden könnte –, dann hätte man demonstriert, dass man keine Kopie oder Replik war.«[61]

»Sei authentisch!« – um diese äußere Erwartung zu erfüllen, muss die eigene Authentizität nach außen sichtbar werden. Und so werden auf LinkedIn wie am laufenden Band Neologismen produziert, bezeichnen sich Menschen als Innovationstrüffelschweine oder Komplexitätsvermesserin, um das eigene Profil aufzuwerten – und vielleicht auch das eigene Selbstverständnis.

All das muss natürlich anschlussfähig sein. »Innovation«, das klingt gut. »Trüffelschwein«, auch ein positives Wort, aber eben nicht Mainstream; eine ausgefallene Berufsbezeichnung. Solche Anstrengungen mögen tatsächlich kreativ sein und in manchen Fällen auch halbwegs zutreffend, aber allzu oft schlägt das alles in Nonsens um – und damit in Sinnlosigkeit.

Hier wird sichtbar, wie widersprüchlich die spätmoderne Mission ist, der Durchschnittlichkeit zu entfliehen und gleichzeitig äußeren Erwartungen gerecht zu werden. Egal ob es darum geht, Aufträge an Land zu ziehen oder sich mit der privaten Identität besser zu fühlen: Bei allem Individualismus sind wir immer noch Herdentiere, sind auf andere angewiesen und brauchen ein Gefühl von Zugehörigkeit.

Es liegt eine gewaltige Chance darin, dass Individualität und persönliche Authentizität heute einen höheren Stellenwert genießen. Das schafft Raum für Dialog. Wenn wir uns nicht mehr als Vertreterinnen und Vertreter von Rollen begegnen, sondern als Individuen, als Menschen, die sich zeigen und einander zuhören, können wir unser Leben als sinnvoller erfahren. Denn Identität und Sinn entstehen zwischen Ich und Du.

Wenn wir uns klarmachen, dass genau *darin* unsere Authentizität besteht und dass wir unser Ich niemals im Alleingang verwirklichen können, sondern nur im Verbund mit anderen Menschen, im dialogischen Verbund, weil es *kein Ich an sich* gibt, weil wir andere brauchen, um aneinander zu wachsen und gedeihen zu können, auf Augenhöhe, ehrlich auch in unseren Unsicherheiten und Schwächen. Wenn wir diese im Grunde recht einfachen Wahrheiten nicht aus dem Blick verlieren in der Masse auf uns einströmender Botschaften, dann können wir die Spätmoderne vielleicht zu einer Zeit machen, die ihre Versprechen auch einlöst – die tatsächlich inklusiver ist und die uns tatsächlich hilft, das Ich zu entfalten, gemeinsam und doch selbstbestimmt. Dann können wir in all dem Sinn schaffen.

ANGEKOMMEN

Was ist der Sinn des Lebens?

Das ist eine gewaltige Frage, eine Frage, so groß und grundlegend, dass Antwort auf den ersten Blick unmöglich scheint. Doch wenn wir uns Zeit nehmen, ihr auf den Grund zu gehen, wenn wir verstehen, welche Zweifel hinter dieser Frage stehen und wonach hier eigentlich gesucht wird, lichtet sich der Nebel.

Diesen Weg haben wir beschritten, sind auch unangenehmen Passagen nicht ausgewichen – haben existenzielle Zweifel nicht verdrängt, sondern sie sogar zum Kompass unserer Reise gemacht. Denn die Sinnfrage hat ihren Ursprung mitten im Leben, entspringt einem vagen Gefühl, einer unbestimmten Sehnsucht, die entsteht, wenn etwas fehlt –, ein ungestilltes Bedürfnis, das sich nur schwer in Worte fassen lässt. Häufig spüren wir die Tragweite von Sinn erst, wenn er zu wanken beginnt. Diesen Erfahrungen sind wir nachgegangen, haben sie Stück für Stück sortiert und dadurch die Sinnfrage besser in den Griff bekommen. Das war kein einfaches Unterfangen. Weil die Frage einen emotionalen Zweifel zum Ausdruck bringt, ist sie ebenso komplex und vielschichtig wie das Gefühl dahinter.

Was ist der Sinn des Lebens?

Allein schon durch ihre grammatikalische Struktur lockt uns diese Formulierung auf falsche Fährten. Sie suggeriert, es könne nur genau *einen* Sinn im Leben geben. Sie suggeriert, Sinn sei etwas Feststehendes, Unveränderbares, Ewiges. Und sie hat einen metaphysischen Beigeschmack, als würde Sinn auf einer geheimnisvollen, tieferen Ebene hinter den Dingen liegen.

Nichts davon stimmt. Es gibt nicht einen Sinn, sondern unterschiedliche Sinnquellen. Sinn ist wandelbar und verändert sich im Laufe des Lebens. Und vor allem ist Sinn nicht mysteriös, sondern entsteht ganz konkret in unserer greifbaren Lebensrealität. Um zu diesen Erkenntnissen zu gelangen, mussten wir irreführende Formulierungen hinter uns lassen, mussten verstehen, worum es bei der Suche und Frage nach Sinn wirklich geht. In all seinem Facettenreichtum haben wir das Bedürfnis nach Sinn untersucht und festgestellt: Es gibt Antworten. Es gibt Sinn.

Nur lässt sich unser Lebenssinn nicht mit einem knackigen Slogan auf den Punkt bringen. Darin besteht eine Parallele zu anderen fundamentalen Aspekten unseres Daseins. Was ist Liebe? Was ist Freiheit? Was ist Gerechtigkeit? Was ist Wahrheit? Solche Fragen lassen sich durchaus beantworten – aber nicht in zwei Sätzen. Dafür sind diese Phänomene viel zu weitreichend. Außerdem wird es immer Facetten geben, die sich nicht absolut präzise in Worte fassen lassen und daher einer längeren, tastenden Erklärung bedürfen. Und zuletzt ist eine kurze Definition schon deshalb nicht möglich, weil es unterschiedliche Arten von Liebe, Freiheit oder Gerechtigkeit gibt. Die Liebe zu Geschwistern unterscheidet sich vom Abenteuer des Verliebtseins. Ebenso ist die Freiheit, aus einem großen Produktsortiment auszuwählen, nicht identisch mit der Freiheit, die man gewinnt, wenn man sich von den Erwartungen der eigenen Eltern emanzipiert. Trotzdem sind all das Formen von Liebe beziehungsweise Freiheit – und bei aller Schwierigkeit, sie zu definieren, handelt es sich um völlig reale Phänomene.

So verhält es sich auch mit dem Sinn: Es gibt verschiedene Formen des Sinns. Wenn man an einem Herbsttag unter einem Baum liegt und dem Rauschen der Blätter lauscht, wenn man in Krisen auf eine bessere Zukunft hofft oder wenn man sich für etwas Wichtiges einsetzt, dann sind dies nicht unterschiedliche Arten, Sinn zu erfahren –, sondern es sind unterschiedliche Arten von Sinn, die hier erfahrbar werden.

Im Laufe unserer Suche wurde das immer deutlicher: Sinn ist so vielseitig wie das Leben selbst. Und doch haben diese Sinnebenen einen gemeinsamen Kern, sind miteinander verbunden, bauen aufeinander auf. Vier Auslösern für Sinnkrisen und damit vier möglichen Gründen für die Sinnlosigkeit des menschlichen Daseins sind wir nachgegangen. Sie sind verknüpft mit verschiedenen Facetten der Sehnsucht nach Sinn und verschiedenen Ausprägungen der Sinnfrage. Nun, am Ende dieser Reise, können wir zurückblicken und versuchen, die Fäden zusammenzuführen. Doch zuerst lass uns einige Stationen noch mal Revue passieren.

Vier Erfahrungen, die uns zweifeln lassen

Zwecklosigkeit

Begonnen hat unsere Reise mit der klassischsten aller Sinnfragen: Warum sind wir hier? Gibt es einen Grund, einen Zweck, weshalb wir existieren?

Zunächst sah es düster aus. Ein solcher Zweck wäre nur denkbar, wenn uns ein höheres Wesen mit einer ganz bestimmten Absicht erschaffen hätte. Aber was tun, wenn man auf diesem Glauben nicht bauen möchte? Wir schienen in eine Sackgasse geraten zu sein, und das schon auf den ersten Metern.

Hier kam erstmalig unsere Methode zum Einsatz. Indem wir überlegt haben, welches Bedürfnis hinter dieser Sinnfrage steht, konnten wir feststellen: Eigentlich geht es dabei um etwas anderes. Die Frage: *Wozu bin ich hier?*, stellen Menschen nicht aus Wissensdurst, sondern weil sie Orientierung suchen. Die Hoffnung ist, einen Kompass an die Hand zu bekommen.

Die Sinnfrage stellt sich in Momenten von *Ziellosigkeit*, wenn alles vergeblich und unwichtig erscheint. Worauf sollen wir unsere Energie richten? An welchen Leitsternen, an welchen Zielen sollen wir unser Leben ausrichten? Was ist wirklich wichtig? – Dies sind die eigentlichen Fragen nach einem *zweckhaften Sinn*.

Kein Wunder, dass diese Fragen über die Jahrtausende so viele Menschen beschäftigt haben und es immer noch tun. Denn zu leben, das bedeutet ganz wesentlich zu handeln. Immerhin sind wir keine Feder im Wind; wir können uns Ziele setzen und sie aktiv verfolgen, können eigene Anfänge machen und etwas in der Welt bewegen – aber was sollen wir bewegen? Welche Anfänge lohnen sich? Wir haben eine gewisse Freiheit, was sollen wir damit anfangen?

Immer wieder wurde in der Philosophie behauptet, glücklich zu sein sei das einzig erstrebenswerte, wertvolle Ziel. Doch mit Hilfe der Psychologie haben wir festgestellt: Glück und Sinn sind nicht das Gleiche. Ja, sie können sogar im Widerspruch zueinander stehen. Denn wenn wir tun, was wir für sinnvoll halten, kann dies ein Grund sein, das eigene Glück hintanzustellen. Für dieses sehr verbreitete Phänomen gibt es ein Wort: Leidenschaft. Aus ihr heraus mobilisieren Menschen gewaltige Energie, stellen ihre Welt auf den Kopf, verfolgen Ziele – und hören auch dann nicht auf, wenn es keine Freude bereitet. Schafft dies also einen zweckhaften Sinn: Leidenschaften nachzugehen?

So hätte dieser Teil unserer Reise enden können. Aber wenn wir unser Leitprinzip ernst nehmen – *um überzeugende Antworten zu finden, müssen wir die Frage verstehen* –, dann kann Leidenschaft kein zufriedenstellendes Ergebnis sein. Auf etwas leidenschaftlich hinzuarbeiten kann zwar sehr erfüllend sein, aber wenn wir die Sinnfrage unter die Lupe nehmen, geht es dabei um etwas anderes. Immerhin könnte man alles Mögliche zu seiner Leidenschaft machen, auch Tiere zu quälen oder Grashalme zu zählen. Vielleicht würde das sogar Sinngefühle vermitteln, wenn man sich diesen Aufgaben völlig hingibt. Doch in Momenten des Zweifelns, in ebenjenen Momenten, in denen die Sinnfrage entsteht, suchen wir nicht nach völlig beliebigen Passionen. Hinter der Sinnfrage steht nicht der Wunsch, dass sich das Leben bloß sinnvoll anfühlt, sondern dass es sinnvoll ist. Sonst könnte man genauso gut eine Sinnpille erfinden, die jeden Nonsens in ein bedeutsames Licht taucht; eine zynische Vorstellung. Die Frage nach Sinn ist eine Frage nach echtem Sinn.

Mit anderen Worten: Leidenschaften kann man viele haben, aber welche Ziele sind es auch wert, leidenschaftlich verfolgt zu werden?

So landeten wir bei einer schwierigen philosophischen Frage: der Frage nach intrinsischen, objektiven Werten. An dieser Stelle war besondere Vorsicht geboten. Denn es ist gefährlich, hier großzügig zu sein und ganz liberal zu sagen: Was Menschen für sinnvoll halten, wird schon sinnvoll sein. Als soziale Lebewesen sind wir äußerst beeinflussbar, und das wurde häufig ausgenutzt. Im Laufe der Geschichte wurde alles Mögliche für wichtig und sinnvoll erklärt – auch vonseiten der Philosophie. Die Liste der Irrlichter ist lang: Heilige Kriege im Zeichen des Kreuzes oder Allahs, schädliche Experimente an Menschen im Namen des Fortschritts und der Erkenntnis, sinnlose Kämpfe für das sogenannte Vaterland … Gerade weil die Sehnsucht nach Sinn so mächtig ist, kann sie sich gefährlich auswirken. Anstatt auf unser beeinflussbares Herz zu hören, sollten wir alle Ideologien über Bord werfen und aufrichtig überlegen: Wie kann das, was wir tun, wahrhaftig wertvoll sein?

Die Antwort klingt simpel, aber ist im Grunde radikal: Nur für andere Lebewesen kann unser Handeln einen Sinn haben. Entweder wir tun, was uns selbst glücklich macht, oder wir tun, was gut für andere ist, und erfüllen einen zweckhaften Sinn. Alles Weitere ist sinnlos.

Leider gibt es viel zu viele Sinnmärchen, die von dieser einfachen Wahrheit ablenken. Zum Beispiel werden wir gesellschaftlich dazu motiviert, uns für unsere Karriere aufzuopfern, ohne dass uns dies glücklicher macht oder anderen wirklich damit geholfen wäre. In solchen Fällen werden *Konzepte* zu Endzwecken gemacht. Als hätten Karriere, Vaterland, Fortschritt oder Weisheit irgendeinen Wert an sich. Das ist Quatsch. Konzepte können allenfalls uns Menschen dienen, nicht aber umgekehrt. Es ist unserer Karriere, der Philosophie oder dem Vaterland völlig egal, was wir tun. Wenn wir solche Ideen trotzdem zu Endzwecken machen, richten wir unser Leben an Luftschlössern aus. Nur für Lebewesen aus Fleisch und Blut können unsere Anstrengungen einen Sinn haben, nur sie können uns einen zweckhaften Sinn geben. Denn einzig für sie kann das, was wir tun, einen Wert haben, der außerhalb unserer eigenen Person liegt.

Mitmenschen zum Endzweck zu machen, das bedeutet: eine Haltung der Nächstenliebe einzunehmen. Diese Antwort auf die Frage nach einem zweckhaften Sinn hat einen aufopfernden, altruistischen Beigeschmack. Aber schon in früheren Überlegungen hatten wir festgestellt: Die Gegenüberstellung von Egoismus und Altruismus ist in vielen Fällen nicht haltbar. Es kann überaus erfüllend sein, etwas Sinnvolles zu tun!

Die Fürsorge um andere Menschen kann unserem Leben einen tragfähigen Sinn geben, der uns Orientierung bietet und unser eigenes Leben bereichert. Ihm entspringen Gründe zu leben: weil es etwas Wichtiges zu tun gibt.

Vergänglichkeit

Mit diesen Überlegungen konnten wir eine zentrale Facette der Sinnfrage beantworten; aber unsere Reise war noch nicht abgeschlossen. Neben der Erfahrung von Ziellosigkeit kann auch unsere *Vergänglichkeit* ein Grund sein, an allem zu zweifeln.

Ob im Gilgamesch-Epos, der Thora, bei Shakespeare oder Tolstoi – in unzähligen Variationen wurde die dunkle Botschaft formuliert: Unser Leben ist kaum mehr als ein flüchtiger Wimpernschlag, letztlich läuft alles auf nichts hinaus. Dieser Schmerz scheint so alt zu sein wie die Menschheit selbst. Und klar, fraglos ist unsere Sterblichkeit eine sehr traurige Sache. Aber warum sollte deshalb gleich alles sinnlos sein?

Um das zu verstehen, mussten wir genau hinschauen, welche Denkweise diesen Eindruck hervorrufen kann: Hier wird das Leben als Prozess begriffen, als eine Reise durch die Zeit. Schließlich springen wir nicht isoliert von Moment zu Moment, sondern bewegen uns durch die Gegenwart auf eine Zukunft hin. Das Leben, nach dessen Sinn wir fragen, ist ein zeitliches Leben.

Auf diese Weise werden die Krisen von Tolstoi und Co. durchaus nachvollziehbar. Bei den meisten Prozessen liegt der Sinn im Endergebnis. Doch der Endpunkt unserer Lebensreise ist der Tod. Aus ihm ist kein Sinn zu ziehen, zumindest nicht ohne Glauben an ein Jenseits. Wieder einmal wirkte es zunächst, als sei Sinnfindung ohne Religion nicht möglich.

Wir haben uns davon nicht abschrecken lassen und die Strukturen dieser Art von Sinngebung näher untersucht. Daraufhin hat sich das Bild geändert: Im Kern geht es beim *eschatologischen Sinn* darum, hoffnungsvoll in die Zukunft zu blicken; in schwierigen Zeiten Zuversicht zu gewinnen und sich so mit der Gegenwart zu versöhnen. Hier entsteht Sinn weniger durch lohnende Ziele oder Zwecke – vielmehr steht die Frage nach einer *Richtung* unseres Daseins im Vordergrund: Worauf läuft das alles hinaus? In welche Zukunft wird mich diese Gegenwart führen?

Wir brauchen nicht unbedingt ein Paradies, um solche Fragen positiv zu beantworten und einen eschatologischen Sinn zu finden – einen Sinn durch Hoffnung. Tatsächlich schöpfen wir sehr häufig aus dieser Sinnquelle, und sei es nur, wenn wir erkältet sind. Ob in kleinen oder großen Krisen: Die Aussicht auf bessere Zeiten kann Kraft geben durchzuhalten. Der eschatologische Sinn ist also ein Krisenmodus, der uns hilft, mit unliebsamen oder schmerzhaften Situationen inneren Frieden zu schließen. Auch dieser Sinn kann uns Gründe geben weiterzuleben: weil bessere Zeiten kommen werden.

Sich zu sehr auf diese Sinnquelle zu stützen birgt allerdings eine Gefahr. Denn wenn wir immer nur auf die Zukunft hoffen, drohen wir, unser gesamtes Leben zu verpassen. Dann schafft der Blick nach vorne keinen Sinn, sondern verhindert ihn. Deshalb ist ein *spielerischer Sinn* so wichtig für uns. Dieser Sinn entsteht, wenn wir kein Ziel anstreben, sondern uns der Welt öffnen und ähnlich wie bei Rollenspielen einen Prozess genießen, der keinen Zweck erfüllen muss. Wenn wir mit einer spielerischen Grundhaltung durchs Leben gehen, sind wir in der Gegenwart präsent und warten nicht ständig auf morgen. Unser Dasein muss dann nicht auf irgendetwas hinauslaufen, um sinnvoll zu sein.

Gleichgültigkeit

Fast hätte man denken können, unsere Untersuchung wäre damit abgeschlossen. Aber das Gefühl von Sinnlosigkeit ist noch vielschichtiger – und dementsprechend auch die Suche nach Sinn. Neben Ziellosigkeit und Vergänglichkeit kann auch die Erfahrung von *Gleichgültigkeit* den Eindruck hervorrufen, alles sei bedeutungslos. Diese dritte Quelle des Zweifelns war noch schwieriger zu greifen als die beiden vorherigen. Es geht hier weniger darum, ob wir unser Leben an wichtigen Zielen orientieren können oder ob ein Lebensweg bedeutsam sein kann, der im Nichts endet. Abstrakt gesprochen ist die Frage vielmehr, ob wir die Welt etwas angehen. Denn umgekehrt geht sie uns schließlich eine ganze Menge an. Jeden Tag passieren uns Dinge, die uns bewegen – doch wen interessiert's?

Viele Religionen geben darauf beruhigende Antworten. Wenn uns etwas Schmerzhaftes geschieht, dann nicht weil wir dem Kosmos egal wären, sondern weil er uns prüfen oder bestrafen will. Und wenn uns etwas Positives widerfährt, dann nicht aus Zufall, sondern weil unsere Gebete erhört wurden, uns eine höhere Macht liebt oder belohnen möchte. Was uns passiert, wird hier also als *Antwort* auf unsere Person verstanden.

Aus diesem Glauben heraus ist Bedeutsamkeit keine Einbahnstraße: Ebenso wie wir die Welt innerlich bewegt wahrnehmen, wird auch unser persönliches Schicksal anteilnehmend wahrgenommen. Wir stehen mit dem Kosmos in einer Bedeutsamkeitsbeziehung – einer dialogischen Beziehung.

Wie aber stellt sich unsere Situation dar, wenn wir in solchen Vorstellungen keinen Halt finden können oder wollen?

Dann verändert sich die Außensicht auf unser Leben grundlegend. Vielleicht ist es an dieser Stelle hilfreich, unseren Rückblick durch einen kurzen Einschub zu unterbrechen:

Menschen haben immer schon in die Sterne geschaut und sich vorgestellt, wie die Perspektive von dort oben wohl aussähe. Lange Zeit blickte der Mensch in den Kosmos, und göttliche Mächte blickten zurück. Auch im wissenschaftlichen Weltbild spielt der Blick von außen noch eine große Rolle – jedoch eine komplett andere. Die Idee des allwissenden, mitfühlenden Beobachters wurde ersetzt durch einen allwissenden, völlig teilnahmslosen Beobachter; er begründet das moderne Konzept von Objektivität. Aus seiner Perspektive scheint logischerweise alles bedeutungslos. So bedient sich die Idee einer objektiven Sicht religiöser Elemente, hat aber genau jene Aspekte über Bord geworfen, aus denen Sinn entstehen kann. »Neutral« oder »wahr« ist diese Sicht indessen nicht, denn sie basiert auf einer menschlichen Gedankenfigur.

Egal ob religiös oder wissenschaftlich – die Vorstellung eines Blicks von außen kommt nicht von ungefähr. Es ist ein aufs äußerste externalisierter und überhöhter *Blick des anderen*: der Blick unserer Mitmenschen. Eine solche Außensicht zu entwickeln ist entscheidend, um uns als Individuen begreifen zu können. Wir versetzen uns in andere Menschen hinein, um durch ihre Augen unser eigenes Verhalten zu bewerten, uns selbst zu interpretieren und zu benennen. Unser Leben ist eine zutiefst intersubjektive Angelegenheit. Wenn wir aber den Blick des anderen ablösen vom Menschen, wenn wir ihn emporschweben lassen, über Berge und Täler, bis dahin, wo Gesteinsbrocken durch die abkühlende Weite des Weltalls treiben, dann verlieren wir das Bewusstsein unserer zwischenmenschlichen Einbettung.

Wen interessiert's? Wie schon bei der Suche nach einem zweckhaften Sinn können wir nur Antwort finden, wenn wir aufhören, uns in einen teilnahmslosen Blick von Nirgendwo hineinzuversetzen und stattdessen die Perspektiven unserer Mitmenschen wichtiger nehmen. Sie können an unserem Leben Anteil nehmen, ihnen können wir etwas bedeuten. Das ist keine abstrakte Bedeutsamkeit: In ihrer Antwort kann konkret erfahrbar werden, dass wir etwas zählen.

Dafür müssen wir uns öffnen und zeigen, müssen umgekehrt die anderen und ihre Antworten wichtig nehmen, damit wir durch sie Sinn erfahren. Eine solche Sinnbeziehung entsteht also immer wechselseitig –, wenn wir uns dialogisch als Ich und Du aufeinander einlassen. Besonders spürbar wird dieser *dialogische Sinn* daher meist in Beziehungen zu nahestehenden Personen. Auch er stellt einen Grund dar weiterzuleben: weil du anderen wichtig bist.

So entspringen die Suche nach Freundschaft und die Suche nach Schicksal dem gleichen Grundbedürfnis: dem Bedürfnis nach Antwort. Auch auf diesem Teil unserer Reise war es also wichtig, sich nicht von Formulierungen ablenken zu lassen und direkt nach einer Antwort zu suchen, sondern im ersten Schritt zu überlegen, *warum* Menschen solche Sinnfragen überhaupt stellen – worum es also eigentlich geht.

Permanent werden wir von der Welt konfrontiert und berührt, nur einen kleinen Teil davon haben wir in der Hand, vieles passiert uns einfach. Es gibt daher immer wieder Versuche, *Welt* wenigstens zu beherrschen oder zu kontrollieren –, wenn man sie schon nicht berühren kann. Das ist nicht per se verkehrt, aber wenn diese Weltbeziehung umfassend wird, betrachten wir irgendwann alles als Ding – und das macht uns selbst zum Ding. Unser Lebensgefühl verliert seine Lebendigkeit. Und deshalb ist es so wichtig, auch in einem gleichgültigen Universum offen zu bleiben und sich segelnd auf die Welt einzulassen: in einem Verhältnis wechselseitiger Anpassung, aus dem heraus wir uns berühren lassen und lebendig bleiben.

Getrenntheit und Entfremdung

Als vierte Facette des Sinnverlusts haben wir die Erfahrung untersucht, von der Welt abgetrennt zu sein, entfremdet, existenziell isoliert. Als wäre da eine unsichtbare Glasscheibe zwischen dem Ich und seiner Welt, als würden wir hier nicht wirklich hingehören, als wäre unsere gesamte Existenz irgendwie deplatziert.

Solche schwer zu beschreibenden Empfindungen sind nur möglich, weil wir ein ausgeprägtes Ich-Bewusstsein haben. Wir sind Individuen, sind nicht identisch mit der Welt, die uns umgibt. An sich ist das unproblematisch und ohnehin eine Voraussetzung dafür, sich selbst als handelndes, empfindsames und zeitliches Wesen zu begreifen. Aber wenn dieser Graben zu tief geht, wird unser Sinngefühl gefährdet.

Was uns in solchen Momenten fehlt, sind Erfahrungen von Verbundenheit und Zugehörigkeit – oder noch weitergehend: Einheit. Da ist eine unerfüllte Sehnsucht nach sinnhafter Einbettung in einen uns überschreitenden Kontext. Warum ist es manchmal schwierig, so etwas zu empfinden?

Die Gründe dafür sind vielfältig, zum Beispiel können sich solche Gefühle einstellen, wenn wir von anderen Menschen verdinglicht werden oder sozial isoliert sind. Dann erfahren wir nur leblose Beziehungen oder sogar gar keine. Unter Rückgriff auf psychologische Erkenntnisse konnten wir darüber hinaus noch tieferliegende Mechanismen entdecken: Getrenntheit kann auch entstehen, wenn wir zu kopflastig unterwegs sind. Das Ich-Bewusstsein wird dann gewissermaßen überbetont, und unser leibliches Erleben rückt in den Hintergrund.

Wenn wir uns hingegen spürend auf die Welt einlassen, können wir eine Verbindung erleben, die in Momenten der Entfremdung abhandengekommen ist. Unsere Sinnlichkeit ermöglicht eine eigene Form des Sinns: den *leiblichen Sinn*. Indem wir diese Ebene stärken, verringern wir die Kluft und Entfremdung zwischen *Ich* und *Welt* – und können in Flow-Momenten möglicherweise sogar Einheit erfahren.

Wie bei den anderen Sinndimensionen gilt auch hier: Der leibliche Sinn ist ein Teil der Antwort – aber kann nicht die ganze sein. Wir sind und bleiben sprachliche Wesen. Darin könnte man auf den ersten Blick ein Problem sehen, weil Sprache ein rein leibliches Dasein verhindert. Aber das wäre zu kurz gedacht, die Frage ist vielmehr: Wie können wir unsere Sprachlichkeit konstruktiv nutzen, anstatt sie wie eine Trennscheibe zwischen uns und die Welt zu legen? Können wir den Dingen mit unserem Verstand einen Sinn abgewinnen, Zusammenhänge erkennen, uns mit ihnen vertraut machen?

Dies sind Fragen nach einem *narrativen Sinn*. Indem wir die Welt um uns herum deuten, können wir uns darin sowohl praktisch orientieren wie auch emotional zu Hause fühlen – verbunden und zugehörig. Ein solcher Sinn umfasst *Weltdeutungen* genauso wie *Selbstdeutungen*. In beiden Facetten trägt ein dialogisches Prinzip zum Gelingen bei. Wenn wir die Welt nicht allein deuten, sondern uns anderen Perspektiven dialogisch öffnen, wird unser narrativer Sinn vollständiger und tragfähiger. Wenn wir die Welt nicht permanent zu kontrollieren versuchen, sie nicht allein durch den rationalen, positivistischen Blick auf Distanz bringen, sondern sie auch poetisch betrachten, entdecken wir einen Zauber und empfinden Verbundenheit. Und wenn wir die Geschichten unseres Ichs – unsere narrativen Identitäten – gemeinsam und dialogisch entwickeln, dann entstehen Bande, in denen wir uns als eigenständiges Subjekt erfahren und dennoch nicht isoliert existieren.

Eine pluralistische Theorie

Es gibt also verschiedene Arten von Sinn: Sinn durch wertvolle Ziele, Sinn durch Hoffnung, Sinn durch spielerische Hingabe, Sinn durch erfahrbare Bedeutsamkeit, Sinn durch leibliche Verbundenheit, Sinn durch poetische Verbundenheit, Sinn durch verständliche Weltbilder, Sinn durch dialogische Identitäten. Im Laufe des Buches ist ein ganzes Panorama an Sinnfacetten entstanden. Möglicherweise wirkt diese Theorie nicht besonders elegant, eben weil sie *pluralistisch* ist.

In vielen Bereichen wird versucht, ein einziges Prinzip zu formulieren, um alles zu erklären: eine *Theory of Everything* in der Physik; eine einzige Schöpfungsursache in Religionen; ein philosophisches Moralprinzip, welches sämtliche Situationen regelt – kurze Definitionen, alles beschreibende Formeln sind schon seit der Antike im Trend. Auch für unsere große Frage gilt das: »Was ist der Sinn des Lebens?« Das klingt nach einer eindeutigen Frage, die eine eindeutige Antwort verlangt! Doch am Ende haben wir viel mehr davon, wenn wir auch in der Philosophie der Komplexität unseres Daseins gerecht werden.

Unser Leben ist eine vielschichtige Angelegenheit und entzieht sich kurzen Definitionen. Zu leben, das heißt, zu handeln, mit der eigenen Zeitlichkeit und Endlichkeit umzugehen, von der Welt konfrontiert zu werden, empfindsam zu sein, ein Individuum zu sein – leiblich, sprachlich und sozial. Und deshalb ist es auch nicht verwunderlich, dass es nicht *einen* Sinn des Lebens gibt, sondern unser Leben *in verschiedenen Hinsichten mehr oder minder* sinnvoll sein kann. Die Überlegung, *ob* unser Dasein sinnvoll ist, beruht also auf falschen Voranahmen. Die Frage nach dem Sinn ist keine Ja-Nein-Frage.

Entscheidend ist vielmehr, auf welchen Ebenen Sinnbeziehungen gestört werden können und wie diese Sinnebenen wiederherzustellen sind. Ziellosigkeit bedeutet, dass wir unseren zweckhaften Sinn verloren haben; die existenzielle Angst (nicht Furcht oder Trauer) vor unserer Vergänglichkeit bedeutet, dass wir unseren spielerischen Sinn verloren haben; die damit eng verbundene Hoffnungslosigkeit entsteht, wenn wir keinen eschatologischen Sinn haben; die Erfahrung einer umfassenden Gleichgültigkeit der Welt bedeutet, dass wir keinen dialogischen Sinn empfinden können; die Erfahrung von Getrenntheit entsteht, wenn wir unser Gespür für den leiblichen Sinn verloren haben, keinen poetischen Sinn empfinden oder unser narrativer Sinn nicht tragfähig ist – zum Beispiel, weil wir die Geschichte unseres Ichs nicht dialogisch erzählen können.

Diese Facetten von Sinnkrisen sind so eng miteinander verbunden, dass sie sich meist gegenseitig hervorrufen, wenn Sinn an irgendeiner Stelle wegbricht. Gemeinsam kulminieren sie dann in einem diffusen Gefühl von Sinnlosigkeit. Wie bei den verschiedenen Arten von Freiheit verwenden wir daher zu Recht ein gemeinsames Wort: All das ist *Sinn*. Die verschiedenen Zweifel, Wünsche und insofern Fragen nach Sinn gehören zusammen. Das ganze Bild ergibt sich erst durch das Zusammenspiel dieser Perspektiven. Je nach Situation können allerdings unterschiedliche Ebenen besonders präsent werden: Wofür lohnt es sich zu handeln? Wann kann ich wirklich leben? Wer antwortet mir, wem bedeute ich etwas? Wo bin ich zu Hause, wo gehöre ich hin?

Um in die Vielschichtigkeit der Sinnfrage etwas Klarheit zu bekommen, haben wir die verschiedenen Arten von Sinn getrennt voneinander betrachtet. In der Lebenspraxis jedoch sind sie fast immer verwoben: Wer die Welt um sich herum als gleichgültig erfährt, kann sich darin schlecht zu Hause fühlen, erlebt sich eher als abgetrennt und entfremdet – und findet auch weniger, wofür es sich einzusetzen lohnt. Genauso bestehen die Wechselwirkungen in positiver Richtung: Wenn wir Freundschaften pflegen, handeln wir auch aus Nächstenliebe; ein poetischer Blick geht einher mit leiblichem Erleben; wenn wir uns gelingend für andere einsetzen, wird dies Teil unserer narrativen Identität; und so weiter …

Es lassen sich viele Positivbeispiele anführen, bei denen die verschiedenen Sinnebenen konstruktiv ineinandergreifen –, wenn wir hinschauen, können wir in der Realität überall Fälle entdecken. Ich möchte auf ein konkretes Beispiel eingehen, das mir erst kürzlich begegnet ist. Über den Winter hinweg war ich einige Male bei einem Bekannten zu Besuch, der vor ein paar Jahrzenten ein Grundstück in der Uckermark gekauft hat. Es ist ein wunderschöner Ort, direkt am Wald gelegen, selten habe ich so viele Tiere von einer Terrasse aus beobachten können. Vor allem hat Martin über die Jahre hinweg unglaublich viel Energie dareingesteckt, die Gebäude zu renovieren –, eine Aufgabe, die wohl nie ganz abgeschlossen sein wird und ihn bis heute auf Trab hält. Warum? Wieso bürdet er sich freiwillig so viel anstrengende Arbeit auf?

Mein Eindruck ist, dass sich diese Frage nicht mit einem Satz beantworten lässt. Gerade für langwierige Projekte braucht man häufig mehrere Motoren, aus denen man die Kraft und Motivation schöpft weiterzumachen. In Martins Fall kommen so ziemlich alle in diesem Buch genannten Sinnfacetten zusammen: Selbst anzupacken und dabei zuzusehen, wie aus einem bruchreifen Stall ein Wohnhaus mit zwei Kaminen wird, erzeugt ein ausgeprägtes Gefühl von Selbstwirksamkeit. Vor allem tut er das nicht nur für sich: Am Wochenende kommen seine Kinder und Enkel vorbei, und nicht selten beginnen die Kleinen zu weinen, wenn es am Sonntag wieder zurück in die Stadt geht –, weil Martin einen Ort geschaffen hat, an dem Baumhäuser gebaut werden und das Leben zum spielerischen Abenteuer wird.

Seine Arbeit ist vor allem leiblich, und der intensive Kontakt mit der Natur schafft ein Gefühl von Verbundenheit mit etwas Lebendigem. Die Holzscheite, die ich in Massen verfeuert habe, um mich beim Schreiben warm zu halten, hat er selbst gespalten. Und die entstandene Asche verstreut er selbst im Garten, um die Pflanzen zu düngen. Bei all dem ist er von einer Vision geleitet; er lebt nicht für die Zukunft, aber ist von der Hoffnung getragen, einen lebenswerten Ort zu schaffen, an dem Menschen Gemeinsamkeit erleben. Und fraglos ist dieses große Projekt auch Teil seines Selbstverständnisses, seiner Selbstverwirklichung und Identität geworden. Unter der Woche arbeitet Martin als Lehrer an einer Schule in Berlin-Kreuzberg.

Das heißt nicht, dass wir alle anfangen sollten, Viehställe in Wohnhäuser umzubauen. An einem so abgeschiedenen Fleck würde das vermutlich nicht wenige sogar in Sinnkrisen stürzen. Und bestimmt gibt es andere Beispiele, an denen die Tragweite von Sinn noch sichtbarer wird. Aber egal wohin man schaut, niemals kommen alle Sinnfacetten in gleichem Maße zum Tragen. Für eine Klimawissenschaftlerin ist der zweckhafte Sinn vermutlich ein stärkerer Motor als bei Martin, dafür ist der leibliche Sinn wiederum weniger ausgeprägt. Allein schon durch das emotionale Engagement wird aber auch diese Dimension berührt.

Auch wenn sich die verschiedenen Sinndimensionen in lebensnahen Beispielen nicht klar trennen lassen, ist es auf philosophischer Ebene hilfreich, sie einzeln zu betrachten. Auf diese Weise können wir die Suche nach Sinn differenzierter verstehen – und anschließend bewusster gestalten.

Dabei geht es nicht darum, wie bei einer Checkliste alle Sinndimensionen abzudecken oder die eigene Sinnerfahrung zu maximieren. Das wäre allein schon deshalb verfehlt, weil Sinn nicht entsteht, wenn wir versuchen, unsere Selbsterfahrung zu steigern, sondern wenn wir die Welt um uns herum ernst nehmen – vor allem die Lebewesen in ihr. Das macht das Ganze ja so kompliziert: Wenn wir Sinn in die Kategorie des Eigennutzes übersetzen und versuchen, etwas Sinnvolles zu tun, um uns selbst besser zu fühlen, werden wir scheitern. Sinn lässt sich nicht direkt als Ziel verfolgen, sondern entsteht indirekt durch unsere Haltungen und Beziehungen. Vor allem beim zweckhaften Sinn gilt das. Um ihn zu erfahren, dürfen wir nicht um unsere eigenen Gefühle von Sinn oder Sinnleere kreisen, sondern müssen tief im Herzen aufrichtig erkennen: Das Wohlergehen anderer Menschen ist genauso wichtig wie unser eigenes. Nicht mehr und nicht weniger.

Sinnvolle Visionen

Wenn wir nun zum Ende dieser Reise verschiedene Aspekte zusammenfassen, gehen natürlich viele Hintergründe und Feinheiten verloren. Aber vielleicht können wir einige rote Linien erkennen.

In all seinen verschiedenen Dimensionen ist Sinn weder beliebig, noch ist er so konkret, dass er uns auf eine bestimmte Lebensweise festlegen würde. Lebewesen zum Endzweck machen; spielerisch mit der eigenen Freiheit umgehen; dialogische Begegnungen ermöglichen – all das bewegt sich auf einer sehr grundsätzlichen Ebene. Wie wir solche Haltungen individuell ausbuchstabieren und auf unser Leben übertragen, kann keine Theorie erklären. Das müssen wir selbst entscheiden.

Dennoch ist Sinn nicht rein subjektiv und ist mehr als bloß ein Gefühl. Nicht alles ist tatsächlich sinnvoll, es gibt zu viel

Pseudosinn auf der Welt. So breit das hier entwickelte Sinnverständnis klingen mag – es gibt zahlreiche Ansätze, die außerhalb dieses Bereichs liegen. Wenn Menschen versuchen, einem angeblich höheren Sinn zu dienen, um sich selbst zu überhöhen, dann ist das ein gefährliches Trugbild. Sinn liegt nicht jenseits des Menschen, sondern entsteht zwischen Menschen, die sich auf Augenhöhe begegnen. Sinn liegt nicht jenseits der sichtbaren Welt, sondern mitten in unserer alltäglichen Lebenserfahrung.

Insofern ist es auch eine gemeinschaftliche, gesellschaftliche Aufgabe, ein sinnerfülltes Leben für alle zu ermöglichen. Sinn und Selbstverwirklichung sind keine rein privaten Angelegenheiten. Äußere Umstände können es uns erleichtern oder erschweren, Haltungen einzuüben, die Sinn im Leben geben.

Wenn wir uns gezwungen sehen, den Großteil unserer Lebenszeit mit wertlosen Tätigkeiten zu verbringen; wenn wir gedrängt werden, nach vorne zu streben, statt zu verweilen; wenn unsere Kontexte stumm sind und unsere Mitmenschen zu maschinell für echte Dialoge; wenn wir motiviert werden, uns als körperlich und nicht als leiblich zu begreifen; wenn wir die Geschichte unseres Ichs nicht dialogisch erzählen können, weil uns dafür kein Raum gegeben wird – dann ist es zumindest *schwieriger*, ein sinnvolles Leben zu führen.

Leider gibt es eine Reihe von gesellschaftlichen Faktoren, die solche Phänomene strukturell befördern: Die verbreitete Steigerungslogik erschwert spielerische Haltungen und motiviert uns, die Gegenwart an trügerische Zukunftsversprechen zu verkaufen; die Entbettung des Wirtschaftssystems erschwert Haltungen der Nächstenliebe und entzieht der Arbeit häufig ihr Wozu; Effizienz und Funktionalisierung erschweren dialogische Begegnungen; Ideale von Kontrollierbarkeit und Reibungslosigkeit erschweren einen segelnden Umgang mit den Geschehnissen; die Technisierung rückt leibliche Bezüge in den Hintergrund; der Positivismus versperrt einen poetischen Blick auf die Welt; und sowohl Diskriminierung wie auch der Druck individueller Selbstverwirklichung erschweren dialogische Identitäten.

Diese Aufzählung blendet viele wichtige Schattierungen aus. Holzschnittartig zeichnet sich jedoch ein Gesamtbild ab: Die gesellschaftliche Moderne macht Sinnfindung zu einer schwierigen Aufgabe. Gleichzeitig wäre es falsch, all ihre positiven Seiten auszublenden oder gar das Rad der Zeit zurückdrehen zu wollen. Wie Emily Esfahani Smith auf den Punkt bringt, besteht die Aufgabe darin, »den bisher existierenden Graben zwischen einem sinnvollen und einem modernen Leben zu überwinden«.[1]

Gemeinsam können wir Zukunft gestalten und Grundlagen schaffen, die es mehr Menschen ermöglichen, ihr Dasein als sinnvoll zu erfahren. In vielen Bereichen werden bereits Ansätze erprobt, wie dies gelingen könnte. So wird in der Postwachstumsforschung ausgelotet, wie Wirtschaftssysteme und Gesellschaften auch ohne permanente Steigerung stabilisiert werden könnten. In der Care-Forschung, in Diskursen über Unternehmenspurpose und in der New Work-Bewegung wird überlegt, wie Arbeit stärker am Sinn ausgerichtet werden kann. Parallel dazu entstehen immer mehr Wohnprojekte, in denen sich Menschen verschiedener Generationen einbringen und gegenseitig unterstützen. Auch Naturerfahrung und Achtsamkeit liegen im Trend. Bewusste Lebensgestaltung und Entschleunigung, Arbeiten in Teilzeit, kollaborative Projekte – überall gibt es Anzeichen für einen Wandel. Auch der Kampf gegen Diskriminierung ist in vollem Gange, starre Rollen brechen auf. Es tut sich was.

Gleichzeitig verschärfen sich Probleme auf einigen Feldern.

So geht die Verflüssigung von Identitäten derzeit noch mit steigenden Belastungen einher. Der Einfluss von Technik auf unsere Weltbeziehungen steuert mit der Digitalisierung ein völlig neues Level an. Und wachsende Ungleichheiten verkleinern für viele Menschen die Freiräume, um sich spielerisch und segelnd auf die Welt einzulassen.

Ein grundsätzliches Problem besteht darin, dass sehr viel Veränderungsgeist bisher nur die Fassade betrifft. Ungestillte Sinnbedürfnisse werden aufgegriffen und nur scheinbar berücksichtigt. Ein Beispiel hierfür war der Trend, einen Unternehmenspurpose zu formulieren, aber nicht aus einer ehrlichen Auseinandersetzung heraus, sondern lediglich, um mit einem Sinnanstrich alten Wein in neue Schläuche zu füllen. Meist bleibt der wahre Unternehmenszweck der Profit. Das weit verbreitete Gefühl, einem »Bullshit-Job« nachzugehen, wird so nicht nachhaltig aufgelöst werden können, sondern durch den Sinnhokuspokus eher verschärft. Ähnliches gilt, wenn New Work lediglich das Humankapital aktivieren soll und insofern Menschen weiterhin verdinglicht werden; wenn Design Thinking versucht, kreatives Potenzial in minutiösen Zeitboxen verwertbar zu machen; oder wenn der wichtige 4K-Ansatz in Schulen einer Leistungslogik unterworfen wird. Das alles ist nur ein Budenzauber, der oberflächlich auf Sinnbedürfnisse eingeht, aber keine Transformation ausmacht.

Sinn liegt voll im Trend, könnte man sagen – auch wenn nicht immer dieses Wort verwendet wird. Diese Entwicklung können wir auch als Reaktion auf das immer deutlichere Sinnvakuum der Moderne verstehen. Indem wir die Auseinandersetzung mit Sinnfragen explizit machen, können wir solche Ansätze besser einordnen, sie kritisch hinterfragen und konstruktiv vorantreiben.

Damit der gesellschaftliche Wandel positiv gelingt – zum

Beispiel Digitalisierung uns mit der Welt verbindet und nicht bloß vernetzt; flüssige Identitäten tatsächlich eine Befreiung darstellen und nicht noch mehr Druck erzeugen – brauchen wir einen Kompass, der uns den Weg weist. Wo wollen wir hin? Wie wollen wir heute und in Zukunft miteinander leben?

Wenn wir diese Fragen gemeinsam stellen, bekommen wir vielleicht den Mut zu echtem visionären Denken. Das wäre ein Denken jenseits der Silicon-Valley-Euphorie, die mit ihrem Technikglauben und dem Fokus auf Humankapital doch nur alte Denkweisen ins 21. Jahrhundert übersetzt. Wenn wir stattdessen einen echten Wandel wagen, können wir in der Spätmoderne vielleicht genau die Sinnlücken neu füllen, die von der bisherigen Moderne aufgerissen wurden.

Das Nachdenken über ein sinnvolles Leben könnte dazu beitragen, solche Visionen zu formulieren. Wie das im Einzelnen aussieht, kann die hier entwickelte Theorie nicht erklären. Ich bin überzeugt: Gar keine Theorie kann das, weder in der Philosophie noch in der Psychologie, weder in den Wirtschafts-, Sozial- noch in den Naturwissenschaften oder sonst irgendwo. Was wir individuell tun, müssen wir selbst entscheiden. Und wohin wir uns gemeinsam entwickeln, müssen wir gemeinschaftlich entscheiden. Aber vielleicht ist es gelungen, in der Auseinandersetzung mit der Sinnfrage einen Denkrahmen aufzuspannen, der Orientierungspunkte bietet.

Pyramide der Verwirrung

Wenn wir den Sinnbegriff aus angestaubten, esoterischen Ecken herausholen und ernst nehmen, können wir innere Konflikte besser verstehen wie auch soziale Dynamiken um uns herum. Jeder Mensch ist einzigartig – das stimmt. Aber über diese

Feststellung vergessen wir manchmal, dass wir sehr viel mehr Gemeinsamkeiten als Unterschiede aufweisen. Egal in welcher Epoche, egal in welchem Kulturraum, wir alle kommen unfertig auf die Welt, mit einem Drang zu spielen und zu entdecken. Wir brauchen Nahrung, haben Wünsche und Ängste, wollen geliebt und anerkannt werden, brauchen Mitmenschen, um zu gedeihen, müssen uns als selbstwirksam erfahren, um ein gelingendes Selbstverhältnis zu entwickeln, brauchen ein Vertrauen auf die Zukunft, empfinden die Welt um uns herum mit unseren Sinnen, versuchen, sie durch Sprache zu deuten, und haben die Vorstellung eines Ichs.[2]

Die Sehnsucht nach Sinn bewegt sich auf einer solch basalen Ebene, alle Menschen brauchen ein gewisses Maß an Sinn, um ihr Leben als lebenswert zu erfahren. In den Sozialwissenschaften stehen derart allgemeine Aussagen unter Generalverdacht, weil jeder Universalismus mit einem schädlichen Eurozentrismus assoziiert wird. Ich glaube, es ist wichtig, die Gemeinsamkeiten anzuerkennen, die uns als Homo sapiens verbinden.

Es ist nicht hilfreich, die Suche nach Sinn als ein »westliches Luxusphänomen« abzustempeln. Sie bewegt alle. Leider wird genau das häufig übersehen. Vor allem die Bedürfnispyramide des Psychologen Abraham Maslow (1908–1970) hat dazu beigetragen, die fundamentale Bedeutung des Lebenssinns zu unterschätzen. Dieses Modell suggeriert, dass Sinn erst dann zum Thema wird, wenn man sich in einer komfortablen Lage befindet und für alles andere gesorgt ist.[3] Das ist schlicht falsch. Auch in Extremsituationen brauchen Menschen Sinn, um sich praktisch zu orientieren und inneren Frieden zu schließen.

Selbstwirksamkeit, Fürsorge, Spiel, Poesie, Dialog, Identität – all das ist essenziell. Schon in den Beschreibungen des KZ-Überlebenden Viktor Frankl wurde dies deutlich. Ähnlich berichtet auch der Slawist Dmitri Sergejewitsch Lichatschow in einem bewegenden Interview über die Belagerung von Leningrad im Zweiten Weltkrieg: »Es ist unmöglich, das zu beschreiben. Die Vorhänge vor den Fenstern waren geschlossen und wir hatten nicht immer genug Kraft, sie während des Tages zu öffnen. Es war permanent dunkel im Winter. Noch schlimmer als der Hunger war die Kälte. Neben der kleinen Flamme konnte nur eine Person lesen – also hat sie laut vorgelesen. Was liest man in so einer Situation, wenn die Gedanken dauernd durch den Hunger unterbrochen werden? Gedichte. Die Poesie konnte unser Hungergefühl übertreffen. Sie hat uns gerettet.«[4]

Das sind Situationen weit jenseits meiner Lebensrealität. Zwar gehe ich davon aus, dass Lichatschow den Gedichtsband jederzeit gegen ein Brot eingetauscht hätte, aber es ist eindrücklich, welche Kraft eine scheinbar so überflüssige Beschäftigung wie das Lesen von Gedichten gerade unter so furchtbaren Umständen entfalten konnte. Und deshalb glaube ich nicht, dass das Bedürfnis nach Sinn auf einer *höherstehenden* Ebene angesiedelt ist, sondern einfach ein ganz *anderes* Grundbedürfnis ist als etwa die Aufnahme von Nahrung. Vielleicht ließe es sich philosophisch so formulieren: Im Gegensatz zur Frage: »Wo bekomme ich etwas zu essen her?«, ist die Sinnfrage nicht existenziell, sondern essenziell – das sind zwei unterschiedliche, inkommensurable (nicht gegeneinander abwägbare) Ebenen.

Insofern hat Maslows Pyramide für unglaublich viel Verwirrung gesorgt und ist keine tragfähige Beschreibung. Es ist ein fundamentales menschliches Bedürfnis, Sinn im Leben zu finden –, allerdings prägt es sich in verschiedenen Situationen unterschiedlich aus. Die Sinnfrage stellt sich für eine Person in existenzieller Not anders als für eine Abiturientin, die von ihrer Studienwahl überfordert ist. Aber in beiden Fällen kann sie drängend sein und grundlegend, um sich im eigenen Dasein zu orientieren und darin Versöhnung zu erfahren.

Vom Kosmos auf die Erde

Weil die Bedeutung von Sinn für unser Lebensgefühl so tiefgreifend ist, verwundert es im Grunde nicht, dass Sinnzweifel manchmal das ganze Universum einschließen. Psychologisch betrachtet ist das durchaus verständlich, denn schon kleine, alltägliche Sinnkrisen können unseren gesamten persönlichen Kosmos erzittern lassen. Da drängen sich große, dramatische Betrachtungen förmlich auf: die Zwecklosigkeit alles Existierenden, die Taubheit des Universums, die Fremdheit einer unbelebten Welt, Tod und Vergänglichkeit – das sind gewaltige Themen. Stück für Stück haben wir sie vom Kosmos auf die Erde zurückgebracht. Sinn liegt nicht irgendwo da draußen, sondern hier, in dieser Welt.

Dieser Ebenenwechsel war kein fauler Trick. Wir sind den großen, metaphysischen Sinnfragen nicht ausgewichen, wir haben ihnen direkt ins Auge geschaut – ohne uns von ihrer imposanten Erscheinung blenden zu lassen. Auch hinter kosmologisch gelagerten Sinnfragen stehen konkrete Bedürfnisse, Sehnsüchte und Zweifel. Sie wurzeln wesentlich in der Tatsache, dass wir soziale Lebewesen sind.

Sinn entsteht vor allem intersubjektiv, liegt weder in mir noch in dir, sondern im Dazwischen. Daraus ziehen auch Religionen ihre Kraft. Es lohnt sich, den Punkt noch einmal in Erinnerung zu rufen: Göttinnen und Götter sind nicht deshalb Sinnquellen, weil sie in ihrer überweltlichen Macht so *anders* sind als wir, sondern im Gegenteil, weil sie so menschenähnlich vorgestellt werden. Im Regelfall werden ihnen Überzeugungen, Wünsche und Absichten unterstellt; sie können handeln und zuhören, haben Gefühle, können sich dankbar oder verärgert zeigen und verstehen unsere Sprache, so dass wir ihnen im Gebet etwas mitteilen können. Doch wehe, die Götter sind von uns enttäuscht; dann ziehen wir schnell den Kürzeren. All das gibt Orientierung. Stell dir einen Gott vor, der sich nicht für dich interessiert, der überhaupt gar nichts empfinden kann, dich nicht hören und verstehen kann, ein Gott als abstraktes Prinzip – dieser »Gott« kann keine Sinnquelle sein. Er hält zwar irgendwie das Universum am Laufen, aber daraus ergibt sich ebenso wenig Sinn wie aus der Gravitationskraft, die unser Sonnensystem zusammenhält.

Deshalb basiert religiöse Sinnstiftung wesentlich auf intersubjektiver, sozialer Sinnstiftung. Es wird gemeinsam gebetet, gesungen, gefeiert, Gemeinschaft hergestellt. Das alles aus einer Weltsicht heraus, laut der das Universum beseelt ist und mit dem man in eine gelingende Beziehung treten kann. Die Blaupause für eben diese Beziehung stammt meist aus zwischenmenschlichen Erfahrungen.

So war die Herausbildung religiöser Vorstellungen vermutlich geleitet von zwischenmenschlich gelagerten Sehnsüchten.[5] Eine allgegenwärtige, uns liebende Person, der wir nicht egal sind, die über jeden unserer Schritte wacht, mit der wir eine intensive Sinnbeziehung eingehen können, das sind Wunschvorstellungen, die andere Menschen nicht immer erfüllen – und die daher auf eine transzendente Person projiziert werden. Nicht umsonst wird Gott im christlichen Glauben auch als »Vater« angesprochen, er verkörpert den mächtigen, liebenden und wachenden Vater, wie wir ihn uns als Kind wünschten. Und nun sind diese Projektionen kulturell so tief verankert, dass ihre reale Erfüllung im Zwischenmenschlichen wie ein profanes Trostpflaster wirken könnte. Aber das ist es nicht, wenn wir zur Wurzel dieser Bedürfnisse zurückfinden.

Ich möchte den persönlichen Glauben von religiösen Menschen nicht schlechtreden und habe viele getroffen, die daraus

Kraft schöpfen, um sich selbst und ihren Mitmenschen liebevoller zu begegnen. Und fraglos gibt es in diesen Bereichen keine letzte Sicherheit. Aber zumindest halte ich es für wichtig, über spirituelle Betrachtungen nicht das Diesseits aus den Augen zu verlieren. Solange wir leben, spielt die Musik hier. Anstatt auf das Paradies zu warten, können wir daran mitwirken, diese Welt zu einem besseren Ort zu machen. Besser für wen? Besser für Lebewesen aus Fleisch und Blut.

Gerade weil unsere Sehnsucht nach einem intersubjektiven Sinn so tief veranlagt ist, neigen wir Menschen manchmal dazu, die Befriedigung dieser weitreichenden Sehnsucht in großen Zusammenhängen zu suchen – in kosmischen, metaphysischen Zusammenhängen. Insofern können nicht nur Religionen, sondern auch das nihilistische Leiden an der kosmischen Sinnlosigkeit wie einschläferndes Opium wirken und den Blick auf wirklich gestörte, weltliche Sinnzusammenhänge trüben. Es gibt ja Situationen, in denen tatsächlich wenig Sinn zu finden ist. Aber das liegt dann weniger an der Zwecklosigkeit oder Gleichgültigkeit des Universums als vielmehr daran, dass auf diesem Planeten etwas schiefläuft.

Die Sehnsucht nach Sinn ist vor allem eine Sehnsucht, in der Beziehung zu anderen Menschen aufgehoben zu sein, etwas zu bewirken, gehört zu werden, geliebt zu werden, zugehörig zu sein, etwas zu bedeuten. Als soziale und kooperative Spezies sind uns diese Wünsche zeit- und kulturübergreifend angeboren. Kein Wunder, immerhin gelangen wir nur durch andere überhaupt ins Sein, bekommen am Anfang unseres Lebens Nahrung, erlernen die Sprache, in der wir unsere Welt deuten wie auch uns selbst. Gemeinsam können wir daran mitwirken, Sinn zu ermöglichen. Denn falls es keine Götter gibt, die über uns wachen, sollten wir uns gegenseitig umso stärker unterstützen.

Sinn zur Sprache bringen

Die Suche nach Sinn ist heute omnipräsent, trotzdem wird die Sinnfrage nur vereinzelt explizit besprochen. Dabei haben wir viel zu gewinnen, wenn wir sie zur Sprache bringen. Es wird intensiver nach Sinn gesucht denn je, die Möglichkeiten dafür scheinen unbegrenzt, gleichzeitig herrscht ein spürbares Vakuum. Alte Gesellschafsordnungen bröckeln weg – und das ist auch gut so –, aber bei dieser Geschwindigkeit bleibt wenig Zeit zur Adaption. Das Neue ist noch nicht geformt.

Gesellschaften, die auf dem Weg der Moderne weiter fortgeschritten sind, haben tendenziell höhere Selbstmordraten.[6] So starben in Deutschland 2019 dreimal so viele Menschen durch Suizid wie durch Verkehrsunfälle.[7] Und nach Aussage des Gesundheitsministeriums gehören Depressionen zu den häufigsten und unterschätztesten Erkrankungen.[8] Durchschnittlich erkrankt jede fünfte Person mindestens einmal im Leben an anhaltenden Depressionen. Das muss nicht unbedingt im Freitod enden, aber man kann auch innerhalb des eigenen Lebens aufgeben. Die Gründe dafür sind natürlich individuell unterschiedlich, aber als strukturelles Phänomen hängen sie auch von sozialen Rahmenbedingungen ab.

Bei all dem ist es allerdings nicht hilfreich, nur Extremfälle zu betrachten. Auch dort, wo Zweifel am Sinn des Ganzen nicht in klinische Depressionen münden, können sie für Menschen drängend sein. 69 Prozent aller Menschen in Deutschland stellen sich regelmäßig Sinnfragen des Lebens.[9] Nicht immer geschieht das auf so dramatische Weise, wie es manch existentialistische Abhandlung vermuten lässt – im Gegenteil: Die Sehnsucht nach Sinn kann einfach ein konstruktiver Wunsch nach mehr Orientierung und Tiefe im Leben sein, nach Verbundenheit und Antwort, ein Wunsch, sich für etwas Lohnenswertes einzusetzen.

Solche Bedürfnisse prägen unser Leben und unsere Gesellschaften stärker, als es auf den ersten Blick ersichtlich ist. Indem wir diese fundamentale Rolle des Sinns anerkennen und uns damit auch philosophisch auseinandersetzen, können wir vielleicht Anhaltspunkte gewinnen, um die Spätmoderne in eine gelingende Epoche zu verwandeln, die sich aus den Fallstricken der klassischen Moderne befreit.

Der Sinnbegriff kann hier ein Schlüssel sein, um innere Wünsche und Konflikte besser zu verstehen; auch soziale Dynamiken lassen sich mit seiner Hilfe besser einordnen. Sinn erleben wir aus einer bestimmten Art des In-der-Welt-Seins. Und andere Begriffe wie Erfolg, Nutzen, Glück, Freude, gutes Leben, Moral, Ethik, Rechte, Pflichten, Gerechtigkeit reichen zusammen nicht aus, um zu beschreiben, welche Wünsche wir in uns tragen, aus welchen Motiven wir handeln und wie zu leben wichtig ist. Sinn spielt eine ebenso zentrale Rolle.[10]

Wenn das Ich sich öffnet

Leider wird Sinn häufig missverstanden. Entweder es wird aus einem liberalistischen Zeitgeist heraus behauptet, Sinn sei eine ganz private Angelegenheit, ein Lebensgefühl, etwas rein Subjektives. Oder Sinn wird aus einer religiösen Tradition heraus metaphysisch gedeutet als eine geheimnisvolle Struktur hinter der sichtbaren Welt, als etwas, was objektiv da draußen existiert, aber eben schwer zu erkennen ist. Indem wir uns von dieser falschen Gegenüberstellung lösen, können wir unseren Blick schärfen. Sinn ist weder persönliche Ansichtssache noch abstrakt und unpersönlich. Sinn ist weder in unserem Selbst zu finden noch da draußen – sondern im Dazwischen.

Das ist eine Eigenschaft, die sämtliche Formen des Sinns

gemeinsam haben: Sinn kann es nur durch Zusammenhänge geben. So ergibt sich zum Beispiel der Sinn eines Hammers in seiner Beziehung zum Nagel, zum daran aufgehängten Bild, zu den Vorstellungen, die der Schmied bei der Herstellung hatte, und zu den sozialen Praktiken und Lebensweisen, in denen der Hammer eine Rolle spielt. Auch der Sinn des Wortes »Baum« besteht in den Verknüpfungen zum Konzept des Baumes und zu sichtbaren Bäumen in dieser Welt sowie zu anderen Wörtern, die den Kontext bilden, in dem das Wort Baum gesprochen wird. Umgekehrt ist das Wort Larumatosa sinnlos, ein bloßes Lautbild, das nichts bezeichnet, für sich steht und mit keinerlei Gehalt verbunden ist.[11]

»Anscheinend liegt es an solchen Verknüpfungen, dass etwas, und zwar nicht nur das Leben, Sinn hat. Nach dem Sinn von etwas zu fragen heißt, wissen zu wollen, wie es mit anderen Dingen verknüpft ist«, schreibt Robert Nozick aus einer ähnlichen Überlegung heraus.[12] Auch der Logiker Morris Cohen definiert Sinn als »eine Bedeutung, die sich aus der Verbindung mit dem Hinweis auf oder der Beziehung zu etwas außerhalb Angesiedeltem ergibt, so dass sie ihrem innersten Wesen nach auf diesen Zusammenhang verweist und sich in ihm offenbart.«[13] Kurz gesagt: Nichts hat für sich genommen einen Sinn, sondern höchstens in der Beziehung zu etwas anderem.

Wir Menschen sind zwar keine Hämmer oder Wörter –, deshalb ist unser Lebenssinn ungemein komplexer. Aber auch hier gilt grundsätzlich das Gleiche: In all seinen Dimensionen ergibt sich Sinn erst durch eine Beziehung des Ichs zu seiner Welt.

Dabei schafft offensichtlich nicht jede x-beliebige Beziehung einen Lebenssinn. Ausgebeutet oder gehasst zu werden sind ebenfalls Bezüge zwischen *Ich* und *Welt* – aber keine, die dem Wunsch nach Sinn entsprechen. Stattdessen entsteht Sinn durch zweckhafte, eschatologische, spielerische, dialogische, leibliche und narrative Weltbeziehungen. Sie ermöglichen uns eine konstruktive Verbundenheit, aus der heraus wir unser Leben bejahen können. Wollte man diese Beziehungen durch einen Richtungspfeil darstellen, dann wäre er wechselseitig – aber vor allem durch eine Zuwendung des Ichs zu seiner Welt gekennzeichnet. Denn betrachten wir die Welt nicht nur als Mittel und uns selbst als Endzweck, sondern auch andersherum, dann öffnet sich das Ich seiner Welt und bewegt sich auf sie zu. Das verändert uns, und in dieser inneren Lebendigkeit wird auch Sinn erfahrbar.

Wahrheitsanspruch

Aber stimmt das wirklich? Ist alles, was ich geschrieben habe, wahr? Ist es wahr, dass es mehrere Dimensionen des sinnvollen Lebens gibt? Ist es wahr, dass Sinn durch Beziehungen entsteht, vor allem zu Menschen, mitten im Leben, hier und jetzt im Diesseits?

Wenn wir die Gedanken der letzten Kapitel erst nehmen, dann lassen sich diese Fragen weder mit Ja noch mit Nein beantworten. Die Kategorien »wahr« oder »falsch« passen hier schlicht und ergreifend nicht. Wie die Quantenmechanik oder Freuds Modell des Unterbewussten sind auch meine Überlegungen eine *Theorie*. Theorien können aussagekräftig, nützlich, schlüssig, plausibel, leistungsstark sein, aber nicht wahr. Wie andere Theorien ist auch meine eine Perspektive, eine Interpretation unseres Lebens in der Welt. In diesem konkreten Fall ergibt sich die Perspektivabhängigkeit vor allem durch die Deutung der Sinnfrage. Diese Deutung hat den Rahmen aufgespannt, innerhalb dessen wir erst Antwort finden konnten.

Albert Einstein wird der schöne Satz zugeschrieben: »Wenn ich eine Stunde Zeit hätte, um ein Problem zu lösen, würde ich

55 Minuten über das Problem nachdenken und fünf Minuten über die Lösung.« Denn meist ist dieser erste Schritt viel schwieriger, und hat man das Problem erst mal wirklich durchdrungen, liegt die Lösung oft auf der Hand. So war es auch in diesem Buch eine zentrale Herausforderung, zunächst den Zweifel, die Sehnsucht und Frage nach Sinn zu verstehen. Und dann erst Antworten zu finden.

Was bedeutet die *Frage* nach dem Sinn des Lebens? Auf dieser Ebene gibt es kein wahr oder falsch, sondern höchstens überzeugende und plausible Deutungen. Wenn man sich allerdings auf diese Deutungen einlässt und zur Antwort übergeht, dann gibt es sehr wohl richtige oder falsche Antworten.[14] Mit anderen Worten: Ich halte Sinn nicht für eine Ansichtssache, halte meine Antworten für wahr – aber nur in Bezug zu meiner Interpretation der Sinnfrage.

Hier haben wir wieder die zwei Ebenen von Wahrheit: Was ist ein Glas? Das ist eine Sache der Interpretation und Definition. Aber wenn wir uns auf eine Theorie des Glases einigen, kann die Aussage: »Auf dem Tisch steht ein Glas«, durchaus wahr oder falsch sein!

Ebenso wie die Frage, was ein Glas ist, so ist es auch eine Interpretation, wie wir die Begriffe *Sinn* und *Leben* verstehen. Buddha meinte: Das Leben ist leidvoll. Für ihn bestand der Lebenssinn konsequenterweise in der Überwindung des Lebens durch das Nirwana. Zu dieser Konklusion würde man schwerlich kommen, wenn man voraussetzen würde, das Leben sei eine Party. Aristoteles wiederum definierte das menschliche Leben über die Fähigkeit zur Vernunft – für ihn bestand der Sinn dementsprechend in der Entwicklung dieser Fähigkeit. Camus behauptete demgegenüber, das Leben sei absurd, und sah den Sinn daher in der Auflehnung gegen diese Absurdität.

In all diesen Fällen ergibt sich die Antwort unmittelbar aus der Vorannahme, was das menschliche Leben im Kern ausmacht. Wäre Aristoteles beispielsweise davon ausgegangen, der Mensch zeichne sich durch seine Fähigkeit zu wahrer Liebe aus, hätte eben genau darin unser Lebenssinn bestanden.

Mein Versuch war es, solche essentialistischen Festlegungen zu vermeiden. Durch die Betrachtung verschiedener Sinnzweifel und mit Hilfe der Psychologie ist ein breites Bild entstanden; dieses Bild beschreibt nicht, was »Leben« objektiverweise ist, sondern welche fundamentalen Erfahrungen die Sinnfrage aufwerfen können – und somit für unser spezielles Thema relevant sind. Aus dieser Sicht heißt zu leben: handeln und Ziele verfolgen, zeitlich und vergänglich sein, empfindsam sein, von der Welt konfrontiert werden, mit ihr umgehen müssen, ein Ich-Bewusstsein haben, leiblich sein, in sprachliche und soziale Bezüge eingebettet sein.

Eine solch mehrdimensionale Theorie kann – so hoffe ich – helfen, unser Dasein in der Welt besser einzuordnen. Und sie ermöglicht es, Zusammenhänge sowohl zu verstehen wie auch zu bewerten. Immerhin ist Sinn kein neutraler Begriff. Wenn Kontexte es erschweren, dass Menschen ihr Leben darin als sinnvoll erfahren, ist dies ein Grund, sie zu verändern. Und wenn sie nur ein trügerisches Sinngefühl stiften, aber auf Märchen fußen, besteht ebenfalls Handlungsbedarf. Denn darin liegt die doppelte Gefahr des Sinns: Ein Mangel kann dazu beitragen, das eigene Leben nicht mehr als lebenswert zu empfinden. Und ein falsches Sinnversprechen kann dazu führen, sich für Illusionen aufzuopfern – oder andere Menschen unterzuordnen.

Deshalb ist es fatal, wenn Sinn heute ganz liberal als privates Lebensgefühl verstanden wird, über das sich nichts von außen sagen ließe. Diese Sicht bietet keine Grundlage, zwischen einem tragfähigen Sinn und bloßer Verführung zu unterscheiden. Und sie suggeriert, dass es unser ganz persönliches Scheitern ist, wenn wir nicht genügend Sinn finden können. All das verwirrt uns lediglich.

Wenn die verschiedenen Arten von Sinn immer durch Formen des In-der-Welt-Seins entstehen, dann liegt es sowohl an uns wie auch an unserer Mitwelt, tragfähige Sinnbeziehungen zu ermöglichen.

Leider werden gerade durch unsere Mitwelt immer wieder ablenkende Konzepte an uns herangetragen. So formuliert Terry Eagleton in seinem Aufsatz über den Sinn des Lebens: »Was nun den Reichtum betrifft, so leben wir in einer Kultur, die fromm bestreitet, dass Reichtum ein Endzweck sei, ihn aber in der Praxis so behandelt.«[15] Und das stimmt. Ich glaube, niemand würde bewusst der Aussage zustimmen, dass Geld einen Wert an sich hat –, das ergäbe schon rein logisch keinen Sinn. Trotzdem fallen wir immer wieder auf die Dagobert-Duck-Perspektive rein und glauben, es sei wichtig, möglichst viel Geld zu verdienen, ohne eine durchdachte Vorstellung davon zu haben, wozu eigentlich.

Dieses Beispiel ist vergleichsweise harmlos. Aber manche Menschen schließen sich aus dem Wunsch nach Sinn irgendwelchen kruden Kulten an. Und dann wird es wirklich gefährlich. Ich glaube nicht, dass sich die Kraft von Sekten oder faschistischen Erzählungen verstehen lässt, ohne das tief in jedem Menschen veranlagte Bedürfnis nach Sinn zu berücksichtigen. Überall sind Scharlatane unterwegs, die unseren Wunsch, wichtige Ziele zu verfolgen, etwas in der Welt zu bewegen, Gemeinschaft und Zugehörigkeit zu erfahren, eine Rolle zu spielen oder Bedeutsamkeit durch Antwort zu erleben, nur zu gern ausnutzen.

Über Sinn nachzudenken ist nicht nur deshalb so wichtig,

weil wir Sinn brauchen, um unser Leben gelingend zu führen, sondern auch, weil sich das Bedürfnis nach Sinn in all seinen Facetten instrumentalisieren lässt: im Wunsch zu tun, was wirklich zählt, bedeutsam zu sein, eine Identität zu haben, auf etwas zu hoffen, ja, sogar sich spielerisch auf die Welt einzulassen.

Aber meist spüren wir es in einer Ecke unseres Herzens, wenn der Pseudosinn Oberhand gewonnen hat. Dann baut sich langsam ein Zweifel auf, der an uns nagt – er kann uns auf echte Schieflagen hinweisen. So ist es zwar nicht unbedingt schön, an den eigenen Tod zu denken, aber wenn durch solche Gedanken das Leben an sich sinnlos erscheint, kann dies ein wichtiger Weckruf sein. Und deshalb ist es so wichtig, die vielleicht unangenehme Frage: »Wozu das alles?«, nicht zu verdrängen, sondern sie ernst zu nehmen, sie explizit laut zu stellen – und zum Startpunkt einer Veränderung zu machen.

Eine neue Normalität

Was ist der Sinn des Lebens?

Diese Formulierung verlangt geradezu nach einer beeindruckenden Antwort, nach einer Antwort, die alles andere als profan ist, alles andere als weltlich. Dabei ist Sinn in vielen Hinsichten eine völlig selbstverständliche Sache, die wir nicht aufwendig entdecken müssen, sondern die uns von Beginn an durchs Leben trägt. Wer glaubt, Sinn müsse über den Alltag hinausweisen, hat nicht verstanden, wie grundlegend Sinn für unser ganzes Leben ist. In jedem Moment, in jeder Begegnung, in jeder noch so kleinen Krise spielt Sinn auf die ein oder andere Weise eine tragende Rolle.

Wenn wir die Augen öffnen, können wir überall Sinn entdecken und spüren. In Freundschaften oder am Arbeitsplatz –

Sinn ist möglich. So entspringen Sinnkrisen häufig einer Erkenntniskrise: Der vorhandene Sinn wird nicht genügend wahrgenommen oder ernst genommen.

Trotzdem ist Sinn nicht automatisch überall vorhanden. Er kann tatsächlich gefährdet sein, kann tatsächlich wegbrechen: Ebenso wie Sinn ein reales Phänomen ist, so ist es auch Sinnlosigkeit.

Um hierfür ein Verständnis zu entwickeln, müssen wir besser einordnen, was Sinn in seinen vielen Gestalten eigentlich ausmacht und welche Umstände ihn ermöglichen oder erschweren. So können wir unser Leben bewusster gestalten. Hierzu beizutragen war ein Ziel dieses Buches.

Und nun? Was tun?

So einzigartig wir als Menschen sind, so vielfältig werden vermutlich auch die Schlussfolgerungen sein, die sich aus dieser Gedankenreise ableiten lassen. Aber immerhin haben wir im Laufe der Kapitel einige Anhaltspunkte gewinnen können. Für alle Facetten des Sinns gibt es Lernfelder, in denen wir sinnschaffende Haltungen einüben können, die uns auch jenseits dieser Felder durchs Leben zu tragen vermögen. Dafür müssen wir allerdings die bewusste Entscheidung treffen, solche Haltungen nicht nur in Inseln auszuleben, sondern sie auch auf andere Bereiche zu übertragen.

In gemeinschaftlichen Spielen, beim Wandern, Gärtnern oder Tanzen erfahren wir, was es heißt, uns spielerisch auf die Welt einzulassen. All diese Tätigkeiten müssen auf nichts hinauslaufen, um Sinn zu ergeben. Der Sinn liegt in der Bewegung selbst. Vielleicht können wir hier ein Stück weit lernen, wie es sich anfühlt, wenn wir uns nicht von den Touristen und Grauen Herren in uns hetzen lassen; vielleicht können wir mit unserer Lebenszeit und Freiheit etwas anderes anfangen, als nur nach vorne zu streben. Es muss nicht immer alles für irgendetwas gut sein.

Indem wir uns der eigenen Vergänglichkeit bewusstwerden und überlegen, was wir später einmal bereuen werden, können wir anfangen, unser Leben heute in die Hand zu nehmen. In der Realität beginnt so ein Anfang meist mit ganz konkreten Schritten, denen wir manchmal ausweichen, indem wir uns in vage Traumwelten flüchten. Aber es wird kein spektakulärer Moment kommen, in dem plötzlich alles perfekt ist und wir als Hollywoodstar ohne Kopfschmerzen durch das Leben tänzeln. Das wäre allzu paradiesisch und lenkt uns nur davon ab, hier und jetzt toxische Beziehungen zu beenden, belastende Jobs zu kündigen und stattdessen authentisch das Leben zu führen, das wir eigentlich führen wollen.

Wenn wir uns um unsere Kinder kümmern, unsere Freundinnen und Freunde unterstützen oder einer verzweifelten Person helfen, erleben wir, was es heißt, aus Menschenliebe zu handeln. In diesen Momenten ergibt die Gegenüberstellung von Egoismus und Altruismus plötzlich keinen Sinn mehr, und es wird zu unserem inneren Anliegen, etwas Gutes zu tun. Da spüren wir, dass nicht nur wir selbst etwas zählen, sondern auch andere. Da spüren wir, dass wir alles andere als machtlos sind, um die Welt zu einem besseren Ort zu machen –, und sei es auch nur im Allerkleinsten.

In Freundschaften, in langen Gesprächen mit Brüdern, Schwestern, Eltern, Tanten oder Lebensgefährten können wir erleben, wie wir uns auf andere einlassen, uns selbst öffnen und zwischen uns etwas Neues entsteht. Da ist ein ehrlicher Dialog, in dem sich Menschen gegenseitig ernst nehmen und sich zeigen: Du bist mir wichtig. Vielleicht können wir ähnliche Haltungen auch gegenüber anderen Menschen entwickeln. Sie sind nicht weniger wert als die, die wir lieben.

Auf Reisen, wenn wir nicht alles durchplanen, sondern uns einlassen auf das, was kommt und uns geschieht, aus der Haltung heraus, dass wir schon das Beste draus machen werden, können wir lernen, was es heißt, der Welt segelnd zu begegnen. Vieles geschieht nicht so, wie wir es uns vorgestellt haben, manches ist auf den ersten Blick ärgerlich, vielleicht sogar schmerzhaft. Aber solange wir nicht entführt werden, sondern lediglich unser Wagen liegen bleibt, wird vielleicht genau dies rückblickend der Beginn eines Abenteuers gewesen sein. Kann es uns gelingen, schon währenddessen offen zu sein für die Reibungen des Lebens? Sie sind zwar nicht immer angenehm, aber verschließen wir uns deshalb, empfinden wir uns irgendwann gar nicht mehr.

Wenn wir an einem warmen Sommertag im Wald die Schuhe ausziehen und die Erde unter unseren Füßen spüren, wenn wir in der Philharmonie die Augen schließen oder auf einem Punkkonzert die Kontrolle über unseren Körper verlieren, wenn wir im Park sitzen und den Vögeln lauschen, dann können wir einen leiblichen Sinn erleben. Vielleicht gelingt es uns auch jenseits dieser Momente, sinnlicher durchs Leben zu gehen. Gerade im modernen Alltag mag das kaum noch eine Rolle spielen, aber unsere Sinne sind und bleiben unser wesentlicher Zugang zur Welt.

Indem wir uns die Zeit nehmen, der Schönheit dieser Welt nachzuspüren, vielleicht sogar ein romantisches Gedicht lesen und gewahr werden, wie einzigartig im Grunde jedes Dasein ist, ja, wie magisch und wunderbar ein einzelnes Baumblatt sein kann, stärken wir unseren poetischen Sinn. Die Welt besteht nicht nur aus Zahlen und Analysen. Das ist nur eine Seite dieser Welt. Es gibt auch andere Seiten, die sich nicht klar beschreiben und einfangen lassen. Siehst du sie?

Auf die letzten Jahre zurückzuschauen und zu überlegen, wo

man steht, wie es dazu gekommen ist und was die Hoffnungen sind für den kommenden Abschnitt, kann helfen, sich selbst besser zu begreifen. Wo auch immer du stehst – irgendwie bist du dahingekommen, und irgendetwas erwartest du vom Leben. Wenn du anderen deine Geschichten in Ruhe erzählst, sie vielleicht ab und zu aufschreibst, können sich Einzelteile zu einem Zusammenhang fügen, in dem du spürst, wer du bist.

Wir leben nicht allein auf der Welt. In Freundeskreisen, in einer Musikband oder im Nachbarschaftsverein können wir erfahren, was es heißt, sich einzubringen, eine Rolle einzunehmen, einen Beitrag zu einem gemeinsamen Wir zu leisten – und dabei doch als einzigartige Person bestehen zu bleiben. Vielleicht können wir es anderen Menschen ermöglichen, sich auch in weniger persönlichen Gruppen auf ähnliche Weise zu entfalten, so dass immer mehr Bereiche entstehen, in denen Menschen sie selbst sein können, ohne sich dabei beweisen zu müssen.

Es ist auffällig, wie viele dieser Lernfelder private, nicht-berufliche, nicht-anonym-gesellschaftliche Kontexte betreffen. Dabei lassen sich all diese Prinzipien auch auf die Arbeitswelt und unser gesellschaftliches Zusammenleben übertragen. Bisher scheint es allerdings, als wären die Möglichkeiten dafür gering.

Das können wir ändern.

Gerade durch die Coronapandemie wurde deutlich: Alles könnte anders sein. Normalität ist eine überaus merkwürdige Sache. Während eine bestimmte Art von Normalität herrscht, ist es kaum vorstellbar, dass Strukturen umgeformt werden könnten. Wenn diese Normalität aber aufbricht, geht es auf einmal doch ganz schnell, und plötzlich gewöhnt man sich an eine neue Normalität. Eben noch war es eine abwegige Vorstellung, auch nur einen einzigen Arbeitsplatz zu gefährden, um Menschenleben beispielsweise vor dem Klimawandel zu retten. Zwei Monate später ist es völlig selbstverständlich, einen Wirtschaftskreislauf weitestgehend runterzufahren. Letztlich kann man nicht sagen, was Corona uns »gelehrt« hat. Es liegt an uns, der Welt einen Sinn abzugewinnen – und das geht nur gemeinsam. Aber zumindest haben wir nicht nur unsere Hilflosigkeit in Anbetracht eines biologischen Virus gespürt, wir haben auch unsere Handlungsfähigkeit erfahren. Da wurde das angeblich Unmögliche plötzlich möglich. Nicht alles davon ist gut gegangen, aber das ändert nichts an der wesentlichen Erkenntnis: Es geht, wenn man nur will.

Anstatt uns in angeblichen Sachzwängen zu verstricken und das Gegebene für gottgegeben hinzunehmen, können wir Strukturen umgestalten – in kaum vorstellbarem Maß. Wir können eine neue Normalität schaffen, in der unsere jetzige Normalität rückblickend schlicht absurd wirkt. Wir können voranschreiten, indem wir uns bewusst machen, was wirklich zählt.

Jeder Anfang beginnt bei uns selbst. Ausgerechnet Sinnkrisen haben aber meist einen egozentrischen Charakter und laden dazu ein, selbstmitleidig um sich selbst zu kreisen, wie es auch in der wehleidigen Philosophie des Nihilismus deutlich wird. Schluss damit! Als in sich gekehrte Sinnsuchende, die in ihrer ach so besonderen Persönlichkeit nach einer tieferen Offenbarung forschen, können wir keinen Erfolg haben. Er ist nicht in uns, der Sinn. Und genauso wenig liegt er irgendwo da draußen, als heiliger Gral, der in irgendeiner Höhle darauf wartet, von uns gefunden zu werden. Deshalb lasst uns diese ausweglosen Suchen vermeiden und gemeinsam einen Sinn schaffen, der wirklich ist.

DANKSAGUNG

Mit diesem Buch habe ich sehr viele Stunden meines Lebens verbracht. Es war eine lange Reise, und ich wäre nicht zum Ziel gekommen, hätte nicht diese Gedanken und Perspektiven entwickeln können, wäre ich nicht von so wunderbaren Menschen umgeben gewesen.

Vor allem dir, Masha, Maria Bogdanovskaia, danke ich für deine Geduld, du hast mir viel Kraft gegeben. Irgendwann im Jahr 2019 hatte ich den Punkt erreicht, als ich das Buch innerlich schon zum Ende geführt hatte – aber tatsächlich noch so viel Arbeit vor mir lag. Du hast mich in jeder nur erdenklichen Hinsicht unterstützt. Danke nicht nur für deine Partnerschaft in dieser Zeit, sondern auch für all die inhaltlichen Gespräche und deine klugen Überlegungen. Du warst meine wichtigste Begleiterin, Kritikerin und Ratgeberin auf diesem Weg. Dein Gespür für Kommunikation war in dieser Hinsicht unglaublich präzise, du hast mir gezeigt, welche Stellen gelungen sind und welche nicht. Das hat mir entscheidend geholfen, eine Sprache für dieses Buch zu finden.

Danke auch dir, Marco Weimer, für die Freundschaft und philosophische Partnerschaft. Viele Stunden haben wir gemeinsam an unseren jeweiligen Büchern geschrieben, in den Pausen immer im Austausch, haben uns gegenseitig Mut gemacht. Wir sind gewandert, haben diskutiert und nachgedacht. Manches davon ist in dieses Buch eingeflossen auf eine Weise, die ich im Detail gar nicht mehr nachvollziehen kann. Und vielleicht macht gerade das einen Dialog aus. Danke für all das und danke, dass du so beharrlich die Wichtigkeit des leiblichen Erlebens betont hast. Ohne dich hätte ich dieses Kapitel nicht geschrieben, und es ist eines meiner liebsten geworden.

Danke auch euch, Alexander Heindl und Benedikt Ewald, für eure Freundschaft und unsere philosophischen Diskussionsrunden. Eure wichtigen Anmerkungen sind in diesen Text eingeflossen, und gemeinsam haben wir die Theorien von Honneth, Reckwitz und Rorty nachvollzogen – die, wie ihr gemerkt haben werdet, auch dieses Buch geprägt haben.

Danke dir, Schwester, Maren Belinchon. Es ist verrückt, du hast zwar nie Auszüge dieses Buchs gelesen, aber deine Nachfragen in unseren Gesprächen haben mich doch wesentlich weitergebracht. Du besitzt die analytische Gabe, schon nach wenigen Minuten die kritischen Punkte zu erkennen, und hast mehrere Fragen gestellt, die mich anschließend wochenlang beschäftigt haben und für diese Theorieentwicklung wichtig waren.

Danke euch, Mama und Papa, ihr habt mir alles mit auf den Weg gegeben, was ich brauche, um in dieser Welt zu bestehen. Danke für eure bedingungslose Liebe, danke, dass wir so wunderbare Beziehungen auf Augenhöhe aufbauen konnten, die mich durch das Leben tragen.

Danke dir, Uschi, Ursula Nötzel, für deine Unterstützung in all den Jahren, für unsere gelebte, nahe und ehrliche Beziehung. Ich könnte mir keine bessere Tante vorstellen. Du stehst immer hinter mir.

Danke euch, meinen liebsten Freundinnen und Freunden. Euch beim Namen zu nennen, birgt leider die große Gefahr, damit gleichzeitig jemandem nicht gerecht zu werden. Ich vertraue darauf, dass ihr euch trotzdem angesprochen fühlt. Ihr wart immer für mich da, in leichten ebenso wie in chaotischen Phasen. Manche von euch sind wie Familie für mich. Ein so umfangreiches Buch zu schreiben ist ein Langstreckenlauf, der zwischendurch auch emotional einiges abverlangt. Ihr macht mich stark.

Danke den vielen, vielen Menschen, die meine Gedanken durch kluge Anmerkungen bereichert haben. In Bezug auf das hier behandelte Thema gilt mein besonderer Dank Johannes Winter, Julius Bahner, Tilman Santarius, Kirsten Meyer, Eva-Maria Guskar, Marie Lettau, Martin Rosie, Cecília Erismann und allen Teilnehmerinnen und Teilnehmern des Kolloquiums am Lehrstuhl sowie meiner eigenen Lehrveranstaltungen. Bei einem so langen Prozess ist es schlicht nicht möglich, sich an sämtliche Gespräche zu erinnern, die in meinen Gedankengang eingeflossen sind. Kein Mensch denkt ganz allein, unser Ich ist immer ein Ich im Wir, und dafür bin ich ganz allgemein dankbar.

Danke dir, Martin Kulik, du warst die erste Person, die dieses Projekt professionell begleitet hat und mir Mut gemacht hat, noch bevor ich eine Agentur oder einen Verlag gefunden hatte. Anschließend bist du mein Lektor geworden, hast viele Stunden in diesen Text investiert und mir beim Feinschliff geholfen. Danke für deine fundierten Ratschläge auf diesem Weg, die mir immer das Gefühl gegeben haben, in den besten Händen zu sein.

Danke meiner Agentin, Ulrike Melzer. Du hast an dieses Projekt geglaubt, auch nachdem es an anderer Stelle abgelehnt worden war. Deine professionelle Begleitung beim Exposé und dein Lektorat der Leseprobe haben mir ermöglicht, den richtigen Verlag zu finden. Ein solches Buch ist auch eine sehr persönliche Angelegenheit, von Anfang an habe ich mich damit bei dir aufgehoben gefühlt. Danke auch dem gesamten Team der Literarischen Agentur Simon für die Unterstützung dabei.

Danke an den Verlag S. Fischer, vor allem an Ulrike Holler. Du hast dieses Projekt auf deinen Schreibtisch bekommen, es angenommen und damit einen Vertrauensvorschuss für einen unbekannten Autoren geleistet. Nun hoffe ich, dem gerecht zu werden. Danke für das wunderbare Gefühl, das du mir von Anfang an vermittelt hast, beim richtigen Verlag zu sein. Danke auch für deine Geduld in all den Detailfragen rund um Titelfindung und Covergestaltung. Ein großer Dank außerdem an Alexander Roesler, Mirjam Schenk und Kerstin Seydler.

Danke, Tobias Stubbe, für deine professionelle, filmische Umsetzung meiner Buchvorstellung, die ebenfalls dabei geholfen hat, den richtigen Verlag zu finden.

Danke an die Personen, die Kontakte hergestellt haben oder mich anderweitig in praktischen Fragen beraten haben, darunter Ricarda Saul, Thorsten Glotzmann, Senthuran Varatharajah und Markus Bücheler.

Danke dir, Inga Lankenau, für die künstlerische Gestaltung des Covers, mit der ich sehr glücklich bin und den Inhalt des Buches perfekt »verpackt« sehe.

Danke den vielen Menschen, die mir Rückmeldung gegeben und geholfen haben, den richtigen Titel und das richtige Cover für dieses Buch zu wählen. Darunter auch das Team der Buchhandlung Bayerischer Platz – eure Einschätzung aus der Praxis war wichtig für mich. Ein besonderer Dank auch an dich, Jan Skordos, und deine Perspektiven aus professioneller Textersicht.

Danke an meinen Philosophielehrer aus Schulzeiten, Martin Brouwer. Wenn Ihr Unterricht nicht so anregend gewesen wäre, hätte ich vermutlich nicht Philosophie studiert – und insofern auch nicht dieses Buch geschrieben.

Ein Dank an alle Künstlerinnen und Künstler, insbesondere an RY X. Eure Musik hat mir geholfen, eine sprachliche Melodie in diesem Buch zu entwickeln. Ich hätte es nicht geschafft, all diese Seiten zu schreiben, ohne dabei von Musik getragen zu werden.

Ein Dank auch an all diejenigen, die so wunderschöne Orte auf diesem Planeten geschaffen haben, darunter Detlef Cratius und Bala, Martin Holterdorf, das Team von Nathanja & Heinrich sowie von Lerchen & Eulen und viele weitere Menschen, die Cafés, Bars, Pensionen, Waldhütten und anderes betreiben. Ich hätte dieses Buch nicht in Büros oder Bibliotheken schreiben können. Eure Liebe zum Detail hat Plätze ermöglicht, die mich inspiriert haben.

Ein Dank an alle Menschen dieser Gesellschaft. Vielleicht klingt es komisch oder auch kitschig, aber es scheint mir wichtig, das zur Sprache zu bringen, weil wir es so oft vergessen: Wäre ich gezwungen gewesen, mein Essen selbst zu ernten; die Wohnung, in der ich lebe, selbst zu bauen; für meine eigene Sicherheit zu sorgen und so weiter, hätte ich niemals die Zeit gehabt, irgendetwas zu schreiben. Es ist ebenso selbstverständlich wie entscheidend: Am Ende basiert auch ein philosophisches Buch auf Arbeitsteilung, und indirekt sind Tausende Menschen an der Entstehung beteiligt.

QUELLEN UND ERLÄUTERUNGEN

Abrufdatum für Internetquellen: 07.12.2021 (Sofern nicht abweichend angegeben.)

Vorwort: Wozu dieses Buch?

1 Allgemeine Bevölkerungsumfrage der Sozialwissenschaften (ALLBUS), 2013, aufgearbeitet durch Statista: »Häufigkeit des Nachdenkens über den Sinn des Lebens in Deutschland 2012«, online: https://de.statista.com/statistik/daten/studie/274799/umfrage/haeufigkeit-des-nachdenkens-ueber-den-sinn-des-lebens/.

2 Allensbacher Markt- und Werbeträgeranalyse (AWA), 2021, aufgearbeitet durch Statista: »Lebenseinstellung – Sinnfragen des Lebens 2021«, online: https://de.statista.com/statistik/daten/studie/455692/umfrage/umfrage-in-deutschland-zur-auseinandersetzung-mit-den-sinnfragen-des-lebens/.

Prolog: Im Zweifel

1 Ludwig Wittgenstein: *Tractatus logico-philosophicus*, 6.521.

2 Albert Camus: *Der Mythos von Sisyphos. Ein Versuch über das Absurde*, Hamburg: Rowohlt Taschenbuch Verlag, 1959, S. 15.

3 Angelehnt an Camus, ebd., S. 18.

Einleitung: Ein Kompass für unsere Reise

1 Friedrich Nietzsche: *Die fröhliche Wissenschaft. Neue Ausgabe mit einem Anhange: Lieder des Prinzen Vogelfrei*, Leipzig: Verlag von E. W. Fritzsch, 1887, Aphorismus 125, online: *Digitale Kritische Gesamtausgabe von Nietzsches Werken und Briefen (eKGWB)*, http://www.nietzschesource.org/#eKGWB/FW-125.

2 Sigmund Freud: »Eine Schwierigkeit der Psychoanalyse«, in: *Imago. Zeitschrift für Anwendung der Psychoanalyse auf die Geisteswissenschaften*, Bd. V, 1917, S. 1–7.

3 Simone de Beauvoir: *Das andere Geschlecht:* Sitte und Sexus der Frau, Reinbek bei Hamburg: Rowohlt Taschenbuch Verlag, 2000.

4 Siehe insb. Albert Camus: *Der Mythos von Sisyphos. Ein Versuch über das Absurde*, Reinbek bei Hamburg: Rowohlt Taschenbuch Verlag, 1959.

5 Siehe insb. Jean-Paul Sartre: *Der Ekel*, Reinbek bei Hamburg: Rowohlt Taschenbuch Verlag, 1982.

6 Encyclopædia Britannica, 2010, aufgearbeitet durch Statista: »Vertei-

lung der Weltbevölkerung nach Religionen 1900 und 2010«, online: https://de.statista.com/statistik/daten/studie/256878/umfrage/verteilung-der-weltbevoelkerung-nach-religionen/.

7 Gen 1,26, zitiert nach der Bibel in der Einheitsübersetzung, online: https://www.uibk.ac.at/theol/leseraum/bibel/gen1.html.

8 Nietzsche, a. a. O.

9 Aristoteles: *Metaphysik*, 982b. Vorher bereits ähnlich bei Platon in *Theaitetos*, 155d.

10 René Descartes: *Meditationen über die Grundlagen der Philosophie*, Hamburg: Felix Meiner, 2009.

11 Diese Aussage ist eine Umkehrung der Sätze von Wittgenstein: »Alles was sich aussprechen lässt, lässt sich klar aussprechen […] Wovon man nicht [klar] sprechen kann, darüber muss man schweigen.« (Wittgenstein, a. a. O., 4.116 und 7) Damit grenze ich mich von der Tradition der analytischen Philosophie ab, welche die Präzision philosophischer Analysen zum Fetisch macht. Dabei forderte schon Aristoteles, »in jeder Gattung der Dinge nur so viel Genauigkeit zu suchen, wie die Natur der Sache es zulässt«. (*Nikomachische Ethik*, 1094b) Denn sonst redet man schnell an der Sache vorbei, und das Ergebnis ist eine abstrakte Elfenbeinturm-Philosophie.

Warum bin ich hier?

1 Aristoteles: *Nikomachische Ethik* .

2 Jean-Paul Sartre: »L'existentialisme est un humanisme«, Paris: Editions Nagel, 1946. Des Textflusses willen mische ich die Übersetzung von Jean-Paul Sartre: »Der Existentialismus ist ein Humanismus«, in: *Der Existentialismus ist ein Humanismus: Und andere philosophische Essays*, Reinbek bei Hamburg: Rowohlt Taschenbuch Verlag, 2000, S. 145–192, S. 148 und die Übersetzung in Jean-Paul Sartre: *Drei Essays*, Frankfurt am Main: Ullstein, 1986, S. 9 f.

3 Sartre: »Der Existentialismus ist ein Humanismus«, a. a. O.

4 Wörtlich heißt es bei Anders: »Den Begriff verstehen wir erst dann, wenn wir uns klarmachen, dass ›Sinn‹ ursprünglich kein Abstraktum gewesen ist, sondern ein – wenn man so sagen darf – ›Psychologicum‹. Damit meine ich, dass die erste Frage nicht gelautet hat: ›Welchen Sinn *hat* dieses oder jenes?‹, sondern: ›Was hatte Gott, als er dies oder jenes schuf oder schickte oder auch nur zuließ, *im Sinne*?‹ Ohne die Unterstellung eines Im-Sinne-Habenden wäre die ursprüngliche Verwendung des Wortes ›Sinn‹ unsinnig gewesen.« – Günther Anders: »Die Antiquiertheit des ›Sinnes‹«, in: ders.: *Die Antiquiertheit des Menschen Bd. II: Über die Zerstörung des Lebens im Zeitalter der dritten industriellen Revolution*, München: C.H.Beck, 1980.

5 Vgl. hierzu auch A.J. Ayer: »The Claims of Philosophy«, in: E.D. Klemke/Steven M. Cahn (Hg.): *The Meaning of Life*, Oxford: Oxford University Press, 2008.

6 Vgl. hierzu auch die Unterscheidung zwischen »Endursachen« und »wirkenden Ursachen« bei Immanuel Kant, *Kritik der Urteilskraft*, B290.

7 Vgl. z.B. Jacques Monod: *Zufall und Notwendigkeit. Philosophische Fragen der modernen Biologie*, München: Piper, 1971.

8 Vgl. Bernd Kanitscheider: *Entzauberte Welt: Über den Sinn des Lebens in uns selbst. Eine Streitschrift*, Stuttgart: S. Hirzel, 2008, S. 44.

9 Walter T. Stace: »Der Mensch in der Finsternis«, in: Christoph Fehige/Georg Meggle/Ulla Wessels (Hg.): *Der Sinn des Lebens*, München: Deutscher Taschenbuch Verlag, 2000, S. 66.

10 Steven Weinberg: *The First Three Minutes*, New York: Basic Books. 1977, S. 148.

11 Steven Weinberg: *Der Traum von der Einheit des Universums*. München: Bertelsmann, 1993, S. 265.

12 Hannah Arendt: Vita activa oder Vom tätigen Leben, Müchen/Berlin: Piper, 2002, siehe z.B. S. 18.

13 Siehe z.B. *Myths from Mesopotamia. Creation, the Flood, Gilgamesh, and Others*, übers. und hg. von Stephanie Dalley, Oxford: Oxford University Press, 2000, S. 1–38.

14 Robert Nozick: »Philosophy and the Meaning of Life«, in: Robert Nozick: *Philosophical Explanations*, Cambridge (MA): Harvard University Press, 1981.

15 Bericht des Ausschusses für Bildung, Forschung und Technikfolgenabschätzung (18. Ausschuss) gemäß § 56a der Geschäftsordnung: Technikfolgenabschätzung (TA): Aktueller Stand und Entwicklungen der Präimplantationsdiagnostik, Drucksache 19/15000 des Deutschen Bundestags (19. Wahlperiode), 04.11.2019, online: https://www.bundestag.de/resource/blob/673602/8f43bccdf4768225d4a98bcb54e4e05c/19_15000-data.pdf.

16 Bertolt Brecht: »Geschichten von Herrn Keuner«, in: *Gesammelte Werke*, Bd. 16, hg. in Zusammenarbeit mit Elisabeth Hauptmann, Frankfurt am Main: Suhrkamp, 375–415, S. 377.

17 Siehe hierzu auch: Harry Frankfurt: »On the Usefulness of Final Ends«, in: *Iyyun: The Jerusalem Philosophical Quarterly* 41, Jan. 1992, S. 3–19.

18 Aristoteles: *Nikomachische Ethik*, a.a.O., 1094a.

19 Hans Albert: *Traktat über kritische Vernunft*, Tübingen: Mohr Siebeck, 1968.

Wohin führt das alles?

1 Die folgende Geschichte ist frei nacherzählt nach *Das Gilgamesch-Epos*, übers., kommentiert und hg. von Wolfgang Röllig, Ditzingen: Philipp Reclam jun., 2009. Wörtliche Zitate wurden entnommen von S. 36, 39, 40, 41, 44, 45.

2 Eine Paraphrasierung von: »Kummer ist in mein Herz eingezogen! Den Tod beginne ich zu fürchten« *Das Gilgamesch-Epos*, a. a. O., S. 92.

3 Damit folge ich der vermutlich gängigsten Interpretation von Platons Ideenlehre. Es gibt allerdings auch alternative Deutungen. Siehe Samuel Rickless: »Plato's Parmenides«, in: *The Stanford Encyclopedia of Philosophy* (Spring 2020 Edition), hg. von Edward N. Zalta, online: https://plato.stanford.edu/entries/plato-parmenides.

4 Zu dieser Interpretation von Aristoteles siehe auch Richard Rorty: *Kontingenz, Ironie und Solidarität*, Frankfurt am Main: Suhrkamp, 1992, S. 52–58.

5 K.P. Schroder/Robert Connon Smith: »Distant Future of the Sun and Earth Revisited«, in: *Monthly Notices of the Royal Astronomical Society* 386 (1), 2008, S. 155–163.

6 Nach der Übersetzung von Raphael Löwenfeld, Leo N. Tolstoi: *Meine Beichte*, durchgesehene Neuausgabe mit Anmerkungen und einem Nachwort von Evelies Schmidt, München: Diederichs, 1990.

7 Zitat folgt der Übersetzung von Olof Gigon, z. B. in *Ich denke, also bin ich. Grundlagentexte der Philosophie*, eingeleitet und kommentiert von Ekkehard Martens, München: C.H.Beck, 2000, S. 81.

8 Vgl. Wittgenstein, a.a. O., 6. 4311. Hier heißt es: »Der Tod ist kein Ereignis des Lebens. Den Tod erlebt man nicht.«

9 Zur Unterscheidung zwischen Angst und Furcht vgl. Søren Kierkegaard: *Der Begriff Angst*, z. B. Reclam, 1992 und Martin Heidegger: *Sein und Zeit*, z. B. mit einführendem Kommentar von Andreas Luckner, Paderborn: UTB, 2001.

10 Koh 1, 3-4 sowie Koh 2, 16-17 (Zürcher Bibel).

11 So die Vorstellung einer Entelechie bei Aristoteles.

12 Viktor E. Frankl: *… trotzdem Ja zum Leben sagen. Ein Psychologe erlebt das Konzentrationslager*, München: Penguin, 2018, S. 104.

13 Frankl, ebd., S. 112.

14 In der Philosophie greifen insbesondere nihilistische Positionen diesen negativen Ausgangspunkt auf. Eines der Kernargumente lautet: Weil es auf nichts hinausläuft, ist das menschliche Dasein sinnlos. Dies ist jedoch kein sauberes Argument, weil implizit bereits vorausgesetzt wird, unser Dasein sei (im Hier und Jetzt) sinnlos – und müsse daher auf irgendetwas hinauslaufen. Die düstere Konklusion im Nihilismus ergibt sich unmittelbar aus einer düsteren Prä-

misse –, welche wiederum der philosophischen Analyse nicht standhält.

15 Heinrich Böll: »Anekdote zur Senkung der Arbeitsmoral«, in: ders.: *Romane und Erzählungen*, Bd. 4, hg. von Bernd Balzer, Köln: Kiepenheuer & Witsch, 1977, S. 267–269. Die nun folgende Darstellung ist eine Nacherzählung.

16 Mit diesen Ausführungen orientiere ich mich an den Grundgedanken der Akteur-Netzwerk-Theorie, wie sie vor allem von Bruno Latour entwickelt wurde. Vgl. Bruno Latour: *Eine neue Soziologie für eine neue Gesellschaft. Einführung in die Akteur-Netzwerk-Theorie*, Frankfurt am Main: Suhrkamp, 2007.

17 So ein gängiges Argument. Dabei handelt es sich allerdings nicht – wie generell nicht in der Ökonomik – um ein unveränderliches Naturgesetz. Vielmehr hängt die Dynamik von zahlreichen Rahmenbedingungen ab, welche in Teilen auch gestaltbar sind. Eine treffende und knappe Zusammenfassung bietet: »Die zwei Seiten der Medaille«, Konzeptwerk Neue Ökonomie/Fairbindung, online: https://www.endlich-wachstum.de/wp-content/uploads/2015/09/Kapitel-1_Medaillen_Arbeitsplätze.pdf.

18 Hartmut Rosa nennt diese gesellschaftliche Architektur eine »dynamische Stabilisierung«. Gemeint ist damit, dass Steigerung, Beschleunigung und Wachstum – also eine Dynamik – notwendig sind, um das System zu stabilisieren. Siehe Hartmut Rosa: *Resonanz. Eine Soziologie der Weltbeziehung*, Berlin: Suhrkamp, 2016, insb. S. 517–522.

19 »Hartmut Rosa über die Macht der Beschleunigung«, Interview, geführt von Lisa Ruhwinkel, Goethe-Institut Brüssel, Mai 2014, online: https://www.goethe.de/ins/be/de/kul/mag/20575009.html.

20 John Maynard Keynes: »Economic Possibilities for our Grandchildren (1930)«, in: *Essays in Persuasion*, S. 358–373. New York: W.W.Norton & Co., 1963.

21 John Stuart Mill: *Grundsätze der Politischen Ökonomie 3. Bd. 7*, in: Theodor Gomperz (Hg.): *Gesammelte Werke*, Leipzig: Fues, 1869, S. 60.

22 Siehe Mill, ebd., S. 63.

23 Siehe z. B. Thomas Piketty: *Das Kapital im 21. Jahrhundert*, München: C.H. Beck, 2016.

24 Siehe z. B. Tomas Sedlacek: Economics of Good and Evil: The Quest for Economic Meaning from Gilgamesh to Wall Street, Oxford/New York: Oxford University Press, 2011, S. 231–248.

25 Tilman Santarius: *Der Rebound-Effekt*, Marburg: Metropolis, 2015.

26 Einige Sätze habe ich wörtlich übernommen aus einem früheren Artikel von mir zu diesem Thema. Siehe Christian Uhle: »Digitalisierung jenseits von Erlösung und Apokalypse«, in: *DER TAGESSPIEGEL*, Aus-

gabe Nr. 23951, 20.09.2019, S 8, online: https://causa.tagesspiegel.de/gesellschaft/wie-viel-computer-braucht-der-mensch/alexa-ist-nur-eine-leistungsfaehige-statistikmaschine.html.

27 Dieses Phänomen ist in den Verkehrswissenschaften unter dem Begriff *Constant Travel Time Budget* oder *Marchetti's constant* bekannt. Eine Zusammenfassung ist auf dem hervorragenden Blog *Zukunft Mobilität* zu finden. Martin Randelhoff: »[Grundlagenwissen] Das konstante Reisezeitbudget«, auf: *Zukunft Mobilität* (hg. von Martin Randelhoff), 11.05.2016/07.03.2018, online: https://www.zukunft-mobilitaet.net/5299/analyse/konstantes-reisezeitbudget-marchetti-konstante-verkehrsgenese-yacov-zahavit.

28 José Ortega y Gasset: *Betrachtungen über die Technik. Der Intellektuelle und der andere*, Stuttgart: Deutsche Verlags-Anstalt, 1949.

29 Michael Ende: *Momo oder Die seltsame Geschichte von den Zeit-Dieben und von dem Kind, das den Menschen die gestohlene Zeit zurückbrachte*, Stuttgart: Thienemann, 2005. Die hier zitierten Stellen sind zu finden auf S. 63, S. 74, S. 75. Zu den kommenden Ausführungen siehe auch Christian Uhle: »Momo in Zeiten der Digitalisierung«, in: *transform*, 12.07.2017, online: https://transform-magazin.de/momo-in-zeiten-der-digitalisierung/.

30 Anders, a. a. O.

31 Mit dieser Formulierung orientiere ich mit an den Science and Technology Studies.

32 Den Begriff des Homo ludens habe ich übernommen von Johan Huizinga: *Homo ludens. Vom Ursprung der Kultur im Spiel*, hg. von Andreas Flitner, Reinbek: Rowohlt, 2009.

33 Mihály Csíkszentmihályi: *Flow: Das Geheimnis des Glücks*, Stuttgart: Klett-Cotta, 2017.

34 Friedrich Schiller: *Über die ästhetische Erziehung des Menschen in einer Reihe von Briefen*, hg. von Klaus L. Berghahn, Stuttgart: Reclam, 2008.

35 Moritz Schlick: »Vom Sinn des Lebens«, in: Fehige u. a., a. a. O., S. 309–322.

36 Wenngleich das vermutlich vor allem für Männer gilt. Hier ist die Kommerzialisierung des Fußballs ungleich weiter fortgeschritten.

37 Schlick, a. a. O.

38 Es droht ein Teufelskreis: Wenn wir nur in die Zukunft blicken und etwas Besseres anstreben, kann das unzufrieden machen. Und diese Unzufriedenheit über die Gegenwart kann wiederum die Suche nach etwas Besserem befeuern.

39 Natürlich führt kaum ein Mensch ein Leben, in dem jeder einzelne Moment wie eine Kette aus Dominosteinen streng logisch als Mittel einer Zukunft dient, die irgendwann durch den Tod unterbrochen

wird. Das Problem ist insofern weniger ein analytisches als vielmehr ein psychologisches. Wer nur nach vorne schaut, verpasst sein Leben.

40 Irvin D. Yalom: *In die Sonne schauen. Wie man die Angst vor dem Tod überwindet*, München: btb, 2008, S. 42.

41 Eine solche Situation habe ich persönlich auf einer Reise erlebt.

42 Ein schönes Zitat von Wittgenstein schlägt den Bogen zu unserem Ausgangspunkt in diesem Kapitel: »Wenn man unter Ewigkeit nicht unendliche Zeitdauer, sondern Unzeitlichkeit versteht, dann lebt der ewig, der in der Gegenwart lebt.« (Wittgenstein, a. a. O., 6.4311)

43 Zu den Begriffen der »Eigentlichkeit«, »Uneigentlichkeit« und des »man« vgl. auch Heidegger, ebd. (*Sein und Zeit*). Allerdings wurde diese Bedeutung des Begriffs »Eigentlichkeit« auch vor Heidegger bereits verwendet, z. B. in Heinrich Mann: *Der Untertan*, München: Deutscher Taschenbuch Verlag, 1964: »Der eigentliche Diederich, der, der er hätte sein sollen, sprach wahr.« (S. 59)

Was ist wirklich wichtig?

1 Diese beiden Arten von Sinn können auch miteinander verknüpft sein, wenn man spielerisch wertvolle Ziele verfolgt.

2 Die Begriffe »Glück« und »Freude« verwende ich synonym, weil sich dieses Kapitel mit einem hedonistischen Verständnis des guten Lebens auseinandersetzt, dem ich auch weitestgehend folge. Dabei unterscheide ich allerdings das *gute* vom *sinnvollen* Leben.

3 Das Streben nach Glück bzw. Lust oder Freude und das Vermeiden von Unglück bzw. Unlust verstehe ich, dem Utilitarismus folgend, als ein und dieselbe Motivation. Es sind verschiedene Eckpunkte auf derselben Werteachse.

4 Meine eigene, recht freie Übersetzung von John Stuart Mill: *Utilitarianism*, London: Parker, Son & Bourn, West Strand, 1863, Kap. 4. Dort steht im Original: »[T]here is in reality nothing desired except happiness. Whatever is desired otherwise than as a means to some end beyond itself, and ultimately to happiness, is desired as itself a part of happiness, and is not desired for itself until it has become so. […] human nature is so constituted as to desire nothing which is not either a part of happiness or a means of happiness […] mankind do desire nothing for itself but that which is a pleasure to them, or of which the absence is a pain … So obvious does this appear to me, that I expect it will hardly be disputed.«

5 Einen guten, wenngleich natürlich nicht erschöpfenden Überblick bietet der Sammelband Alexander Batthynany/ Pninit Russo-Netzer (Hg.), *Meaning in Positive and Existential Psychology*, New York: Springer Science+Business Media, 2014.

6 Siehe z. B.: Ranae J. Evenson/Robin W. Simon (2005): »Clarifying the relationship between parenthood and depression«, in: *Journal of Health and Social Behavior*, Vol. 46, S. 341–358. Mit ähnlichem Endergebnis, aber differenzierter siehe z. B. Jennifer Glass/ Robin W. Simon/ Matthew A. Andersson: »Parenthood and Happiness: Effects of Work-Family Reconciliation Policies in 22 OECD Countries«, in: *American Journal of Sociology*, Vol. 122(3), 2016, S. 886–929. Explizit auf den Einfluss des Alters geht auch ein: Berit Brogaard: »Does Being a Parent Really Make You Happier?«, in: *Psychology Today*, 05. 02. 2015, online: https://www.psychologytoday.com/us/blog/the-mysteries-love/201502/does-being-parent-really-make-you-happier. Es gilt zu beachten, dass sich die Erhebungen auf Personen in »westlichen« Ländern beziehen und nicht zwingend auch globale Geltung haben!

7 Nur ein Beispiel: S. Katherine Nelson/ Kostadin Kushlev/Tammy English/ Elizabeth W. Dunn/ Sonja Lyubomirsky: »In defense of parenthood: children are associated with more joy than misery«, in: *Psychological Science*, Vol. 24(1), 2013, S. 3–10.

8 Wertvoll scheint mir in diesem Kontext die Studie: S. Katherine Nelson/ Kostadin Kushlev/ Sonja Lyubomirsky: »The Pains and Pleasures of Parenting: When, Why, and How Is Parenthood Associated With More or Less Well-Being?«, in: *Psychological Bulletin*, 140(3), 2014, S. 846–895. Hier wird recht differenziert untersucht, welche Faktoren sich wie auf Glücksniveau und Sinnempfinden auswirken können.

9 Siehe ebd.

10 Quelle: John F. Helliwell/ Richard Layard/Jeffrey Sachs/Jan-Emmanuell De Neve (Hg.): *World Happiness Report 2020*, New York: Sustainable Development Solutions Network, 2020. Ich habe absichtlich die vorsichtige Formulierung »bewerten ihr Leben positiver« verwendet und nicht von »glücklicher« gesprochen. Denn wenn man etwas genauer hinschaut, bezieht sich der *World Happiness Report* nicht auf *happiness* im Sinne positiver Emotionen, sondern auf die Angabe allgemeiner Lebenszufriedenheit. Kurz und treffend geht folgender lesenswerte Artikel auf die methodischen Unterschiede ein: Jon Clifton: »Who are the happiest people in the world? The Swiss or Latin Americans?«, in: *Diplomatic Courier*, 23. 04. 2015, online: https://www.diplomaticourier.com/posts/who-are-the-happiest-people-in-the-world-the-swiss-or-latin-americans.

11 Shigehiro Oishi/Ed Diener: »Residents of Poor Nations Have a Greater Sense of Meaning in Life Than Residents of Wealthy Nations«, in: *Psychological Science*, Vol 25(2), 2014, S. 422–430.

12 Sowohl der *World Happiness Report* wie auch die zitierte Studie von Oishi/Diener basieren auf Rohdaten von Gallup.

13 Das ist natürlich eine grobe Tendenz, basierend auf den Daten der WHO für das Jahr 2016. Quelle: https://apps.who.int/gho/data/node.sdg.3-4-viz-2?lang=en. Diese Tendenz spiegelt sich übrigens auch innerhalb der USA wider. Siehe: Mary C. Daly/ Andrew J. Oswald/ Daniel J. Wilson: »Dark Contrasts: The Paradox of High Rates of Suicide in Happy Places«, in: *Journal of Economic Behavior & Organization*, Vol. 80(3), 2011.

14 Rosemarie Kobau/ Joseph Sniezek/Matthew M. Zack/ Richard E. Lucas/ Adam Burns: »Well-Being Assessment: An Evaluation of Well-Being Scales for Public Health and Population Estimates of Well-Being among US Adults«, in: *Applied Psychology: Health and Well-Being*, Vol. 2(3), 2010, S. 272–297. Einbezogen in die Angabe »fast ein Viertel« sind all diejenigen, die der Aussage *I have a good sense of what makes my life meaningful* nicht zugestimmt haben, also auch diejenigen, die *neutral* angekreuzt haben.

15 Togo und Sierra Leone nehmen Schlussplätze ein in der Lebenszufriedenheit (Togo: Platz 135 von 153, Sierra Leone: Platz 139 von 153.) – siehe *World Happiness Report*, Abbildung 2.1. Übrigens: Nicht nur in Bezug auf die Zufriedenheit stehen diese Länder schlecht da, auch in Bezug auf die Empfindung negativer Emotionen. Siehe: *Gallup Global Emotions Report 2020* (Hg. von Gallup), online: https://www.gallup.com/analytics/324191/gallup-global-emotions-report-2020.aspx.

16 Roy F. Baumeister/ Kathleen D. Vohs,/Jennifer L. Aaker/ Emily N. Garbinsky: »Some key differences between a happy and a meaningful life«, in: *The Journal of Positive Psychology*, Vol. 8(6), 2013, S. 505–516.

17 In der Wissenschaftstheorie wird dieses Problem als Theoriebeladenheit der Beobachtung bezeichnet. Es existiert eine lebhafte Debatte, inwieweit der Objektivitätsanspruch in den empirischen Wissenschaften gerechtfertigt werden kann. Für einen guten und zugänglichen Überblick siehe: Alan F. Chalmers (2001): *Wege der Wissenschaft. Einführung in die Wissenschaftstheorie*, 5. überarbeitete Auflage, hg. von Niels Bergemann und Christine Altstötter-Gleich, Berlin/Heidelberg: Springer. Außerdem: James Bogen: »Theory and Observation in Science«, in: *Edward N. Zalta (Hg):The Stanford Encyclopedia of Philosophy* (Winter 2020 Edition), online: https://plato.stanford.edu/archives/win2020/entries/science-theory-observation.

18 Um das für unseren Fall zu verdeutlichen: Mal angenommen, eine Person vertritt die Theorie, dass der Sinn des Lebens darin besteht, möglichst viel zu philosophieren. Dann könnte diese Person erforschen, wie häufig Menschen in verschiedenen Ländern philosophieren und insofern messen, wie sinnvoll ihr Leben ist. Das wäre ein interessantes Projekt. Aber die ursprüngliche Theorie lässt sich auf diesem Weg weder

beweisen noch widerlegen. Natürlich könnte man der Person widersprechen und sagen: »Warum sollte ausgerechnet Philosophie der Sinn des Lebens sein? Das klingt eingebildet und unplausibel!« Ein berechtigter Einwand. Aber an dieser Stelle geht es eben nicht mehr um Daten. Hier verlässt man die empirische Forschung und betritt das Terrain der Philosophie.

19 Robert Nozick: *Anarchy, State, Utopia*, New York: Basic Books, 1974.

20 Einen Überblick über verschiedene Studien zu dieser Frage sowie eigene Forschungsergebnisse bietet: Frank Hindriks/Igor Douven: »Nozick's experience machine: An empirical study«, in: *Philosophical Psychology*, Vol. 31(2), 2018, S. 278–298.

21 16 Prozent der Befragten gaben an, das Angebot annehmen zu wollen in: Dan Weijers: »Nozick's Experience Machine is Dead, Long Live the Experience Machine!«, in: *Philosophical Psychology* Vol. 27(4), 2014, S. 513–535. 29 Prozent in der genannten Studie von Hindriks/Douven.

22 Diese Aussage ist als philosophisches Argument zu verstehen. In der Realität können Psychopharmaka in Verbindung mit einer Therapie wichtige Mittel sein, um überhaupt den emotionalen Raum zu eröffnen, konstruktiv nach Orientierung zu suchen.

23 Siehe auch: Tatjana Schnell: *Psychologie des Lebenssinns*, 2. Überarbeitete und erweiterte Auflage, Berlin: Springer, 2020, Kap. 11.

24 Eine umfassende Übersicht über die empirische Forschung zu Sinnkrisen (bis 2005) bietet: Alexander Batthyany/ David Guttmann: *Empirical Research in Logotherapy and Meaning-Oriented Psychotherapy: An Annotated Bibliography*, Phoenix: Zeig, Tucker & Theisen, 2005. Meine Aussage zur verbesserten Lebenserwartung basiert auf der in diesem Buch entfalteten Konzeption, was Sinn überhaupt ist, nämlich wesentlich ein Handeln aus Menschenliebe. Die damit einhergehende höhere Lebenserwartung wurde empirisch bestätigt. Eine Übersicht bietet: Thomas William Nielsen: »Finding the Keys to Meaningful Happiness: Beyond Being Happy or Sad is to Love«, in: *Meaning in Positive and Existential Psychology*, Kap. 6.

25 Eigene Übersetzung. Im Original heißt es: »Those only are happy, who have their minds fixed on some object other than their own happiness; on the happiness of others, on the improvement of mankind, even on some art or pursuit, followed not as a means, but as itself an ideal end. Aiming thus at something else, they find happiness by the way.« Aus John Stuart Mill: *Autobiography*, London: Penguin Books, 1989, S. 117.

26 Die empirische Beweislage ist noch nicht hinreichend, aber es gibt bereits deutliche Anhaltspunkte. Siehe z. B. Iris B. Mauss,/Nicole S. Savino/ Craig L. Anderson/Max Weisbuch/Maya Tamir/ Mark L. Laudenslager: »The pursuit of happiness can be lonely«, in: *Emotion*, Vol. 12(5), 2012,

S. 908–912; Iris B. Mauss/Maya Tamir/Craig L. Anderson/ Nicole S. Savino: »Can Seeking Happiness Make People Happy? Paradoxical Effects of Valuing Happiness«, in: *Emotion*, Vol. 11(4), 2011, S. 807–815; Brett Q. Ford/ Amanda J. Shallcross/ Iris B. Mauss/ Victoria A. Floerke/June Gruber: »Desperately seeking happiness: Valuing happiness is associated with symptoms and diagnosis of depression«, in: *Journal of Social and Clinical Psychology*, Vol. 33(10), 2014, S. 890–905; Jonathan W. Schooler/Dan Ariely/George Loewenstein: »The Pursuit and Assessment of Happiness can be Self-Defeating«, in: Isabelle Brocas/ Juan D. Carrillo (Hg.): *The Psychology of Economic Decisions: Vol. 1: Rationality and Well-Being*, Oxford: Oxford University Press, 2003, S. 41–70.

27 Das wird auch durch psychologische Forschungen bestätigt: »As a large number of research papers published from the 1970 s onward demonstrate, they produced ample evidence that suggests that the will to meaning cannot be deduced from or reduced to other psychological variables, but is a motivation in its own right.« — Alexander Batthyany/ Pninit Russo-Netzer: »Psychologies of Meaning«, in: *Meaning in Positive and Existential Psychology*, a. a. O., S. 6.

28 Karl Groos: *Die Spiele der Menschen*, Jena: Gustav Fischer, 1899, S. 489. Seine Formulierung legt nahe, dass er den genannten Begriff von A. I. Sikorski übernommen hat oder zumindest an ihn anlehnt.

29 Das Konzept der Selbstwirksamkeit wurde entwickelt von Albert Bandura: »Self-efficacy: Toward a Unifying Theory of Behavioral Change«, in: *Psychological Review*, Vol. 84 (2), 1977, S. 191–215.

30 Michael I. Norton/Daniel Mochon/ Dan Ariely: »The IKEA effect: When labor leads to love«, in: *Journal of Consumer Psychology*, Vol. 22(3), 2012, S. 360–453. Die Ergebnisse dieser Studie konnten repliziert werden von Marko Sarstedt/Doreen Neubert/Kati Barth: »The IKEA Effect: A Conceptual Replication«, in: *Journal of Marketing Behavior*, Vol. 2, 2016, S. 307–312.

31 Ähnlich argumentiert auch die Psychologieprofessorin und Sinnforscherin Tatjana Schnell auf Grundlage ihrer empirischen Untersuchungen. Sie bezeichnet diese Bedingung als *Bedeutsamkeit* und bezieht sich dabei ebenfalls auf Bandura. Siehe Tatjana Schnell, a. a. O., S. 10.

32 Dieser Überzeugung ist z. B. Sartre, wenn er schreibt: »[D]as Leben hat a priori keinen Sinn. Bevor Sie leben, ist das Leben nichts, es ist an Ihnen, ihm einen Sinn zu geben, und der Wert ist nichts anderes als dieser Sinn, den Sie wählen.« Vgl. Sartre: »Der Existenzialismus ist ein Humanismus«, a. a. O., S. 174.

33 Harry G. Frankfurt: *Gründe der Liebe*, Frankfurt am Main: Suhrkamp, 2005/2016.

34 So auch: Frankfurt, a. a. O., S. 23.

35 Ebd., S. 66.

36 Frankfurt, a. a. O.; Susan Wolf: *Meaning in Life and Why It Matters*, Princeton: Princeton University Press, 2010.

37 Susan Wolf, »Meaningfulness: A Third Dimension of the Good Life«, in: *Foundations of Science*, 2014, S. 1–17, S. 11.

38 Susan Wolf: »Meaning in Life«, in: Wolf, *a. a. O.*, S. 1–33, S. 8.

39 Siehe insb. Wolf: *Meaning in Life and Why It Matters*, a. a. O., S. 36–48 und Thaddeus Metz: *Meaning in Life. An Analytic Study*, Oxford: Oxford University Press, 2013.

40 Siehe Wolf: »Meaningfulness: A Third Dimension of the Good Life«, a. a. O., S. 13 und Wolf: *Meaning in Life and Why It Matters*, a. a. O., S. 47.

41 Sigmund Freud: *Die Zukunft einer Illusion*, Berlin: Europäischer Literaturverlag, 2014, S. 14.

42 Stace: »Der Mensch in der Finsternis«, a. a. O., S. 67.

43 Zumindest aus seinen expliziten Ausführungen über den *télos* geht das hervor. Weil Aristoteles *télos* und *eudaimonia* gleichsetzt und ein vielschichtiges Verständnis von *eudaimonia* hat, ließe sich auch argumentieren, dass sein Sinnverständnis komplexer ist als hier dargestellt.

44 Dass aktuell mehr als die Hälfte der Weltbevölkerung homophobe Einstellungen hat und auch die hier genannte Intuition teilt, ist eine Annahme, die empirisch gestützt wird z. B. durch Richard Florida: »The Global map of Homophobia«, in: *Bloomberg CityLab*, 07. 02. 2014, online: https://www.bloomberg.com/news/articles/2014-02-07/the-global-map-of-homophobia.

45 Diese schöne Formulierung stammt von Axel Honneth: *Das Ich im Wir: Studien zur Anerkennungstheorie*, Berlin: Suhrkamp, 2010.

46 Daniel Kahneman: *Thinking, Fast and Slow*, London u. a.: Penguin Books, 2012, S. 59–70.

47 Eigene Übersetzung von Bruno S. Frey: »Well-Being and War«, in: *International Review of Economics*, Vol. 59(4), 2012, S. 363–375. Im Original heißt es: »Persons who have experienced war often refer to a feeling of happiness due to the solidarity emerging and even more importantly due to the common effort and shared purpose.«

48 Dieser Zusammenhang wurde erstmals beschrieben von Émile Durkheim: *Le suicide. Étude de sociologie*, Paris: Félix Alcan, 1897 und seitdem häufig bestätigt. Er scheint nicht nur bei internationalen Kriegen, sondern auch bei intranationalen Bürgerkriegen zu bestehen, wie für Sri Lanka gezeigt wurde von Takeshi Aida: »Revisiting suicide rate during wartime: Evidence from the Sri Lankan civil war«, in: *PloS ONE*, Vol. 15 (10), 2020, https://doi.org/10.1371/journal.pone.0240487.

49 Diese Formulierung ist eine Anspielung auf die Ansprache von Winston Churchill am 13.05.1940 vor dem britischen Unterhaus. Die Rede ist bekannt auch unter dem Namen »Blood, Toil, Tears and Sweat«.

50 Vgl. Thomas Nagel: *Der Blick von nirgendwo*, Frankfurt am Main: Suhrkamp, 2012.

51 Die hier dargestellte Antwort auf die Frage nach einem zweckhaften Sinn habe ich 2016 im Rahmen meiner Masterarbeit entwickelt. Auch Terry Eagleton kommt – allerdings mit einer ganz anderen Hinführung – in seinen Überlegungen über den Lebenssinn auf das Agape-Konzept zu sprechen, das auch bei ihm einen zentralen Stellenwert einnimmt.

52 Die Begriffe Agape und Nächstenliebe wurden sowohl im antiken Griechenland wie auch in der christlichen Theologie teils anders verstanden. Eine Auseinandersetzung mit den Begriffsgeschichten ist hier aber nicht relevant. Die beiden Begriffe scheinen mir einfach am besten geeignet, um der hier dargestellten Haltung einen Namen zu geben, weil es bereits deutliche semantische Schnittmengen gibt.

53 Beziehe ich mich fürsorglich auf einen Mitmenschen, dann habe ich die *Überzeugung*, dieser Mensch sei meiner Sorge wert. Es erwächst daraus der *Wunsch*, der Person möge es gut gehen. Von seiner Situation bin ich betroffen, das heißt, ich habe *Emotionen*, die im Wechselspiel mit meinen Überzeugungen und Wünschen entstehen. Auf dieser Grundlage *handele* ich und handele nicht aus Eigeninteresse oder aus Pflichtgefühl, sondern *um der anderen Person* willen. Weil diese Sorge ganzheitlich ist und nicht bloß ein äußerlich sichtbares Tun, kann sie als *Haltung* verstanden werden. Eine solche Haltung ist eine im Laufe des Lebens zwar *veränderliche*, doch *situationsübergreifende* Bezugnahme. Sie besteht fort, auch wenn man schläft oder spazieren geht. Sie ist eine Grundeinstellung, ein Kompass, eine Bezogenheit auf Mitmenschen. Ihr entspringt ein fürsorgliches Verhalten. Ohne ein solches Verhalten wäre die Haltung leer.

54 Ronald D. Gerste: »Die Lobotomie: Wie ein Relikt aus finsterer Zeit«, in: *Deutsches Ärzteblatt*, 105 (18), 2008, A945-A946.

55 Idealtypisch also entwickeln die sorgende und die umsorgte Person eine *gemeinsame* Vorstellung davon, was es in dem konkreten Fall heißt zu sorgen. Dafür bedarf es eines *Dialogs*. An einem solchen dialogischen Modus der Sorge sind beide Personen in ihrer Individualität beteiligt.

Ein solcher Dialog ist nicht immer lang und ausführlich. Oftmals führt schon die simple Frage: *Wie kann ich dir helfen?* zu einer Klärung des Fürsorgebedarfs. Und manchmal ist die Situation so klar, dass selbst ein solch zweizeiliger Minidialog nicht notwendig ist. Wenn ein Kind vor uns hinfällt, dann helfen wir ihm auf, sein Weinen ist uns Information genug. Bei aller Vielfalt haben wir Menschen viele Gemeinsamkeiten und teilen basale Vorstellungen vom Guten. Auf dieses Gemeinsame können wir uns jedoch nicht *blind* verlassen, denn es gibt immer Ausnahmen und Menschen, die nicht in dieses Raster passen.

56 Siehe schon den Verweis auf die Studie von Baumeister et al. Im Kapitel »Ist Glück der Sinn des Lebens?« sowie den mit wiederum durch viele Quellen gestützten Beitrag von Nielsen: »Finding the Keys to Meaningful Happiness«. Ein lesenswerter, ebenfalls gut hinterlegter Artikel, ist außerdem: Elizabeth Hopper: »Can Helping Others Help You Find Meaning in Life?«, in: *Greater Good Magazine* (hg. von Greater Good Science Center, University of California, Berkeley), 16.02.2016, online: https://greatergood.berkeley.edu/article/item/can_helping_others_help_you_find_meaning_in_life. Siehe außerdem: Tatjana Schnell: »Deutsche in der Sinnkrise? Ein Einblick in die Sinnforschung mit Daten einer repräsentativen Stichprobe«, in: *Journal für Psychologie* Vol. 16 (3), 2008. Hier wird Fürsorge (verstanden als Lebensbedeutung) als wesentlicher Faktor für den subjektiven Sinn im Leben identifiziert.

57 Erich Fromm: *Die Kunst des Liebens*, Frankfurt am Main: Ullstein, Abschnitt »Objekte der Liebe« (S. 57 in der 45. Auflage von 1993).

58 Das lässt sich auch empirisch belegen. Siehe z. B. die bereits zitierte Studie von Baumeister et al., a. a. O., sowie unzählige Untersuchungen zum positiven Effekt, anderen etwas zu geben, für den eigenen Lebenssinn, die eigene psychische und auch physische Gesundheit. Für Referenzen siehe Nielsen, ebd.

59 »Objektive Werte« sind also nicht unabhängig von *jedem* Subjekt, sondern unabhängig vom *handelnden* Subjekt. Vgl. dazu auch Thomas Nagel: »Vieles von dem jedoch, was auf der Welt Wert und Bedeutung hat, wird nur aus der Innenansicht einer bestimmten Lebensform unmittelbar verständlich, und diese Tatsache kann auch aus der Sicht von außen anerkannt werden. Dass der Witz einer Sache aus einer rein objektiven Perspektive nicht zu verstehen ist, rechtfertigt nicht den Schluss, dass sie objektiv witzlos sei.« Thomas Nagel: »Wichtigkeit«, in: Fehige u a., a. a. O., S. 219–228, S. 224. Auch die »äußere Sicht muss die vielen anderen wirklichen und möglichen subjektiven Werte anerkennen«. Ebd., S. 225.

60 J. Stuart Bunderson/Jeffery A. Thompson: »The Call of the Wild: Zookeepers, Callings, and the Double-edged Sword of Deeply Meaningful Work«, in: *Administrative Science Quarterly* Vol. 54 (1), 2009, S. 32–57.

61 Wiederum andere kämpfen aus Eigeninteresse gegen Ungerechtigkeiten, etwa um bewundert zu werden. Und dann gibt es noch Personen, für die dieser Kampf irgendwann zum Selbstzweck geworden ist. Im

letzten Fall hat sich wieder mal ein Luftschloss eingeschlichen. Und auch wenn es sehr viel schädlichere Luftschlösser als dieses gibt, hat *sogar* dieses seine Schattenseiten. Denn vergisst man, dass es auch beim Kampf gegen Ungerechtigkeiten um reale Menschen geht, bleiben die Menschen um einen herum manchmal auf der Strecke.

62 Ähnlich argumentiert auch John Taurek in seinem einflussreichen Aufsatz »Should the Numbers Count?«, in: *Philosophy & Public Affairs* Vol. 6 (4), 1977, S. 293–316.

63 Die Angabe bezieht sich auf das Jahr 2019. Quelle: Statistisches Bundesamt. Online: https://www.destatis.de/DE/Themen/Arbeit/Arbeitsmarkt/Qualitaet-Arbeit/Dimension-3/woechentliche-arbeitszeitl.html.

64 Siehe auch Axel Honneth: »Arbeit und Anerkennung«, in: *Das Ich im Wir*, a.a.O., S. 78–102.

65 Shawn Achor/Andrew Reece/Gabriella Rosen Kellerman/Alexi Robichaux: »9 Out of 10 People Are Willing to Earn Less Money to Do More-Meaningful Work«, in: *Harvard Business Review*, 09.11.2018, online: https://hbr.org/2018/11/9-out-of-10-people-are-willing-to-earn-less-money-to-do-more-meaningful-work.

66 Laut Payscale empfinden 88 Prozent aller Feuerwehrleute ihren Job als sinnvoll und gehören damit zur Spitzengruppe, online: https://www.payscale.com/data-packages/most-and-least-meaningful-jobs.

67 Jane E. Dutton/Gelaye Debebe/ Amy Wrzesniewski: »Being valued and devalued at work: A social valuing perspective«, in: Beth A. Bechky/Kimberly D. Elsbach (Hg.): *Qualitative organizational research: Best papers from the Davis Conference on Qualitative Research* Vol. 3, IAP Information Age Publishing, 2016, S. 9–51.

68 Matthias Schmidt: »Jeder dritte Arbeitnehmer hält seinen Job für sinnlos«, Mitteilung von *YouGov*, 26.08.15, online: https://yougov.de/news/2015/08/26/jeder-dritte-arbeitnehmer-haelt-seinen-job-fuer-sinn/ Zu GB: Will Dahlgreen: »37 % of British workers think their jobs are meaningless«, Mitteilung von *YouGov*, 12.08.15, online: https://yougov.co.uk/topics/lifestyle/articles-reports/2015/08/12/british-jobs-meaningless

Quelle zu den Niederlanden: »4 op de 10 medewerkers vinden hun werk niet zinvol«, auf: *Schouten & Nelissen*, 30.03.2017, online: https://www.sn.nl/inspiratie/vitaliteit-stress-en-werkdruk/4-op-de-10-medewerkers-vinden-hun-werk-niet-zinvol.

69 Siehe *Gallup Engagement Index Deutschland 2019*. Die volkswirtschaftlichen Kosten dieser schlechten emotionalen Bindung belaufen sich auf schätzungsweise 105 bis 122 Milliarden Euro jährlich.

70 Es ist schwierig, diese Frage empirisch zuverlässig zu untersuchen.

Einerseits gibt es eine gigantische Bandbreite an Berufen, andererseits sind verschiedene Studiendesigns möglich. Die genannte Angabe bezieht sich auf eine Erhebung von Peakon. Siehe: Curd Wunderlich: »Weltweit geht niemand so ungern zur Arbeit wie wir Deutschen«, in: *Die Welt*, 10.03.2020, online: https://www.welt.de/debatte/kommentare/article206473163/Weltweit-geht-niemand-so-ungern-zur-Arbeit-wie-wir-Deutschen.html. Laut einer Forsa-Umfrage von 2019 geht jeder Zweite täglich gern zur Arbeit. Siehe: Birger Nicolai: »Kündigungsgrund Chef – Die größten Fehler deutscher Führungskräfte«, in: *Die Welt*, 28.02.2020, online: https://www.welt.de/wirtschaft/karriere/article206192647/Mitarbeiterzufriedenheit-Nur-jeder-zweite-Deutsche-geht-gern-zur-Arbeit.html.

71 Alice Natter: »Wie viele Dinge braucht der Mensch?«, in: *Main-Post*, 25.06.2009 (aktualisiert: 17.10.2017), online: https://www.mainpost.de/regional/magazin/wie-viele-dinge-braucht-der-mensch-art-5181412.

72 Natter, ebd.

73 Diese Zahl wird in zahlreichen Artikeln genannt, manchmal als Durchschnitt für europäische, manchmal als Durchschnitt für deutsche Haushalte, sehr häufig auch als Durchschnittswert pro Person (nicht Haushalt). Siehe z. B. Madeleine Amberger: »Unser Leben platzt aus allen Nähten«, in: *SRF Wissen*, 19.12.2014, online: https://www.srf.ch/wissen/mensch/unser-leben-platzt-aus-allen-naehten (Europa/Haushalt); Marie-Charlotte Maas: »Wie viele Dinge besitze ich – und warum?«, in: *Der SPIEGEL*, 28.03.2017, online: https://www.spiegel.de/spiegel/unispiegel/bwl-studentin-zaehlt-was-sie-besitzt-inventur-ihres-lebens-a-1136118.html (Europa/Person); Stefan Kern: »Wie viel ist genug?«, in: Rhein-Neckar-Zeitung, 26.04.2014, online: https://www.rnz.de/panorama/magazin_artikel,-Magazin-Wie-viel-ist-genug-_arid,20959.html (Deutschland/Haushalt); Stefanie Pfeifer: »Wie viele Dinge braucht der Mensch?«, in: *Psychologie Journal*, 13.12.2013, online: https://psychologie-journal.de/minimalismus/1197/wie-viele-dinge-braucht-der-mensch/ (Deutschland/Person). Es war mir nicht möglich, den Ursprung dieser weit verbreiteten Zahl nachzuvollziehen, und denke, wir sollten alle hier genannten Zahlen lediglich als Anhaltspunkte und Größenordnungen betrachten.

74 Laut Nielsen Media Research lagen die Bruttowerbeeinnahmen im Jahr 2020 in Deutschland bei insgesamt rund 34,32 Milliarden Euro. Quelle: Statista, online: https://de.statista.com/statistik/daten/studie/167001/umfrage/werbetreibende-mit-den-hoechsten-ausgaben-fuer-werbung/, abgerufen am 27.06.2021. Der Link ist allerdings nicht statisch, die Zahlen werden regelmäßig aktualisiert.

75 David Graeber: *Bullshit-Jobs. Vom wahren Sinn der Arbeit*, Stuttgart: Klett-Cotta, 2018.

76 Das Zitat entstammt einem Interview. Im Original heißt es: »I don't think in ideological terms. I never have« Obama said, continuing on the healthcare theme. »Everybody who supports single-payer healthcare says, ›Look at all this money we would be saving from insurance and paperwork.‹ That represents 1 million, 2 million, 3 million jobs of people who are working at Blue Cross Blue Shield or Kaiser or other places. What are we doing with them? Where are we employing them?« – David Sirota: »Mr. Obama Goes to Washington«, in: *Nation*, 26. Juni 2006, online: https://www.thenation.com/article/archive/mr-obama-goes-to-washington/.

77 40 Prozent entspricht dem mehrjährigen Durchschnitt laut Workfront. Im Jahr 2019 waren es 43 Prozent als Durchschnittswert für USA, GB, NL und DE. In DE waren es 45 Prozent. Quelle: Workfront: *State of Work 2020*, Seite 19, online: https://www.workfront.com/de/resources/state-work-2020; Siehe auch: Jens Breimeier: »Deutsche Mitarbeiter verschwenden die Hälfte ihrer Arbeitszeit mit unproduktiven Aufgaben«, in: *Personalleiter.today*, 08. 10. 2019, online: https://www.personalleiter.today/deutsche-mitarbeiter-verschwenden-die-haelfte-ihrer-arbeitszeit-mit-unproduktiven-aufgaben/.

78 Diese ebenso simple wie aufschlussreiche Unterscheidung zwischen »Was wird getan?«, »Wie wird es getan?« und »Warum wird es getan?« habe ich dem Golden Circle-Modell entnommen. Siehe: Simon Sinek: *Start with Why*, London: Penguin Books, 2011. Eine deutsche Übersetzung ist erhältlich.

79 Teilweise werden Produkte sogar absichtlich mit Sollbruchstellen versehen. Das berühmteste Beispiel für eine solche »geplante Obsoleszenz« ist die Absprache unter Glühlampenherstellern Mitte der 1920er Jahre, die Lebensdauer von Glühlampen absichtlich auf 1000 Stunden zu begrenzen, obwohl zu diesem Zeitpunkt bereits sehr viel längere Lebensdauern möglich waren. Heutzutage ist eine derart systematisch geplante Obsoleszenz schwer nachweisbar. Statt gezielter Sollbruchstellen wird Obsoleszenz vorwiegend durch minderwertige Bauteile, kürzere Innovationszyklen etc. hervorgerufen. Siehe auch Alexander Dallmus: »Kurze Lebensdauer von Elektrogeräten: Gibt es ›geplante Obsoleszenz‹?«, auf: *Bayern 1*, 27. 07. 2021, online: https://www.br.de/radio/bayern1/obsoleszenz-112.html; sowie die Website und Publikationen einer entsprechenden Forschungsgruppe an der TU Berlin: https://challenge obsolescence.info/.

80 Eigene Übersetzung. Im Original heißt es: »Not all of us will find our calling. But that doesn't mean we can't find purpose […] Yet no matter

what occupies our days, when we reframe our tasks as opportunities to help others, our lives and our work feel more significant.« Emily Esfahani Smith: *The Power of Meaning: Finding fulfillment in a world obsessed with happiness*, New York: Broadway Books, 2017, S. 96.

81 Eigene Übersetzung. Im Original heißt es: »My job isn't to take your money. My job is to feed you.« Smith, ebd.

82 Eigene, freie Übersetzung. Im Original heißt es: »It is not from the benevolence of the butcher, the brewer, or the baker that we expect our dinner, but from their regard to their own self-interest. We address ourselves not to their humanity but to their self-love, and never talk to them of our own necessities, but of their advantages.« Adam Smith: *An Inquiry into the Nature & Causes of the Wealth of Nations*, Vol. 1.

83 Fromm, *Haben oder Sein*, a. a. O., S. 18.

84 Axel Höpner: »Siemens-Chef Kaeser im Interview: ›Wir stellen erstmalig den Sinn in den Mittelpunkt unserer Strategie‹«, in: *Handelsblatt*, 03.08.2018, online: www.handelsblatt.com/unternehmen/industrie/siemens-chef-kaeser-im-interview-wir-stellen-erstmalig-den-sinn-in-den-mittelpunkt-unserer-strategie/22876702.html.

85 Daniel Erk: »Wir wollen Sinn!«, in: *ZEIT Campus* Nr. 1/2019, online: www.zeit.de/campus/2019/01/weltverbesserung-unternehmen-umsatz-sinnhaftigkeit-umwelt-kapitalismus.

86 Larry Fink: »A Sense of Purpose« (*Larry Fink's 2018 Letter to CEOs)*, online: www.blackrock.com/corporate/investor-relations/2018-larry-fink-ceo-letter. Siehe auch seine anderen offenen Briefe.

87 Selbstauskunft Stand 30. September 2020. Quelle: https://www.blackrock.com/sg/en/about-us.

88 Im Jahr 2019 betrug das BIP der Eurozone 13,94 Billionen Euro. Quelle: www.de.statista.com/statistik/daten/studie/222901/umfrage/bruttoinlandsprodukt-bip-in-der-europaeischen-union-eu/, abgerufen am 28.11.2020). Diese Zahl wurde verglichen mit dem verwalteten Vermögen von BlackRock gemäß des Umtauschkurses von 1 € = 1,20 $ (Kurs vom 28.11.2020.

89 Quelle: www.forbes.com/powerful-people/list/.

90 Bert Fröndhoff/Michael Scheppe: »Der Sinn hinter der Arbeit: So benennen die 30 Dax-Konzerne ihren ›Purpose‹«, in: *Handelsblatt*, 18.04.2019, online: www.handelsblatt.com/unternehmen/management/handelsblatt-umfrage-der-sinn-hinter-der-arbeit-so-benennen-die-30-dax-konzerne-ihren-purpose/24231702.html.

91 Das betrifft nicht nur das Kapital von BlackRock, sondern die Mehrheit der Großinvestoren. Siehe: »Die Frage nach dem Warum: Was unserer Arbeit Bedeutung verleiht«, in: *Handelsblatt*, 18.04.2019, online: www.handelsblatt.com/unternehmen/management/unternehmenskultur-

die-frage-nach-dem-warum-was-unserer-arbeit-bedeutung-verleiht/24225480.html.

92 Einige Sätze dieses Abschnitts habe ich aus einem früheren Beitrag von mir übernommen: »Reines Profitstreben ist ein Auslaufmodell«, auf: *Deutschlandfunk Kultur*, Politisches Feuilleton, 13.09.2019, online: www.deutschlandfunkkultur.de/unternehmensstrategien-reines-profitstreben-ist-ein.1005.de.html?dram:article_id=458605.

93 Quelle: Payscale. www.payscale.com/data-packages/most-and-least-meaningful-jobs. Auf den ersten Blick sind die ermittelten, subjektiven Sinn-Werte insgesamt überraschend hoch im Vergleich zu dem am Anfang dieses Kapitels gezeichneten Bild. Das hat zwei Gründe. 1) In den USA empfinden Menschen laut *YouGov* insgesamt mehr Sinn in ihrem Job als in Deutschland, den Niederlanden oder Großbritannien. 2) Die Angaben von Payscale sind nicht quantitativ gewichtet. In den USA sind laut *U.S. Bureau of Labor Statistics* (Mai 2019) die beiden größten Beschäftigungsbereiche *Retail Salesperson* und *Fast Food and Counter Workers* – also exakt die beiden Bereiche, wo Menschen laut Payscale besonders wenig Sinn empfinden! Siehe: www.bls.gov/opub/ted/2021/retail-salespersons-numbered-4–3-million-earned-29360-on-average-in-2019.htm, abgerufen am 05.03.2021.

94 Adam Grant: »Three Lies About Meaningful Work«, in: *The Huffington Post*, 05.06.2015, online: www.huffpost.com/entry/three-lies-about-meaningful-work_b_7205036.

95 Adam Grant: »How Customers Can Rally Your Troops«, in: *Harvard Business Review*, Juni 2011, online: www.hbr.org/2011/06/how-customers-can-rally-your-troops.

96 Siehe Claudia Harzer/Willibald Ruch: »When the Job Is a Calling: The Role of Applying One's Signature Strengths at Work«, in: *The Journal of Positive Psychology* Vol. 7 (5), 2012, S. 362–371. Neben der Präsentation eigener Forschungsergebnisse verweist diese Studie auch auf zahlreiche weitere Quellen, die zum gleichen Ergebnis kommen.

97 Fromm, Haben oder Sein, a.a.O., S. 100.

98 Zitiert nach Graeber, a.a.O., S. 318.

99 Albert Camus: *Der Fall*, Reinbek bei Hamburg: Rowohlt, 1996, S. 12.

100 Illouz, a.a.O., S. 46. Ich habe in dem Zitat das Wort »erklärt« durch das Wort »begründet« ersetzt, damit sich das Zitat besser in den Kontext einfügt. Da es sich um eine englische Übersetzung handelt, schien mir diese Änderung legitim.

101 Dazu gibt es einen gigantischen Literaturkorpus. Allerdings kann sich religiöses Coping auch negativ auf die mentale und physische Gesundheit auswirken, z.B. durch religiös induzierte Schuldgefühle. Siehe z.B. Jennifer Wortmann: »Religious Coping«, in: M. D. Gellman/J. R. Tur-

ner (Hg.): *Encyclopedia of Behavioral Medicine*, New York: Springer, 2013, S. 1647–1648.

Wen interessiert's?

1 Eine Anlehnung an Jacques Monod: *Zufall und Notwendigkeit*, München: Piper, 1971, S. 151.

2 Leszek Kołakowski: *Die Gegenwärtigkeit des Mythos*, München: Piper, 1973, S. 90.

3 Login S. George/Crystal L. Park: »Existential Mattering: Bringing Attention to a Neglected but Central Aspect of Meaning?«, in: *Meaning in Positive and Existential Psychology*, S. 39–51.

4 Fromm: *Die Kunst des Liebens*, a. a. O., S. 52.

5 Ein Zitat aus dem Lied »Sommerregen« von den Fantastischen Vier, Four Music, 2004.

6 Wie Adam Smith in seiner *Theorie der ethischen Gefühle* betont, können wir auf diese Weise eine Außenperspektive auf uns selbst entwickeln. Unser Selbstbild wird reicher und unser Urteil über Mitmenschen milder. Nur so kann sozialer Zusammenhalt gelingen. Siehe z. B. die von Horst D. Brandt herausgegebene Ausgabe, Hamburg: Felix Meiner, 2010.

7 Dass ein solcher Sinn nur wechselseitig entstehen kann, wird auch deutlich, wenn wir uns überlegen, welchen Effekt einseitige Liebe hat: Werden wir von einer Person geliebt, der wir völlig gleichgültig gegenüberstehen, dann bedeutet uns auch ihre Liebe nichts. Das Gefühl von Bedeutungslosigkeit lässt sich auf diese Weise also nicht überwinden. Lieben wir umgekehrt eine Person, der wir egal sind, erfahren wir gerade dort keine Antwort, wo wir so verzweifelt danach suchen, dann werden wir umso stärker in das Gefühl von Bedeutungslosigkeit hineingezogen.

8 Martin Buber: *Ich und Du*, Ditzingen: Reclam, 1983/1995, S. 15.

9 Eine Studie von vielen, die zeigen, dass enge Beziehungen von den meisten Menschen als wichtigste Sinnquelle gesehen werden: Lambert, N. M./, Stillman, T. F./ Baumeister, R. F./ Fincham, F. D./ Hicks, J. A./ Graham, S. M. (2010): Family as a salient source of meaning in young adulthood. The Journal of Positive Psychology, 5 (5), S. 367–376. https://doi.org/10.1080/17439760.2010.516616. Siehe auch: Debats, D. L. (1999): »Sources of meaning: An investigation of significant commitments in life«, in: *Journal of Humanistic Psychology*, Vol. 39, S. 30–57. Sehenswert dazu ist auch der TEDx-Vortrag von Michael Steger: »What Makes Life Meaningful«, 2013, online: https://youtu.be/RLFVoEF2RI0.

10 Stillman, T. S./ Baumeister, R. F./ Lambert, N. M./ Crescioni, A. W./ DeWall, C. N./ Fincham, F. D. (2009): »Alone and without purpose: Life

loses meaning following social exclusion«, in: *Journal of Experimental Social Psychology*, Vol. 45, S. 686–694.

11 »Gefühle für Roboter für jede(n) Dritte(n) denkbar«, *Parship-Studien*, Juli 2014, online: https://www.parship.ch/forschung_neu/studien/parship-studie-die-zukunft-der-partnerschaft.htm.

12 Dieses Kapitel ist inspiriert durch die Gegenüberstellung von *Haben* und *Sein* bei Erich Fromm, a. a. O., *Weltbeherrschung* und *Weltanverwandlung* sowie *Entfremdung* und *Resonanz* bei Hartmut Rosa, a. a. O., *Technik* und *Mythos* bei Leszek Kołakowski, a. a. O., *Ich-Es* und *Ich-Du* bei Martin Buber, a.a. O., sowie *Gestell* und *Technik* bei Martin Heidegger. All diese Ansätze versuchen meines Erachtens, etwas sehr Ähnliches zu beschreiben. Immer werden zwei verschiedene Arten des In-der-Welt-Seins kontrastiert.

13 Siehe z. B. Jan Zalasiewicz/Christoph Rosol: »Wird der Mensch einem Erdzeitalter seinen Namen geben?«, auf: *bpb. Bundeszentrale für politische Bildung*, 04. 12. 2015, online: https://www.bpb.de/gesellschaft/umwelt/anthropozaen/216916/gespraech-wird-der-mensch-einem-erdzeitalter-seinen-namen-geben.

14 Siehe auch Kołakowski, a. a. O., S. 98.

15 Mit dieser Terminologie orientiere ich mich an Hartmut Rosa: *Unverfügbarkeit*, Wien/Salzburg: Residenz Verlag, 2018.

16 Fromm, *Haben oder Sein*, a. a. O., S. 107.

17 Sehr lesenswert ist hierzu auch der Essay von Andreas Reckwitz: »Dialektik der Sensibilität«, in: *Philosophie Magazin*, Heft Nr. 48, September 2019, online: https://www.philomag.de/artikel/dialektik-der-sensibilitaet.

18 Epikur, Begründungsfigur des Hedonismus, zog sich in seinem Garten gemeinsam mit Freunden zurück. Heute sind es weniger sprichwörtliche Gärten, sondern andere soziale Wohlfühloasen, in denen versucht wird, eine Umgebung zu schaffen, auf die wir uns berührt einlassen können, ohne mit Negativität konfrontiert zu werden.

Wo bin ich zu Hause?

1 Fromm, *Die Kunst des Liebens*, a. a. O., S. 19.

2 Das ist eine kurze Zusammenfassung einiger Grundgedanken aus dem hervorragenden Kapitel: Irvin D. Yalom: *Existential Psychotherapy*, New York: Basic Books, 1980, Part III (S. 353–415). Eine deutsche Übersetzung ist erhältlich.

3 Das ist ein Zitat aus E. M. Forster: *Die Maschine steht still*, aus dem Englischen von Gregor Runge, Hamburg: Hoffmann und Campe, 2016, S. 5. Die direkte Ansprache erfolgt dort allerdings im Plural: »Stellt euch, wenn ihr könnt, ein kleines Zimmer vor …«.

4 Das ist ein gekürztes Zitat aus Forster, a. a. O., S. 5.
5 Das ist ein Zitat, Tempus ins Präsens übertragen, aus Forster, ebd.
6 Das ist ein Zitat, gekürzt und ins Präsens übertragen, aus Forster, ebd., S. 6.
7 Das ist ein Zitat, ins Präsens übertragen, aus Forster, ebd.
8 Das ist ein gekürztes Zitat aus Forster, ebd.
9 Das ist ein Zitat, ins Präsens übertragen, aus Forster, ebd. S. 27.
10 Das ist ein wörtliches Zitat aus Forster, ebd.
11 Sowohl in Deutschland wie auch weltweit haben Depressionen während der Pandemie, und insbesondere durch die Lockdown-Erfahrungen, drastisch zugenommen. Für die Situation in Deutschland siehe Iris Schelhorn/Angelika Ecker/Michael Noah Lüdtke/Stefan Rehm/Thomy Tran/Judith Lena Bereznai/ Marie Lisa Meyer/Stefan Sütterlin/Max Kinateder/Ricardo Gregorio Lugo/ Youssef Shiban: »Psychological Burden During the COVID-19 Pandemic in Germany«, in: Frontiers in Psychology Vol. 12, 2021. Für eine globale Einschätzung siehe COVID-19 Mental Disorders Collaborators: »Global prevalence and burden of depressive and anxiety disorders in 204 countries and territories in 2020 due to the COVID-19 pandemic«, in: *Lancet* Vol. 398, S. 1700–1712.
12 Yalom, a. a. O., S. 355. Eigene Übersetzung. Im Original steht: »Remember the movie *West Side Story?*, when two lovers meet, and suddenly everything else in the world mystically fades away, and they are absolutely alone with one another? Well, that's what happens to me at these times. Except there's no one else there but me.«
13 Die Hintergründe dieser Studien sind sehr gut und anschaulich dargestellt in Esfahani Smith, a. a. O., S. 49–55. Die Ergebnisse von Spitz wurden publiziert in René A. Spitz: »Hospitalism: An Inquiry into the Genesis of Psychiatric Conditions in Early Childhood«, in: *The Psychoanalytic Study of the Child,* Vol. 1, 1944, S. 53–74; René A. Spitz: »Hospitalism: A Follow-up Report«, in: ebd., Vol. 2, 1946, S. 113–117.
14 Eine schöne Zusammenfassung zur Wichtigkeit körperlicher Berührungen, sehr gut mit Quellen hinterlegt, ist zu finden bei Sophia Wagner: »Darum sind Berührungen so wichtig«, 18.06.2019, auf: https://www.quarks.de/gesundheit/darum-sind-beruehrungen-so-wichtig/.
15 Siehe auch hierzu den genannten Artikel von Sophia Wagner sowie die ebenfalls hervorragend geschriebenen und hinterlegten Beiträge: Jennifer Wright/Maike Bartsch: »Skin Hunger: Wie wirkt es sich auf die Psyche aus, wenn wir uns nicht berühren?«, in: *Refinery 29*, 22.04.2020, online: https://www.refinery29.com/de-de/2020/04/9719322/skin-hunger-beruehrung-menschen-corona; Lauren Sharkey/Karen Lamo-

reux (Medically reviewed by Jennifer Litner): »What Does It Mean to Be Touch Starved?«, in: *healthline*, 08.04.2021, online: https://www.healthline.com/health/touch-starved#benefits-of-touch. Und zuletzt noch Beate Ditzen/Christiane Hoppmann/Petra Klumb: »Positive couple interactions and daily cortisol: on the stress-protecting role of intimacy«, in: *Psychosom Med*, Vol. 70 (8), 2008, S. 883–889.

16 Siehe z. B. Kathleen C. Light/Karen M. Grewen/Janet A. Amico: »More frequent partner hugs and higher oxytocin levels are linked to lower blood pressure and heart rate in premenopausal women«, in: *Biological Psychology*, Vol. 69, 2005, S. 5–21; Erica Cirino (Medically reviewed by Karen Cross): »What Are the Benefits of Hugging?«, in: *healthline*, 11.04.2018, online: https://www.healthline.com/health/hugging-benefits. Die Aussagen, wie in diesem Artikel formuliert, scheinen gut belegt zu sein. Generell aber wurde die unmittelbare Bedeutung von Oxytocin für soziales Verhalten in den letzten zwei Jahrzehnten vermutlich überbewertet. Siehe: Brian Resnick: »Oxytocin, the so-called ›hug hormone‹, is way more sophisticated than we thought«, in: *Vox*, 13.02.2019, online: https://www.vox.com/science-and-health/2019/2/13/18221876/oxytocin-morality-valentines.

17 Theresa Eyerung/Anja Katrin Orth: »Einsamkeit in Deutschland: Aktuelle Entwicklungen und soziodemographische Zusammenhänge«, *IW-Report 22/2019*, hg. vom Institut der deutschen Wirtschaft, Köln, 2019.

18 Siehe Julianne Holt-Lunstad/Timothy B. Smith/J. Bradley Layton: »Social Relationships and Mortality Risk: A Meta-Analytical Review«, in: *PLOS Medicine*, 27.06.210, online: https://doi.org/10.1371/journal.pmed.1000316; Julianne Holt-Lunstad/Timothy B. Smith/Mark Baker/Tyler Harris/David Stephenson: »Loneliness and Social Isolation as Risk Factors for Mortality: A Meta-Analytical Review«, in: *Perspectives on Psychological Science*, Vol. 10 (2), 2015, S. 227–237; James S. House/Karl R. Landis/Debra Umberson: »Social Relationships and Health«, in: *Science*, Vol. 241, 1988, S. 540–545. Der Vergleich zum Tabakkonsum stammt vermutlich ursprünglich von John T. Cacioppo/William Patrick: *Loneliness: Human Nature and the Need for Social Connection*, New York: W. W. Norton & Company, Paperback 2009, S. 5. Mir selbst ist die Datengrundlage nicht hundertprozentig klar, zumal Einsamkeit mit einer höheren Wahrscheinlichkeit einhergeht, tatsächlich zu rauchen. Dieser Effekt wurde aber versucht herauszurechnen, und tatsächlich wurde ein signifikanter bereinigter Effekt von Einsamkeit auf die Lebenserwartung festgestellt. Dabei ist das subjektive Einsamkeitsgefühl ausschlaggebender als äußerlich bestimmbare Indikatoren.

19 Auf Quellen zu dieser Aussage wurde bereits im Zusammenhang des

dialogischen Sinns verwiesen (siehe Abschnitt »Freundschaft als wechselseitige Sinnbeziehung«). Siehe zusätzlich Nathaniel M. Lambert/Tyler F. Stillman/Roy F. Baumeister/Frank D. Fincham/Joshua A. Hicks/Steven M. Graham: »Family as a Salient Source of Meaning in Young Adulthood«, in: *The Journal of Positive Psychology*, Vol. 5 (5), 2010: S. 367–376; Dominique Louis Debats: »Sources of Meaning: An Investigation of Significant Commitments in Life«, in: *Journal of Humanistic Psychology*, Vol. 39 (4), 1999, S. 30–57.

20 Die Zahl ist gerundet. Theresa Everung und Anja Katrin Orth, a. a. O., S. 11, geben 7,8 Prozent an. Von den Singles fühlen sich 10,5 Prozent einsam.

21 HM Government: A connected society: A strategy for tackling loneliness – laying the foundations for change«, hg. von: *Department for Digital, Culture, Media and Sport*, London, 2018; vgl. auch Everung/Orth, a. a. O.

22 Für den kommenden Abschnitt siehe Cacioppo/Patrick, a. a. O., insb. S. 7 und 11. Eine deutsche Übersetzung ist erhältlich: John Cacioppo/William H. Patrick: *Einsamkeit: Woher sie kommt, was sie bewirkt, wie man ihr entrinnt*, Berlin/Heidelberg: Springer, 2011.

23 Ronald D. Laing: *Das geteilte Selbst: Eine existenzielle Studie über geistige Gesundheit und Wahnsinn*, München: Deutscher Taschenbuch Verlag, 1987, S. 24.

24 Rousseau hat den Begriff des »edlen Wilden« selbst gar nicht verwendet und diese Gedankenfigur auch nicht »erfunden«. Aber er hat dieses Konzept wesentlich geprägt und prominent gemacht und stellt insofern geistesgeschichtlich eine Schlüsselfigur dieser Form von Naturromantik dar. Siehe auch den guten und ausführlichen Überblicksartikel in der englischsprachigen Wikipedia: https://en.wikipedia.org/wiki/Noble_savage.

25 Jean-Jacques Rousseau: *Abhandlung über den Ursprung und die Grundlagen der Ungleichheit unter den Menschen*, hg. von Heinrich Meier, Stuttgart: UTB, 2008, S. 173.

26 Siehe das Kapitel »Ist Glück der Sinn des Lebens?«.

27 Donald Winnicott: *Reifungsprozesse und fördernde Umwelt. Studien zur Theorie der emotionalen Entwicklung*, Gießen: Psychosozial-Verlag, 3. Auflage, 2010. Siehe auch Axel Honneth: »Objektbeziehungstheorie und postmoderne Identität. Über das vermeintliche Veralten der Psychoanalyse«, in: *PSYCHE*, Vol. 54 (11), 2000, S. 1087–1109.

28 Siehe Platon: *Symposion*, Griechisch/Deutsch, übersetzt und hg. von Thomas Paulsen/Rudolf Rehn, Ditzingen/Stuttgart: Reclam, 2006, S. 55–67. Die wörtlichen Zitate stammen von S. 59 und S. 61.

29 Csíkszentmihályi, a. a. O., S. 74. Die Zeitform habe ich zur besseren Eingliederung vom Präteritum ins Präsens geändert.

30 Ebd., S. 94.
31 Ebd., S. 92.
32 Csíkszentmihályi, a. a. O., S. 92–94.
33 Die beiden Kritiklinien (Ungerechtigkeit und Sinnverlust) sind verwoben. Mein genereller Eindruck ist, dass jede Theorie der Gerechtigkeit zuvorderst einer Theorie des guten und/oder des sinnvollen Lebens bedarf. Immerhin wird Gerechtigkeit ja als eine Angelegenheit der Verteilung betrachtet (finanzielle Ressourcen, anstrengende Aufgaben, Zeit, gesundheitliche Unterstützung usw.) – welche wiederum auf äußere Wertmaßstäbe angewiesen ist, die entweder im guten oder im sinnvollen Leben des Einzelnen begründet liegen.
34 Rahel Jaeggi: *Entfremdung.* Zur Aktualität eines sozialphilosophischen Problems, 2. Auflage, mit einem neuen Vorwort, Berlin: Suhrkamp, 2019.
35 Ebd., S. 21.
36 Vgl. auch ebd., S. 214: »Die Entfremdung von der Welt ist Selbstentfremdung.«
37 Marie Lettau im persönlichen Gespräch.
38 Csíkszentmihályi, a. a. O., S. 92.
39 Alle folgenden Gedanken sind über Umwege beeinflusst durch phänomenologische Theorien des Leibes, vor allem durch meine Gespräche mit dem Philosophen und Yogi Marco Weimer.
40 Auch wer versucht, »sich selbst« zu verstehen, begreift sich als ein durch sein Bewusstsein geteiltes und in dieser Teilung von sich selbst verschiedenes Wesen.
41 Camus, a. a. O., S. 47.
42 Yuval Noah Harari: *21 Lektionen für das 21. Jahrhundert*, München: C.H.Beck Paperback, 2019, S. 152. Wer die leibliche Verbindung mit der Welt nicht mehr spüren kann, fühlt sich auch schneller existenziell entfremdet – diese These wird auch durch psychologische Studien gestützt. Siehe dazu auch das aufschlussreiche Kapitel von Johannes Michalak/Anna-Lena Lumma/ Thomas Heidenreich: »Die Rolle des Körpers im Rahmen achtsamkeitsbasierter Ansätze«, in: Hinrich Bents/ Miriam Gschwendt/ Johannes Mander (Hg.): *Achtsamkeit und Selbstmitgefühl: Anwendungen in der psychotherapeutischen Praxis*, Berlin: Springer, 2020, S. 83–94.
43 Siehe dazu auch das lesenswerte Buch Robert C. Solomon: *Gefühle und der Sinn des Lebens*, Frankfurt am Main: Zweitausendeins, 2000, für diese Stelle u. a. S. XXIII. Sehr treffend auch: »Der Kampf der Vernunft gegen die Fallstricke der Leidenschaften bildet das Leitmotiv der abendländischen Philosophie.« (S. 16). Solomons Ausführungen zur Sinnfrage teile ich nicht (zumal er davon ausgeht, diese Frage entstehe

erst aus einem abstrakten Denkprozess heraus – obwohl sie m. E. in einem Gefühl wurzelt), aber seine Theorie der Gefühle und Überlegungen zum Verhältnis von Emotio und Ratio sind sehr bereichernd.

44 Trotzdem ist der Ärger natürlich mehr als nur körperliche Empfindungen *plus* entsprechende Gedanken. Gefühle haben eine andere Qualität als beispielsweise das Spüren von Kälte. Und Gefühle sind nicht irrational. Sie folgen einer inneren Logik, umfassen immer zugleich auch Überzeugungen und Werturteile. Ohne Gefühle wäre unser Leben leer.

45 Harari, a. a. O., Kap. 5.

46 »Jeder zweite Mitarbeiter sitzt am Computer«, Hg. von *Bitkom*, 24. 07. 2018, online: https://www.bitkom.org/Presse/Presseinformation/Jeder-zweite-Mitarbeiter-sitzt-am-Computer.html.

47 Siehe z. B. Brian Primack/Ariel Shensa/Jaime Sidani/Erin Whaite, Liu Li/, Daniel Rosen/Jason Colditz/Ana Radovic/ Elizabeth Miller: »Social Media Use and Perceived Social Isolation Among Young Adults in the U.S.«, in: *American Journal of Preventive Medicine,* Vol. 53 (1), 2017: S. 1–8. Siehe auch Melissa G. Hunt/Rachel Marx/Courtney Lipson/Jordyn Young: »No More FOMO: Limiting Social Media Decreases Loneliness and Depression«, in: *Journal of Social and Clinical Psychology,* 37 (10), 2018: S. 751–768. Insgesamt ist sowohl die Entwicklung von Social Media wie deren Auswirkungen auf Gesellschaft hochdynamisch, und entsprechende Studien sollten eher als Indikatoren verstanden werden.

48 Allerdings können wir uns auch über WhatsApp analog verabreden oder nach dem abgesetzten Instagram-Post in aller Ruhe das Essen erspüren. Es geht mir eher um die Grundtendenz, dass technologisch vermittelte soziale Praktiken, die weniger leiblich sind, dominanter werden.

49 Quelle: »Kinder und Jugendliche zocken täglich rund zwei Studien«, Pressemitteilung von *Bitkom*, 12. 05. 2017, online: https://www.bitkom.org/Presse/Presseinformation/Kinder-und-Jugendliche-zocken-taeglich-rund-zwei-Stunden.html (Alter: 10–18 Jahre). Die Datenlage ist indessen nicht eindeutig. Laut einer von der Krankenkasse DAK-Gesundheit in Auftrag gegebenen Studie betrug die Spielzeit der 10–17-Jährigen im Jahr 2019 durchschnittlich 79 Minuten. Durch die Lockdowns während der Coronapandemie haben sich diese Werte massiv erhöht, und es wird nicht davon ausgegangen, dass sie anschließend wieder auf Vor-Pandemie-Niveau fallen werden. Siehe dazu auch: »Jugendliche verbringen deutlich mehr Zeit mit Computerspielen«, auf: ZEIT ONLINE, 29. 07. 2020, online: https://www.zeit.de/wissen/gesundheit/2020-07/covid-19-jugendliche-computerspiele-studie-mediensucht; sowie DAK-Gesundheit (Hg.): Mediensucht 2020 – Ga-

ming und Social Media in Zeiten von Corona, 2020. Auch laut Bitkom ist der Anstieg während der Pandemie drastisch, siehe »Halb Deutschland spielt Video- oder Computerspiele«, Pressemitteilung von Bitkom, 23.08.2021, online: https://www.bitkom.org/Presse/Presseinformation/Halb-Deutschland-spielt-Video-oder-Computerspiele.

50 Seit wann genau es Homo sapiens gibt, ist nicht abschließend geklärt. Zu aktuellen Funden siehe: Ewen Callaway: »Homo sapiens fossil claim rewrites our species' history«, in: *Nature*, 2017, online: https://doi.org/10.1038/nature.2017.22114. Zur Geschichte der Menschheit siehe das überragende Buch von Yuval Noah Harari: *Eine kurze Geschichte der Menschheit*, München: Deutsche Verlags-Anstalt (Pantheon), 2013.

51 Diese Grundstruktur des Verstehens (erst zerschneiden, dann zusammennähen) gilt auch für komplexere Interpretationen unseres Lebens in der Welt. Das wird schnell deutlich, wenn wir in die Sinneinheit des rufenden Kuckucks gewissermaßen »hineinzoomen«, sie also weiter zerlegen.

»Dies ist ein Kuckuck, dessen hochfrequente Ausatmung seine Syrinxmembranen in Schwingung versetzt, wodurch Dichteschwankungen in der Luft ausgelöst werden, die sich wellenförmig ausbreiten und von mir, während ich auf dieser Wiese sitze, als Ton wahrgenommen werden.«

Jetzt haben wir die gleiche Situation beschrieben, aber tiefer in den Ruf des Kuckucks hineingezoomt. Wir haben den »Ruf« in viele Einzelteile zerlegt und diese aufeinander bezogen.

Dieser zweistufige Prozess von Differenzierung und Integrierung lässt sich immer weiter fortsetzen. Allein die Sinneinheit »von mir als Ton wahrgenommen« ließe sich feinkörniger aufschlüsseln. Ganze Buchreihen ließen sich darüber füllen, was hier genau passiert, wenn mein Ohr und mein Gehirn die Schallwellen in Wahrnehmungen umsetzen. Dabei wären immer neue Begriffe notwendig. Das simple »Ohr« würde zerlegt in »Trommelfell«, »Mittelohr« und viele weitere Einzelteile, die dann in Bezug zueinandergesetzt würden.

In diesem Prozess bekommt unser Verständnis der Situation eine immer höhere Auflösung. Unsere Erkenntnis wird *präziser*. Es ist klar, dass wir dabei erstens Gefahr laufen, bei aller Detailversessenheit das Wesentliche aus den Augen zu verlieren. Und dass wir zweitens Gefahr laufen, die Situation immer weiter auf Distanz zu uns zu bringen, anstatt uns beispielsweise vom Ruf des Kuckucks berühren zu lassen. Auch mit einem dritten Fallstrick müssen wir lernen umzugehen: Oft bereichert es unser Verständnis nicht, wenn wir in Sinneinheiten *reinzoomen*, sondern umgekehrt, wenn wir aus einer Sinneinheit *herauszoomen*. Wenn wir also das Drumherum und die Hintergründe be-

trachten: Warum sitze ich überhaupt auf dieser Wiese? Was hat mich hierhergebracht? Woher kenne ich den Ruf eines Kuckucks? Was kann ich vom Kuckuck lernen? Warum stelle ich mir überhaupt diese Fragen? Solche Kontextualisierungen ermöglichen es, Situationen oder Sachverhalte besser einzuordnen. Ein weiteres Beispiel zur Verdeutlichung: Stell dir vor, du hast den Ausschnitt eines Ölgemäldes vor dir. Nun könntest du immer weiter in diesen Ausschnitt reinzoomen, einzelne Pinselstriche erkennen und analysieren. Das eigentliche Bild aber erkennst du erst, wenn du ein paar Schritte zurücktrittst. Manchmal vergessen wir das, ob bei Beziehungsproblemen oder in der Philosophie, und verlieren uns im Klein-Klein der Analyse, während der eigentliche Sinn aus dem Blickfeld gerät. (Die Unterscheidung von »reinzoomen« und »rauszoomen« lässt sich auch an Kants Unterscheidungen von analytischen und synthetischen Urteilen rückkoppeln.)
Beim Reinzoomen wie beim Rauszoomen erweitern wir unseren Sinnhorizont und bringen neue Begriffe in die Beschreibung ein, Begriffe, die Differenzen schaffen – Differenzen, die wir durch neue Bezüge überbrücken.

52 Hans Blumenberg: *Die Lesbarkeit der Welt*, Berlin: Suhrkamp, 1986/2020.

53 Um das eigene Leben als sinnvoll zu erfahren, ist es weder notwendig, alles auf diesem Planeten zu verstehen, noch müssen unsere Deutungen völlig schlüssig sein. Kein Mensch *hat* oder *braucht* ein vollständiges Weltbild. Vielmehr besteht unser Horizont aus lauter Sinnfäden, die wir teilweise verbinden und verflechten können, teilweise nicht. Eine Person kann vor dem Schlafengehen zu Jesus beten und am nächsten Tag ihre Kundinnen und Kunden über den Tisch ziehen. Hier werden in verschiedenen Bereichen einfach unterschiedliche Weltbilder abgerufen. Erst wenn es zu konkreten Konflikten kommt, ist die emotionale Sicherheit bedroht. Vielleicht reagieren auch deshalb viele Menschen allergisch, wenn sie gefragt werden, wie das eine mit dem anderen zusammengeht.

54 Richtig ist: Die Bill & Melinda Gates Foundation ist einer der größten Geldgeber der WHO und gibt ihre finanziellen Mittel zweckgebunden frei mit einem Fokus auf Eindämmung von Infektionskrankheiten, darunter Impfkampagnen und die Verteilung von Medikamenten. Die darauf aufbauenden Verschwörungstheorien sind allerdings Quatsch. Siehe: Patrizia Kramliczek: »#Faktenfuchs: Corona-Mythen zu Bill Gates«, auf: *BR24*, 03.12.2020, online: https://www.br.de/nachrichten/wissen/faktenfuchs-corona-mythen-zu-bill-gates.

55 Wenn ich im Folgenden vom »Positivismus« oder dem »wissenschaftlichen Weltbild« spreche, verstehe ich unter diesen Begriffen keine aus-

gearbeiteten, explizit formulierten Positionen und Theorien in wissenschaftstheoretischen Diskursen. Menschen, die in der Wissenschaftstheorie eine »positivistische« Position vertreten, argumentieren meist wesentlich zurückhaltender als hier beschrieben. Stattdessen beziehe ich mich mit diesen Begriffen auf ein Wissenschaftsverständnis, wie es mir gesellschaftlich vorherrschend zu sein scheint und das ich auch in meinem eigenen Physikstudium häufig erlebt habe. Einen solchen Unterschied zwischen philosophischen und gesellschaftlichen Verständnissen gibt es auf vielen Feldern, so hat etwa der US-amerikanische politische »Republikanismus« wenig mit der gleichnamigen philosophischen Strömung gemeinsam.

56 Siehe hierzu den ziemlich unsystematischen, aber anregenden Aufsatz von Byung-Chul Han: *Transparenzgesellschaft*, Berlin: Matthes & Seitz, 2013.

57 Zu dieser Kritik siehe auch Solomon, a. a. O. Er bezeichnet diese Sicht als »hydraulisches Modell«.

58 Einen Überblick bietet der Wikipedia-Artikel (v. a. die englischsprachige Version): »Blind men and an elephant«, auf: *Wikipedia*, online: https://en.wikipedia.org/wiki/Blind_men_and_an_elephant.

59 Die folgenden Ausführungen sind inspiriert durch das Kapitel »Transzendentale Ästhetik« in der *Kritik der reinen Vernunft* von Immanuel Kant sowie durch Kants *Prolegomena zu einer jeden künftigen Metaphysik, die als Wissenschaft wird auftreten können*; außerdem durch die Erkenntnistheorien von David Hume und John Locke (*Versuch über den menschlichen Verstand*); stark auch durch Leszek Kołakowski: *Die Gegenwärtigkeit des Mythos, a. a. O.*, und durch Richard Rorty: *Ironie, Kontingenz und Solidarität*; a. a. O., ebenfalls durch Friedrich Nietzsche: *Über Wahrheit und Lüge im außermoralischen Sinn*; außerdem durch viele Gespräche und lange Stunden des Nachdenkens.

60 Terry Eagleton: *Der Sinn des Lebens*, Berlin: Ullstein, 2008, S. 104.

61 Ich vertrete hier eine neo-pragmatistische Position.

62 Gerechnet auf eine Fallhöhe von 1,50 m. Ergebnis gerundet.

63 Je nach Längengrad. Quelle: »Wie schnell ist die Erde?«, auf: *DLR_next*, online: https://www.dlr.de/next/desktopdefault.aspx/tabid-6553/10765_read-24300/. Dieser Seite habe ich auch alle weiteren Geschwindigkeitsangaben entnommen.

64 Diesen Punkt hat Immanuel Kant aus seiner verkopften Perspektive heraus nicht erkannt. Wir gewinnen ein Verständnis von Kausalität sehr wohl aus der Erfahrung – aus der leiblichen Erfahrung.

65 Siehe hierzu den Klassiker der Wissenschaftstheorie: Thomas Kuhn: *Die Struktur wissenschaftlicher Revolutionen* (z. B. in der Übersetzung von Kurt Simon, Berlin: Suhrkamp, 2001).

66 Kołakowski: *Die Gegenwärtigkeit des Mythos*, a. a. O., S. 35.
67 Martin Seel: *Theorien*, Frankfurt am Main: S. Fischer, 2009, S. 63.
68 Max Weber: *Wissenschaft als Beruf* (3. Auflage), (Wissenschaftliche Abhandlungen und Reden zur Philosophie, Politik und Geistesgeschichte, 8), München: Duncker & Humblot, 1930, online: https://www.ssoar.info/ssoar/handle/document/59862.
69 Laut Weber ist die Entzauberung der Welt eine Entwicklung mit verschiedenen Stufen und hat bereits vor der Verbreitung des Positivismus eingesetzt. Die gesellschaftliche Moderne stellt aber eine ganz entscheidende Stufe dar – die für unseren Kontext relevant ist –, weshalb ich die Aussage im Haupttext auf diesen Aspekt verkürzt habe.
70 Hermann Hesse: *Siddharta*, Berlin: Suhrkamp, 2010, S. 35 f. Es handelt sich um ein wörtlich unverändertes, aber gekürztes Zitat.
71 In diese Richtung würde ich Kant zumindest interpretieren. Siehe: »Analytik des Erhabenen«, in: *Kritik der Urteilskraft*.
72 Dabei beziehe ich mich eher auf den englischen Begriff *epiphany*. Jedenfalls wird der Epiphanie-Begriff mittlerweile sehr breit benutzt, bezieht sich auf religiöse Erscheinungen ebenso wie auf plötzliche Eingebungen. Mir scheint er auch in diesem Kontext geeignet zu sein.
73 Friedrich Nietzsche: *Über Wahrheit und Lüge im außermoralischen Sinn*, Stuttgart: Reclam, 2015, S. 14.
74 In erreichten Punkten schneiden Menschen nicht besser ab bei IQ-Tests als früher, weil diese Tests immer wieder neu genormt werden, so dass das durchschnittliche Ergebnis stets hundert Punkte beträgt. Daher blieb dieser Effekt auch lange Zeit unerkannt. Wenn heutigen Jugendlichen die Tests aus den 1970er Jahren vorgelegt werden, schneiden sie deutlich besser ab als Probandinnen und Probanden damals. Eine Metastudie von 2015 ergab, dass der weltweite IQ, ermittelt durch 219 Studien aus 31 Staaten im Zeitraum von 1909 bis 2013, um 30 Punkte gestiegen ist. Das ist beachtlich und bedeutet, dass heutzutage durchschnittliche Intelligenz vor hundert Jahren als Hochbegabung gegolten hätte. (Quelle: Jakob Pietschnig/Martin Voracek: One Century of Global IQ Gains: A Formal Meta-Analysis of the Flynn Effect (1909–2010). In: SSRN Electronic Journal. Band 10, 1. Januar 2015, doi:10.2139/ssrn.2404239).
75 »Selbstwahrnehmung: Diese 5 Tiere erkennen sich im Spiegel«, hg. von PETA Deutschland, September 2018, online: https://www.peta.de/neuigkeiten/5-tiere-die-sich-selbst-im-spiegel-erkennen/.
76 »Es ist auch nicht neutral, ein Lächeln als Kontraktionen von Mundschließmuskeln zu sehen«, fasst R. D. Laing (*Das geteilte Selbst*, a. a. O., S. 30) einen wichtigen Gedanken von Maurice Merleau-Ponty zusammen.

77 Camus, *Der Mythos von Sisyphos*, a. a. O., S. 20.
78 Siehe hierzu auch Byung-Chul Han: *Im Schwarm. Ansichten des Digitalen*, Berlin: Matthes & Seitz, 2013.
79 Harry Gatter: »Schweben lernen: Über das Flow-Gefühl der Netzwerkzeit«, in: *Zukunftsreport 2018*, hg. von zukunftsinstitut, 2018, S. 6–13. Leider ist online nur ein Auszug einsehbar auf: https://www.zukunftsinstitut.de/artikel/zukunftsreport/antigravitation-schweben-lernen/.
80 Webb Phillips/Lera Boroditsky: »Can Quirks of Grammar Affect the Way You Think? Grammatical Gender and Object Concepts«, in: *Proceedings of the Annual Meeting of the Cognitive Science Society*, Vol. 25, online: https://escholarship.org/uc/item/31t455gf.
81 Siehe Mary Flaherty: »How a Language Gender System Creeps into Perception«, in: *Journal of Cross-Cultural Psychology* 32 (1), 2001, S. 18–31; Andrea Bender/Sieghard Beller/Karl Christoph Klauer: »Grammatical gender in German: A case for linguistic relativity?«, in: *The Quarterly Journal of Experimental Psychology*, 64 (9), 2011, S. 1821–1835; Lera Boroditsky/ Lauren A. Schmidt/Webb Phillips: »Sex, syntax, and semantics«, in: *Language in mind: Advances in the study of language and thought*, 2003, S. 61–79, online: https://web.stanford.edu/class/linguist156/Boroditsky_ea_2003.pdf; Bastien Boutonnet/Panos Athanasopoulos/Guillaume Thierry: »Unconscious effects of grammatical gender during object categorization«, in: *brain research* Vol. 1479, 2012, S. 72–79; Roberto Cubelli/Daniela Paolieri/Lorella Lotto: »The Effect of Grammatical Gender on Object Categorization«, in: *Journal of Experimental Psychology: Learning, Memory, and Cognition* Vol. 37 (2), 2011, S. 449–460.

Wer bin ich?

1 Das ist eine eher freie Formulierung meinerseits. Es kursieren ganz unterschiedliche deutsche Übersetzungen des Tao te king. So heißt es in einer Ausgabe: »Der Sinn, den man ersinnen kann, ist nicht der ewige Sinn. Der Name, den man nennen kann, ist nicht der ewige Name.« (Laotse: *Tao te king. Das Buch vom Sinn und Leben*, Köln: Anaconda, 2006, S. 11). Oft heißt es auch: »Der Tao, den man künden kann, ist nicht der absolute Tao«, oder: »Das Tao, das sich mit Worten beschreiben lässt, ist nicht das wahre Tao.«
2 Hierzu gibt es einen wunderbaren, intelligenten und gewitzten Aufsatz von Raymond M. Smullyan: »Das Tao«, in: Fehige, u. a.,a. a. O., S. 333–340.
3 Siehe z. B. den prägnanten Überblicksartikel »narrative Identität«, in: *Lexikon der Psychologie*, hg. von Spektrum Akademischer Verlag, 2000,

online: https://www.spektrum.de/lexikon/psychologie/narrative-identitaet/10312.

4 Das Fünf-Faktoren-Modell ist ein Modell, welches versucht, die Persönlichkeiten von Menschen anhand von fünf Skalen einzuordnen: Offenheit, Gewissenhaftigkeit, Extraversion, Verträglichkeit, Neurotizismus. Natürlich gibt es auch Kritik an diesem Ansatz, aber bis heute ist es das verbreitetste wissenschaftliche Modell der Persönlichkeit. Siehe auch: Corinna Hartmann: »Die Facetten unserer Persönlichkeit«, in: *Spektrum der Wissenschaft*, 13.09.2020, online: https://www.spektrum.de/news/big-five-sind-es-nur-fuenf-grosse-persoenlichkeitsfaktoren/1762632.

5 Siehe hierzu, sowie allgemein zur Bedeutung konstruktiver narrativer Identitäten das 4. Kapitel von Esfahani Smith, a. a. O.

6 Valide Zahlen gibt es hierzu natürlich nicht. Aber die Größenordnung scheint mir plausibel.

7 Dieser Aspekt wurde immer wieder betont, z. B. bei William Damon/Jenni Menon/Kendall Cotton Bronk: »The Development of Purpose during Adolescence«, in: *Applied Developmental Science* Vol. 7 (3), S. 119–128; Roy F. Baumeister: *Meanings of life*, New York, NY: The Guilford Press, 1991, S. 61.

8 Richard Kim/Joshua W. Seachris: »Confucius«, in: Stephen Leach/James Tartaglia (Hg.): *The Meaning of Life and the Great Philosophers*, New York: Routledge, 2018, S. 1–9.

9 Dieser Brauch ist in Süddeutschland, der Schweiz, Österreich und vielen weiteren Ländern verbreitet. Der Ursprung scheint mir nicht eindeutig zu sein. Eine gängige Theorie lautet: »Seinen Ursprung hat der wohl gängigste Brauch in Deutschland im Mittelalter. Ein Mythos besagt, dass Adelige oder Gutsherren damals die Bräute ihrer Untertanen kidnappen ließen, um sie in der ersten Nacht nach der Hochzeit für sich selbst zu beanspruchen (›Recht der ersten Nacht‹). Aufgabe der Trauzeugen war es, die Braut zur Not mit ihrem Leben vor der Entführung und der damit verbundenen Vergewaltigung zu beschützen. Im Gegensatz zur heutigen Zeit handelte es sich damals also nicht um einen Spaß.« – (»Hochzeitsbräuche und ihre Bedeutung«, auf *Merkur.de* (Hg. von Münchener Zeitungs-Verlag), 16.03.2011, online: https://www.merkur.de/welt/hochzeitsbraeuche-ihre-bedeutung-merkur-1047516.html). Lesenswert, um einen Einblick in diese sexistische Praktik zu bekommen, ist auch der Thread »Ich möchte keine Brautentführung« von andy.77 auf: https://www.hochzeitsforum.de/threads/19488-ich-moechte-keine-brautentfuehrung sowie die Erklärung auf Brauchwiki, online: https://www.brauchwiki.de/brautentfuehrung/.

10 Dieses sowie alle nun folgenden wörtlichen Zitate sind entnommen aus: Kübra Gümüşay: *Sprache und Sein*, München: Hanser Berlin, 2020, S. 53–55.

11 Gümüşay, a. a., S. 65.

12 Buber, a. a., S. 4.

13 Siehe Martin Altmeyer/Helmut Thomä (Hg.): *Die vernetzte Seele. Die intersubjektive Wende in der Psychoanalyse*, Stuttgart: Klett-Cotta, 2016. Zum Einfluss von Martin Buber auf die Psychoanalyse siehe das bereits genannte Kapitel »Existential Isolation« in Irvin Yalom: *Existential Psychotherapy.*

14 Esfahani Smith, a. a. O., S. 70.

15 Diese Metapher wurde sehr gut in dem Buch *Die Welle* von Morton Rhue entwickelt, und auch der gleichnamige Film von 2008 ist sehenswert.

16 Fromm, *Die Kunst des Liebens*, a. a. O., S. 23.

17 Eagleton, a. a. O., S. 111.

18 Zumindest geschichtlich hat sich Sprache verbal herausgebildet, und erst sehr viel später wurden Schriften entwickelt, welche diese Sprachen in Zeichen festhalten können. Insofern vermute ich, es hätte niemals eine *begriffsbasierte* Schrift gegeben ohne biologische, verbale Sprachfähigkeit.

19 Siehe z. B. den mit Quellen hinterlegten Artikel von Florian Rötzer: »Fernsehen verändert das Gehirn«, in: *Telepolis*, 07.04.2004, online: https://www.heise.de/tp/features/Fernsehen-veraendert-das-Gehirn-3434077.html. Nicht nur bei Kindern verändert Fernsehen die Gehirnstruktur, es steigert auch das Demenzrisiko im Alter laut Thomas Müller: »Fernsehen lässt das Hirn schneller schrumpfen«, in: *ÄrzteZeitung*, 08.08.2018, online: https://www.aerztezeitung.de/Medizin/Fernsehen-laesst-das-Hirn-schneller-schrumpfen-228586.html.

20 Laut Robert Koch-Institut sind zwei Drittel der Männer und die Hälfte der Frauen in Deutschland übergewichtig. In dieser starken Verbreitung handelt es sich um ein strukturelles Phänomen und keine bloße Summe von Einzelfällen. Siehe Robert Koch-Institut (Hg.): »Übergewicht und Adipositas«, online: https://www.rki.de/DE/Content/Gesundheitsmonitoring/Themen/Uebergewicht_Adipositas/Uebergewicht_Adipositas_node.html.

21 »Darum kommt die Pubertät immer früher«, auf: *Quarks*, Hg. von *Westdeutscher Rundfunk Köln*, 29.10.2019, online: https://www.quarks.de/gesundheit/medizin/darum-kommt-die-pubertaet-immer-frueher; »Übergewicht beschleunigt den Beginn der Pubertät auch bei Jungen«, hg. von Bundesverband der Kinder- und Jugendärzte, 31.05.2019, online: https://www.kinderaerzte-im-netz.de/news-archiv/meldung/

article/uebergewicht-beschleunigt-den-beginn-der-pubertaet-auch-bei-jungen/.

22 Die These angeborener Basisemotionen ist noch nicht hinreichend belegt. Unklar ist auch, welche Emotionen als solche klassifiziert werden können. Interkulturelle Studien geben aber deutliche Indizien, dass es Emotionen gibt, die kulturunabhängig vorkommen. Die hier genannten Gefühle gelten als wahrscheinliche Kandidaten. Siehe z. B. »Grundgefühle«, in: *Lexikon der Neurowissenschaft*, hg. von Spektrum Akademischer Verlag, Heidelberg, 2000, online: https://www.spektrum.de/lexikon/neurowissenschaft/grundgefuehle/5028 sowie die Vorlesung »Emotionspsychologie I« von Prof. Dr. Thomas Goschke an der TU Dresden, WS 2013/14, online: https://tu-dresden.de/mn/psychologie/ifap/allgpsy/ressourcen/dateien/lehre/lehreveranstaltungen/goschke_lehre/ws_2013/vl_motivation/VL-Emotion-1.pdf?lang=de.

23 Alain Ehrenberg: *Das erschöpfte Selbst: Depression und Gesellschaft in der Gegenwart*, Frankfurt am Main: Campus, 2004.

24 Aldous Huxley: *Schöne Neue Welt. Ein Roman der Zukunft*, Frankfurt am Main: Fischer Taschenbuch, 2014, S. 12.

25 Es wurden einige Sätze wörtlich übernommen aus der Übersetzung von Uda Strätling – Huxley, a. a. O.

26 Ebd., S. 55.

27 Ebd., S. 53.

28 Andreas Reckwitz: *Die Gesellschaft der Singularitäten. Zum Strukturwandel der Moderne*, Berlin: Suhrkamp, 2019.

29 Niklas Luhmann: »Differentiation of Society«, in: *Canadian Journal of Sociology* Vol. 2 (1), 1977, S. 29–53.

30 Laut hochschulkompass.de, Stand: 27. 03. 2021.

31 Siehe z. B. Niklas Luhmann: *Liebe als Passion. Zur Codierung von Intimität*, Frankfurt am Main: Suhrkamp, 1994.

32 Auch die Umweltbewegung lässt sich als Inklusionsbewegung deuten. Je nach Strömung ging und geht es darum, den Kreis der Träger von Rechten auszuweiten auf Tiere, Pflanzen, Ökosysteme, zukünftige Generationen, beziehungsweise deren bestehende Rechte auszuweiten und stärker zu gleichberechtigen. Es geht also um die *Einbeziehung*, die Inklusion dieser Entitäten in ethische und politische Entscheidungen.

33 Quelle: Statista: https://de.statista.com/statistik/daten/studie/409010/umfrage/frauenanteil-in-dax-vorstaenden/

34 Das wurde in einer Studie bestätigt, in der 528 fiktive Bewerbungen verschickt wurden. Leo Kaas/Christian Manger: »Ethnic Discrimination in Germany's Labour Market: A Field Experiment«, in: *German Economic Review* Vol. 13 (1), 2011, S. 1–20.

35 Bis das »Gesetz über die Gleichberechtigung von Mann und Frau auf dem Gebiet des bürgerlichen Rechts« am 1. Juli 1958 in Kraft trat.

36 Frithjof Bergmann: *Neue Arbeit, Neue Kultur*, Freiburg im Breisgau: Arbor, 2004.

37 Siehe hierzu auch die Ausführungen von Honneth, *Das Ich im Wir*, a. a. O.

38 Krappmann selbst hat betont, dass Identitäten immer schon balancierend waren, auch in den 50ern. Aber es scheint mir schlüssig zu behaupten, sie seien heute balancierender als früher. Siehe: Lothar Krappmann: *Soziologische Dimensionen der Identität: Strukturelle Bedingungen für die Teilnahme an Interaktionsprozessen*, Stuttgart: Klett, 1971. Sehr hilfreich ist auch der Beitrag von Hermann Veith: »Das Konzept der balancierenden Identität bei Lothar Krappmann«, in: Benjamin Jörissen/Jörg Zirfas (Hg.): *Schlüsselwerke der Identitätsforschung*, Wiesbaden: VS Verlag für Sozialwissenschaften, 2010, S. 179–202.

39 Franz Kafka: *Der Prozeß. Mit einem Kommentar von Heribert Kuhn*, Frankfurt am Main: Suhrkamp, 2000, S. 9.

40 Kafka, ebd., S. 11. Es handelt sich um ein gekürztes Zitat.

41 Kafka, ebd., S. 239.

42 Mit diesem Beispiel orientiere ich mich eng an Lothar Krappmann und seinen Schilderungen von Flirts in den 60ern in: Krappmann, a. a. O., sowie an dem bereits erwähnten Sekundärtext von Hermann Veith, a. a. O. Verwandte Überlegungen mit etwas anderem Schwerpunkt sind auch zu finden in: Illouz, a. a. O., S. 75–84.

43 Genau genommen wird die Orientierungsleistung von einer unpersönlichen, innerhalb des kulturellen Zusammenhangs als universal wahrgenommenen normativen Ordnung verlagert auf die jeweiligen Individuen, die sich in einer spezifischen Situation begegnen. In dieser Begegnung entsteht allerdings wiederum Gesellschaft –, weil »Gesellschaft« nur ein Hilfsbegriff ist, um zu beschreiben, was zwischen Menschen passiert. Es kommt also zu einer enormen Pluralisierung, Fragmentierung und Individualisierung von Gesellschaft, die zunehmend heterogen erzeugt wird und weniger homogen reproduziert wird. Die große Chance besteht eben genau darin: dass unsere Begegnungen – im wahrsten Sinne des Wortes – *persönlicher* werden, dass also unsere Gesellschaften persönlicher werden.

44 Huxley, a. a. O., S. 35. Es handelt sich um ein Zitat, jedoch ins Präsens gesetzt.

45 Ebd. Im Original heißt es: »Der DCK blieb stehen, beugte sich über eines der kleinen Betten und lauschte aufmerksam.«

46 Ebd., S. 36. Es handelt sich um ein Zitat, leicht gekürzt und ins Präsens gesetzt.

47 Ebd., S. 59. Im Original verlassen die Studierenden die Station, und diese Stelle taucht in anderem Zusammenhang auf. Es handelt sich um ein wörtliches Zitat.

48 Ebd., S. 36. Es handelt sich um ein leicht gekürztes Zitat.

49 Ebd., S. 37. Es handelt sich um ein wörtliches Zitat.

50 Luc Boltanski/Ève Chiapello: *Der neue Geist des Kapitalismus*, Konstanz: UVK-Verl-Ges., 2006.

51 Alain Ehrenberg: *Das erschöpfte Selbst: Depression und Gesellschaft in der Gegenwart*, Frankfurt am Main: Campus, 2004, S. 261 f.

52 Lesenswert auch der Beitrag von Leonard Novy: »Wenn Freiheit depressiv macht«, auf: *Deutschlandfunk Kultur*, 02. 10. 2011, online: https://www.deutschlandfunkkultur.de/wenn-freiheit-depressiv-macht.1270.de.html?dram:article_id=191602.

53 Einige Sätze in diesem Abschnitt habe ich wörtlich aus meinem früheren Beitrag übernommen: »Gut Leben – ohne Vorsätze«, auf: *Deutschlandfunk Kultur*, Politisches Feuilleton, 05. 02. 2021, online: https://www.deutschlandfunkkultur.de/der-druck-der-selbstverwirklichung-gut-leben-ohne-vorsaetze.1005.de.html?dram:article_id=492010.

54 Siehe z. B. Markus Antonius Wirtz (Hg.): »double-bind hypothesis«, in: *Dorsch. Lexikon der Psychologie*, online: https://dorsch.hogrefe.com/stichwort/double-bind-hypothesis.

55 Für dieses und weitere Beispiele siehe: Anna Mar: »10 Examples of a Double Bind«, auf: *Simplicable*, 20. 05. 2018, online: https://simplicable.com/new/double-bind; siehe auch den ausführlichen Artikel »Doppelbindungstheorie«, auf: *Wikipedia*, zuletzt abgerufen am 06. 07. 2021, online: https://de.wikipedia.org/wiki/Doppelbindungstheorie, sowie: »Double Binds«, in: *The Library of the Institute of Cognitive Behavior Management*, online: https://cognitivebehaviormanagement.com/theory/double-binds.

56 Amazon.de gibt »mehr als 2000 Ergebnisse oder Vorschläge für ›Schreibtischlampe‹« an, Stand: 28. 03. 2021.

57 Quelle: https://retailtouchpoints.com/resources/how-many-products-does-amazon-carry. Die Zahl ist auch auf anderen Seiten zu finden.

58 Siehe neben seinem genannten Hauptwerk auch den prägnanten Aufsatz: Andreas Reckwitz: »Erschöpfte Selbstverwirklichung: Das spätmoderne Individuum und die Paradoxien seiner Emotionskultur«, in seinem Aufsatzband: *Das Ende der Illusionen. Politik, Ökonomie und Kultur in der Spätmoderne*, Berlin: Suhrkamp, 2019, S. 203–238. Weiterhin: »Wie Gesellschaften sich verändern«, auf: *Deutschlandfunk Kultur*, 08. 08. 2020, online: https://www.deutschlandfunkkultur.de/kultursoziologe-andreas-reckwitz-wie-gesellschaften-sich.990.de.html?dram:article_id=482007.

59 Fromm, *Haben oder Sein*, a. a. O., S. 75. Zitat minimal grammatikalisch angepasst.

60 Gümüşay, *Sprache und Sein*, a. a. O., S. 36 f.

61 Rorty, *Kontingenz, Ironie, und Solidarität*, a. a. O., S. 54.

Angekommen

1 Eigene Übersetzung. Im Original heißt es: We have to »bridge the chasm between living a meaningful life and living a modern life«. Vgl. Esfahani Smith, a. a. O., S. 24.

2 Ausnahmen: Homo sapiens vor der kognitiven Revolution sowie Menschen mit starken kognitiven Einschränkungen.

3 Maslows Modell wurde oft fälschlicherweise als eine streng lexikalische Ordnung von Bedürfnissen rezipiert. Tatsächlich aber stellte er klar, dass eine Bedürfnisebene nicht zu 100 Prozent erfüllt sein muss, damit die nächsthöherliegende Ebene für das Individuum relevant wird. Diese Klarstellung ändert aber nichts daran, dass Maslow die verschiedenen Bedürfnisse nicht nebeneinander (inkommensurabel) auf verschiedenen Ebenen angesiedelt hat, sondern in eine gemeinsame *hierarchische* Ordnung gebracht hat. Dieser Ansatz scheint mir grundsätzlich falsch zu sein.

4 Quelle: »Дмитрий Лихачёв. Я вспоминаю ... Портрет эпохи на примере судьбы одного человека (1988)«, auf: *YouTube*, online: https://www.youtube.com/watch?v=D7j6x6-7uCo. Übersetzung: Maria Bogdanovskaia.

5 Mit dieser Analyse orientiere ich mich an Freud, *Die Zukunft einer Illusion*, a. a. O.

6 Siehe das Kapitel »Ist Glück der Sinn des Lebens?« sowie den dortigen Verweis auf Daten der WHO.

7 3059 Menschen starben bei Unfällen im Straßenverkehr, 9041 durch Suizid. Quelle jeweils Statistisches Bundesamt. Online: https://www.destatis.de/DE/Themen/Gesellschaft-Umwelt/Gesundheit/Todesursachen/Tabellen/suizide.html sowie https://www.destatis.de/DE/Presse/Pressemitteilungen/2020/02/PD20_061_46241.html.

8 Quelle: Bundesgesundheitsministerium, online: https://www.bundesgesundheitsministerium.de/themen/praevention/gesundheitsgefahren/depression.html, Stand: 22. 12. 2020. Frauen erkranken wesentlich häufiger an Depressionen als Männer. Die genannte Zahl ist eine Gesamtschätzung.

9 Siehe Vorwort.

10 Hier habe ich wieder versucht, meinen neo-pragmatistischen Ansatz deutlich zu machen. In Anlehnung an Richard Rorty halte ich »Sinn« nicht für eine objektive Tatsache (so etwas gibt es nicht), sondern für

den Knotenpunkt eines Vokabulars, das hilft, unser Leben verständlich zu machen.

11 Zumindest gibt es, Stand 20.06.2021, keine Google-Treffer zu diesem Wort. Natürlich ist trotzdem nicht auszuschließen, dass es in irgendeiner Sprache existiert und etwas bezeichnet.

12 Robert Nozick: »Philosophie und der Sinn des Lebens«, in: Fehige u. a., a. a. O., S. 377–407, S. 393.

13 Zitiert nach Solomon, a. a. O., S. 62.

14 Hier weiche ich wiederum von Rorty ab, der auch auf dieser zweiten Ebene den Wahrheitsbegriff in einen Nützlichkeitsbegriff überführt.

15 Eagleton, a. a. O., S. 130.